Internationale Vollstreckungshilfe im Besteuerungsverfahren

FINANZ- UND STEUERRECHT IN DEUTSCHLAND UND EUROPA

Herausgegeben von Klaus-Dieter Drüen, Hanno Kube und Rainer Wernsmann

Band 41

Zur Qualitätssicherung und Peer Review der vorliegenden Publikation

Die Qualität der in dieser Reihe erscheinenden Arbeiten wird vor der Publikation durch Herausgeber der Reihe geprüft.

Notes on the quality assurance and peer review of this publication

Prior to publication, the quality of the work published in this series is reviewed by editors of the series.

Marcel Sandberg

Internationale Vollstreckungshilfe im Besteuerungsverfahren

Insbesondere zum EU-Beitreibungsgesetz und zu Doppelbesteuerungsabkommen nach Art des Artikels 27 OECD-Musterabkommen

PETER LANG

Bibliografische Information der Deutschen Nationalbibliothek
Die Deutsche Nationalbibliothek verzeichnet diese Publikation in der Deutschen Nationalbibliografie; detaillierte bibliografische Daten sind im Internet über http://dnb.d-nb.de abrufbar.

Zugl.: Passau, Univ., Diss., 2018

D 739
ISSN 1863-141X
ISBN 978-3-631-77702-2 (Print)
E-ISBN 978-3-631-77703-9 (E-PDF)
E-ISBN 978-3-631-77704-6 (EPUB)
E-ISBN 978-3-631-77705-3 (MOBI)
DOI 10.3726/b15035

Peter Lang – Berlin · Bern · Bruxelles · New York · Oxford · Warszawa · Wien

Diese Publikation wurde begutachtet.

www.peterlang.com

Vorwort

Die vorliegende Arbeit wurde im Sommersemester 2018 als Dissertation von der Juristischen Fakultät der Universität Passau angenommen.

Mein besonderer Dank gilt Herrn Professor Dr. Rainer Wernsmann, der mich im Rahmen meiner Promotion betreute und mir stets mit wertvollen Ratschlägen zur Seite stand. Die Zeit als studentische Hilfskraft und wissenschaftlicher Mitarbeiter an seinem Lehrstuhl war prägend und lehrreich und wird mir immer in bester Erinnerung bleiben.

Mein ausdrücklicher Dank gilt auch Herrn Professor Dr. Michael Hendricks, der nicht allein das Zweitgutachten erstellte, sondern darüber hinaus auch die Behandlung des Dissertationsthemas anregte und mit fachkundigen Hinweisen ein hilfreicher Ansprechpartner war.

Zu Dank verpflichtet bin ich zudem Herrn Dr. Tobias Loscher und Herrn Dr. Gerrit Tönningsen für das Lesen des Manuskriptes und für die konstruktiven fachlichen Diskussionen, die zur Verbesserung der Arbeit beitrugen.

Besonderer Dank gebührt meiner Freundin Katrin Pilgram, die mich unermüdlich motivitiert und unterstützt hat.

Schließlich danke ich meinen Eltern von ganzem Herzen, die mir Studium und Promotion ermöglicht haben. Ihnen sei diese Arbeit gewidmet.

Inhaltsübersicht

Inhaltsverzeichnis

1. Teil: Einleitung

1. Kapitel: Hintergrund

Steuerrechtlich relevante Lebensvorgänge machen in einer von globaler Verflechtung der Wirtschaft geprägten Welt längst nicht mehr an Staatsgrenzen halt. Insbesondere – wenngleich nicht ausschließlich – im Hoheitsgebiet der EU-Mitgliedstaaten werden seit Beginn des Aufbaus eines Gemeinsamen Marktes mit Inkrafttreten der Römischen Verträge[1] und der sich anschließenden kontinuierlichen Weiterentwicklung der EU – verstärkt durch die Einführung einer Wirtschafts- und Währungsunion durch den Vertrag von Maastricht[2] zum 1.11.1993 – grenzüberschreitend agierende Steuerpflichtige zunehmend zur Regel. Diese Entwicklung lässt sich nicht nur für international tätige Unternehmen, sondern beispielsweise verstärkt auch für selbstständige Freiberufler, Arbeitnehmer oder Gewerbetreibende feststellen. Art. 3 Abs. 3 Satz 1 EUV und Art. 26 AEUV normieren die Verwirklichung eines Binnenmarktes, d.h. eines Wirtschaftsraumes ohne Binnengrenzen, als eines der primären Ziele der EU. Dieses Bestreben soll durch die Gewährleistung eines freien Waren- (Art. 28 ff. AEUV), Personen- (Art. 45 ff., 49 ff. AEUV), Dienstleistungs- (Art. 56 ff. AEUV) und Kapitalverkehrs (Art. 63 ff. AEUV) realisiert werden. Grenzüberschreitender Verkehr der Marktteilnehmer innerhalb der EU ist die unabdingbare und gewollte Folge dieser Zielsetzung.

Naturgemäß bleibt diese realwirtschaftliche Entwicklung nicht ohne Auswirkungen auf das Steuerrecht, das zur Bemessung der Besteuerungsgrundlage maßgeblich an tatsächliche wirtschaftliche Vorgänge anknüpft. Oftmals werden nicht unerhebliche Teile der Einkünfte außerhalb des Wohnsitzstaates des Steuerpflichtigen erzielt.[3] *Vice versa* beziehen Steuersubjekte Einkünfte in Deutschland, während sich ihr Wohnsitz – und damit regelmäßig auch der

1 Diese beinhalten den zuvörderst zu nennenden Vertrag zur Gründung der Europäischen Wirtschaftsgemeinschaft, BGBl. II 1957, 766. Sie wurden am 25.3.1957 unterzeichnet und traten am 1.1.1958 in Kraft. Zur Bedeutung der Römischen Verträge etwa *Küsters*, in: Vom Gemeinsamen Markt zur Europäischen Unionsbildung, S. 435 (435, 438 f.).

2 Vertrag über die Europäische Union v. 7.2.1992, BGBl. II 1992, 1253.

3 So bereits *Hendricks*, Internationale Informationshilfe, S. 1; explizit auch *Vascega/van Thiel*, European Taxation 2010, 231 (231); vgl. ferner *Söhn*, in: Hübschmann/Hepp/Spitaler, AO/FGO, § 117 AO Rn. 2 m.w.N.

überwiegende Teil ihres vollstreckbaren Vermögens – in einem anderen Staat befindet. Gleichzeitig bemüht sich der Fiskalstaat zu verhindern, dass ihm durch die Internationalisierung der Sachverhalte Steuereinnahmen entgehen. Steuern – als wichtigste Form der Abgabenerhebung[4] – stellen die Grundlage für die staatliche Ordnung und die Erfüllung staatlicher Aufgaben dar und gewähren erst politischen Handlungsspielraum.[5] Die „Sicherung des Steueraufkommens ist ein hohes Rechtsgut“[6]. Das Ziel des Steuerstaates[7] ist es folglich, seinen materiellen (Steuer-)Anspruch aus dem Steuerschuldverhältnis im Sinne des § 37 Abs. 1 AO zunächst festzusetzen und sodann formell im Verwaltungsverfahren zu erheben und beizutreiben.

Um nicht Gefahr zu laufen, sich der internationalen Aktivitäten seiner Staatsbürger zu verschließen und im Interesse der Maximierung seiner Steuereinnahmen[8], knüpft der Gesetzgeber materiell-rechtlich auch an im Ausland stattfindende Lebenssachverhalte seiner Steuerinländer steuerliche Pflichten. Nach dem Welteinkommensprinzip unterwirft er grundsätzlich natürliche Personen, die gemäß § 1 Abs. 1 Satz 1 EStG im Inland einen Wohnsitz (§ 8 AO) oder ihren gewöhnlichen Aufenthalt (§ 9 AO) haben, mit ihrem gesamten Einkommen – unbeschränkt und ungeachtet nationaler Grenzen – der

4 Dies verdeutlicht schon der sehr hohe Steueranteil an den Einnahmen des Bundeshaushalts. Im Jahr 2013 betrug dieser nach eigener Berechnung ca. 86 %, vgl. BGBl. I 2012, 2766 (2767). Zur Steuer als staatliche Haupteinnahmequelle insbesondere *Gröpl*, AöR 133 (2008), 1 (4 f.); *Tappe/Wernsmann*, Öffentliches Finanzrecht, Rn. 5, 29. Der Staat darf sich nach der Wertung der Finanzverfassung zur Finanzierung allgemeiner Staatsaufgaben in der Regel nur der Steuer bedienen (Prinzip des Steuerstaates). Vgl. nur *Wernsmann*, in: Hübschmann/Hepp/Spitaler, AO/FGO, § 3 AO Rn. 70 m.w.N.

5 Vgl. *Tipke*, StRO I, S. 1 ff.; so auch *Kirchhof*, Besteuerungsgewalt und Grundgesetz, S. 3 ff.; *ders.*, Jura 1983, 505 (505 f.); *Gröpl*, AöR 133 (2008), 1 (13 f.) m.w.N.; eingehend *Isensee*, in: FS Ipsen, S. 409 (409 ff.).

6 BFH, Urt. v. 17.3.1992 – VII R 122/91, BFH/NV 1992, 791 (793); Urt. v. 22.2.2000 – VII R 73/98, BStBl. II 2000, 366 (370). Dieser Steuersicherungsauftrag kommt auch in § 85 Satz 2 AO zum Ausdruck, vgl. *Söhn*, in: Hübschmann/Hepp/Spitaler, AO/FGO, § 85 AO Rn. 28.

7 Zum Begriff Steuerstaats bereits BVerfG, Beschl. v. 8.6.1988 – 2 BvL 9/85 u.a., BVerfGE 78, 249 (266 f.); ausführlich *Isensee*, in: FS Ipsen, S. 409 (409); differenzierend *Wernsmann*, Verhaltenslenkung in einem rationalen Steuersystem, S. 474 ff.; siehe auch *Waldhoff*, in: HStR V, § 116 Rn. 5; *Tappe/Wernsmann*, Öffentliches Finanzrecht, Rn. 30, 198.

8 Näher *Kluge*, Internationales Steuerrecht, S. 16, 18 ff.; vgl. hierzu auch *Frotscher*, Internationales Steuerrecht, Rn. 33 f., der hervorhebt, dass es für die wirtschaftliche Leistungsfähigkeit einer Person nicht darauf ankommt, ob die Quelle der Leistungsfähigkeit im Inland oder im Ausland belegen ist.

Einkommensteuerpflicht.[9] Für Körperschaftsteuersubjekte gilt gemäß § 1 Abs. 2 KStG ebenfalls das Welteinkommensprinzip. Anknüpfungspunkt für die unbeschränkte Steuerpflicht ist hierbei die Geschäftsleitung (§ 10 AO) oder der Sitz (§ 11 AO) im Inland, vgl. § 1 Abs. 1 KStG. Zugleich besteuert Deutschland nach dem Quellenprinzip gemäß § 49 Abs. 1 EStG auch „Steuerausländer" nach Maßgabe des § 1 Abs. 4 EStG (für Körperschaftsteuersubjekte § 2 Nr. 1 KStG), wenn diese dort genannte Einkünfte auf deutschem Hoheitsgebiet erzielen (beschränkte Einkommensteuerpflicht). Die globale Besteuerung eines Staates seiner Steuerinländer sowie die steuerliche Belastung von inländischen Einkünften Gebietsfremder ist grundsätzlich in der Staatengemeinschaft üblich und anerkannt und völkergewohnheitsrechtlich nicht zu beanstanden, solange ein sogenannter „genuine link" (hinreichende Verbindung) besteht.[10]

Um gleichzeitig dem in § 85 AO normierten, aus Art. 3 Abs. 1 und 20 Abs. 3 GG abgeleiteten[11] Verwaltungsauftrag einer gesetzmäßigen und gleichmäßigen Besteuerung gerecht zu werden, kann sich auch das nationale Steuerverfahrensrecht nicht auf die Regelung innerstaatlicher Angelegenheiten beschränken.[12] Der Gesetzgeber muss bestrebt sein, die zuständigen Finanzbehörden

---

9 Statt vieler *Lehner/Waldhoff*, in: Kirchhof/Söhn/Mellinghoff, EStG, § 1 Rn. A 352; *Stapperfend*, in: Herrmann/Heuer/Raupach, EStG/KStG, § 1 EStG Rn. 88. Das Welteinkommensprinzip wird teilweise auch als Universalitätsprinzip, Totalitätsprinzip oder Globalprinzip bezeichnet. In der Sache ergibt sich indes aus der ungleichen Bezeichnung kein Unterschied. Zu den Staaten, die an ein anderes Merkmal anknüpfen, gehören etwa die USA, die dem Nationalitätsprinzip folgen. In diesem Fall ist die Staatsangehörigkeit maßgeblich. In Sonderfällen wird auch nach deutschem Recht aus personenbezogenen Eigenschaften die unbeschränkte Steuerpflicht hergeleitet; vgl. dazu nur *Frotscher*, Internationales Steuerrecht, Rn. 169 ff.

10 Vgl. BVerfG, Beschl. v. 22.3.1983 – 2 BvR 475/78, BVerfGE 63, 343 (369) mit Beispielen für mögliche Anknüpfungsmomente; allgemein *Verdross/Simma*, Universelles Völkerrecht, §§ 1183, 1187; zum Erfordernis einer „echten Verknüpfung" *Ipsen*, Völkerrecht, 6. Auflage § 5 Rn. 71 m.w.N. zur Rechtsprechung des IGH sowie in der 5. Auflage § 23 Rn. 85 ff., 90 ff.; vgl. zu den Anforderungen an Steuertatbestände insbesondere *Schaumburg*, Internationales Steuerrecht, Rn. 5.1 f., 5.9 ff., 5.103 ff. m.w.N; *Lehner*, in: Vogel/Lehner, DBA, Grdl. Rn. 11; *Weber-Fas*, Staatsverträge im Internationalen Steuerrecht, S. 35 ff.; *Wernsmann*, in: FS Bengel und Reimann, S. 371 (373); wegweisend zur Reichweite des dem § 49 EStG zugrunde liegenden Territorialitätsprinzips bereits StIGH, Urt. v. 7.9.1927 – *Lotus*, PCIJ Series A. – No. 10.

11 Statt vieler *Haunhorst*, DStR 2010, 2105 (2106); *Hey*, in: Tipke/Lang, Steuerrecht, § 3 Rn. 96.

12 Zur möglichen Verfassungswidrigkeit des infolge eines strukturellen verfahrensrechtlichen Erhebungsdefizits nicht durchsetzbaren materiellen Steuertatbestands

mit Befugnissen auszustatten – sei es durch uni-, bi- oder multilaterale Regelungen –, welche ihnen den Zugriff auf Fälle mit Auslandsbezug ermöglichen oder zumindest normative Grundlagen zu schaffen, die die Kooperation mit ausländischen Behörden zuwege bringen.[13] Völkerrechtliche Schranken werden dem Staat in diesem Zusammenhang durch den Grundsatz der „formellen Territorialität"[14] gesetzt: Im Regelfall endet die Hoheitsgewalt eines Staates an der eigenen Staatsgrenze. Hoheitsakte auf fremdem Staatsgebiet sind völkerrechtlich unzulässig.[15] Dies gilt zum einen für die Steuerfestsetzung und -erhebung, aber zum anderen gerade auch für die Steuerbeitreibung.[16] Dadurch besteht die Gefahr eines Missverhältnisses zulasten der Durchsetzung, wenn der gesetzliche Steuertatbestand nur deshalb nicht verwirklicht werden kann, weil im Hoheitsgebiet der zuständigen Vollstreckungsbehörde keine Vermögenswerte des Steuerpflichtigen vorhanden sind und der Zugriff auf solche im Ausland völkerrechtlich verwehrt ist.[17] Auf den ersten Blick hat es daher sogar den Anschein, dass sich das Welteinkommensprinzip und die formelle Territorialität im Grunde inkompatibel gegenüberstehen, da materiell Sachverhalte besteuert werden und Ansprüche zur Entstehung gelangen, die möglicherweise verfahrensrechtlich gar nicht beizutreiben sind.[18] Inwieweit der Fiskus diese vermeintliche Diskrepanz durch Zurückgreifen auf das Instrument der

---

BVerfG, Urt. v. 19.3.1991 – 2 BvR 1493/89, BVerfGE 84, 239 (271); Urt. v. 18.11.2003 – 2 BvL 17/02, BVerfGE 110, 94 (112 f.); *Wernsmann*, in: Menzel/Müller-Terpitz, Verfassungsrechtsprechung, S. 495 ff.; *Drüen*, DStR-Beih 2013, 82 (83).

13 Diese Forderung bereits postulierend *Menck*, DStZ/A 1971, 57 (57 f.); in die gleiche Richtung argumentierend *Koch*, DStZ 1979, 4 (5). Vgl. auch den Bericht der Kommission v. 15.2.2012, KOM (2012) 58, S. 1 zur Notwendigkeit grenzüberschreitender Beitreibung von Steuerforderungen.

14 *Lehner*, in: Vogel/Lehner, DBA, Grdl. Rn. 16.

15 *Stein/von Buttlar*, Völkerrecht, Rn. 537; *Schaumburg*, Internationales Steuerrecht, Rn. 19.1.

16 Vgl. nur *Söhn*, in: Hübschmann/Hepp/Spitaler, AO/FGO, § 117 AO Rn. 3, der explizit Vollstreckungsmaßnahmen im Ausland für unzulässig erachtet. Allgemein für die Vollstreckung von Verwaltungsakten *Ohler/Kruis*, DÖV 2009, 93 (94).

17 Nach Ansicht von *Dutta*, IPRax 2010, 504 (504) sind „öffentlich-rechtliche Schuldner [...] vor ihren Gläubigern sicher, soweit sie ihre Person und ihr Vermögen vom Territorium des betreffenden Staats fernhalten".

18 So *Seer*, in: FS Schaumburg, S. 151 (152); *ders.*, in: Verfahren der Zusammenarbeit von Verwaltungsbehörden in Europa, S. 85 (87); vgl. auch *Staringer*, DStJG 31 (2008), 135 (136), der von einem „Spannungsverhältnis, in dem das materielle Steuerrecht zur Steuervollziehung steht", spricht.

internationalen Vollstreckungshilfe überwinden oder zumindest abmildern kann, wird im Rahmen dieser Arbeit zu untersuchen sein.

Materiell-rechtliche Streitpunkte des europäischen Steuerrechts sind in der Vergangenheit – nicht zuletzt ausgelöst durch umstrittene Entscheidungen des EuGH[19] – ausführlich und an prominenter Stelle in der (deutschen) steuerrechtswissenschaftlichen Literatur diskutiert worden.[20] Weniger Aufmerksamkeit wurde bislang hingegen den formellen Fragen der Besteuerung, im Besonderen der grenzüberschreitenden Steuervollstreckung geschenkt.[21] Dies ist umso bedauerlicher, als sich der Rechtsanwender auch hier vor eine Reihe juristischer Probleme gestellt sieht, die noch einer näheren rechtlichen Untersuchung bedürfen. Vor allem der Steuerstaat hat ein Interesse an einer funktionierenden Vollstreckungskooperation mit anderen Staaten. Denn grundsätzlich gilt: Ein Steuerbescheid, der eine bestimmte Steuerschuld festsetzt, ist wertlos, wenn kein vollstreckbares Vermögen innerhalb des Hoheitsbereichs der Finanzbehörde vorhanden ist, auf das die Finanzverwaltung zugreifen kann. Das Problem, dass sich ein großer Teil des vollstreckbaren Vermögens nicht auf dem Gebiet des die Steuer erhebenden Staates befindet, stellt längst keinen

---

19 Bereits 1985 fällte der EuGH das erste Urteil im Bereich der direkten Steuern, Urt. v. 7.5.1985 – Rs. C-18/84, *Kommission/Frankreich*, Slg. 1985, 1339. Exemplarisch für richtungsweisende Entscheidungen des EuGH betreffend das Verhältnis nationaler Steuertatbestände zu den europäischen Grundfreiheiten seien an dieser Stelle noch genannt: EuGH, Urt. v. 14.2.1995 – Rs. C-279/93, *Schumacker*, Slg. 1995, I-225 – zur Besteuerung von Grenzpendlern; Urt. v. 14.11.2006 – Rs. C-513/04, *Kerckhaert Morres*, Slg. 2006, I-10967 – zur Unionskonformität der Doppelbesteuerung oder zur grenzüberschreitenden Verlustverrechnung juristischer Personen; Urt. v. 13.12.2005 – Rs. C-446/03, *Marks & Spencer*, Slg. 2005, I-10837; näher *Cordewener*, Europäische Grundfreiheiten, S. 377 ff. Krit. zur Methodik und Dogmatik des EuGH *Englisch*, in: Tipke/Lang, Steuerrecht, § 4 Rn. 18, 90.

20 Vgl. nur *Schön*, IStR 2004, 289 (289 ff.); *Kube*, EuGH-Rechtsprechung zum direkten Steuerrecht, S. 2 ff., 13 ff.; *Lang*, Die Rechtsprechung des EuGH zu den direkten Steuern, S. 13 ff.; *Kokott/Henze*, BB 2007, 913 (913 ff.); *Lenaerts*, EuR 2009, 728 (728 ff.). Zum Problem der Doppelbesteuerung insbesondere *Riedl*, Die internationale Doppelbesteuerung im EU-Binnenmarkt, S. 118 ff.; dazu auch *Wernsmann*, in: Zukunftsfragen des deutschen Steuerrechts, S. 161 (171 ff.); *ders.*, in: Schulze/Zuleeg/Kadelbach, Handbuch Europarecht, § 30 Rn. 74 ff.

21 Während der grenzüberschreitende Informationsaustausch, insbesondere durch die die Steuerhinterziehung begünstigende Politik sogenannter „Steueroasen" und den Ankauf sog. Steuer-CDs durch die deutsche Finanzverwaltung, zuletzt verstärkt in den Fokus geriet, wird das Problem der internationalen Beitreibungshilfe häufig nur oberflächlich behandelt.

Einzelfall mehr dar. Darüber hinaus beschränkt sich dieses Phänomen nicht auf Fälle innerhalb des Hoheitsgebiets der EU, sondern tritt auch in Relation zu Drittstaaten auf, die mitunter aufgrund ihrer erheblich geringeren Steuersätze für die Verlegung des Steuersubstrats durch den Steuerpflichtigen besonders attraktiv sind und mit denen in vielen Fällen eine rechtlich verankerte Zusammenarbeit nur unzureichend erfolgt. In dieser Konstellation tritt das Vollzugsdefizit somit besonders deutlich für den auf die ordnungsgemäße Durchführung der Besteuerung angewiesenen Staat zutage.

Seit der Jahrtausendwende hat sich sowohl inner- als auch außerhalb der EU auf legislativer Ebene viel bewegt[22]: Im Jahr 2010 verabschiedete der Rat die weitgehend neugefasste EU-Beitreibungsrichtlinie (EU-BeitrRL)[23], die in Deutschland in Form des am 1.1.2012 in Kraft getretenen EU-Beitreibungsgesetz (EU-BeitrG)[24] umgesetzt wurde. Die Richtlinie war ausweislich der Erwägungsgründe des Rates eine Reaktion auf das Zusammenwachsen des Binnenmarktes in den letzten 30 Jahren. Sie dient u.a. dem Schutz der finanziellen Interessen der Mitgliedstaaten.[25] Daneben wurde bereits 2003 ein eigener Artikel zur Vollstreckungshilfe in das OECD-Musterabkommen aufgenommen.[26] Dieser Art. 27 OECD-MA hat auch in der deutschen Verhandlungsgrundlage für den Abschluss zukünftiger Doppelbesteuerungsabkommen (DE-VG) Niederschlag gefunden und ist dort als Art. 26 kongruent übernommen worden.[27] Seit der

---

22 Noch 1983 befand das BVerfG, dass die gegenseitige Vollstreckungshilfe „einen gewichtigen, in der Staatenpraxis seltenen Schritt dar[stelle]“, Beschl. v. 22.3.1983 - 475/78, BVerfGE 63, 343 (361). Wie noch nachzuweisen sein wird, ist das Merkmal der Seltenheit für die grenzüberschreitende Vollstreckungshilfe wohl nicht mehr zutreffend.

23 Richtlinie 2010/24/EU des Rates über die Amtshilfe bei der Beitreibung von Forderungen in Bezug auf bestimmte Steuern, Abgaben und sonstige Maßnahmen v. 16.3.2010, ABl. Nr. L 84, 1. Im Folgenden ist unter „EU-Beitreibungsrichtlinie“ die RL 2010/24/EU zu verstehen. Werden ältere Fassungen der EU-Beitreibungsrichtlinie zitiert, wird der Titel der jeweiligen Fassung verwendet.

24 Gesetz über die Durchführung der Amtshilfe bei der Beitreibung von Forderungen in Bezug auf bestimmte Steuern, Abgaben und sonstige Maßnahmen zwischen den Mitgliedstaaten der Europäischen Union (EU-Beitreibungsgesetz) v. 7.12.2011, BGBl. I 2011, 2592, zuletzt geändert am 26.6.2013, BGBl. I 2013, 1809.

25 Vgl. Erwägungsgründe des Rates zur RL 2010/24/EU, ABl. L 84, 1, Rn. 3 f.

26 Der eingefügte Artikel zur Vollstreckungshilfe ist auch in der Fassung des OECD-Musterabkommens vom 1.1.2010 noch unverändert enthalten.

27 BMF v. 22.8.2013, IV B 2 - S 1301/13/10009, abgedruckt in *Schönfeld/Ditz*, DBA, Anh. 4 Rn. 3 ff. Die DE-VG stellt die Basis für die Verhandlung neuer DBA für

Neufassung im OECD-MA 2003 hat Deutschland bereits einige bilaterale Doppelbesteuerungsabkommen abgeschlossen, welche eine (teilweise unveränderte) Vollstreckungsklausel im Sinne des Art. 27 OECD-MA enthalten.[28] Aber auch bereits vor Einfügen des Art. 27 in das OECD-MA hat Deutschland DBA mit Vollstreckungsklauseln abgeschlossen, die zum Teil noch heute Gültigkeit besitzen. Darüber hinaus existieren bilaterale zwischenstaatliche Rechts- und Amtshilfeabkommen, welche unter anderem die Beibringung von Steuerforderungen zum Gegenstand haben und die Deutschland bereits vor längerer Zeit abgeschlossen und innerstaatlich umgesetzt hat.[29] Schließlich hat die Bundesrepublik Deutschland im Juli 2015 nach langem Zögern das Übereinkommen über die gegenseitige Amtshilfe in Steuersachen vom 25.1.1988 der OECD ratifiziert und transformiert.[30]

Nicht zuletzt befassen sich auch der EuGH und der BFH jüngst vermehrt mit Problemen der internationalen Vollstreckungshilfe.[31] Eine strukturierte Einordnung und rechtliche Bewertung des Themenkomplexes aus der Perspektive der deutschen Finanzverwaltung erscheint vor diesem Hintergrund geboten.

2. Kapitel: Gang der Untersuchung

Die vorliegende Arbeit unterteilt sich im Wesentlichen in drei Teile. In einem allgemeinen Teil (2. Teil) sollen die Grundlagen, das Wesen und die verschiedenen Vorschriften der internationalen Vollstreckungshilfe dargestellt werden. Darauf aufbauend sollen sodann in dem sich anschließenden besonderen Teil (3. Teil) die Leistung und Inanspruchnahme der Vollstreckungshilfe konkret untersucht und dabei auftauchende Probleme behandelt werden. Daran anknüpfend werden die Rechtsschutzmöglichkeiten des Einzelnen untersucht (4. Teil).

---

die Bundesregierung, namentlich das BMF, dar. Zu Art. 26 DE-VG hier nur *Czakert*, ISR 2013, 177 (180).

28 So beispielweise Art. 26 des DBA-Türkei, BGBl. II 2012, 526 (541). Für einen vollständigen Überblick über die DBA, die einen Art. 27 OECD-MA entsprechenden Standard enthalten, siehe unter 2. Teil 3. Kapitel § 3 B. II.

29 Solche Abkommen sind mit Finnland, Italien, Österreich und den Niederlanden abgeschlossen worden. Näher unter 2. Teil 3. Kapitel § 3 C.

30 Gesetz zu dem Übereinkommen v. 25.1.1988 über die gegenseitige Amtshilfe in Steuersachen und zu dem Protokoll v. 27.5.2010 zur Änderung des Übereinkommens über die gegenseitige Amtshilfe in Steuersachen v. 16.7.2015, BGBl. II 2015, 966.

31 Vgl. nur EuGH, Urt. v. 14.1.2010 – Rs. C-233/08, *Kyrian*, Slg. 2010, I-177; BFH, Urt. v. 21.7.2009 – VII R 52/08, BStBl. II 2010, 51; Urt. v. 3.11.2010 – VII R 21/10, BStBl. II 2011, 401; Urt. v. 11.12.2012 – VII R 70/11, BStBl. II 2013, 475.

Vor diesem Hintergrund ist zunächst eine begriffliche und systematische Einordnung der internationalen Vollstreckungshilfe erforderlich. Im 2. Teil wird deshalb der Untersuchungsgegenstand der Arbeit ausgehend von seinen einzelnen Teilbegriffen umrissen und seine Notwendigkeit im Steuerverfahren hervorgehoben (1. Kapitel). Dabei wird das Instrument der internationalen Vollstreckungshilfe insbesondere in das System der zwischenstaatlichen Rechts- und Amtshilfe eingeordnet und von anderen zwischenstaatlichen Kooperationsformen abgegrenzt (2. Kapitel). Im Anschluss werden die für die internationale Vollstreckungshilfe maßgeblichen nationalen sowie völker- und unionsrechtlichen Rechtsgrundlagen dargestellt und normenhierarchisch systematisiert (3. Kapitel). Hierbei wird ein besonderes Augenmerk auf die Notwendigkeit gesetzlicher Grundlagen bei der Ausübung von Vollstreckungshilfe und auf das Zusammenspiel zwischen den Vorschriften der AO und dem transformierten bzw. umgesetzten Völker- und Unionsrecht gelegt. Dabei werden Grenzen der grenzüberschreitenden Vollstreckungshilfe anhand verfassungsrechtlicher Maßstäben aufgezeigt. Ferner wird auch die Möglichkeit der Vollstreckungshilfe ohne zwischenstaatliche Verpflichtung im Wege der Kulanzhilfe untersucht. Abschließend werden hierbei auch durch die Vielzahl an Abkommen zwangsläufig auftretende Konkurrenzfragen erörtert.

Im 3. Teil werden – ausgehend von der gewonnenen Erkenntnis, dass aus Sicht der deutschen Vollstreckungsbehörde zwischen der Inanspruchnahme und der Leistung von Vollstreckungshilfe zu differenzieren ist – die konkreten Voraussetzungen und Grenzen der grenzüberschreitenden Vollstreckungshilfe untersucht. Im Zuge dessen wird im 1. Kapitel die Inanspruchnahme von Vollstreckungshilfe betrachtet. Nachfolgend wird im 2. Kapitel die Leistung von Vollstreckungshilfe erörtert. Ziel der Darstellung im 3. Teil ist neben der Bewertung der einzelnen Rechtsgrundlagen vor allem ein Erkenntnisgewinn aus dem Vergleich der Regelungsregime. Der 4. Teil befasst sich in der Folge mit den vielschichtigen prozessualen Möglichkeiten des Steuerpflichtigen zur Wahrung seiner Rechte im Vollstreckungshilfeverfahren. Im 5. Teil wird schließlich ein Fazit gezogen sowie eine Prognose hinsichtlich der künftigen Bedeutung internationaler Vollstreckungshilfe gewagt. Die wesentlichen Ergebnisse der Arbeit werden im 6. Teil zusammengefasst.

2. Teil: Allgemeiner Teil

1. Kapitel: Gegenstand der Arbeit

Zu Beginn der Untersuchung bedarf es einer begrifflichen wie materiellen Festlegung des Untersuchungsgegenstandes. Es ist zu klären, was unter internationaler Vollstreckungshilfe zu verstehen ist und wie sich diese strukturell in das Gefüge des nationalen und internationalen Steuerverfahrensrechts einordnen lässt. Die Notwendigkeit einer Definition verdeutlicht sich vor dem Hintergrund, dass die grenzüberschreitende Beitreibung von Steuerforderungen in der steuerrechtlichen Wissenschaft Gefahr läuft, voreilig unter das Stichwort der Informationshilfe subsumiert zu werden. Nicht selten wird die Beitreibung von Steuern dann nur am Rande bzw. oberflächlich betrachtet.[32] Im Folgenden wird aufzuzeigen sein, dass die internationale Vollstreckungshilfe gerade nicht deckungsgleich mit und auch kein Unterfall der internationalen Informationshilfe ist. Es handelt sich vielmehr bei beiden Kooperationsinstrumenten um eigenständige Unterfälle der zwischenstaatlichen Rechts- und Amtshilfe, die es voneinander zu unterscheiden gilt.

§ 1 Teilbegriffe des Untersuchungsgegenstandes

Thema dieser Abhandlung ist die internationale Vollstreckungshilfe im Steuerverfahren. Der Untersuchungsgegenstand setzt sich im Grunde aus drei zusammenwirkenden Teilbegriffen zusammen:

- Vollstreckung
- (Amts-)Hilfe
- International

32 Exemplarisch etwa *Höppner*, in: FS Flick, S. 817 (817 ff.), der unter internationaler steuerlicher Amtshilfe lediglich die grenzüberschreitende Informationshilfe zu verstehen scheint. Gleichermaßen *Weber-Fas*, Staatsverträge im Internationalen Steuerrecht, S. 30 f.; *Musil*, in: Hübschmann/Hepp/Spitaler, AO/FGO, § 2 AO Rn. 7. Auf die zum Teil unsaubere Begriffsverwendung hinweisend schon *Hendricks*, Internationale Informationshilfe, S. 10 m.w.N. Auch zeigt allein die im Vergleich zur Vollstreckungshilfe quantitativ sehr viel umfangreichere Literatur zum internationalen Informationsaustausch, auf welches Rechtsinstitut bislang die Aufmerksamkeit gerichtet wurde. Wissenschaftliche Abhandlungen zum Thema grenzüberschreitender Kooperation der Steuerverwaltung haben oftmals nur die Informationshilfe zum Gegenstand.

Zunächst sollen diese Teilbegriffe in der gebotenen Kürze im Einzelnen abstrakt erläutert werden. Diese Erläuterung dient keinem reinen Selbstzweck. Die Vollstreckungshilfe kann nicht losgelöst vom allgemeinen Vollstreckungsbegriff im nationalen Steuerverfahrensrecht (A.) sowie dem Institut der Amtshilfe (B.) betrachtet werden, da diese für die Anwendung der Vollstreckungshilfe vorausgesetzt werden. Überdies gilt es auf die Besonderheiten beim *grenzüberschreitenden* Tätigwerden von Behörden bei der Besteuerung im Verwaltungsverfahren einzugehen und die Unterschiede zur nationalen Amtshilfe aufzuzeigen (C.). Im Anschluss daran wird aus den zusammenwirkenden Teilbegriffen eine Definition der internationalen Vollstreckungshilfe abgeleitet und auf verschiedene Unterscheidungsmöglichkeiten innerhalb der Vollstreckungshilfe eingegangen (§ 2).

A. *Vollstreckung im Steuerverfahren*

Die Beurteilung der internationalen Vollstreckungshilfe kann nicht unabhängig vom Vollstreckungssystem des nationalen Steuerrechts erfolgen. Die Unterschiede in der Ausgestaltung des nationalen Vollstreckungsrechts, die zwischen den bei der Vollstreckung kooperierenden Staaten durchaus bestehen können[33], dürfen das reibungslose Funktionieren der Vollstreckungshilfe zwar nicht tangieren:[34] die tatsächliche Hilfeleistung bei der Vollstreckung ist aber durch das jeweilige nationale Recht vorgezeichnet. Bei eingehenden Vollstreckungsersuchen, welche die Beitreibung einer geschuldeten Steuer zum Gegenstand haben, bestimmt sich die Durchführung der Vollstreckung in der Regel nach dem nationalen Recht des ersuchten Staates für gleiche oder vergleichbare Steuern, vgl. § 9 Abs. 2

33 Beispielweise findet sich die für das deutsche Verfahrensrecht elementare Entscheidung, zwischen Grundverwaltungsakt und Vollstreckungsmaßnahme zu unterscheiden, längst nicht in allen Staaten wieder, wodurch sich beispielsweise eine unterschiedliche Akzentuierung des Individualrechtsschutzes ergibt. Dazu näher *Glaser*, Entwicklung des Europäischen Verwaltungsrechts, S. 291 ff., der u.a. hervorhebt, dass sich etwa das britische Verwaltungsrecht stark von den im Großen und Ganzen auf gemeinsamen Grundideen basierenden kontinentalen Verwaltungsrechtsordnungen unterscheidet. In diesem Sinne auch *von Danwitz*, Europäisches Verwaltungsrecht, S. 124 ff.

34 So die Erwägungsgründe des Rates zur RL 2010/24/EU, ABl. L 84, 1, Rn. 6.

Satz 1 EU-BeitrG oder Art. 27 Abs. 3 Satz 2 OECD-MA[35].[36] Somit muss ein ordnungsgemäß an Deutschland gerichtetes Ersuchen um Vollstreckung nach Maßgabe der §§ 249 ff. AO durchgeführt werden.[37] Ebenso sind nach § 10 Abs. 1 Satz 1 Nr. 1 EU-BeitrG an andere Staaten gerichtete Beitreibungsersuchen nach nationalem Recht nur dann zulässig, wenn die innerstaatlichen Voraussetzungen einer Vollstreckung gegeben sind bzw. ggf. sogar ein vorheriger erfolgloser Vollstreckungsversuch erfolgt ist, vgl. § 10 Abs. 2 EU-BeitrG. Im Folgenden soll deshalb die Vollstreckung nach der AO unter Hervorhebung der Leitprinzipien in ihren Grundzügen dargestellt werden.

I. Überblick

Die Durchführung der Besteuerung des Steuerpflichtigen erfolgt den Wertungen der AO gemäß in einem gestuften Verwaltungsverfahren. Das Steuerverfahren gliedert sich danach im Wesentlichen in drei Abschnitte: Steuerfestsetzung, Steuererhebung und die nur bei erfolgloser Erhebung stattfindende Steuervollstreckung[38].[39] Die jeweiligen Stufen dürfen indes nicht losgelöst voneinander,

---

35 An dieser Stelle sei bereits klargestellt, dass das OECD-MA lediglich eine Empfehlung darstellt. Rechtlich verbindlich ist lediglich das ins nationale Recht transformierte DBA. Das OECD-MA sowie der OECD-MK können aber bei der Auslegung einzelner Vorschriften von DBA, die nach Vorbild des OECD-MA abgeschlossen wurden, ergänzend herangezogen werden. Vgl. näher *Schönfeld/Häck*, in: Schönfeld/Ditz, DBA, Systematik Rn. 61 f. u. 97. Aus Gründen der Praktikabilität wird im Verlauf dieser Arbeit in der Regel Art. 27 OECD-MA statt eines konkreten DBA zitiert.

36 Vgl. auch die Formulierung des Rates zu den Erwägungsgründen der RL 2010/24/EU, wonach durch die EU-BeitrRL die Befugnis der Mitgliedstaaten, die innerstaatlichen Beitreibungsmaßnahmen festzulegen, nicht berührt werde, ABl. L 84, 1 (2), Rn. 6.

37 Klarstellend insoweit nur BMF v. 23.1.2014 (Merkblatt zur zwischenstaatlichen Amtshilfe bei der Steuererhebung [Beitreibung]), BStBl. I 2014, 188, Rn. 4.2.3.

38 Vgl. BFH, Urt. v. 30.3.1989 – VII R 89/88, BStBl. II 1989, 537 (537 f.) zur Vollstreckung als Bestandteil der Besteuerung.

39 So etwa einteilend *Seer*, in: Tipke/Lang, Steuerrecht, § 21 Rn. 150, § 1 Rn. 69, der ferner darauf hinweist, dass die Position des Ermittlungsverfahrens nicht ganz eindeutig sei, dessen wesentliche Vorschriften jedoch für alle Verwaltungsverfahren gelten würden und man deshalb wohl nicht von einem eigenständigen Verfahren sprechen könne; ähnlich unterteilend *Beermann*, in: Hübschmann/Hepp/Spitaler, AO/FGO, Vor §§ 249–346 AO Rn. 1, der indes – korrespondierend zu den amtlichen Überschriften der AO („Vierter Teil: Durchführung der Besteuerung, Fünfter Teil: Erhebungsverfahren, Sechster Teil: Vollstreckung") –, die Eigenständigkeit und Gleichrangigkeit der Vollstreckung hervorhebend, Steuerfestsetzung unter Durchführung der Besteuerung (§§ 134 ff. AO) fasst; vgl. auch *Jakob*, AO, Rn. 115 ff. Ggf. schließt sich auf den

sondern müssen vielmehr aufeinander aufbauend betrachtet werden. So bildet beispielsweise der in § 155 Abs. 1 Satz 1 AO normierte Steuerbescheid, der die Steuerschuld festsetzt, die Grundlage für die Steuererhebung, vgl. § 218 Abs. 1 Satz 1 AO.[40] Gleichermaßen ist durch das Erfordernis des Leistungsgebots nach § 254 Abs. 1 Satz 1 AO die (erfolglose) Steuererhebung Voraussetzung für den Beginn der Vollstreckung.[41]

Die Vollstreckung stellt – abgesehen von gerichtlichen und außergerichtlichen Rechtsbehelfsverfahren – die abschließende Stufe des Besteuerungsverfahrens dar und ist im Sechsten Teil der AO (§§ 249–346 AO) gesetzlich geregelt. Konkretisiert werden die gesetzlichen Regelungen des Sechsten Teils durch die auf Grundlage von Art. 108 Abs. 7 GG erlassenen Verwaltungsvorschriften, namentlich Vollstreckungsanweisung[42] und Vollziehungsanweisung[43].[44] Die Vollstreckung nach den Vorschriften der AO ist bezogen auf Ansprüche der Steuerverwaltung im Verhältnis zum allgemeinen Verwaltungsvollstreckungsrecht und der Zwangsvollstreckung im Sinne des Achten Buchs der ZPO (§§ 704–945b ZPO) grundsätzlich ein Rechtsinstitut eigener Art und diesen gegenüber vorrangig.[45]

---

verschiedenen Stufen ein außergerichtliches Rechtsbehelfsverfahren (Einspruchsverfahren, §§ 347 ff. AO) an, vgl. *Birk/Desens/Tappe*, Steuerrecht, Rn. 357 f. Zu weiteren, an dieser Stelle nicht bedeutsamen Verwaltungsverfahren im Steuerrecht, vgl. nur *Seer*, in: Tipke/Lang, Steuerrecht, § 21 Rn. 152.

40 Vgl. *Rüsken*, in: Klein, AO, § 218 Rn. 1 f., 5; *Jakob*, AO, Rn. 122.

41 *Fritsch*, in: Koenig, AO, § 254 Rn. 3 ff.

42 Allgemeine Verwaltungsvorschrift über die Durchführung der Vollstreckung nach der Abgabenordnung (VollstrA) v. 13.3.1980, BStBl. I 1980, 112, zuletzt geändert 10.3.2011, BStBl. I 2011, 238.

43 Allgemeine Verwaltungsvorschrift für Vollziehungsbeamte der Finanzverwaltung (VollzA) v. 29.4.1980, BStBl. I 1980, 194, zuletzt geändert 10.3.2011, BStBl. I 2011, 238.

44 Die Verwaltungsvorschriften sind lediglich verwaltungsinterne Rechtsnormen im Sinne von § 4 AO. Ihnen kommt grundsätzlich lediglich interne Bedeutung zu. Sie können allenfalls mittelbare Außenwirkung als Folge der aus dem Gleichbehandlungsgrundsatz abgeleiteten Selbstbindung der Verwaltung entfalten. Vgl. dazu näher *Wernsmann*, in: Hübschmann/Hepp/Spitaler, AO/FGO, § 4 AO Rn. 33, 85 ff.

45 BFH, Urt. v. 23.7.1996 – VII R 88/94, BStBl. II 1996, 511 (512); *Werth*, in: Klein, AO, Vor § 249 Rn. 2 f.; dahingehend auch *Beermann*, in: Hübschmann/Hepp/Spitaler, AO/FGO, Vor §§ 249–346 AO Rn. 1, 28. Andere Gesetze (z.B. § 114 BranntwMonG, § 150 FGO sowie § 5 Abs. 1 VwVG) verweisen ferner gerade auf die vollstreckungsrechtlichen Vorschriften der AO.

II. Wesen

Eine Legaldefinition des Vollstreckungsbegriffs enthält die AO nicht. Die Vollstreckung wird als solche vorausgesetzt und durch Festlegung der tatbestandlichen Anforderungen mit Leben gefüllt. Im Grundsatz unterscheidet sich das abgabenrechtliche Vollstreckungsverfahren kaum vom allgemeinen Verwaltungsvollstreckungsrecht, sodass sich die im allgemeinen Verwaltungsverfahren entwickelte Definition auf das Steuerrecht, als besonderes Verwaltungsrecht[46], übertragen lässt.[47]

Unter Vollstreckung im abgabenrechtlichen Anwendungsbereich versteht man ein Verfahren, das die in § 249 Abs. 1 Satz 3 HS. 1 AO genannten Behörden ermächtigt, ihre öffentlich-rechtlichen Ansprüche im Sinne des § 249 Abs. 1 Sätze 1 und 2 i.V.m. §§ 1 Abs. 1, 3 Abs. 1 AO gegenüber dem durch Verwaltungsakt (§ 118 Satz 1 AO) verpflichteten Bürger zwangsweise zu verwirklichen.[48] Nicht zu verwechseln mit der Steuervollstreckung sind die Begriffe des Steuer*vollzugs* oder der Steuer*vollziehung*. Unter den zuletzt genannten Bezeichnungen ist die generelle Anwendung von materiellen Steuerrechtsnormen zu verstehen, d.h. die Durchsetzung der materiell-rechtlichen Belastungsentscheidung mithilfe des Steuerverfahrensrechts.[49] Dies geschieht jedoch durch die Ausführung aller unter I. aufgezeigten Steuerverfahren.

Zu unterscheiden ist die Verwaltungsvollstreckung nach der Anspruchsart: Es kann wegen Geldforderungen (§§ 259 ff. AO) oder anderer Leistungen (Handlungen, Duldungen oder Unterlassungen, §§ 328 ff. AO) vollstreckt werden.[50]

Ein wesentliches Merkmal der verwaltungsrechtlichen Vollstreckung liegt darin, dass die Beteiligten sich gerade nicht gleichberechtigt gegenübertreten: Der

---

46 Vgl. hierzu nur *Seer*, in: Tipke/Lang, Steuerrecht, § 1 Rn. 27.

47 Zur allgemeinen Definition der Verwaltungsvollstreckung *App/Wettlaufer*, Verwaltungsvollstreckungsrecht, § 1 Rn. 1; *Maurer*, Allgemeines Verwaltungsrecht, § 20 Rn. 1; *Wolff/Bachof/Stober/Kluth*, Verwaltungsrecht I, § 64 Rn. 1; *Idziok*, Vollstreckungshilfe, S. 1.

48 In diese Richtung gehend auch *Kruse*, in: Tipke/Kruse, AO/FGO, Vor § 249 AO Rn. 10; *Fritsch*, in: Koenig, AO, Vor §§ 249 ff. Rn. 2; *Lemaire*, in: Kühn/von Wedelstädt, AO/FGO, Vor §§ 249–346 AO Rn. 8.

49 Zum Steuervollzug vgl. nur *Seer*, DStJG 31 (2008), 1 (2).

50 Gleichermaßen unterscheidet auch das allgemeine Verwaltungs-Vollstreckungsgesetz v. 27.4.1953, BGBl. I 1953, 157: §§ 1–5 VwVG regeln die Vollstreckung wegen Geldforderungen, §§ 6–18 VwVG die Erzwingung von Handlungen, Duldungen und Unterlassungen.

betroffene Bürger wird hoheitlichem Zwang unterworfen.[51] Kennzeichnend für die Vollstreckung im Verwaltungsweg ist, dass die zuständige Behörde die Vollstreckung auf Grundlage des Verwaltungsakts betreibt, den sie selbst erlassen hat, vgl. § 249 Abs. 1 Satz 1 AO. Der Staat ist hier sowohl Gläubiger als auch Herr des Verfahrens.[52] Die Steuervollstreckung unterscheidet sich dadurch wesentlich von der zivilrechtlichen Vollstreckung. Im Zwangsvollstreckungsrecht der ZPO ist nämlich ein vollstreckbarer Titel Voraussetzung für die Rechtmäßigkeit der zwangsweisen Durchsetzung von Ansprüchen des Gläubigers, vgl. §§ 704 ff., 794 ZPO. Das Ziel der zivilrechtlichen Zwangsvollstreckung ist – anders als bei der Verwaltungsvollstreckung – darin zu sehen, Privaten mithilfe der Vollstreckungsorgane des Staates die Möglichkeit der Durchsetzung ihrer zivilrechtlichen Ansprüche zu gewähren.[53] Ferner werden die Vollstreckungsbehörden – im Gegensatz zu einem privaten Gläubiger oder zu für ihn handelnden Vollstreckungsorganen – „im Interesse der Allgemeinheit" tätig.[54] Als Teil des Steuerverfahrens handelt es sich folglich bei der Vollstreckung im Sinne der AO letztlich um (Eingriffs-)Verwaltung. So heißt es in § 249 Abs. 1 Satz 1 AO: „Die Finanzbehörden können [...] im Verwaltungsweg vollstrecken".

Streng zu unterscheiden sind die Vollstreckungsmaßnahme und das im Verwaltungsakt verbriefte Recht, das durch die Vollstreckung verwirklicht werden soll. Der Verwaltungsakt fungiert bei der Durchführung der Vollstreckungsmaßnahme als eine Art Vollstreckungstitel.[55] Die handelnden Behörden sind indes auch bei der Durchführung der Vollstreckung an Gesetz und Recht gebunden, vgl. Art. 20 Abs. 3 GG. In Ausübung hoheitlicher Staatsgewalt wird durch den

---

51 Die Vollstreckung von Ansprüchen *gegen* den Staat unterfällt nicht der Vollstreckung im Sinne der §§ 249 ff. AO. Dieses Verfahren normieren die §§ 151 – 154 FGO. Vgl. dazu auch BT-Drs. 6/1982, S. 174.

52 So bereits grundlegend *Becker*, RAO, S. 676 Rn. 3; dazu auch *Kruse*, in: Tipke/Kruse, AO/FGO, Vor § 249 AO Rn. 13; zur Begründung und Rechtfertigung dieses Grundsatzes *Neumann*, in: Beermann/Gosch, AO/FGO, § 249 AO Rn. 3; krit. *Gaul*, JZ 1979, 496 (502).

53 Eingehend *Gaul/Schilken/Becker-Eberhard*, Zwangsvollstreckungsrecht, S. 1 ff. Ausführlich zur unterschiedlichen Zielrichtung beider Verfahren *Beermann*, in: Hübschmann/Hepp/Spitaler, AO/FGO, Vor §§ 249–346 AO Rn. 9.1. Trotz der genannten grundsätzlichen Unterschiede bestehen auch Gemeinsamkeiten. So verweisen zahlreiche Vorschriften der AO auf Normen der ZPO. Vgl. dazu im Einzelnen *Kruse*, in: Tipke/Kruse, AO/FGO, Vor § 249 AO Rn. 14.

54 So bereits ausdrücklich zur RAO RG, Urt. v. 6.10.1923 – III 344/23, RGZ 108, 253 (257); vgl. auch *Neumann*, in: Beermann/Gosch, AO/FGO, § 249 AO Rn. 3.

55 So auch *Söhn*, in: Hübschmann/Hepp/Spitaler, AO/FGO, § 118 AO Rn. 22.

Einsatz von Zwangsmaßnahmen im Rahmen der Vollstreckung – zusätzlich zum Eingriff durch die Verpflichtung aus dem Verwaltungsakt – oftmals in nicht unerheblicher Weise in grundrechtlich geschützte Positionen wie die allgemeine Handlungsfreiheit (Art. 2 Abs. 1 GG), die Unversehrtheit der Wohnung (Art. 13 GG) oder das Eigentum (Art. 14 GG) des Betroffenen eingegriffen. Somit bedürfen die Vollstreckungsmaßnahmen selbst einer gesetzlichen Grundlage und unterliegen der Verfassungsbindung, was zur Folge hat, dass auch bei Durchführung der Vollstreckung rechtstaatliche Prinzipien wie der Verhältnismäßigkeitsgrundsatz[56] gewahrt bleiben müssen.[57] Die Vollstreckungsmaßnahmen müssen geeignet und erforderlich sein, ihren Zweck zu erreichen; insbesondere dürfen sie den Betroffenen „nicht übermäßig belasten“, müssen diesem also „zumutbar“ sein.[58] Da die Vollstreckungsbehörden im Interesse der Allgemeinheit handeln, darf die einzelne Vollstreckungshandlung nicht über das öffentliche Interesse hinausgehen.[59]

Der Verwaltungsakt selbst enthält keine Ermächtigung zur Anwendung von Zwangsmaßnahmen. Die gesetzliche Grundlage für die Durchführung der Vollstreckung ergibt sich gerade nicht aus dem zu vollstreckenden Verwaltungsakt, der lediglich den zu verwirklichenden Anspruch konstituiert, sondern aus den §§ 249 ff. AO.[60]

Nach alledem wird im Rahmen der Steuervollstreckung der im Steuerverwaltungsakt festgesetzte, aber im Erhebungsverfahren nicht realisierte Anspruch durch Ausübung von Verwaltungszwang verwirklicht.

III. Exkurs: Vollstreckung und Beitreibung

Mitunter wird statt „Vollstreckung“ auch der Begriff „Beitreibung“ verwendet. Dies ist auf den Umstand zurückzuführen, dass die Normen betreffend die Vollstreckung in der RAO 1919[61] noch unter dem Titel „Beitreibung“ (Fünfter

---

56 Grundlegend BVerfG, Beschl. v. 15.12.1965 – 1 BvR 513/65, BVerfGE 19, 342 (347); zum Vollstreckungsrecht BFH, Urt. v. 24.9.1991 – VII R 34/90, BStBl. II 1992, 57 (58); Beschl. v. 16.7.2007 – VII B 88/94, BFH/NV 2007, 2229 (2230); vgl. auch *Fritsch*, in: Koenig, AO, Vor §§ 249 ff. Rn. 3.

57 Vgl. nur *Beermann*, in: Hübschmann/Hepp/Spitaler, AO/FGO, Vor §§ 249–346 AO Rn. 71 ff.; *Kruse*, in: Tipke/Kruse, AO/FGO, Vor § 249 AO Rn. 11; *Neumann*, in: Beermann/Gosch, AO/FGO, § 249 AO Rn. 5.

58 BVerfG, Urt. v. 19.10.1982 – 1 BvL 34/80, 1 BvL 55/80, BVerfGE 61, 126 (134).

59 Vgl. *Kruse*, in: Tipke/Kruse, AO/FGO, § 249 AO Rn. 14.

60 *Beermann*, in: Hübschmann/Hepp/Spitaler, AO/FGO, Vor §§ 249–346 AO Rn. 25.

61 Reichsabgabenordnung v. 13.2.1919, RGBl. 1919, 1993 (2062).

Abschnitt, §§ 298–354 RAO) aufgeführt wurden. Erst in der AO 1977[62] wurde „Beitreibung" durch „Vollstreckung" als Überschrift ersetzt. Aus diesen Vorschriften ist der Sechste Teil der AO in der aktuellen Fassung hervorgegangen.

Die Änderung im Gesetz ist nicht rein sprachlicher Natur.[63] Vielmehr besteht ein materieller Unterschied zwischen den beiden Termini Vollstreckung und Beitreibung. Die Gesetzgebungsmaterialien[64] schweigen hierzu zwar. Beitreibung ist aber im Vergleich zur Vollstreckung als der engere Begriff zu bewerten. Beitreibung hat lediglich die Vollstreckung von Geldleistungspflichten und nicht etwa die Erzwingung von anderen Leistungspflichten zum Inhalt.[65] Vollstreckung ist demgegenüber der den gesamten Sechsten Teil der AO umfassende Oberbegriff; er beinhaltet mithin die Vollstreckung wegen Geldforderungen *und* wegen anderer Leistungen.[66]

So zeigen auch die Benennungen der jüngsten EU-Richtlinie in diesem Zusammenhang als „Beitreibungsrichtlinie" und des die Richtlinie umsetzenden „Beitreibungsgesetzes", dass eine Differenzierung zwischen Vollstreckung und Beitreibung vom Gesetzgeber konsequent vorgenommen wird. Es erscheint ferner bereits vom Wortsinn als dem Ausgangspunkt jeder Auslegung geboten, unter Beitreibung nur die Vollstreckung von Geldforderungen zu fassen. Duldungen oder Unterlassungen können sprachlich schwerlich „beigetrieben" werden.

Die Vollstreckung wegen eines Anspruches auf eine Geldleistung nimmt für die Finanzverwaltung ob des Finanzierungsbedarfs des Staates durch Steuern eine überragende Position ein. Die Vollstreckung wegen anderer Leistungen ist dagegen im Steuer- und Abgabenrecht nur von untergeordneter Bedeutung.[67]

---

62 Abgabenordnung (AO 1977) v. 23.3.1976, BGBl. I 1976, 613 (670).

63 So auch ausdrücklich *Beermann*, in: Hübschmann/Hepp/Spitaler, AO/FGO, Vor §§ 249–346 AO Rn. 18.

64 Die AO 1977 beruht auf dem Entwurf der AO 1974, vgl. BT-Drs. 6/1982, 7/79 und 7/4292. Betont wird, dass bei der Neufassung vor allem die redaktionelle Überarbeitung im Vordergrund stand, vgl. auch Schriftenreihe des BMF, Heft 13, S. 360 f.

65 Vgl. auch § 10b Abs. 1 Satz 5 EStG.

66 Dies hat bereits *Becker*, RAO, S. 676 Rn. 4 hervorgehoben; so auch *Beermann*, in: Hübschmann/Hepp/Spitaler, AO/FGO, Vor §§ 249–346 AO Rn. 18, der ebenfalls die Überschrift „Beitreibung" in der RAO als zu ungenau erachtet; ähnlich *Kruse*, in: Tipke/Kruse, AO/FGO, Vor § 249 AO Rn. 4.

67 *Dißars*, in: Schwarz, AO, § 249 Rn. 8. Zu den wenigen praxisrelevanten Ausnahmen, in denen Finanzbehörden andere Leistungen durchsetzen, gehören die Maßnahmen zur Erzwingung einer Vermögensauskunft nach § 284 AO. Mittelbar geht es freilich auch hier um die Durchsetzung von Geldforderungen.

Diese Form der Vollstreckung ist vornehmlich im Polizei- und Sicherheitsrecht relevant und wird auch als Verwaltungszwang bezeichnet.[68] In dieser Dissertation wird der Schwerpunkt auf die Beitreibung von Geldforderungen gelegt. Die relevanten zwischenstaatlichen Rechtsgrundlagen haben in der Regel auch nur die Amtshilfe bei der Geltendmachung von Forderungen zum Gegenstand.[69] Vollstreckung und Beitreibung werden deshalb hier im Regelfall synonym verwendet. Sollten ausnahmsweise Aussagen auch auf die Vollstreckung wegen anderer Leistungen bezogen sein, erfolgt diesbezüglich ein expliziter Hinweis.

IV. Maßnahmen und Voraussetzungen

Im Sechsten Teil der AO wird zunächst nach der Art des Anspruches, den der jeweilige Verwaltungsakt beinhaltet, differenziert.[70] Während sich im Ersten Abschnitt (§§ 247–258 AO) allgemeine Vorschriften finden, regeln der Zweite (§§ 259–327 AO) und Dritte (§§ 328–336 AO) Abschnitt die Voraussetzungen für die Vollstreckung wegen Geldforderungen bzw. wegen anderer Leistungen als Geldforderungen. Innerhalb der Vollstreckung wegen Geldforderungen ist wiederum nach dem Zugriffsobjektiv zu unterscheiden: Es kann sowohl in das bewegliche (§§ 281 ff. AO: körperliche Sachen, Forderungen und sonstige Rechte) als auch in das unbewegliche Vermögen (§§ 322 f. AO: Grundstücke und grundstücksgleiche Rechte) vollstreckt werden. Nach dem Zugriffsobjekt richtet sich auch die Statthaftigkeit der jeweiligen Vollstreckungsmaßnahme: So stehen den Vollstreckungsbehörden im Rahmen einer Vollstreckung in das unbewegliche Vermögen die aus der ZPO bekannten Maßnahmen der Sicherungshypothek, Zwangsversteigerung und Zwangsverwaltung zur Verfügung, vgl. § 322 AO. Für die Vollstreckung in das bewegliche Vermögen kommen für die Vollstreckungsbehörden hingegen die Sachpfändung (§§ 281 ff. AO) bzw. Pfändungs- und Einziehungsverfügung[71] (§§ 309 ff. AO) als statthafte Maßnahmen in Betracht.

Für beide Anspruchsarten gelten indes die vor allem in den §§ 249, 251 und 254 AO geregelten allgemeinen Vollstreckungsvoraussetzungen. Sachlich

68 Vgl. dazu *App/Wettlaufer*, Verwaltungsvollstreckungsrecht, § 1 Rn. 12.

69 Vgl. Art. 1 Abs. 1 EU-BeitrG und Art. 27 Abs. 1 OECD-MA.

70 Zum Folgenden einen grafischen Überblick gebend *Dißars*, in: Schwarz, AO, Vor §§ 249 ff. Rn. 3.

71 Diese Maßnahme wird in der Praxis am häufigsten angewandt, vgl. *Jakob*, AO, Rn. 132.

zuständige Vollstreckungsbehörden sind in den Fällen einer Vollstreckung wegen einer Geldleistung gemäß § 249 Abs. 1 Satz 3 HS. 1 AO die Finanzämter und die Hauptzollämter. Gegenstand des Vollstreckungsverfahrens können nur ein Verwaltungsakt oder eine Steueranmeldung im Sinne von § 168 AO (vgl. § 249 Abs. 1 Satz 2 AO) sein, welche die Forderung einer Geldleistung zum Inhalt haben und nach § 251 Abs. 1 AO vollstreckbar sind. § 254 Abs. 1 AO schränkt, soweit nichts anderes bestimmt ist, die Möglichkeit der Vollstreckung insoweit ein, als für den Beginn der Vollstreckung die Fälligkeit der Leistung im Sinne des § 220 AO vorgeschrieben ist und darüber hinaus ein sogenanntes Leistungsgebot statuiert wird.[72] Das Leistungsgebot ist ein eigenständiger Verwaltungsakt[73], das den Vollstreckungsschuldner auffordert, der im Ausgangsverwaltungsakt verbrieften Zahlungspflicht innerhalb einer bestimmten Frist nachzukommen.[74] Es kann gemäß § 254 Abs. 1 Satz 2 AO mit dem zu vollstreckenden Verwaltungsakt – in der Regel dem Steuerbescheid – verbunden werden. Erst eine Woche nach Bekanntgabe des Leistungsgebots darf mit der Vollstreckungsmaßnahme begonnen werden, vgl. § 254 Abs. 1 Satz 1 a.E. AO. Wird die Vollstreckung trotz eines fehlenden oder fehlerhaften Leistungsgebots betrieben, ist die Maßnahme zwar nicht nichtig, jedoch rechtswidrig und anfechtbar.[75] Im Falle der Vollstreckung wegen einer Geldforderung soll dem Steuerpflichtigen in der Regel vorher noch eine Mahnung mit einer Zahlungsfrist von einer Woche zugehen, vgl. § 259 Satz 1 AO. Das Erfordernis einer Mahnung dient dem Schutz des Schuldners, der vorher noch die Gelegenheit zur Abwendung der Einleitung von Vollstreckungsmaßnahmen erhalten soll. Zugleich sollen aus Gründen der Verwaltungsökonomie nicht zwingend notwendige Vollstreckungsverfahren vermieden werden.[76] Schließlich können die zuständigen Vollstreckungsbehörden gemäß § 249 Abs. 2 AO zur Vorbereitung der Vollstreckung die Vermögens- und

---

72 Statt vieler *Werth*, in: Klein, AO, § 254 Rn. 1.

73 So die h.M. vgl. nur BFH, Beschl. v. 16.3.1995 – VII S 39/92, BFH/NV 1995, 950 (952); *Neumann*, in: Beermann/Gosch, AO/FGO, § 254 AO Rn. 8.

74 *Loose*, in: Tipke/Kruse, AO/FGO, § 254 AO Rn. 4; zu den inhaltlichen Anforderungen an das Leistungsgebot *Beermann*, in: Hübschmann/Hepp/Spitaler, AO/FGO, § 254 AO Rn. 35 ff.

75 BFH, Urt. v. 22.10.2002 – VII R 56/00, BStBl. II 2003, 109 (110); *Loose*, in: Tipke/Kruse, AO/FGO, § 254 AO Rn. 28; *Neumann*, in: Beermann/Gosch, AO/FGO, § 254 AO Rn. 30.1 ff.; a.A. noch BFH, Urt. v. 30.9.1953 – II 167/52 S, BStBl. III 1953, 312 (312), der von fehlender Rechtswirksamkeit ausging.

76 So etwa *Fritsch*, in: Koenig, AO, § 259 Rn. 1; ähnlich *Müller-Eiselt*, in: Hübschmann/Hepp/Spitaler, AO/FGO, § 259 AO Rn. 3.

Einkommensverhältnisse des Steuerpflichtigen ermitteln. Sie können dabei auch auf die allgemeinen Befugnisse aus §§ 85–107 AO und §§ 111–117 AO zurückgreifen.[77]

V. Ermessen

Auf den ersten Blick steht die Einleitung von Vollstreckungsmaßnahmen nach dem Wortlaut des § 249 Abs. 1 Satz 1 AO im Ermessen der zuständigen Vollstreckungsbehörde („Die Finanzbehörden...können...vollstrecken"). Ob daraus tatsächlich ein Entschließungsermessen nach Maßgabe des § 5 AO im Hinblick auf die Vollstreckung abgeleitet werden kann, ist umstritten. Nach erstinstanzlicher finanzgerichtlicher Rechtsprechung[78] und einem Teil der Literatur[79] ist der Wortlaut des § 249 Abs. 1 Satz 1 AO vom auch für das Vollstreckungsverfahren geltenden Grundsatz der Gesetzmäßigkeit der Verwaltung (Art. 20 Abs. 3 GG, § 85 AO) beeinflusst und dementsprechend auszulegen. Danach seien die Vollstreckungsbehörden verpflichtet, entstandene Steueransprüche auch im Wege der Vollstreckung geltend zu machen. Ein Ermessen bestünde insoweit nicht mehr. Der BFH[80] und ein anderer Teil der Literatur[81] stellen indes auf den Wortlaut des § 249 Abs. 1 Satz 1 AO ab, aus dem sich ein Zwang zur Einleitung von Vollstreckungsmaßnahmen nicht herleiten lasse. Zudem gelte

---

77 Vgl. Abschn. 20 Abs. 2 Satz 1 VollstrA. Verwaltungsvorschriften binden grundsätzlich nur die Behörden als Adressaten. Sie können aber mittelbare Außenwirkung gegenüber dem Steuerpflichtigen entfalten. Vgl. hierzu nur *Wernsmann*, in: Hübschmann/Hepp/Spitaler, AO/FGO, § 4 AO Rn. 87.

78 FG Brandenburg, Beschl. v. 10.8.1998 - 1 V 1675/98 E, KV, EFG 1998, 1450 (1451); Beschl. v. 19.10.1998 - 1 V 2160/98 KV, EFG 1999, 62 (62); FG Hamburg, Urt. v. 18.2.2000 - II 376/99, EFG 2000, 536 (536).

79 So die wohl h.M. im Schrifttum: Grundlegend *Stier*, StuW 1967, 391 (401 f., 404); *Kruse*, in: Tipke/Kruse, AO/FGO, § 249 AO Rn. 11; *Fritsch*, in: Koenig, AO, § 249 Rn. 7; *Werth*, in: Klein, AO, § 249 Rn. 2; *Lemaire*, in: Kühn/von Wedelstädt, AO/FGO, § 249 AO Rn. 3; *Szymczak*, in: Koch/Scholtz, AO, § 249 Rn. 8; *Seer*, in: Tipke/Lang, Steuerrecht, § 21 Rn. 371; *Wiggen*, DStZ 1999, 744 (745); *Wiethölter*, DStZ 1995, 589 (589).

80 BFH, Urt. v. 30.8.2005 - VII R 61/04, BFH/NV 2006, 232 (233); Urt v. 27.10.2004 - VII R 65/03, BStBl. II 2005, 198 (200); noch offenlassend Urt. v. 22.10.2002 - VII R 56/00, BStBl. II 2003, 109 (112).

81 Siehe *Beermann*, in: Hübschmann/Hepp/Spitaler, AO/FGO, § 249 AO Rn. 45 ff.; *Jakob*, AO, Rn. 127; *Dißars*, in: Schwarz, AO, § 249 Rn. 11; vgl. auch *Neumann*, in: Beermann/Gosch, AO/FGO, § 249 AO Rn. 29, der § 85 AO nur als „bedeutsame Richtschnur" deutet und aus diesem Grundsatz nur die Pflicht zur sachgerechten Ausübung des Entschließungsermessens ableitet; wohl auch *Canz*, BB 2014, 1181 (1181 f.).

das Gesetzesmäßigkeitsgebot nur in Bezug auf die Verwirklichung von Steueransprüchen bei der Steuererhebung, nicht jedoch für das eigenständige Vollstreckungsverfahren.[82] Ein Entschließungsermessen würde ferner eher dem Schutz des Vollstreckungsschuldners sowie dem Grundsatz der Verhältnismäßigkeit gerecht.[83]

Diese Frage wird später noch im Rahmen der Voraussetzungen der Leistung von Vollstreckungshilfe bei eingehenden Ersuchen von Bedeutung sein (3. Teil 2. Kapitel § 2 F.). Es erscheint jedoch, so viel sei an dieser Stelle festgehalten, insbesondere im Hinblick auf die umfangreichen zwischenstaatlichen Verpflichtungen fraglich, inwiefern bei der Ausführung von Vollstreckungsmaßnahmen für einen anderen Staat noch ein Entschließungsermessen für die zuständige Behörde gegeben ist.

Vom Entschließungsermessen zu unterscheiden ist der Ermessenspielraum, den die Vollstreckungsbehörde bei der Auswahl der jeweils anzuwendenden Vollstreckungsmaßnahme hat. Hinsichtlich der Entscheidung, welche Vollstreckungsmaßnahmen in welchem Maße in welches Objekt durchgeführt werden sollen, kann die Vollstreckungsbehörde nach einhelliger Auffassung sehr wohl nach pflichtgemäßem Ermessen im Sinne des § 5 AO befinden.[84]

B. (Amts-)Hilfe

Im Fokus dieser Abhandlung steht nicht das nationale Vollstreckungsrecht als solches, sondern die Auseinandersetzung mit der *Hilfe bei der* Vollstreckung durch verschiedene Behörden. Dem Rückgriff auf die Vollstreckungshilfe liegt nämlich in der Regel eine Konstellation zugrunde, in der insoweit vom soeben beschriebenen herkömmlichen Ablauf der Vollstreckung abgewichen wird, als die Vollstreckungsbehörde die Beitreibung an einem Ort bzw. in einem Staat durchführen möchte, an dem sie örtlich nicht zuständig ist bzw. an dem sie überhaupt keine hoheitliche Befugnisse innehat und Vollstreckungsmaßnahmen mithin nicht ausführen darf.[85] An dieser Stelle greifen die Vollstreckungsbefugnisse der Behörden nicht Platz und es muss auf die Vollstreckungshilfe zurückgegriffen werden.

---

82 *Beermann*, in: Hübschmann/Hepp/Spitaler, AO/FGO, § 249 AO Rn. 47 f.

83 So *Beermann*, in: Hübschmann/Hepp/Spitaler, AO/FGO, § 249 AO Rn. 49.

84 Vgl. nur BFH, Urt. v. 14.2.1979 – VII R 54/78, BStBl. II 1979, 427 (428 f.); Urt. v. 22.10.2002 – VII R 56/00, BStBl. II 2003, 109 (112); *Kruse*, in: Tipke/Kruse, AO/FGO, § 249 AO Rn. 13; *Stier*, StuW 1967, 391 (403 f.).

85 In diese Richtung auch *Idziok*, Vollstreckungshilfe, S. 1.

I. Vollstreckungshilfe als Sonderfall der Amtshilfe

Nationale wie internationale Vollstreckungshilfe – zum Teil auch als Vollstreckungs*amts*hilfe[86] oder Amtshilfe bei der Beitreibung von Forderungen[87] bezeichnet – sind Ausprägungen des allgemeinen Rechtsinstituts der Amtshilfe.[88] Amtshilfe als innerstaatliche Erscheinungsform ist in Deutschland in Art. 35 Abs. 1 GG als Verfassungsgebot[89] verankert. Aus diesem Gebot folgt, dass sich Behörden des Bundes und der Länder innerstaatlich gegenseitig Amts- und Rechtshilfe zu leisten haben. Die Normierung im Grundgesetz spiegelt die Bedeutung der Amtshilfe für den föderalen Bundesstaat wider. Sie stellt ein grundlegendes Prinzip des deutschen Verwaltungsverfahrens dar und ist ein notwendiges Kooperationsinstrument zur Behebung der in einem föderale Bundesstaat durch die Trennung der Staatsgewalten zwangsläufig auftretenden Unzuständigkeiten und Kompetenzdefizite einzelner Behörden, ohne das die einheitliche Durchsetzung des Rechts bundesweit nicht gewährleistet werden könnte.[90]

Amtshilfe bezeichnet im Allgemeinen (siehe auch die konkretisierenden Bestimmungen in §§ 4 ff. VwVfG) einen Vorgang, bei der eine (zuständige) Behörde eine andere (unzuständige oder unter einem Kompetenzmangel leidende) Behörde bei der Erfüllung ihrer Aufgaben unterstützt, ohne dass ein

86 Z.B. *Seer*, IWB 2011, 144.

87 Vgl. Erwägungsgründe des Rates zur RL 2010/24/EU, ABl. L 84, 1, Rn. 1.

88 Vgl. nur *Werth*, in: Klein, AO, § 250 Rn. 3; *Söhn*, in: Hübschmann/Hepp/Spitaler, AO/FGO, § 111 AO Rn. 26 und 36. Grundlegend *Schlink*, Amtshilfe, S. 145 ff.; *Nisipeanu*, Amtshilfe, S. 59, 138 ff.; *Idziok*, Vollstreckungshilfe, S. 23 ff., 31, 43 m.w.N. Deutlich wird dies sprachlich nicht zuletzt auch durch den Umstand, dass in der Literatur nicht selten von der Amtshilfe bei der Vollstreckung bzw. Beitreibung gesprochen wird: Exemplarisch *Ismer/Sailer*, IStR 2003, 622; auch *Söhn*, in: Hübschmann/Hepp/Spitaler, AO/FGO, § 117 AO Rn. 9.

89 So insbesondere *Meyer-Teschendorf*, JuS 1981, 187 (187), der hervorhebt, dass die „gegenseitige Behördenhilfe (…) nicht [als] bloßes nobile officium oder gar nur unverbindliche, mithin beliebige Gefälligkeit (…)“ zu verstehen sei.

90 Grundlegend bereits BVerfG, Beschl. v. 28.11.1957 – 2 BvL 11/56, BVerfGE 7, 183 (190); zur Bedeutung der Amtshilfe etwa *Isensee*, in: HStR VI, § 126 Rn. 228, der von dem Ziel der Amtshilfe ausgeht, „Bund und Länder zu gesamtstaatlicher Informations- und Handlungseinheit zusammenzuführen“; vgl. auch *Schmitz*, in: Stelkens/Bonk/Sachs, VwVfG, § 4 Rn. 5; *Meyer-Teschendorf*, DÖV 1988, 901 (907); krit. zur Zielsetzung der Einheit der Staatsgewalt *Erbguth*, in: Sachs, GG, Art. 35 Rn. 2; zum verfassungsgeschichtlichen Hintergrund *Schlink*, Amtshilfe, S. 34 ff. sowie *Holznagel*, in: Grundlagen des Verwaltungsrechts, § 24 Rn. 22 ff.

Weisungsverhältnis zwischen den beteiligten Behörden gegeben ist.[91] Die unterstützende Behörde wird dabei auf Ersuchen der Hilfe anfordernden Behörde tätig.[92] Der konkrete Umfang der Amtshilfe ist Art. 35 Abs. 1 GG nicht zu entnehmen, sondern ergibt sich aus dem jeweils einschlägigen konkretisierenden Gesetz.[93] Art. 35 GG verhilft ferner nicht zur Überwindung fehlender Ermächtigungsgrundlagen der ersuchten Behörde gegenüber dem Bürger, sondern beschreibt nur das Verhältnis der Behörden untereinander. Für Grundrechtseingriffe bedarf es mithin ungeachtet der Amtshilfe einer gesetzlichen normierten Befugnis seitens der in Grundrechte eingreifenden Behörde.[94]

II. Amtshilfe im Steuerverfahren

Die Amtshilfe erfährt in Bezug auf das Steuerverfahren eine nähere einfachgesetzliche Ausgestaltung in der Abgabenordnung. Dort wird sie im 5. Unterabschnitt (§§ 111–117c AO) der Verfahrensgrundsätze (Erster Abschnitt) der Allgemeinen Verfahrensvorschriften (Dritter Teil) geregelt. Diese Amtshilfevorschriften sind nur einschlägig, soweit der Anwendungsbereich der AO eröffnet ist. Dies ist der Fall, wenn Steuern einschließlich der Steuervergütungen, die durch Bundesrecht oder Recht der EU geregelt sind, soweit sie durch Bundesfinanzbehörden oder durch Landesfinanzbehörden verwaltet werden, Gegenstand des Verfahrens sind, vgl. § 1 Abs. 1 Satz 1 AO. Die abgabenrechtliche Amtshilfe wird in bestimmten Tatbestandsmerkmalen gegenüber der allgemeinen Amtshilfedefinition aus § 4 VwVfG modifiziert. Zwar wird die abgabenrechtliche Amtshilfe in der AO nicht legaldefinitiert, ihr Regelungsgehalt ergibt sich jedoch aus den §§ 111 ff. AO.[95] Gemäß § 111 Abs. 1 Satz 1 AO soll die Amtshilfe zu

91 Vgl. *Pieroth*, in: Jarass/Pieroth, GG, Art. 35 Rn. 4, der zusätzlich eine Reihe von Negativkriterien aufstellt (vgl. dazu auch § 111 Abs. 2 AO); *Erbguth*, in: Sachs, GG, Art. 35 Rn. 10; ähnlich zu § 4 VwVfG *Schmitz*, in: Stelkens/Bonk/Sachs, VwVfG, § 4 Rn. 25 und 33 ff.; dazu auch *Kopp/Ramsauer*, VwVfG, § 4 Rn. 10 ff.

92 Wohl h.M. für die innerstaatliche Amtshilfe. Vgl. *Söhn*, in: Hübschmann/Hepp/Spitaler, AO/FGO, § 111 AO Rn. 47 m.w.N. Einen Überblick über den Meinungsstand hinsichtlich der innerstaatlich umstrittenen Frage gebend, ob tatsächlich ein Ersuchen erforderlich ist *Isensee*, in: HStR VI, § 126 Rn. 230 m.w.N. Für die Frage, ob im Rahmen der grenzüberschreitenden Amtshilfe ein Ersuchen erforderlich ist, vgl. sogleich unter II.

93 Statt vieler BVerwG, Urt. v. 12.10.1971 – VI C 99/67, BVerwGE 38, 336 (340) m.w.N. Näher *Idziok*, Vollstreckungshilfe, S. 51 f.

94 Vgl. *Maunz*, in: Maunz/Dürig, GG, Art. 35 Rn. 1.

95 Zum Anwendungsbereich der §§ 111 ff. AO vgl. auch *Wolffgang/Hendricks*, in: Beermann/Gosch, AO/FGO, § 111 AO Rn. 2 ff.

Zwecken der Durchführung der Besteuerung erfolgen. Die Amtshilfe im Sinne der §§ 111 ff. AO darf demnach nur im Rahmen des Besteuerungsverfahrens geleistet werden. Ferner handelt es sich bei den in §§ 111 ff. AO genannten Behörden ausschließlich um Finanzbehörden im Sinne des § 6 Abs. 2 AO (z.B. § 112 Abs. 1 AO: „Eine Finanzbehörde kann um Amtshilfe…ersuchen…“; § 117 Abs. 1 AO: „Die Finanzbehörden können zwischenstaatliche Rechts- und Amtshilfe… in Anspruch nehmen.“).

1. Nationale und internationale Amtshilfe

Unterschieden wird ferner – freilich nicht nur im Steuerrecht – zwischen nationaler (§ 111 AO) und internationaler (§ 117 AO) Amtshilfe (zur Einschlägigkeit der verschiedenen Rechtsgrundlagen noch eingehend im 3. Kapitel). Die Differenzierung erfolgt anhand der am Amtshilfeverfahren beteiligten Behörden: Partizipieren am Verfahren Behörden verschiedener Staaten[96], spricht man von internationaler Amtshilfe. Sind hingegen nur Behörden des gleichen Staates involviert, handelt es sich um nationale Amtshilfe. Inhaltlich zieht die Differenzierung zwischen innerstaatlicher und zwischenstaatlicher Amtshilfe – abgesehen von den beteiligten Behörden und der Wahl der Rechtsgrundlage – keine definitorischen Konsequenzen nach sich.[97] Beide Arten folgen dem gleichen Prinzip und unterliegen ähnlichen Voraussetzungen.[98] Auch bei der grenzüberschreitenden Amtshilfe leistet eine Behörde einer anderen Behörde bei der Erfüllung ihrer Aufgaben im Rahmen der Besteuerung Hilfe.[99]

Ein wesentlicher Unterschied besteht jedoch in dem Erfordernis eines vorherigen Ersuchens. Während innerstaatlich das Vorliegen von Amtshilfe nach wohl h.M. von einem vorangegangen Ersuchen abhängig gemacht wird, ist das Stellen eines Ersuchens grundsätzlich kein Tatbestandsmerkmal der internationalen Amtshilfe.[100] Vielmehr zeigt gerade etwa die Existenz des automatischen

---

96 Zum Staatsbegriff nach völkerrechtlichem Verständnis vgl. nur *von Arnauld*, Völkerrecht, Rn. 70.

97 Mit Recht leitet etwa *Hendricks*, Internationale Informationshilfe, S. 12 die Definition der internationalen Amtshilfe von derjenigen der nationalen Amtshilfe mit den angesprochenen Modifikationen ab. So auch *Söhn*, in: Hübschmann/Hepp/Spitaler, AO/FGO, § 117 AO Rn. 12.

98 Näher zu den Voraussetzungen der nationalen Amtshilfe nach den §§ 111 ff. AO vgl. nur *Brandis*, in: Tipke/Kruse, AO/FGO, § 111 AO Rn. 1 ff.

99 Zur Definition der grenzüberschreitenden Amtshilfe *Hendricks*, Internationale Informationshilfe, S. 17.

100 So auch *Hendricks*, Internationale Informationshilfe, S. 16.

Informationsaustausches im Sinne von § 7 EUAHiG (vgl. näher dazu 2. Kapitel § 2 A.), dass es durchaus Fälle unaufgeforderter internationaler Amtshilfe gibt. Die internationale Amtshilfe setzt mithin ein Ersuchen im Gegensatz zur innerstaatlichen Amtshilfe nicht zwingend voraus. Inwieweit auch Fälle von internationaler Vollstreckungshilfe ohne Ersuchen auf Basis der gegebenen Rechtsgrundlagen und Abkommen denkbar sind, wird im 3. Teil im Einzelnen erläutert.

2. Amtshilfe und Rechtshilfe

Darüber hinaus ist bei der Ausgestaltung der abgaberechtlichen Amtshilfe die divergierende Verwendung des Begriffs „Rechtshilfe" auffällig. So wird in der Überschrift des 5. Unterabschnitts von Rechts- *und* Amtshilfe gesprochen. §§ 111 bis 115 AO verpflichten alle Gerichte und Behörden ausweislich ihres Wortlauts hingegen nur zur (nationalen) Amtshilfe, während § 117 AO den Finanzbehörden wiederum zwischenstaatliche Amts- *und* Rechtshilfe gestattet. Auf den ersten Blick scheint es also einen Unterschied zwischen inner- und zwischenstaatlicher Amtshilfe zu geben; namentlich den, dass die Rechtshilfe nur für Letztere statthaft ist. Die Abgrenzung der beiden Begriffe wird – nicht zuletzt ausgelöst durch die missverständliche Verwendung in den §§ 111 ff. AO – seit jeher in der Literatur uneinheitlich vorgenommen.[101] Teilweise wird Rechtshilfe dadurch abgegrenzt, dass die Unterstützungshandlung in diesem Fall von einem Gericht geleistet wird. Diese Ansicht stellt folglich zur Differenzierung auf die ersuchte Stelle ab. Jedoch zeigt schon die Formulierung des § 111 Abs. 1 Satz 1 AO, dass auch von Gerichten Amtshilfe geleistet werden kann. Ein anderer Teil der Literatur grenzt die Amtshilfe von der Rechtshilfe nach der Art der Beistandsleistung ab. Danach sei Rechtshilfe nur eine solche Leistung, die ihrem Wesen nach eine dem Richter vorbehaltene Handlung sei.[102] Der überwiegend theoretische Streit hat in der Rechtsanwendung geringe Auswirkungen.[103] Richtiger Ansicht nach besteht kein materieller Unterschied zwischen den Begriffen im Rahmen

101 Ausführlich zum breitgefächerten Meinungsstand der Literatur vgl. nur *Hendricks*, Internationale Informationshilfe, S. 17 ff.; näher auch zur allgemeinen Unterscheidung von Rechts- und Amtshilfe im innerstaatlichen Anwendungsbereich *Schlink*, Amtshilfe, S. 43 f.

102 So etwa *Söhn*, in: Hübschmann/Hepp/Spitaler, AO/FGO, Vor §§ 111–117 AO Rn. 19.

103 *Brandis*, in: Tipke/Kruse, AO/FGO, § 111 AO Rn. 1. Betonend, dass sich aus den beiden divergierenden Begriffen kein Unterschied in der Sache ergibt, *Meyer-Teschendorf*, JuS 1981, 187 (188).

des für die Untersuchung dieser Arbeit maßgebenden § 117 AO.[104] Rechtshilfe stellt zugleich immer eine Form der Amtshilfe dar.[105] Für die (internationale) Vollstreckungshilfe hat dies zur Folge, dass eine Differenzierung für die weitere Untersuchung dieser Arbeit nicht geboten ist, weil sich daraus kein Unterschied in der sachlichen Anwendung des § 117 AO ergibt.

III. Vollstreckungs(amts-)hilfe im Steuerrecht

Die Vollstreckungshilfe ist – wie oben dargestellt – eine spezielle Ausprägung der Amtshilfe. Die allgemeine, steuerrechtlich modifizierte Definition der Amtshilfe (siehe B. I. und II.) weitergedacht bezeichnet *Vollstreckungshilfe* im nationalen Recht mithin die gegenseitige, ein Ersuchen erfordernde Unterstützung von Vollstreckungsbehörden bei der Vollstreckung von Verwaltungsakten, die auf die Beitreibung von Geldforderungen und Durchsetzung anderer Leistungen abzielt. Grundsätzlich gelten die Regelungen für die Amtshilfe in der AO (insbesondere die Voraussetzungen und Grenzen des § 112 Abs. 1 AO), soweit keine spezielleren Normen vorhanden sind, auch für die Vollstreckungshilfe, wenn der Anwendungsbereich der AO eröffnet ist. Innerstaatlich stellt dabei die *Ausführung der Vollstreckungsmaßnahme* durch eine ersuchte Vollstreckungsbehörde den Hauptfall dar, weil die ersuchende Vollstreckungsbehörde unter einem Zuständigkeitsdefizit (§§ 17 ff. AO) leidet.[106] Möchte also beispielsweise eine Vollstreckungsbehörde in Bayern die mittels Steuerbescheid festgesetzte Steuerschuld eines Steuerpflichtigen, der in Hessen vollstreckbare Vermögenswerte besitzt, beitreiben, ist sie auf die Durchführung seitens der in Hessen örtlich zuständigen Vollstreckungsbehörde angewiesen. Sie muss dann, will sie in das bewegliche Vermögen des Steuerschuldners vollstrecken, die örtliche zuständige Vollstreckungsbehörde um die Durchführung im Wege der Vollstreckungshilfe ersuchen.[107] Im Falle der Vollstreckung in Forderungen, andere Vermögensrechte

---

104 So überzeugend *Hendricks*, Internationale Informationshilfe, S. 19 f., der die Erwähnung der Rechtshilfe in § 117 AO auf die Praxis internationaler Verwaltungskooperation zum Zeitpunkt der Entstehung der Vorschrift zurückführt und Rechts- und Amtshilfe als „inhaltlich deckungsgleich" bezeichnet. Ähnlich *Seer*, in: Tipke/Kruse, AO/FGO, § 117 AO Rn. 5; *Söhn*, in: Hübschmann/Hepp/Spitaler, AO/FGO, § 117 AO Rn. 14.

105 Vgl. *Söhn*, in: Hübschmann/Hepp/Spitaler, AO/FGO, Vor §§ 111–117 AO Rn. 20.

106 Vgl. dazu auch *Neumann*, in: Beermann/Gosch, AO/FGO, § 250 AO Rn. 1; ferner *Werth*, in: Klein, AO, § 250 Rn. 4; *Nolte*, Vollstreckungshilfe, S. 72; allgemein *Idziok*, Vollstreckungshilfe, S. 1.

107 Vgl. Abschn. 8 Abs. 1 VollstrA.

und in das unbewegliche Vermögen wird die Möglichkeit der Amtshilfe jedoch dahingehend eingeschränkt, dass ein Ersuchen nur bei gebotener Sachlage erfolgen soll.[108] Nur die ersuchte Behörde führt die Vollstreckungsmaßnahme aus und ist gemäß § 250 Abs. 1 Satz 1 AO für die Art und Weise der Durchführung verantwortlich.

In Form des § 250 AO besteht eine speziell auf das abgabenrechtliche Vollstreckungsrecht zugeschnittene Amtshilferegelung. Das Normengeflecht aus §§ 111 ff., 117 und 250 AO bildet im Abgabenrecht die rechtliche Grundlage für inner- und zwischenstaatliche Amtshilfe, mithin auch für die (nationale und internationale) Vollstreckungshilfe (dazu sogleich ausführlich im 3. Kapitel). Dass insbesondere im Steuerrecht auf die Amtshilfe nicht verzichtet werden kann, ergibt sich bereits aus dem Erfordernis der einheitlichen Rechtsanwendung und einer an der Gleichmäßigkeit der Besteuerung (Art. 3 GG) ausgerichteten Durchsetzung der Steueransprüche des Staates. Wie bereits eingangs (S. 1 f.) beschrieben, stellen Steuereinnahmen das Fundament der Staatsfinanzierung dar. Würde die Vollstreckung von Steuerforderungen aufgrund von örtlicher Unzuständigkeit der Finanzbehörden nicht wirksam durchgeführt, entgingen dem Fiskus zum einen Einnahmen, auf die er zur Erfüllung seiner Aufgaben angewiesen ist. Erkennt der Steuerpflichtige zum anderen, dass die Möglichkeiten der Steuervollstreckung begrenzt sind, so schwindet unter Umständen zugleich seine Bereitschaft, die geschuldeten Steuern zu zahlen. Vollstreckung als wirksames Androhungsmittel – als ultima ratio – wird folglich vom Instrument der Amtshilfe notwendig flankiert.[109]

C. *International*

Des Weiteren gilt es – wie bereits erläutert – zwischen innerstaatlicher (§ 111 AO) und zwischenstaatlicher (§ 117 AO) (Vollstreckungs-)Amtshilfe zu unterscheiden. Während innerstaatliche Vollstreckungshilfe nur zwischen deutschen Behörden betrieben wird, erfolgt die internationale Vollstreckungshilfe, die Untersuchungsgegenstand dieser Arbeit ist, grenzüberschreitend zwischen Behörden verschiedener Staaten. International bedeutet in diesem Zusammenhang also zwischen zwei oder mehr souveränen Staaten im völkerrechtlichen Sinne.

108 Vgl. Abschn. 8 Abs. 2 VollstrA.

109 A.A. offenbar *Söhn*, in: Hübschmann/Hepp/Spitaler, AO/FGO, Vor §§ 111–117 AO Rn. 30, der die praktische Bedeutung der innerstaatlichen Amtshilfe als gering einschätzt, weil das Verfahren sach- und zeitaufwendig sowie kompliziert sei.

Im zwischenstaatlichen Verkehr ist aus Sicht der deutschen Behörden ferner zwischen Staaten, die Mitglied der EU sind, und Nichtmitgliedstaaten zu differenzieren. Diese Einordnung hat Folgen für die Anwendbarkeit der jeweiligen Rechtsgrundlagen und damit der Verpflichtungen und Rechte der Bundesrepublik Deutschland im Verhältnis zu dem Staat, mit dem eine Zusammenarbeit bei der Vollstreckung im Einzelfall erfolgen soll. Nur Behörden der Mitgliedstaaten der EU fallen beispielsweise in den Anwendungsbereich der EU-BeitrRL. Zudem ist im Verhältnis zu jedem Staat, mit dem im Wege der Vollstreckungshilfe kooperiert wird, zu prüfen, welche völkerrechtlichen Verpflichtungen zu diesem Staat bestehen. Insbesondere ist beispielsweise der Frage nachzugehen, ob ein Doppelbesteuerungsabkommen abgeschlossen wurde und inwieweit eine Vollstreckungsklausel Teil dieses Abkommens ist.

Das Augenmerk dieser Arbeit liegt auf der grenzüberschreitenden Vollstreckungshilfe. Auch wenn es sich hierbei um eine Ausprägung der Amtshilfe handelt, fällt diese *expressis verbis* nicht in den Anwendungsbereich des Art. 35 Abs. 1 GG. Die Verfassungsvorschrift erfasst lediglich den innerstaatlichen Amtshilfeverkehr, also den Amtsverkehr zwischen Bund und Ländern, nicht jedoch mit ausländischen Behörden.[110] Vielmehr handelt es sich bei der internationalen Vollstreckungshilfe um einen Unterfall der zwischenstaatlichen Rechts- und Amtshilfe im Sinne des § 117 AO[111] und wird maßgeblich von internationalen Abkommen, die ins nationale Recht transformiert bzw. umgesetzt wurden, determiniert.

§ 2 Internationale Vollstreckungshilfe

Zusammenfassend ist somit unter internationaler Vollstreckungshilfe (engl.: cross-border mutual assistance in recovery/collection of taxes[112]) die grenzüberschreitende, gegenseitige Unterstützung von Behörden verschiedener Staaten bei der Beitreibung von Steuerforderungen zu verstehen.[113] Sie erfolgt in aller

110 *Söhn*, in: Hübschmann/Hepp/Spitaler, AO/FGO, Vor §§ 111–117 AO Rn. 1; vgl. auch *Erbguth*, in: Sachs, GG, Art. 35 Rn. 10 und 12.

111 *Hendricks*, in: Beermann/Gosch, AO/FGO, § 117 AO Rn. 12.

112 So die Begriffsverwendung („recovery") in der englischsprachigen Fassung der EU-BeitrRL. Vgl. dazu ferner *Vascega/van Thiel*, European Taxation 2010, 231 ff. Art. 27 OECD-MA spricht in der verbindlichen, englischsprachigen Originalfassung hingegen von „assistance in the collection of taxes".

113 Ganz h.M.; der Begriff der Vollstreckungshilfe wird regelmäßig ohne weitere Definition vorausgesetzt und verwendet. Den Begriff der Vollstreckungshilfe gebrauchen z.B. *Engelschalk*, in: Vogel/Lehner, DBA, Art. 27 Rn. 2b ff.; *Ismer/Sailer*, IStR 2003,

Regel nur auf vorheriges Ersuchen.[114] Ungeachtet dessen ist im Gegensatz zur nationalen Amtshilfe ein vorheriges Ersuchen tatbestandlich nicht zwingend für die internationale Amtshilfe erforderlich.[115] Die durch die Hilfeleistung beigetriebenen Vermögenswerte werden sodann von der ausführenden Behörde der ersuchenden Behörde - regelmäßig per Überweisung (vgl. z.B. § 9 Abs. 5 EU-BeitrG) - zugänglich gemacht.

A. Erscheinungsformen der internationalen Vollstreckungshilfe

Die internationale Vollstreckungshilfe lässt sich ausgehend von der soeben entwickelten Begriffsdefinition in verschiedene Gesichtspunkte unterteilen. Nachfolgend sollen diese Differenzierungskriterien besprochen werden, da die Unterscheidungen - wie aufzuzeigen sein wird - Konsequenzen für die sich anschließende Untersuchung haben.

I. Vollstreckungshilfe im engeren und im weiteren Sinne

Bei der internationalen Vollstreckungshilfe ist zunächst zwischen *Vollstreckungshilfe im engeren Sinne* und *Vollstreckungshilfe im weiteren Sinne* zu differenzieren. Die bisherige Untersuchung hat aufgezeigt, dass es sich bei der internationalen Vollstreckungshilfe um grenzüberschreitende Amtshilfe bei der Vollstreckung von Steuerforderungen handelt. Dies bedeutet jedoch nicht, dass Vollstreckungshilfe ausschließlich die Durchführung von Vollstreckungsmaßnahmen betrifft. Die Definition des Begriffs der Vollstreckungshilfe spricht dem Wortlaut nach nur von „Unterstützung bei der Beitreibung". Davon umfasst sind auch eine

---

622 (622); *Hartman*, DÖV 2011, 142 (143). Zur Definition etwa *Hendricks*, Internationale Informationshilfe, S. 43; *ders.*, IStR 2009, 846 (847); *Czakert*, in: Schönfeld/Ditz, DBA, Art. 27 Rn. 1. Wenn teilweise von Vollstreckungs*amts*hilfe gesprochen wird (so etwa *Seer*, in: Verfahren der Zusammenarbeit von Verwaltungsbehörden in Europa, S. 85; *ders.*, IWB 2011, 144), ergibt sich in der Sache daraus kein Unterschied. Vielmehr wird dadurch die Nähe zur Amtshilfe nur verdeutlicht. In gleicher Weise wie Vollstreckung und Beitreibung oftmals synonym verwendet werden, verhält es sich auch mit Vollstreckungshilfe und Beitreibungshilfe (dazu bereits § 1 A. III.). Die Beitreibungshilfe ist als der engere Begriff zu bewerten. Den Ausdruck der Beitreibungshilfe gebrauchen z.B. *Beermann*, in: Hübschmann/Hepp/Spitaler, AO/FGO, § 250 AO Rn. 68 oder wiederum *Seer*, in: Tipke/Kruse, AO/FGO, § 250 AO Rn. 21. Allgemein zur Definition der grenzüberschreitenden Amtshilfe *Menck*, DStZ/A 1971, 57 (59, 62).

114 Eine Ausnahme sieht etwa § 6 EU-BeitrG vor.

115 Vgl. nur *Hendricks*, Internationale Informationshilfe, S. 16.

Reihe flankierender Maßnahmen, die zur letztendlichen Durchführung von Vollstreckungsmaßnahmen ergänzend erforderlich sind.[116] Dementsprechend finden sich in den einschlägigen zwischenstaatlichen Abkommen neben Normen zur Hilfeleistung in Form von Vollstreckungsmaßnahmen auch Vorschriften zur Regelung dieser die Vollstreckung unterstützenden Maßnahmen. Es bietet sich deshalb zur systematischen Einordnung und Abgrenzung der Vollstreckungshilfe von anderen Kooperationsformen an, die hier im Folgenden vorgeschlagene Differenzierung vorzunehmen.

Unter Vollstreckungshilfe *im engeren Sinne* sind demnach nur die „klassischen" Vollstreckungsmaßnahmen zu verstehen; mithin also die Fälle, bei denen eine Behörde auf Ersuchen für eine andere Behörde Vollstreckungsmaßnahmen auf ihrem Hoheitsgebiet (z.B. eine Sachpfändung oder Zwangsversteigerung) ausführt.[117] Diese Form der Vollstreckungshilfe sehen sowohl § 9 EU-BeitrG als auch Art. 27 Abs. 3 OECD-MA vor. Um eine Vollstreckung als solche durchführen zu können, bedarf es jedoch einer Reihe unterstützender Handlungen, welche diese vorbereiten und zum Teil erst ermöglichen. Solch flankierende Maßnahmen, die ebenfalls der Beitreibung von Steueransprüchen im Ausland dienen und nur deshalb ergriffen werden, aber keine eigentlichen Vollstreckungshandlungen darstellen, sind demgegenüber als Vollstreckungshilfe *im weiteren Sinne* zu klassifizieren.

Darunter fällt zum einen die Übermittlung von Informationen, die im Zusammenhang mit der Beitreibung stehen[118]: So sind regelmäßig etwa vorab Mitteilungen über die Vermögensverhältnisse des Steuerpflichtigen einzuholen, bei dem eine Vollstreckung beabsichtigt ist, um sinnvoll um Vollstreckungshilfe ersuchen zu können (vgl. § 5 und 6 EU-BeitrG).[119] In der Regel kann nur auf diese Weise geprüft werden, ob ein Ersuchen gerichtet auf die Einleitung von Vollstreckungsmaßnahmen erfolgversprechend ist. § 6 EU-BeitrG gewährt sogar – anders als bei den sonstigen Instrumenten der Vollstreckungshilfe – die

116 Dieses weite Verständnis der Vollstreckungshilfe legen auch *Hendricks*, IStR 2009, 846 (847) und *Seer*, in: Verfahren der Zusammenarbeit von Verwaltungsbehörden in Europa, S. 85 (94 ff.) zugrunde und weisen zutreffend darauf hin, dass unter Vollstreckungshilfe nicht ausschließlich die Ausführung von Vollstreckungsmaßnahmen zu verstehen ist.

117 Zutreffend *Hendricks*, IStR 2009, 846 (847).

118 So auch *Hendricks*, IStR 2009, 846 (847).

119 Dennoch ist von der Vollstreckungshilfe im weiteren Sinne die internationale Informationshilfe bei der Steuerfestsetzung streng zu differenzieren. Dazu sogleich im 2. Kapitel.

Möglichkeit der Erteilung von Auskünften auch ohne vorheriges Ersuchen in Fällen von Steuererstattungen. Die Informationsübermittlung nach diesen Vorschriften dient allein dem Zweck der Vorbereitung der Vollstreckung im engeren Sinne. Eine Einordnung als Vollstreckungshilfe im weiteren Sinne ist folglich gerechtfertigt, wenn es sich bei diesen Auskunftshandlungen um Amtshilfe betreffend solche Informationen handelt, die bei der Beitreibung einer Forderung voraussichtlich erheblich sein werden (vgl. § 5 Abs. 1 EU-BeitrG).

Daneben kann die Vollstreckungshilfe im weiteren Sinne auch darin bestehen, für die Vollstreckung bzw. deren Beginn erforderliche Verwaltungsakte zuzustellen (vgl. § 7 und 8 EU-BeitrG). Eine Vollstreckung auf Grundlage eines nationalen Steuerbescheids ist im Regelfall – auch im Ausland[120] – erst statthaft, wenn die Voraussetzungen für den Vollstreckungsbeginn nach nationalem Recht vorliegen. So sieht § 254 Abs. 1 Satz 1 AO innerstaatlich für den Beginn der Vollstreckung die Bekanntgabe des Leistungsgebots vor. Auch bei der Bekanntgabe von Verwaltungsakten im Ausland erweist sich das Prinzip der formellen Territorialität als völkergewohnheitsrechtliche Schranke (dazu sogleich unter B. I.), sodass auch bei diesen Handlungen in der Regel auf Amtshilfe zurückgegriffen werden muss.[121] Grundsätzlich ist auch die internationale Zustellungshilfe eine eigene Form der grenzüberschreitenden Amtshilfe. Erfolgt die grenzüberschreitende Zustellung jedoch zum Zwecke der Vorbereitung einer Vollstreckungsmaßnahme, erscheint es sinnvoller von Vollstreckungshilfe im weiteren Sinne zu sprechen.[122] Dementsprechend finden sich entsprechende Vorschriften zur Zustellung von Verwaltungsakten auch in dem die Vollstreckungshilfe regelnden EU-BeitrG.

Schließlich können auch vorläufige Sicherungsmaßnahmen für eine andere Behörde im Wege der Vollstreckungshilfe vorgenommen werden. Um bereits vor Vollstreckungsbeginn, etwa wenn ein Verwaltungsakt im ersuchenden Staat noch angefochten und damit noch nicht vollstreckbar ist (vgl. dazu § 251 Abs. 1 Satz 1 AO), die Verhinderung von Steuerverkürzung zu erreichen, kann ein Staat daher auch um die Einleitung von einstweiligen Sicherungsmaßnahmen (z.B. in Gestalt eines dinglichen Arrests im Sinne des § 324 AO) ersuchen (vgl. § 16 und

---

120 Vgl. etwa die Voraussetzungen für das Stellen eines Beitreibungsersuchens gemäß § 10 Abs. 1 Satz 1 Nr. 1 EU-BeitrG.

121 *Seer*, in: Verfahren der Zusammenarbeit von Verwaltungsbehörden in Europa, S. 85 (94). Ausführlich zur grenzüberschreitenden Zustellungshilfe im 2. Kapitel § 2. B.

122 In diesem Sinne auch EuGH, Urt. 14.1.2010 – Rs. C-233/08, *Kyrian*, Slg. 2010 I-177, Rn. 50.

17 EU-BeitrG oder Art. 27 Abs. 4 OECD-MA). Die Einleitung von Sicherungsmaßnahmen ist erforderlich, wenn ohne sie die Gefahr bestünde, dass die Vollstreckung vereitelt oder wesentlich erschwert würde. Auch hierbei handelt es sich mithin um eine Form von Vollstreckungshilfe im weiteren Sinne, da sie im engen Zusammenhang mit der eigentlichen Vollstreckungsmaßnahme stehen und diese flankieren.

II. Exkurs: Amtshilfe bei der Erhebung von Steuerforderungen

In der deutschen Fassung[123] des Art. 27 Abs. 1 Satz 1 OECD-MA – und wohl als Folge dessen mitunter auch im Schrifttum[124] – wird die Formulierung „Amtshilfe bei der *Erhebung* von Steueransprüchen [Hervorhebung nicht im Original]" als Umschreibung der Vollstreckungshilfe verwendet.[125] Die Verwendung des Begriffs der Erhebung erscheint im Zusammenhang mit der Vollstreckungshilfe zumindest missverständlich, insbesondere wenn mit dieser Formulierung die Vollstreckungshilfe im hier definierten Sinne bezeichnet werden soll. Die Vollstreckungshilfe wurde oben als „Hilfe bei der Beitreibung/Vollstreckung von Steuerforderungen" definiert.

Das Erhebungsverfahren schließt sich im Regelungssystem der AO an das Festsetzungsverfahren an und regelt die Verwirklichung von Steueransprüchen.[126] Die erfolglose Erhebung ist nach nationalem Recht Voraussetzung für den Beginn der Vollstreckung (vgl. § 254 Abs. 1 Satz 1 AO, der die Fälligkeit des Verwaltungsakts normiert). Streng genommen setzt die Vollstreckungshilfe (jedenfalls im engeren Sinne) – wie sie im Rahmen dieser Arbeit definiert worden (dazu insbesondere § 2) und auch in Art. 27 OECD-MA geregelt ist – auf der letzten Stufe des Verwaltungsverfahrens, dem Vollstreckungsverfahren an. Hierbei geht es um die *zwangsweise* Verwirklichung von Ansprüchen aus dem Steuerschuldverhältnis. Amtshilfe wird folglich in der Regel nicht bei der Erhebung, sondern bei der Vollstreckung bzw. Beitreibung geleistet.[127] Demgemäß verwendet die österreichische Fassung den Begriff „Vollstreckung" statt „Erhebung". Auch Art. 1 EU-BeitrRL bezeichnet den Gegenstand der Richtlinie

---

123 Verbindlich ist das OECD-MA nur in seiner englischen Originalfassung. Die deutsche Übersetzung ist inoffizieller Natur und besitzt keinen amtlichen Charakter, vgl. statt aller *Wassermeyer*, in: Schönfeld/Ditz, DBA, Geleitwort.

124 Z.B. *Söhn*, in: Hübschmann/Hepp/Spitaler, AO/FGO, § 117 AO Rn. 9.

125 Auch das BMF verwendet in seinem Merkblatt v. 29.2.2012 die Bezeichnung „Amtshilfe bei der Steuererhebung", BGBl. I 2012, 244.

126 Vgl. nur *Seer*, in: Tipke/Lang, Steuerrecht, § 1 Rn. 72, § 21 Rn. 310.

127 Klarstellend insoweit auch *Dutta*, EuR 2007, 744 (747).

zutreffend als Amtshilfe bei der Beitreibung von Forderungen, die in den Mitgliedstaaten entstanden sind. Art. 18 Abs. 2 UAbs. 2 EU-BeitrRL ordnet den zum Steuererhebungsverfahren gehörenden Zahlungsaufschub[128] der Zuständigkeit des ersuchenden Staates zu. Es erscheint daher geboten, Vollstreckungshilfe als Amtshilfe bei der Vollstreckung bzw. Beitreibung zu definieren.[129] Folgerichtig wurde in Art. 26 DE-VG, der ansonsten im Wesentlichen Art. 27 OECD-MA entspricht, zum Abschluss neuer DBA – wenngleich aus nicht nachvollziehbaren Gründen nur an einigen Stellen – das Wort „Erhebung" durch „Vollstreckung" ersetzt.[130]

Dies schließt indes nicht aus, dass Vollstreckungshilfe im weiteren Sinne auch durch Maßnahmen, die auf der Ebene des Erhebungsverfahrens anzusiedeln sind, geleistet und in Anspruch genommen werden kann. Diese Maßnahmen müssen dann jedoch zur Vorbereitung der Vollstreckungshilfe im engeren Sinne dienen bzw. mit der eigentlichen Vollstreckungsmaßnahme in Verbindung stehen.

III. Differenzierung nach der Richtung

Die internationale Vollstreckungshilfe kann darüber hinaus aus Sicht der deutschen Finanzbehörden in *zwei Richtungen* vollzogen werden. Zum einen kann die deutsche Finanzbehörde eine ausländische Behörde um Vollstreckungshilfe ersuchen; sie *nimmt* dann folglich Vollstreckungshilfe *in Anspruch*. Zum anderen ist es denkbar, dass die deutsche Vollstreckungsbehörde von einer ausländischen Behörde um Hilfe bei der Vollstreckung ersucht wird. In diesem Fall *leistet* die Finanzbehörde Vollstreckungshilfe, d.h. sie führt die erforderliche Vollstreckungsmaßnahme nach deutschem Recht, also grundsätzlich nach den unter § 1 A. aufgezeigten Voraussetzungen, zur Durchsetzung der ausländischen Forderung aus. Die Differenzierung nach der Richtung zieht erhebliche Konsequenzen u.a. hinsichtlich der Wahl der Rechtsgrundlage nach sich. Die Differenzierung ist aus nationaler Sicht auch entscheidend für die Frage, inwieweit in den Rechtskreis des betroffenen Steuerpflichtigen eingegriffen wird. Im Verlauf der Erörterung wird die Vollstreckungshilfe insofern richtungsabhängig zweigleisig untersucht (3. Teil: 1. und 2. Kapitel).

---

128 § 223 AO, der innerstaatlich den Zahlungsaufschub regelte, ist mit Wirkung zum 31.12.2014 aufgehoben worden.

129 Vermittelnd wird zum Teil von Amtshilfe bei der Durchsetzung von Steueransprüchen gesprochen, vgl. etwa *Hendricks*, IStR 2009, 846 (846 f.).

130 Dazu *Kaeser*, in: Wassermeyer, DBA, Art. 27 MA Rn. 72 ff.

IV. Differenzierung nach dem zwischenstaatlichen Abkommen

Durch die Vielzahl an verschiedenen Abkommen und Rechtsgrundlagen ist die grenzüberschreitende Vollstreckungshilfe im Verhältnis zu manchen Staaten – abhängig davon, welchem Regelungsregime sie unterliegen – verschiedenartig ausgestaltet. Ausgehend von der generellen Definition der Vollstreckungshilfe bestehen Unterschiede hinsichtlich Art und Umfang der jeweiligen unions- und völkerrechtlichen Verpflichtung zur Beitreibungshilfe. So divergieren u.a. die der Vollstreckungshilfe unterfallenden Steuerarten oder etwa die Erforderlichkeit eines vorhergehenden Ersuchens (dazu im Einzelnen im 3. Kapitel). Auch sehen die verschiedenen Rechtsgrundlagen unterschiedliche Kooperationsinstrumente (EU-Beitreibungsrichtlinie z.B. Spontanauskünfte oder Zustellungshilfe; Art. 27 OECD-MA enthält keine Instrumente dieser Art) vor. Darüber hinaus hat Deutschland eine Reihe von DBA mit Vollstreckungsklauseln abgeschlossen, die zum Teil stark in ihrer Ausgestaltung divergieren. Vollstreckungshilfe kann folglich zusammenfassend unterschiedlich ausgestaltet sein, je nachdem welches zwischenstaatliche Abkommen im Einzelfall einschlägig ist. Im Verlauf dieser Arbeit (3. Teil) wird dennoch angestrebt, ein übergeordnetes Bild der Vollstreckungshilfe aus deutscher Sicht zu zeichnen.

B. Internationale Vollstreckungshilfe als notwendiges Mittel des Steuerverfahrens

Nachdem aufgezeigt wurde, was unter internationaler Vollstreckungshilfe zu verstehen ist, soll im Folgenden dargelegt werden, an welcher Stelle die Vollstreckungshilfe für das nationale Steuerverfahren bedeutsam wird und aus welchen Gründen auf diese u.U. im Einzelfall gar zwingend von den Vollstreckungsbehörden zurückzugreifen ist.

I. Prinzip der formellen Territorialität als völkerrechtliche Schranke nationaler Hoheitsgewalt

Deutsche Behörden und entsprechende Stellen anderer Staaten arbeiten auf dem Gebiet der Besteuerung grenzüberschreitend zusammen, weil sie außerhalb ihres Hoheitsgebiets aufgrund des völkerrechtlichen Prinzips der formellen Territorialität nicht tätig werden dürfen.[131] Die Ausgangslage ist mithin im Ansatz vergleichbar mit derjenigen der nationalen Amtshilfe: Eine unzuständige

131 Hierzu oben S. 3 f.

Behörde ist bei der Ausführung einer Maßnahme – wenngleich aus anderen Gründen – auf eine andere, zuständige Behörde angewiesen.

Das Völkerrecht beschränkt die Vollstreckungsbehörden bei Sachverhalten mit Auslandsbezug nach dem Prinzip der formellen Territorialität[132]. Nach Maßgabe dieses völker*gewohnheitsrechtlichen* Grundsatzes[133] sind hoheitliche Handlungen, also Akte der legislativen, exekutiven und judikativen Gewalt eines Staates[134], als Ausfluss des Grundsatzes der Gebietshoheit[135] nur auf dem eigenen Staatsgebiet gestattet. Die staatliche Hoheitsgewalt endet somit an der eigenen Staatsgrenze. Hoheitsakte im Rahmen des Besteuerungsverfahrens sind auf fremdem Staatsgebiet unzulässig.[136] Steuerverfahrensrechtliche Maßnahmen wie die Vollstreckung einer Geldforderung oder auch bloße Ermittlungshandlungen[137] dürfen folglich nur im Hoheitsbereich des Staates der zuständigen Behörde durchgeführt werden.[138]

Nach Art. 25 Satz 1 GG sind die allgemeinen Regeln des Völkerrechts Bestandteil des Bundesrechtes. Zu den allgemeinen Regeln des Völkerrechts im Sinne des Art. 25 GG zählt insbesondere das Völkergewohnheitsrecht gemäß Art. 38 Abs. 1 lit. b IGH-Statut.[139] Gemäß Art. 25 Satz 2 GG ist dieses dem

---

132 Der Begriff geht, soweit ersichtlich, auf *Herzfeld*, Probleme des internationalen Steuerrechts, S. 428, 437 zurück. Vgl. dazu *Vogel*, Der räumliche Anwendungsbereich der Verwaltungsrechtsnorm, S. 108, 342; ferner *Lehner*, in: Vogel/Lehner, DBA, Grdl. Rn. 16.

133 Zu der völkergewohnheitsrechtlichen Herleitung bereits eingehend *Vogel*, Der räumliche Anwendungsbereich der Verwaltungsrechtsnorm, S. 47, 54, 342.

134 Zum Begriff des Hoheitsakts umfassend *Siegrist*, Hoheitsakte auf fremdem Staatsgebiet, S. 1 m.w.N.

135 *Ipsen*, Völkerrecht, § 5 Rn. 59 f.

136 Ganz herrschende Meinung; vgl. BVerfG, Beschl. v. 22.3.1983 – 2 BvR 475/78, BVerfGE 63, 343 (372); *Bühler*, Prinzipien des Internationalen Steuerrechts, S. 163; *Schaumburg*, Internationales Steuerrecht, Rn. 19.1; *Söhn*, in: Hübschmann/Hepp/Spitaler, AO/FGO, 117 AO Rn. 3; *Hendricks*, Internationale Informationshilfe, S. 54; *Czakert*, in: Schönfeld/Ditz, DBA, Art. 26 Rn. 2; *Vogel*, Der räumliche Anwendungsbereich der Verwaltungsrechtsnorm, S. 342 ff.; *Lehner*, in: Vogel/Lehner, DBA, Grdl. Rn. 16; *Seer*, in: Tipke/Kruse, AO/FGO, § 117 AO Rn. 2; *Stein/von Buttlar*, Völkerrecht, Rn. 537; *Staringer*, DStJG 31 (2008), 135 (135 f.); *Hendricks*, in: Beermann/Gosch, AO/FGO, § 117 AO Rn. 5; *Siegrist*, Hoheitsakte auf fremdem Staatsgebiet, S. 10 f.

137 Dazu ausführlich *Siegrist*, Hoheitsakte auf fremdem Staatsgebiet, S. 144 ff., 151 ff. sowie *Kment*, Grenzüberschreitendes Verwaltungshandeln, S. 68 ff.

138 *Lehner*, in: Vogel/Lehner, DBA, Grdl. Rn. 16.

139 St. Rspr. BVerfG, Beschl. v. 14.5.1968 – 2 BvR 44/63, BVerfGE 23, 288 (305); Beschl. v. 13.5.1996, BVerfGE 94, 315 (328); zur Reichweite des Art. 25 GG zuletzt

allgemeinen Bundesrecht gegenüber sogar vorrangig. Der völkergewohnheitsrechtliche Grundsatz der formellen Territorialität bindet folglich kraft Art. 25 Satz 1 GG unmittelbar die deutschen Finanzbehörden.[140]

Das Prinzip der formellen Territorialität steht ferner nicht zur Disposition der Verfahrensbeteiligten im Sinne des § 78 AO und der Finanzbehörden, sondern wirkt kraft seiner völkerrechtlichen Natur nur im Verhältnis zwischen den Völkerrechtssubjekten, mithin den Staaten.[141] Ein Steuerpflichtiger kann nicht durch Einwilligung, etwa in eine Vollstreckung oder eine Ermittlungsmaßnahme auf fremdem Hoheitsgebiet, den Verstoß gegen das Völkerrecht rechtfertigen.[142] Spiegelbildlich kann die Verletzung des Territorialitätsprinzips nicht durch den einzelnen Steuerpflichtigen gerügt werden. Es verleiht diesem keine Individualrechte und ist grundsätzlich nur von dem betroffenen Staat im Verhältnis zu dem das Völkerrecht verletzenden Staat rügbar.[143] Wird demnach das Prinzip der formellen Territorialität bei Ausübung einer Vollstreckungsmaßnahme durch einen Staat verletzt, kann grundsätzlich nur der betroffene Staat und nicht der Bürger diesen Rechtsverstoß geltend machen. Jedoch sind deutsche Behörden gemäß Art. 20 Abs. 3 GG an Gesetz und Recht gebunden, wozu auch die Regeln des Art. 25 GG zählen. Ein Verhalten der Verwaltung, das gegen das Prinzip der formellen Territorialität verstößt, bleibt damit objektiv rechtswidrig und ist ggf. im Individualrechtsschutz wegen eines Verstoß gegen Art. 2 Abs. 1 GG dennoch angreifbar (vgl. näher 4. Teil).[144]

Die aufgezeigte Schranke der formellen Territorialität gilt dennoch nicht uneingeschränkt. Sie steht unter dem Vorbehalt, dass der Staat, dessen Souveränität berührt ist, nicht in den Hoheitsakt auf seinem Territorium eingewilligt hat.[145] Zwar kann der betroffene Staat demnach theoretisch die hoheitliche Handlung auf seinem Hoheitsgebiet gestatten.[146] In der Praxis wird eine solche völkerrechtlich

---

grundlegend BVerfG, Beschl. v. 15.12.2015 – 2 BvL 1/12, BVerfGE 141, 1 (17 f.); *Herdegen*, in: Maunz/Dürig, GG, Art. 25 Rn. 19; *Cremer*, in: HStR XI, § 235 Rn. 10 ff.

140 Eingehend dazu *Cremer*, in: HStR XI, § 235 Rn. 1 ff.

141 BVerfG, Beschl. v. 22.3.1983 – 2 BvR 475/78, BVerfGE 63, 343 (363).

142 Vgl. nur *Söhn*, in: Hübschmann/Hepp/Spitaler, AO/FGO, 117 AO Rn. 3.

143 BVerfG, Beschl. v. 22.3.1983 – 2 BvR 475/78, BVerfGE 63, 343 (363); zustimmend VG Düsseldorf, Beschl. v. 18.5.2009 – 27 L 1607/08, ZfWG 2009, 211 (212); FG Baden-Württemberg, Urt. v. 23.6.2010 – 1 K 4176/09, EFG 2010, 1668 (1669).

144 BVerfG, Beschl. v. 22.3.1983 – 2 BvR 475/78, BVerfGE 63, 343 (373 f.); vgl. auch *Ohler/Kruis*, DÖV 2009, 93 (98 f.).

145 *Siegrist*, Hoheitsakte auf fremdem Staatsgebiet, S. 12.

146 So auch BVerfG, Beschl. v. 22.3.1983 – 2 BvR 475/78, BVerfGE 63, 343 (360); BFH, Urt v. 19.12.1996 – V R 130/92, BStBl. II 1998, 279 (282) m.w.N.

wirksame Erlaubnis jedoch höchst selten erteilt.[147] Im Rahmen der Steuervollstreckung ist es in der Staatenpraxis höchst unwahrscheinlich, dass ein Staat einem anderen Staat die Erlaubnis erteilt, auf seinem Hoheitsgebiet Vollstreckungsmaßnahmen zur Sicherung materieller Steueransprüche durchzuführen.

Zudem ist festzuhalten, dass sich eine völkerrechtliche Pflicht (ebenso wenig wie ein Verbot) zur Anerkennung und Beitreibung fremder Hoheitsakte nicht herleiten lässt.[148] Den souveränen Staaten steht es frei, ob sie im Wege der Amtshilfe zur Hilfeleistung zugunsten anderer Staaten bereit sind. Die Überwindung des Prinzips der formellen Territorialität ist damit abhängig von der Bereitschaft der Staaten zur Zusammenarbeit auf dem Gebiet der Vollstreckung.

Folglich ist die Ausübung hoheitlicher Befugnisse sowohl in Form von Vollstreckungsmaßnahmen als auch anderer steuerverfahrensrechtlicher Ermittlungsmaßnahmen außerhalb des Hoheitsgebiets einer Behörde nicht zulässig, obwohl das Welteinkommensprinzip zu seiner wirksamen Entfaltung solche Maßnahmen erforderlich macht. Die Universalität der materiellen Steuerpflicht steht – ohne die Bereitschaft zu grenzüberschreitender Zusammenarbeit auf dem Gebiet der Besteuerung – der formellen Territorialität konträr gegenüber.[149]

II. Grundsatz der gesetzmäßigen und gleichmäßigen Besteuerung

Gemäß § 85 Satz 1 AO haben die Finanzbehörden die Steuern nach Maßgabe der Gesetze gleichmäßig festzusetzen und zu erheben. Die Aufgabennorm des § 85 AO stellt die schon aus dem Grundgesetz folgenden rechtsstaatlichen Gebote der Gleichmäßigkeit und Gesetzmäßigkeit (Art. 3 Abs. 1 und 20 Abs. 3 GG) nur deklaratorisch heraus.[150]

Die Finanzbehörden sind ausweislich § 85 AO und Art. 3 Abs. 1 GG („Alle Menschen sind vor dem Gesetz gleich") zum einen zur Rechtsanwendungsgleichheit[151] verpflichtet. Aus dem Gleichheitssatz folgt, dass die Steuerpflichtigen beim

---

147 In den einschlägigen, hier zu behandelnden internationalen Abkommen ist demzufolge von dieser Möglichkeit auch kein Gebrauch gemacht worden. Zur Möglichkeit der Einwilligung auch *Menck*, DStZ/A 1971, 57 (59).

148 Vgl. nur BVerfG, Beschl. v. 22.3.1983 – 2 BvR 475/78, BVerfGE 63, 343 (361).

149 *Staringer*, DStJG 31 (2008), 135 (136); so auch *Hendricks*, Internationale Informationshilfe, S. 54, der von mangelnder Verifizierbarkeit spricht. In diesem Sinne auch *Menck*, DStZ/A 1971, 57 (57); vgl. auch *Tipke*, StRO III, S. 1425.

150 Vgl. dazu auch BT-Drs. 6/1982, S. 131 f.

151 Dazu *Seer*, in: Tipke/Kruse, AO/FGO, § 85 AO Rn. 8; *Birk*, StuW 1989, 212 (213); *Wernsmann*, in: Hübschmann/Hepp/Spitaler, AO/FGO, § 4 AO Rn. 435; *Ondracek*, in FS Ritter, S. 227 (230); ausführlich *Eckhoff*, Rechtsanwendungsgleichheit, S. 476 ff.

Gesetzesvollzug rechtlich und tatsächlich gleich belastet werden müssen.[152] Zum anderen sind die Finanzbehörden zum gesetzmäßigen Vollzug gehalten. Gesetzmäßigkeit im Sinne dieser Vorschrift bringt zum Ausdruck, dass die Verwaltung nur nach Maßgabe der Gesetze und ihrer Tatbestandsmerkmale im Sinne von § 4 AO handeln, insbesondere Eingriffe in Grundrechte vornehmen darf (sog. Gesetzesvorbehalt).[153]

Gleichzeitig ist § 85 AO das sog. Legalitätsprinzip zu entnehmen, wonach der Fiskus nicht nur berechtigt, sondern auch verpflichtet ist, geschuldete Steuern verfahrensrechtlich durchzusetzen.[154] § 85 AO ist folglich „nicht nur Schranke, sondern auch Antrieb des behördlichen Handelns"[155]. Die in § 85 AO einfachgesetzlich normierte Zielbestimmung findet als allgemeiner Besteuerungsgrundsatz nicht nur Anwendung auf die Steuerfestsetzung, sondern gilt für alle Stadien im Steuerverfahren. Sein Anwendungsbereich erstreckt sich somit auch auf die Steuererhebung und -vollstreckung, d.h. auch bei der Beitreibung von Forderungen ist die Steuerverwaltung zu einer gleichmäßigen und gesetzmäßigen Anwendung angehalten.[156]

Die Pflicht der Finanzbehörden zu einer gleichmäßigen und gesetzmäßigen Besteuerung gilt nicht nur innerstaatlich, sondern auch für extraterritoriale Sachverhalte, bei denen Steuern im Sinne des § 3 Abs. 1 AO geschuldet werden.[157] Dies bedeutet insbesondere, dass auch der Sachverhalt mit Auslandsbezug im

---

152 BVerfG, Urt. v. 27.6.1991 - 2 BvR 1493/89, BVerfGE 84, 239 (268); Urt v. 9.3.2004 - 2 BvL 17/02, BVerfGE 110, 94 (112); Nichtannahmebeschl. v. 10.3.2008 - 2 BvR 2077/05, NJW 2008, 2637 (2637); *Hey*, in: Tipke/Lang, Steuerrecht, § 3 Rn. 111. Soweit ein „strukturelles Vollzugsdefizit" gegeben ist, führt dies nach der Rspr. des BVerfG im Extremfall gar zur Verfassungswidrigkeit der zu vollziehenden materiellen Norm. Vgl. *Wernsmann*, in: Menzel/Müller-Terpitz, Verfassungsrechtsprechung, S. 495 (497 ff.).

153 Statt vieler *Birk/Desens/Tappe*, Steuerrecht, Rn. 157. Ausführlich dazu *Wernsmann*, in: Hübschmann/Hepp/Spitaler, AO/FGO, § 4 AO Rn. 650 ff.

154 Vgl. BVerfG, Beschl. v. 12.2.1969 - 1 BvR 687/82, BVerfGE 25, 216 (228); *Seer*, in: Tipke/Lang, Steuerrecht, § 1 Rn. 29, § 21 Rn. 1; *Rätke*, in: Klein, AO, § 85 Rn. 1; *Söhn*, in: Hübschmann/Hepp/Spitaler, AO/FGO, § 85 AO Rn. 32 m.w.N.

155 *Seer*, in: Tipke/Kruse, AO/FGO, § 85 AO Rn. 6.

156 Vgl. *Söhn*, in: Hübschmann/Hepp/Spitaler, AO/FGO, § 85 AO Rn. 6; *Seer*, in: Tipke/Kruse, AO/FGO, § 85 AO Rn. 3; *Lehner*, in: HStR XI, § 251 Rn. 86.

157 So zutreffend für die Steuerfestsetzung *Schaumburg*, Internationales Steuerrecht, Rn. 19.1; vgl. auch *Seer/Gabert*, StuW 2010, 3 (4); *Hendricks*, Internationale Informationshilfe, S. 91; *Runge*, in: FS Ritter, S. 475 (475); *Koch*, DStZ 1979, 4 (5); wohl auch *Czakert*, ISR 2013, 177 (178).

Grundsatz gleich einem rein nationalen Sachverhalt verwirklicht werden muss.[158] Die Finanzverwaltung hat dafür die ihr zur Verfügung stehenden Handlungsspielräume zu nutzen und Befugnisse auszuschöpfen, um eine gleichheitswidrige Besteuerung, d.h. eine Bevorzugung ausländischer Sachverhalte, zu verhindern.

III. Notwendigkeit der grenzüberschreitenden Vollstreckungshilfe

Da – wie unter (I.) aufgezeigt – eine Beitreibung von Steuerforderungen im Ausland völkergewohnheitsrechtlich unzulässig ist, sind die nationalen Behörden bei grenzüberschreitenden Sachverhalten auf die Kooperation mit ausländischen Behörden notwendig angewiesen, um der oben beschriebenen Zielsetzung des § 85 AO (II.) gerecht zu werden. Die Vollstreckungshilfe soll das Defizit an eigenen Beitreibungsmöglichkeiten im Ausland kompensieren. Deren Ziel ist es, durch die grenzüberschreitende Kooperation die völkergewohnheitsrechtlichen Hürden im Besteuerungsverfahren zu überwinden.

Grenzüberschreitende Amtshilfe im Sinne des § 117 AO, mithin auch die Vollstreckungshilfe, ist ein gesetzlich vorgesehenes Verfahrensinstrument zur Durchführung der Besteuerung. Ihre Anwendung steht grundsätzlich im Ermessen der zuständigen Behörden (vgl. nur der Wortlaut des § 117 Abs. 1 AO: „…können…in Anspruch nehmen" oder § 10 Abs. 1 EU-BeitrG: „…kann Beitreibungsersuchen…stellen"). Einigkeit besteht insoweit, als die Aufgabennorm des § 85 AO im Rahmen der Steuer*festsetzung* insofern präzisierend wirkt, als die Inanspruchnahme von Informationshilfe zur Vermeidung einer gleichheitswidrigen Besteuerung ggf. sogar im Einzelfall geboten ist.[159] Zur Sachverhaltsaufklärung ist das Stellen eines Amtshilfeersuchens gerichtet auf die Erlangung steuerrelevanter Daten also als zulässiges Beweismittel u.U. zwingend erforderlich, wenn innerstaatliche Maßnahmen keinen Erfolg versprechen bzw. erfolglos waren.

Diese Aussage lässt sich gleichermaßen auf das Instrument der Vollstreckungshilfe übertragen. Sowohl die Informations- als auch die Vollstreckungshilfe stellen Unterfälle grenzüberschreitender Amtshilfe dar (dazu ausführlich im 2. Kapitel). Der maßgebliche Unterschied zwischen beiden Amtshilfeformen

---

158 So auch bereits *Menck*, DStZ/A 1971, 57 (57); *ders.*, in: Internationale Steuerauskunft und Deutsches Verfassungsrecht, S. 1 (1 f.); *Söhn*, in: Hübschmann/Hepp/Spitaler, AO/FGO, § 117 AO Rn. 2. Bereits 1979 stellte der BFH fest, dass die grenzüberschreitende Amtshilfe u.a. der Gleichmäßigkeit der Besteuerung dient, vgl. BFH, Urt. v. 20.2.1979 – VII R 16/78, BStBl. II 1979, 268 (271 f.).

159 Vgl. nur *Söhn*, in: Hübschmann/Hepp/Spitaler, AO/FGO, § 117 AO Rn. 25a m.w.N.; *Lammers*, EWS 2010, 121 (121).

besteht darin, dass sie auf verschiedenen Stufen des Besteuerungsverfahrens Anwendung finden. Auch die Vollstreckung von Steueransprüchen muss gemäß § 85 AO gleichmäßig und gesetzmäßig durchgeführt werden. Folglich kann es in Fällen, in denen die Beitreibung von Steuerschulden nur im Ausland möglich ist, da nur dort vollstreckbare Vermögensgegenstände vorhanden sind, zwingend geboten sein, auf die Vollstreckungshilfe zurückzugreifen.[160] Das Entschließungsermessen im Sinne von §§ 5, 86 AO hinsichtlich der Frage, ob ein Ersuchen auf Vollstreckungshilfe gestellt werden soll, könnte sich in dieser Konstellation demnach nach Ausschöpfung nationaler Vollstreckungsmöglichkeiten ggf. auf null reduzieren. Würde die Finanzverwaltung auf die ihr ausdrücklich zustehende Möglichkeit der Inanspruchnahme von Vollstreckungshilfe[161] verzichten, offenbarte sich in diesen Konstellationen eine Gelegenheit der Steuerverkürzung für denjenigen Steuerpflichtigen, der seine Vermögenswerte im Ausland dem Zugriff des deutschen Fiskus entzieht. Die mangelnde Ausschöpfung der gesetzlichen Möglichkeiten könnte in diesen Fällen zu einer gleichheitswidrigen Besteuerung führen.

IV. Rechtsprechung des EuGH

Der EuGH stellt regelmäßig auf der Rechtfertigungsebene strenge (Verhältnismäßigkeits-)Anforderungen an nationale Steuergesetze, welche die unionsrechtlichen Grundfreiheiten beeinträchtigen. Diese Beeinträchtigungen können nicht dadurch gerechtfertigt werden, dass die Gesetzesregelungen der Sicherung des Steueraufkommens dienen.[162] Der EuGH verweist insoweit in aller Regel auf die bestehenden Möglichkeiten der zwischenstaatlichen Amtshilfe, mithin auch der grenzüberschreitenden Vollstreckungshilfe. Unilateralen Maßnahmen sind hierdurch unionsrechtliche Grenzen gesetzt. Auch vor diesem Hintergrund haben die Mitgliedstaaten ein Interesse daran, regelmäßig auf die Vollstreckungshilfe zurückzugreifen und die Möglichkeiten der Beitreibungshilfe auszunutzen.[163]

---

160 So wohl auch *Söhn*, in: Hübschmann/Hepp/Spitaler, AO/FGO, § 85 AO Rn. 19.

161 Die Möglichkeit besteht jedoch einschränkend nur in den Fällen, in denen ein Staat betroffen ist, mit dem eine Kooperation bei der Vollstreckung rechtlich verankert ist.

162 St. Rspr. Statt aller EuGH, Urt. 14.9.2006 – Rs. C-386/04, *Stauffer*, Slg. 2006 I-8203, Rn. 50. Aus der Literatur nur *Wernsmann*, in: Schulze/Zuleeg/Kadelbach, Handbuch Europarecht, § 30 Rn. 118.

163 Vgl. dazu auch *Lammers*, EWS 2010, 121 (121 f.); *Englisch*, in: Tipke/Lang, Steuerrecht, § 4 Rn. 104.

C. *Wesensbestimmende Prinzipien*

Allgemein haben sich bei der Ausgestaltung der internationalen Vollstreckungshilfe bestimmte Grundsätze herausgebildet, die im internationalen Steuerrecht Anerkennung genießen und von der deutschen Verwaltungspraxis übernommen wurden. Diese Prinzipien haben sowohl in den völkerrechtlichen DBA als auch in der EU-BeitrRL Niederschlag gefunden. Durch sie wird die Art und Weise der Vollstreckungshilfe vorgezeichnet. Diese Wertungen bestimmen das Wesen der internationalen Vollstreckungshilfe und haben maßgeblichen Einfluss auf ihre konkrete Durchführung. Da sie sowohl die Leistung als auch die Inanspruchnahme von Vollstreckungshilfe maßgeblich beeinflussen, sollen sie vorab dargestellt und bewertet werden.

Als grundlegende Prinzipien im Rahmen der Vollstreckungshilfe sind insbesondere folgende Maßstäbe zu nennen: Prinzip der Passivität (I.), der gegenseitigen Anerkennung (II.), der Gegenseitigkeit (III.), der Äquivalenz (IV.), der Subsidiarität (V.) und der Wirtschaftlichkeit (VI.).[164] Die genannten Prinzipien sind in den verschiedenen Rechtsgrundlagen unterschiedlich stark ausgeprägt. Divergenzen und Gemeinsamkeiten werden im Folgenden am jeweiligen Prinzip herausgearbeitet.

I. *Prinzip der Passivität*

1. Inhalt des Prinzips

Wesensimmanent für die Vollstreckungshilfe, sowie allgemein für die Amtshilfe, ist das Passivitätsprinzip.[165] Bedingt durch den soeben dargestellten Grundsatz der formellen Territorialität ist es den Behörden völkerrechtlich verwehrt, auf fremdem Staatsgebiet hoheitlich tätig zu werden und eigene Vollstreckungsmaßnahmen durchzuführen. Sie sind demnach auf die Ausführung der angestrebten Maßnahmen durch den ersuchten Staat zur Durchsetzung ihrer Steuerforderung angewiesen. Folglich kann die um Amtshilfe ersuchende Behörde ein Amtshilfeverfahren regelmäßig nur in Gang setzen, dessen Durchführung sie aber der ersuchten Behörde überlassen muss.[166] Für die Erfüllung eines Ersuchens kommt es daher auf die Befugnisse der ersuchten Behörde an. Die ersuchte Behörde

164 Diese Prinzipien als maßgebend erkannt hat bereits *Seer*, in: Verfahren der Zusammenarbeit von Verwaltungsbehörden in Europa, S. 85 (96).

165 Vgl. zu Art. 27 OECD-MA *Seer*, in: Verfahren der Zusammenarbeit von Verwaltungsbehörden in Europa, S. 85 (91), zur EU-BeitrRL (94 f.).

166 Das Passivitätsprinzip ist auch im Bereich der nationalen Vollstreckungshilfe durch § 250 Abs. 1 AO positiviert.

ist bei der Ausführung von Vollstreckungsmaßnahmen nur an die ihr nach der Rechtsordnung ihres Staates zukommenden Pflichten gebunden und hat auch nur die ihr danach zustehenden Rechte zur Verfügung, die für vergleichbare Steuern innerstaatlich zur Anwendung kämen (vgl. § 9 Abs. 2 Satz 1 EU-BeitrG oder Art. 27 Abs. 3 Satz 2 OECD-MA).

Die ersuchende Behörde kann im Ergebnis lediglich durch Übermittlung vollstreckungsrelevanter Informationen zu einem Gelingen der Beitreibung beitragen; direkte Einwirkungsmöglichkeiten auf die Ausgestaltung des Verfahrens im Ausland hat sie in aller Regel jedoch nicht.[167] Ihr kommt mithin nach Einleitung des Vollstreckungshilfeverfahrens lediglich eine passive Rolle zu.

2. Ausnahme

Vom Prinzip der Passivität wird im Anwendungsbereich der neugefassten EU-BeitrRL eine erste Ausnahme gemacht. Gemäß § 17 Abs. 1 Satz 1 EU-BeitrG können die bei der Vollstreckung kooperierenden Staaten zur Förderung der Amtshilfe vereinbaren, dass befugte Bedienstete des anderen (ersuchenden) Mitgliedstaates in eingeschränkter Form doch an der Ausführung des Ersuchens im ersuchten Staat mitwirken können. Danach dürfen diese Bediensteten des anderen Staates in Deutschland in den Amtsräumen der Vollstreckungsbehörden (Nr. 1) und während der behördlichen Ermittlungen, die auf deutschem Hoheitsgebiet ausgeführt werden, (Nr. 2) anwesend sein. Zudem dürfen sie in Deutschland im Zusammenhang mit der Vollstreckung durchgeführte Gerichtsverfahren unterstützen (Nr. 3). Dabei muss sichergestellt sein, dass den ausländischen Bediensteten keine Informationen zugänglich gemacht werden, die eines der in § 5 Abs. 2 EU-BeitrG geschützten Rechtsgüter beeinträchtigen würden. Gleichermaßen können im umgekehrten Fall gemäß § 18 EU-BeitrG unter den Voraussetzungen des § 17 EU-BeitrG deutsche Bedienstete in andere Mitgliedstaaten entsandt werden, sofern die Komplexität eines Ersuchens dies erfordert.

Obgleich den Mitarbeitern der auswärtigen Behörden keine eigenen Befugnisse auf deutschem Hoheitsgebiet zustehen, da ihnen lediglich die Anwesenheit

---

167 *Seer*, in: Verfahren der Zusammenarbeit von Verwaltungsbehörden in Europa, S. 85 (94). Nach *Engelschalk*, in: Vogel/Lehner, DBA, Art. 27 Rn. 44 ist jedoch im Rahmen von DBA üblich, obwohl in der Regel nicht vertraglich vorgesehen, dass der ersuchende Staat dem ersuchten Staat Vorgaben betreffend die Art und Weise der Vollstreckung erteilt. Gleichwohl kann der Inhalt der Vorgaben nicht über das nationale Recht des ersuchten Staates hinausreichen und es erscheint fraglich, ob der ersuchte Staat an diese Vorgabe tatsächlich gebunden ist.

gewährt wird, kann von einer partiellen Durchbrechung des Passivitätsprinzips auf dem Gebiet der Vollstreckungshilfe gesprochen werden.[168] Durch ihre Präsenz bei den für die Durchführung des Verfahrens verantwortlichen Behörden wird ihnen mittelbar doch die Gelegenheit zur Einflussnahme verschafft. Es ist bei lebensnaher Betrachtung durchaus wahrscheinlich, dass die anwesenden Bediensteten mit sachdienlichen Informationen zur Person des Schuldners oder der Natur der Forderung den ersuchten Behörden werden dienen können und somit in die Lage versetzt werden, das weitere Verfahren zu beeinflussen. Jedenfalls kann in diesem Fall nicht mehr von vollständiger Passivität gesprochen werden.[169] Die Schaffung der Voraussetzungen für eine wechselseitige Unterstützung durch Entsendung von Mitarbeitern in die zuständigen Behörden darf vor dem Hintergrund der Zielsetzung der Förderung der Erfolgsaussichten der Vollstreckungshilfe (vgl. dazu insbesondere die Erwägungsgründe zur EU-BeitrRL[170]) begrüßt werden.[171] Durch den direkten Austausch vor Ort lassen sich beispielsweise Unklarheiten hinsichtlich des Inhalts der Forderung ausräumen und die Verfahrensdauer, von der nach Ansicht der Kommission die Erfolgsaussichten eines Vollstreckungsersuchens oft abhängen, insgesamt verkürzen.[172] Dies ist jedenfalls positiv zu bewerten und rechtlich nicht zu beanstanden, solange die deutschen Behörden bei der Gewährung von Vollstreckungshilfe die Leitung des Verfahrens innehaben, mithin die Ausführung von Maßnahmen in ihrer Entscheidungshoheit verbleibt und sichergestellt ist, dass nur grundrechtsverpflichtete Mitarbeiter der Behörden die in der AO vorgesehenen Befugnisse ausüben.

Die Anwesenheit darf insbesondere nicht dazu führen, dass durch die Hintertür eine mit Art. 7 Abs. 2 EU-BeitrRL vergleichbare Situation geschaffen wird. Art. 7 Abs. 2 EU-BeitrRL sieht nämlich darüber hinaus die Möglichkeit vor, dem ausländischen Bediensteten die Gelegenheit einzuräumen, selbst Einzelpersonen zu befragen und Aufzeichnungen prüfen zu dürfen, sofern dies nach den geltenden Rechtsvorschriften im ersuchten Mitgliedstaat zulässig ist. Danach würden ihm – nach Zustimmung des kooperierenden Staates – erstmalig sogar eigene

---

168 *Seer*, in: Verfahren der Zusammenarbeit von Verwaltungsbehörden in Europa, S. 85 (96), bezeichnet die Vorschrift als „vorsichtige Abkehr vom Prinzip passiver Vollstreckungsamtshilfe" und als „erste[n] Einstieg in eine aktive Vollstreckungsamtshilfe".

169 Vgl. *Gabert*, FR 2012, 707 (713) m.w.N. zu einer weitergehenden Regelungen in einer früheren Fassung der RL, die jedoch nicht in die endgültige Fassung der RL gelangt ist.

170 Erwägungsgründe des Rates zur RL 2010/24/EU, ABl. L 84, 1, Rn. 4.

171 Ähnlich auch insoweit die Gesetzesbegründung, BT-Drs. 17/6263, S. 39; so auch *Gabert*, FR 2012, 707 (713).

172 Bericht der Kommission v. 4.9.2009, KOM (2009) 451, S. 10.

Ermittlungsbefugnisse auf fremden Hoheitsgebieten zugutekommen. Das Prinzip der Passivität wird in dieser Vorschrift in sein Gegenteil verkehrt. Der deutsche Gesetzgeber hat diesen Umsetzungsspielraum bei der Implementierung der Richtlinie in das EU-BeitrG allerdings nicht ausgeschöpft und von der Schaffung einer entsprechenden Norm abgesehen. Das Absehen von der Umsetzung dieser Vorschrift erscheint vor dem Hintergrund, dass nach geltendem Verständnis weder das GG noch die AO die Ausführung von Ermittlungshandlungen durch auswärtige Hoheitsträger auf deutschem Hoheitsgebiet vorsehen, auch geboten, die Beschränkung auf bloße Anwesenheitspflichten dagegen angezeigt. Mit der Nichtumsetzung bewegt sich der deutsche Gesetzgeber ausweislich des klaren Wortlauts des Art. 7 Abs. 2 EU-BeitrRL („Sofern dies nach den geltenden Rechtsvorschriften im ersuchten Mitgliedstaat zulässig ist, ...") im Rahmen seines Umsetzungsspielraums.[173]

II. Prinzip der gegenseitigen Anerkennung

Bei der internationalen Vollstreckungshilfe hat sich zur Förderung der Erfolgsaussichten der Amtshilfe das System der Anerkennung der übermittelten Forderung durchgesetzt (vgl. § 9 Abs. 1 Satz 2 EU-BeitrG oder Art. 27 Abs. 3 Satz 1 OECD-MA).[174] Daraus folgt, dass die ersuchte Behörde grundsätzlich (zu den Grenzen und Ausnahmen dieses Prinzips sogleich 3. Kapitel § 1) nicht das Zustandekommen der zu vollstreckenden Forderung prüft, sondern ihre Rechtmäßigkeit voraussetzt und lediglich versucht, sie mit ihren Mitteln im Vollstreckungswege beizutreiben.[175] Seitens der ersuchten, die Vollstreckung ausführenden Behörde unterbleibt eine inhaltliche rechtliche Prüfung der beizutreibenden Forderung.[176] Somit hat die ersuchende Behörde aufgrund des

173 So auch *Beermann*, in: Hübschmann/Hepp/Spitaler, AO/FGO, § 250 AO Rn. 208.

174 Vgl. EuGH, Urt. 14.1.2010 – Rs. C-233/08, *Kyrian*, Slg. 2010 I-177, Rn. 41; *Czakert*, in: Schönfeld/Ditz, DBA, § 9 EU-BeitrG Rn. 47; *Krabbe*, in: Wassermeyer, DBA, Art. 27 MA Rn. 1.

175 Auf unionaler Ebene ist die Anerkennung und Ausführung von Hoheitsakten anderer Mitgliedstaaten ein bewährtes Prinzip: Dies zeigen beispielweise die Instrumente der Internationalen Rechtshilfe in Strafsachen, des Europäischen Haftbefehls, der Anerkennung und Vollstreckung von Geldstrafen und Geldbußen sowie die Anerkennung und Vollstreckung von Entscheidungen in Zivil- und Handelssachen, die dem Wesen der Vollstreckungshilfe im Grundsatz vergleichbar sind.

176 EuGH, Urt. 14.1.2010 – Rs. C-233/08, *Kyrian*, Slg. 2010 I-177, Rn. 41; BFH, Urt. v. 3.11.2010 – VII R 21/10, BStBl. II 2011, 401 (403); *Engelschalk*, in: Vogel/Lehner, DBA, Art. 27 Rn. 41a.

soeben dargestellten Prinzips der Passivität zwar keinen unmittelbaren Einfluss auf die Vollstreckung der übermittelten Forderung im ersuchten Staat. Durch das Prinzip der gegenseitigen Anerkennung ist jedoch sichergestellt, dass die ersuchte Behörde Bestand und Inhalt der beizutreibenden Forderung nicht in Frage stellen und nicht von der Einleitung eines Vollstreckungsverfahrens absehen darf, sofern die sonstigen Voraussetzungen für ein Vollstreckungsersuchen gegeben sind.

Der Vorteil der gegenseitigen Anerkennung liegt zum einen in der Beschleunigung des Verfahrens, da beispielsweise gemäß § 10 Abs. 3 Satz 1 EU-BeitrG die übermittelte Forderung zugleich als Vollstreckungstitel fungiert und es langwieriger Umsetzungsakte im ersuchten Staat nicht mehr bedarf. Zum anderen erhöht es die Erfolgswahrscheinlichkeit der Beitreibung der Forderung, weil Einwände des ersuchten Staats gegen die Forderung (grundsätzlich) nicht vorgebracht werden dürfen.[177]

III. Prinzip der Gegenseitigkeit

1. Inhalt des Prinzips

Für die Praxis der internationalen Vollstreckungshilfe hat sich zudem das Gegenseitigkeitsprinzip herausgebildet. Daraus folgt auf der einen Seite der Grundsatz, dass ein Staat nur die Hilfe leisten soll, die er *vice versa* auch empfängt. Er ist also nicht verpflichtet, mehr zu leisten als er im umgekehrten Fall auch erhält. Niederschlag gefunden hat dieses Prinzip in Deutschland in § 117 Abs. 3 Satz 1 Nr. 1 AO. Durch diese Vorschrift will der deutsche Gesetzgeber zwar einerseits Vollstreckungshilfe auch ohne zwischenstaatliches Abkommen (sog. Kulanzhilfe) ermöglichen, gleichzeitig aber sicherstellen, dass das Prinzip der Gegenseitigkeit gewahrt bleibt („... wenn die Gegenseitigkeit verbürgt ist").[178]

Auf der anderen Seite ist der ersuchende Staat aber auch nicht berechtigt, mehr zu fordern, als er selbst im umgekehrten Fall zu leisten imstande ist. Wird also ein Staat um eine Vollstreckungsmaßnahme von einem Staat ersucht, die dieser Staat selbst nicht im Wege der Vollstreckungshilfe leistet oder leisten kann, darf der ersuchte Staat die Ausführung der Vollstreckung des Ersuchens versagen, weil der Gegenseitigkeitsgrundsatz nicht gewahrt ist.[179] Als milderes Mittel kann er bei der Ausführung eines Ersuchens auch wählen, nur auf die Maßnahme

177 Vgl. auch *Czakert*, IStR 2010, 567 (569); *Gabert*, FR 2012, 707 (711).

178 Vgl. *Hendricks*, in: Beermann/Gosch, AO/FGO, § 117 AO Rn. 75 f.

179 *Seer*, in: Verfahren der Zusammenarbeit von Verwaltungsbehörden in Europa, S. 85 (96); siehe auch OECD-MK, Art. 26 Rn. 15.

zurückzugreifen, die auch im ersuchenden Staat Anwendung gefunden hätte.[180] Das Gegenseitigkeitsprinzip soll verhindern, dass die Vollstreckungsamtshilfe nur einseitig zu Lasten eines Staates erfolgt.[181] Ferner soll die Behörde eines Staates nicht vorhandene Befugnisse nicht durch Zurückgreifen auf die internationale Vollstreckungshilfe ihrem Umfang nach erweitern können. Die internationale Vollstreckungshilfe soll vielmehr nur „territoriale" Hürden überwinden.[182] Gleichzeitig soll die Forderung nach gleichwertigen, gegenseitigen Hilfeleistungen zur „Standardisierung des Verfahrens" insgesamt beitragen.[183]

Obgleich Einigkeit über die Existenz des Prinzips der Gegenseitigkeit besteht,[184] wird der Begriff hinsichtlich seiner inhaltlichen Reichweite normübergreifend nicht einheitlich verwendet.[185] So wird sowohl ein quantitatives[186] als auch ein qualitatives („gleicher Art und Güte"[187]) Verständnis an den Tag gelegt. Inhaltlich sind keine allzu strengen Anforderungen an das Kriterium der Gegenseitigkeit zu stellen, um die Hürden für eine effektive Vollstreckungshilfe nicht unpassierbar hoch zu setzen.[188] So genügt es, wenn die Vollstreckungsmaßnahmen der beiden bei der Vollstreckung kooperierenden Staaten zwar nicht inhaltlich gleich ausgestaltet sind, aber qualitativ vergleichbare Ergebnisse produzieren.[189] Aufgrund der Unterschiedlichkeit der Rechtssysteme würde

---

180 So auch *Engelschalk*, in: Vogel/Lehner, DBA, Art. 26 Rn. 101 zur Informationshilfe, für die in Art. 26 Abs. 3 lit. a eine zu Art. 27 Abs. 8 lit. a gleichlautende Vorschrift zum Gegenseitigkeitsprinzip existiert.

181 *Seer*, in: Verfahren der Zusammenarbeit von Verwaltungsbehörden in Europa, S. 85 (96); *Carl/Klos*, Leitfaden zur internationalen Amts- und Rechtshilfe in Steuersachen, S. 134.

182 *Engelschalk*, in: Vogel/Lehner, DBA, Art. 27 Rn. 93; *Czakert*, in: Schönfeld/Ditz, DBA, Art. 27 Rn. 58.

183 *Seer*, in: Verfahren der Zusammenarbeit von Verwaltungsbehörden in Europa, S. 85 (96).

184 *Menck*, DStZ/A 1971, 57 (59) bezeichnet die Gegenseitigkeit als den großen zusammenhängenden Grundsatz der zwischenstaatlichen Amtshilfe. Vgl. auch *Söhn*, in: Hübschmann/Hepp/Spitaler, AO/FGO, § 117 AO Rn. 172; ausführlich *Hendricks*, Internationale Informationshilfe, S. 94 ff.

185 So bereits *Hendricks*, Internationale Informationshilfe, S. 304 ff. zur Informationshilfe. Die dazu getroffenen Wertungen sind auf die Vollstreckungshilfe als weiteren Unterfall der zwischenstaatlichen Amtshilfe übertragbar.

186 Vgl. hierzu *Hendricks*, Internationale Informationshilfe, S. 94 ff.

187 *Söhn*, in: Hübschmann/Hepp/Spitaler, AO/FGO, § 117 AO Rn. 173a.

188 Der OECD-MK empfiehlt insoweit eine „breite und pragmatische" Auslegung, Art. 26 Rn. 15.

189 Vgl. *Engelschalk*, in: Vogel/Lehner, DBA, Art. 26 Rn. 101; *Carl/Klos*, Leitfaden zur internationalen Amts- und Rechtshilfe in Steuersachen, S. 130.

andernfalls die Vollstreckungshilfe praktisch unmöglich gemacht. Andererseits muss die Gegenseitigkeit verbürgt sein. Dafür genügt nicht, dass die ersuchte Maßnahme bloß in der Rechtsordnung des ersuchenden Staates in entsprechender Weise verankert ist. Dessen Amtshilfepraxis muss vielmehr zeigen, dass er die in Frage stehende Maßnahme auch tatsächlich zu leisten bereit ist.[190]

2. Rechtliche Verankerung

Das Prinzip der Gegenseitigkeit muss, um zur Anwendung zu gelangen, im konkreten Fall im jeweils einschlägigen (umgesetzten bzw. transformierten) Abkommen Niederschlag gefunden haben. Nur wenn eine entsprechende Klausel vereinbart wurde, kann sich eine Vertragspartei auf fehlende Gegenseitigkeit zur Versagung eines Vollstreckungsersuchens berufen.

Das Prinzip der Gegenseitigkeit ist insbesondere für den Anwendungsbereich von auf Grundlage von Art. 27 OECD-MA bilateral abgeschlossenen DBA-Vollstreckungsklauseln bedeutsam. Art. 27 Abs. 8 lit. a OECD-MA schreibt *expressis verbis* vor, dass Vertragsstaaten nicht verpflichtet sind, Verwaltungsmaßnahmen durchzuführen, die von den Gesetzen des anderen Vertragsstaates abweichen. Hierin ist eine Verankerung des unter 1. dargestellten Gegenseitigkeitsprinzips zu sehen.[191]

Im Anwendungsbereich der EU-BeitrRL ist das Gegenseitigkeitsprinzip hingegen nicht explizit als Versagungsgrund für ein eingehendes Vollstreckungsersuchen verankert. Eine Art. 27 Abs. 8 lit. a OECD-MA entsprechende Klausel ist dort nicht enthalten. Jedoch finden sich auch im EU-BeitrG Ausprägungen des Gegenseitigkeitsprinzips: So kann ein EU-Mitgliedstaat Deutschland um die Einleitung von Sicherungsmaßnahmen ersuchen, um eine mögliche spätere Vollstreckung sicherzustellen (vgl. § 12 Abs. 1 Satz 1 EU-BeitrG). In Anlehnung an das Gegenseitigkeitsprinzip muss die deutsche Behörde dem Ersuchen aber nur nachkommen, soweit die Verfügung von Sicherungsmaßnahmen einer Forderung einerseits nach den Voraussetzungen der AO zulässig und anderseits auch im ersuchenden Staat gesetzlich gestattet ist (§ 12 Abs. 1 Satz 2 EU-BeitrG).[192] In diesem Sinne bringt auch Art. 14 Abs. 4 UAbs. 2 EU-BeitrRL zum Ausdruck, dass das Ersuchen um Vollstreckungshilfe hinsichtlich einer angefochtenen Forderung nur zulässig ist, soweit die Vollstreckung solcher Forderungen nach den

---

190 *Carl/Klos*, Leitfaden zur internationalen Amts- und Rechtshilfe in Steuersachen, S. 129 f.; *Seer*, in: Verfahren der Zusammenarbeit von Verwaltungsbehörden in Europa, S. 85 (96).

191 Vgl. nur *Engelschalk*, in: Vogel/Lehner, DBA, Art. 27 Rn. 93; *Czakert*, in: Schönfeld/Ditz, DBA, Art. 27 Rn. 58.

192 *Czakert*, in: Schönfeld/Ditz, DBA, § 12 EU-BeitrG Rn. 58.

Rechtsordnungen beider Staaten vorgesehen ist.[193] Im Ergebnis kann ein EU-Mitgliedstaat – abgesehen von den beiden genannten Fällen – ein eingehendes Ersuchen aber nicht mit der Begründung ablehnen, dass die erstrebte Maßnahme im ersuchenden Mitgliedstaat gar nicht vorgesehen ist bzw. dieser Staat sie in umgekehrter Konstellation auch nicht leisten würde. Das Gegenseitigkeitsprinzip ist mithin in der EU-BeitrRL nur partiell verwirklicht worden.

IV. Prinzip der Äquivalenz

An das Gegenseitigkeitsprinzip angelehnt wird das Recht der internationalen Vollstreckungshilfe vom Grundsatz der Äquivalenz bestimmt.[194] Das Gebot der Äquivalenz besagt, dass der ersuchte Staat bei der Ausführung der Vollstreckungsmaßnahmen den grenzüberschreitenden Sachverhalt nicht anders behandeln darf als einen inländischen.[195]

Wie bereits festgestellt, richtet sich die Ausführung von Vollstreckungsmaßnahmen durch den ersuchten Staat nach dessen nationalen Verwaltungs- und Verfahrensvorschriften (vgl. § 9 Abs. 2 Satz 1 EU-BeitrG und Art. 27 Abs. 3 Satz 2 OECD-MA). Der Steueranspruch soll dabei wie ein inländischer Anspruch verwirklicht werden (§ 9 Abs. 1 Satz 2 EU-BeitrG). Um zu gewährleisten, dass die Erfolgswahrscheinlichkeiten einer Vollstreckung über die territorialen Grenzen hinweg derjenigen einer rein nationalen Maßnahme auch tatsächlich angeglichen werden, hat sich für die internationale Vollstreckungshilfe der Grundsatz der Äquivalenz etabliert. Der Äquivalenzmaßstab entfaltet sowohl in positiver und negativer Hinsicht Vorgaben für den ersuchten Staat bei der Ausführung einer Verwaltungsmaßnahme.[196] In seiner positiven Ausprägung lässt sich dem Äquivalenzprinzip entnehmen, dass die ersuchte Behörde bei der Anwendung von Vollstreckungsmaßnahmen (im engeren wie im weiteren Sinne) für eine auswärtige Forderung tatsächlich das gleiche Niveau wie bei einer inländischen Forderung sicherstellt. Das ggf. vorhandene Auswahlermessen der zuständigen

---

193 *Seer*, in: Verfahren der Zusammenarbeit von Verwaltungsbehörden in Europa, S. 85 (97). Auf die gesetzliche Normierung des Kriteriums der Zulässigkeit im ersuchenden Staaten hat der deutsche Gesetzgeber bei der Umsetzung der EU-BeitrRL freilich verzichtet (vgl. § 13 Abs. 3 Satz 1 EU-BeitrG).

194 *Seer*, in: Verfahren der Zusammenarbeit von Verwaltungsbehörden in Europa, S. 85 (98).

195 *Seer*, in: Verfahren der Zusammenarbeit von Verwaltungsbehörden in Europa, S. 85 (98).

196 So maßgeblich *Seer*, in: Verfahren der Zusammenarbeit von Verwaltungsbehörden in Europa, S. 85 (98).

Vollstreckungsbehörde bei der Beitreibung des ausländischen Anspruchs ist daher – ausgehend von der nationalen Verwaltungspraxis – vorgezeichnet. Umgekehrt enthält das Äquivalenzprinzip auch eine negative Grenze, was der ersuchende Staat an Vollstreckungshilfe verlangen kann: Die ersuchte Behörde ist nicht verpflichtet (und auch nicht berechtigt), mehr zu leisten als sie in vergleichbaren inländischen Fällen zu tun pflegt (vgl. z.B. § 5 Abs. 1 Satz 2 EU-BeitrG).[197] Dies gilt unabhängig davon, ob die verlangte Maßnahme im ersuchenden Staat vorgesehen oder üblich ist. Ein entsprechendes Ersuchen kann die ersuchte Behörde aus diesem Grund versagen.[198]

V. Prinzip der Subsidiarität

Schließlich gilt es für die um die Vollstreckungshilfe ersuchenden Behörden den Grundsatz der Subsidiarität zu beachten. Danach darf erst dann auf die grenzüberschreitende Vollstreckungshilfe zurückgegriffen werden, wenn innerstaatliche Maßnahmen keinen Erfolg mehr versprechen. Es muss demnach zunächst geprüft werden, ob die geschuldete Forderung nicht aus Sicht der Finanzverwaltung zunächst mit innerstaatlichen Maßnahmen beigetrieben werden kann. Im Rahmen der grenzüberschreitenden Vollstreckungshilfe gilt somit zunächst ein Vorrang nationaler Maßnahmen vor der Inanspruchnahme zwischenstaatlicher Amtshilfe. Die Behörden anderer Staaten sollen nicht in Anspruch genommen werden, solange die Beitreibung auch mit nationalen Mitteln erreicht werden kann. Die Vollstreckungshilfe zwischen den Staaten soll erst als letztes Mittel der Beitreibung einer Forderung herangezogen werden.

Der Grundsatz der Subsidiarität ist sowohl im EU-BeitrG (§ 10 Abs. 2, § 8 Abs. 2) als auch im OECD-MA (Art. 27 Abs. 8 lit. c) niedergelegt. Folglich müssen die deutschen Vollstreckungsbehörden vor der Übermittlung eines Vollstreckungsersuchens alle nach der Abgabenordnung vorgesehenen

---

197 *Seer*, in: Verfahren der Zusammenarbeit von Verwaltungsbehörden in Europa, S. 85 (98); *Gabert*, FR 2012, 707 (710).

198 Vgl. insoweit nochmals den eindeutigen Wortlaut des § 9 Abs. 1 und 2 EU-BeitrG. Insgesamt ist der hier dargestellte Äquivalenzmaßstab vergleichbar mit den aus dem Unionsrecht abgeleiteten allgemeinen Grundsätzen der Äquivalenz und Effektivität für den Vollzug von Unionsrecht. Danach darf die Durchführung von Unionsrecht nicht das Niveau unterschreiten, das für einen vergleichbaren innerstaatlichen Sachverhalt angewandt wird. Im Übrigen gilt im Anwendungsbereich der EU-BeitrRL dieser allgemeine unionsrechtlich hergeleitete Grundsatz unmittelbar kraft Art. 4 Abs. 3 EUV. Zum unionsrechtlichen Äquivalenzgebot *Wernsmann*, in: Schulze/Zuleeg/Kadelbach, Handbuch Europarecht, § 30 Rn. 134 ff. m.w.N. zur Rspr. des EuGH.

Vollstreckungsmöglichkeiten ausgeschöpft haben. Tun sie dies nicht, ist ein trotzdem gestelltes Ersuchen ggf. unzulässig und kann von der ersuchten Behörde abgelehnt bzw. vom Betroffenen gerichtlich angefochten werden.

Dieser Grundsatz gilt indes nicht uneingeschränkt. Die ersuchende Behörde muss nicht alle erdenklichen Maßnahmen ergreifen, bevor sie ein Vollstreckungsersuchen stellen darf. Art. 27 Abs. 8 lit. c OECD-MA begrenzt beispielweise die vorher auszuschöpfenden Mittel auf „angemessene"[199] Maßnahmen. Dies schließt auch die Notwendigkeit der vorherigen Ergreifung wirtschaftlich unvernünftiger Maßnahmen aus, wenn durch die Inanspruchnahme der grenzüberschreitenden Vollstreckungshilfe eine Forderung wesentlich effizienter beigetrieben werden kann.[200] Auch bei der Anwendung des EU-BeitrG wird der Subsidiaritätsgrundsatz partiell durchbrochen: So bedarf es keiner Einleitung von innerstaatlichen Vollstreckungsmaßnahmen, wenn offensichtlich ist, dass keine Vermögegenstände in Deutschland vorhanden sind (§ 10 Abs. 2 Nr. 1 lit. a EU-BeitrG) oder dass das Vollstreckungsverfahren in Deutschland nicht zur vollständigen Begleichung der Forderung führen würde (§ 10 Abs. 2 Nr. 1 lit. b EU-BeitrG) und konkrete Informationen vorliegen, wonach Vermögensgegenstände der betreffenden Person im ersuchten Staat vorhanden sind. Gleiches gilt, wenn die Durchführung solcher Vollstreckungsmaßnahmen in Deutschland mit unverhältnismäßigen Schwierigkeiten verbunden wäre (§ 10 Abs. 2 Nr. 2 EU-BeitrG).

VI. Prinzip der Wirtschaftlichkeit

Schließlich wird die internationale Vollstreckungshilfe vom Gebot der Wirtschaftlichkeit geprägt. Dadurch soll sichergestellt werden, dass der mit der internationalen Vollstreckungshilfe verbundene Verwaltungsaufwand nicht außer Verhältnis zum dadurch erzielten Ertrag steht.[201] Im Rahmen von DBA wird die Wirtschaftlichkeit meist im Sinne einer auf Art. 27 Abs. 8 lit. d OECD-MA

---

199 Näher hierzu *Engelschalk*, in: Vogel/Lehner, DBA, Art. 27 Rn. 95.

200 *Engelschalk*, in: Vogel/Lehner, DBA, Art. 27 Rn. 95; *Mai*, in: Haase, AStG/DBA, Art. 27 MA Rn. 4.

201 Anders als *Seer*, in: Verfahren der Zusammenarbeit von Verwaltungsbehörden in Europa, S. 85 (97 f.) den Anschein erweckt, wird das Subsidiaritätsprinzip nicht bloß durch das Postulat der Wirtschaftlichkeit konkretisiert. Vielmehr handelt es sich bei Letzterem um ein eigenständiges Prinzip. Denn aus Gründen der Unverhältnismäßigkeit eines Vollstreckungsverfahrens kann eine zwischenstaatliche Amtshilfe auch dann unterbleiben, wenn der ersuchende Staat alle innerstaatlichen Maßnahmen ergriffen hat. Zudem kann auch innerstaatlich das Amtshilfeverfahren

basierenden Klausel verwirklicht. Nach dieser Vorschrift ist der ersuchte Staat nicht verpflichtet, Vollstreckungshilfe in Fällen zu leisten, in denen der Verwaltungsaufwand für diesen Staat in einem eindeutigen Missverhältnis zu dem Nutzen steht, den der ersuchende Staat dadurch erlangt. Von einem solchen Missverhältnis kann ausgegangen werden, wenn die Vollstreckungskosten den vollstreckbaren Betrag übersteigen.[202] Im Rahmen der Transformation von Art. 27 Abs. 8 lit. d OECD-MA ins nationale Recht wird diese Vorschrift nicht selten durch einen exakten Betrag konkretisiert, der in der Praxis zwischen € 255 und € 1022 liegt.[203] Sind keine konkreten Beträge vereinbart, sollen die deutschen Vollstreckungsbehörden ein grenzüberschreitendes Ersuchen erst stellen, wenn ein Betrag von mehr als € 1500 beigetrieben werden soll.[204] Es handelt sich hierbei um eine „Soll"-Anweisung, was zur Folge hat, dass die Finanzbehörde in der Regel die vorgesehene Rechtsfolge beachten muss, sofern nicht im Einzelfall atypische Umstände vorliegen (sog. intendiertes Ermessen).[205] Im Einzelfall kann also – vorausgesetzt, es ist keine konkrete Grenze im DBA vorhanden – ein Vollstreckungsersuchen auch unterhalb von 1500 € gestellt werden, wenn atypische Umstände es gebieten. Solch besondere Gründe könnten etwa darin zu sehen sein, dass es sich bei dem säumigen Steuerschuldner um einen Wiederholungsfall oder es sich um eine Steuersache von besonderer Bedeutung handelt.

Die Grenze von € 1500 ist in § 14 Abs. 1 2. HS. EU-BeitrG ebenfalls enthalten.[206] Ausweislich des Wortlauts gilt diese Grenze jedoch nur als Ablehnungsgrund für eingehende Ersuchen. Die Vorschrift enthält hingegen keine Untergrenze für das Stellen eines Vollstreckungsersuchens. Insoweit greift deshalb wiederum mangels gesetzlicher Vorgabe die im BMF-Schreiben enthaltene „Soll-Anweisung", die zu einer Selbstbindung der Verwaltung führt und auf die sich mittelbar auch der Betroffene berufen kann (vgl. näher zur Selbstbindung der Verwaltung 3. Kapitel § 2 D.). Mithin ist es den zuständigen deutschen Behörden in der Regel verwehrt, Vollstreckungsersuchen auf Grundlage von § 9 Abs. 1 EU-BeitrG für Forderungen mit einem Wert unterhalb von € 1500 zu stellen.

---

aufgrund fehlender Wirtschaftlichkeit unterbleiben, ohne das es hierbei auf die Subsidiarität ankäme (vgl. § 112 Abs. 3 Nr. 2 AO).

202 *Czakert*, in: Schönfeld/Ditz, DBA, Art. 27 Rn. 62.

203 Mit Einzelnachweisen *Czakert*, in: Schönfeld/Ditz, DBA, Art. 27 Rn. 62.

204 BMF v. 22.1.2014, BStBl. I 2014, 171, Rn. 3.1.1.2.

205 Näher zu Soll-Vorschriften und intendiertem Ermessen *Wernsmann*, in: Hübschmann/Hepp/Spitaler, AO/FGO, § 5 AO Rn. 56 f.

206 Vgl. *Seer*, in: Verfahren der Zusammenarbeit von Verwaltungsbehörden in Europa, S. 85 (97), der diese als „Bagatellgrenze" bezeichnet.

§ 3 Zusammenfassung

Internationale Vollstreckungshilfe ist die grenzüberschreitende, gegenseitige Unterstützung von Behörden bei der Beitreibung von Steuerforderungen. In der Regel setzt sie ein vorheriges Ersuchen voraus; zwingend ist dies für die grenzüberschreitende Vollstreckungshilfe jedoch nicht. Es kann – je nach Art der Hilfeleistung – zwischen Vollstreckungshilfe im engeren (klassische Vollstreckungsmaßnahmen) und im weiteren Sinne (Auskunfts-, Zustellungs- oder Sicherungsmaßnahmen) unterschieden werden. Voraussetzung ist, dass die Maßnahme für die Beitreibung der Steuerforderung erforderlich ist. Die Notwendigkeit der Vollstreckungshilfe ergibt sich aus dem völkergewohnheitsrechtlichen Prinzip der formellen Territorialität. Die Hoheitsgewalt und damit die Möglichkeiten der Gesetzesvollziehung der fiskalischen Behörden enden an der eigenen Staatsgrenze. Ziel der grenzüberschreitenden Vollstreckungshilfe ist, die Divergenz zwischen materiellem Anspruch und formellem Durchsetzungsvermögen zu beheben. Durch die Kooperation mit ausländischen Behörden in Form der Amtshilfe bei der Beitreibung von Steuerforderungen erweitert die Finanzverwaltung ihre (territorialen, nicht kompetenziellen) Möglichkeiten des Gesetzesvollzugs. Das Problem der mangelhaften formellen Verwirklichung von Steueransprüchen im Ausland soll so bewältigt werden. Im Einzelfall kann die Inanspruchnahme von Vollstreckungshilfe aufgrund einer Ermessensreduzierung auf null zwingend geboten sein. Die internationale Vollstreckungshilfe wird von den Prinzipien der Passivität, Anerkennung, Gegenseitigkeit, Äquivalenz, Subsidiarität und Wirtschaftlichkeit determiniert. Das Prinzip der Passivität wird durch die Möglichkeit gemäß §§ 17 und 18 EU-BeitrG, Bedienstete in die Räumlichkeiten der ersuchten Behörden zu entsenden, erstmalig partiell durchbrochen. Das Prinzip der Gegenseitigkeit ist im EU-BeitrG nicht vollständig verankert.

2. Kapitel: Systematische Einordnung der Vollstreckungshilfe in das Gefüge des internationalen Steuerrechts

Der Begriff der internationalen Amtshilfe, wie er § 117 AO zugrunde liegt, bezeichnet die grenzüberschreitende, ergänzende Hilfeleistung zweier Behörden verschiedener Staaten bei der Besteuerung, ohne dass ein Weisungsverhältnis zwischen diesen besteht.[207] Die internationale Vollstreckungshilfe lässt sich unter diese Definition subsumieren. Die Hilfeleistung erfolgt in Form von

207 Statt vieler *Hendricks*, Internationale Informationshilfe, S. 17.

Vollstreckungshilfe im engeren und weiteren Sinne (siehe bereits § 2 A. I.). Im Gegensatz zum nationalen Amtshilfebegriff setzt die zwischenstaatliche Amtshilfe im Sinne des § 117 AO nicht notwendig ein vorheriges Ersuchen voraus. § 117 AO konkretisiert insoweit auf dem Gebiet des grenzüberschreitenden Amtshilfeverkehrs den Begriff der Amtshilfe. Im Rahmen der Informationshilfe zeigen die Instrumente der Spontanauskunft und des automatischen Auskunftsverkehrs, dass grenzüberschreitende Amtshilfe auch ohne ein Ersuchen geleistet werden kann.[208] Im Gegensatz dazu ist für die maßgeblichen Abkommen internationaler Vollstreckungshilfe im Regelfall kennzeichnend, dass ein vorhergehendes Ersuchen erforderlich ist (vgl. z.B. § 9 Abs. 1 Satz 1 EU-BeitrG oder Art. 27 Abs. 3 OECD-MA).[209] Anders als bei der grenzüberschreitenden Informationshilfe existiert kein vergleichbares Institut der „spontanen Vollstreckungshilfe". Die Behörde eines Staates leistet demnach nicht unaufgefordert Hilfe bei der Beitreibung. Auch wenn die grenzüberschreitende Amts- und Rechtshilfe im Sinne des § 117 AO – anders als der nationale Amtshilfebegriff gemäß § 111 AO – grundsätzlich kein Ersuchen erfordert, wird für den Unterfall der internationalen Vollstreckungshilfe im Regelfall ein solches vorausgesetzt. Dieser Umstand ändert jedoch nichts an der grundsätzlichen Klassifizierung der internationalen Vollstreckungshilfe als Fall grenzüberschreitender Rechts- und Amtshilfe im Sinne des § 117 AO.

Die internationale Vollstreckungshilfe ist damit ein Unterfall der zwischenstaatlichen Rechts- und Amtshilfe im Sinne des § 117 AO.[210] Sie ist Teil des Systems zwischenstaatlicher Kooperationsformen in Steuerangelegenheiten.[211] An dieser Stelle soll sie von anderen Formen der grenzüberschreitenden Zusammenarbeit abgegrenzt werden, die nicht Untersuchungsgegenstand dieser Arbeit sind.

Die grundsätzliche Beschränkung der Finanzbehörden durch das Prinzip der formellen Territorialität gilt für alle Bereiche hoheitlichen Handelns auf fremden Staatsgebiet durch die Verwaltung. Folglich besteht nicht nur bei der grenzüberschreitenden Vollstreckung von Steuern das Bedürfnis nach Zusammenarbeit. Die systematische Einordnung, im Speziellen das Verhältnis zu den verschiedenen Amtshilfeformen, ist notwendig für das Verständnis der

---

208 Vgl. dazu *Söhn*, in: Hübschmann/Hepp/Spitaler, AO/FGO, § 117 AO Rn. 66.

209 Einzige Ausnahme stellt lediglich § 6 EU-BeitrG dar, wonach im Falle der Steuererstattung auch die unaufgeforderte Spontanauskunft gestattet ist.

210 H.M., vgl. nur *Hendricks*, Internationale Informationshilfe, S. 43; *ders.*, in: Beermann/Gosch, AO/FGO, § 117 AO Rn. 12; *App*, RIW 1996, 235 (235); *Kortz*, DB 2012, 2422 (2422 f.); *Czakert*, ISR 2013, 177 (177); *Ismer/Sailer*, IStR 2003, 622 (623).

211 Einen grafischen Überblick über die zahlreichen Formen der Zusammenarbeit in Steuersachen bietet *Hendricks*, Internationale Informationshilfe, S. 51.

Vollstreckungshilfe. Zum Teil ergänzen sich die Unterarten der zwischenstaatlichen Amts- und Rechtshilfe, teilweise sind sie miteinander verflochten. Zudem wird auch in den unionalen Rechtsetzungsakten nicht strikt nach Art der grenzüberschreitenden Amtshilfe differenziert, sondern vielmehr darauf abgestellt, in welchem Stadium des Steuerverfahrens um Hilfe ersucht wird (siehe auch bereits 1. Kapitel § 2 A.). So finden sich beispielsweise auch in der EU-BeitrRL Vorschriften zur Übermittlung von Auskünften (§ 5 f. EU-BeitrG) oder Zustellung von Dokumenten (§ 7 f. EU-BeitrG), obwohl sie streng genommen keine Maßnahmen der Beitreibungshilfe im engeren Sinne behandeln.

§ 1 Abgrenzung zu anderen zwischenstaatlichen Kooperationsformen

Auf einer ersten Stufe ist zunächst die zwischenstaatliche Rechts- und Amtshilfe in Steuersachen im Sinne des § 117 AO von anderen Kooperationsformen zu unterscheiden, die gegenwärtig von der (Finanz-)Verwaltung beansprucht und geleistet werden.[212] Zu nennen sind diesbezüglich sowohl unverbindliche wie verbindliche Zusammenarbeitsmöglichkeiten. Die Tatbestandsvoraussetzungen der Amtshilfe wurden im Verlauf der Arbeit bereits im Wesentlichen herausgearbeitet. Zudem wurde festgestellt, dass die grenzüberschreitende Amtshilfe der Durchführung der Besteuerung dient (vgl. insoweit auch § 111 Abs. 1 Satz 1 AO). Mangels Erfüllung der tatbestandlichen Voraussetzungen des Amtshilfebegriffes lassen sich die internationale Rechtshilfe in Steuerstrafsachen (A.), zwischenstaatliche Verständigungs-, Konsultations- und Schiedsverfahren (B.), die internationale Koordinierung verbindlicher Vorwegauskünfte (C.) sowie international koordinierte Außenprüfungen (D.) davon abgrenzen. Bei diesen Verfahren handelt es sich mithin nicht um grenzüberschreitende Amtshilfe im Sinne des § 117 AO.

A. Internationale Rechtshilfe in Strafsachen

Die Zusammenarbeit in Strafsachen[213] ist nicht Bestandteil des Besteuerungsverfahrens, sondern betrifft vielmehr die repressive Verfolgung möglicher

---

212 So maßgeblich vor allem *Hendricks*, Internationale Informationshilfe, S. 11 f.

213 Die Rechtshilfe in Steuerstrafsachen durch deutsche Behörden zugunsten ausländischer Behörden fußt maßgeblich auf dem Gesetz über die internationale Rechtshilfe in Strafsachen (IRG) v. 27.6.1994, BGBl. I 1994, 1537, zuletzt geändert am 8.7.2014, BGBl. I 2014, 890. Danach wird zwischen großer und kleiner Rechtshilfe unterschieden. Erstere umfasst die Auslieferung von strafrechtlich Verfolgten oder Verurteilten an ausländische Behörden sowie die strafprozessuale Vollstreckungshilfe, Letztere die Durchführung aller anderen Handlungen, z.B. die Befragung von

Steuerstraftaten im Rahmen eines Steuerstraf- oder Steuerordnungswidrigkeitenverfahrens. Auf § 117 AO, der nur für zwischenstaatliche Rechts- und Amtshilfe in Steuersachen Anwendung findet, kann hierfür mithin mangels Erfüllung der tatbestandlichen Voraussetzungen nicht zurückgegriffen werden.[214]

B. *Internationale Verständigungsverfahren*

Die für das Problem der Doppelbesteuerung bedeutsamen zwischenstaatlichen Verständigungsverfahren (Verständigungs-[215], Konsultations-[216]- und Schiedsverfahren[217]) sind ebenfalls nicht als Unterfall der zwischenstaatlichen Amtshilfe

---

Zeugen durch ausländische Stellen. Die Inanspruchnahme der Rechtshilfe erfolgt hingegen u.a. auf Grundlage unionsrechtlicher Übereinkommen sowie der StPO. Näher zur internationalen Rechtshilfe in Steuerstrafsachen *Franzen/Gast/Joecks*, Steuerstrafrecht, § 399 AO Rn. 124 ff.; *Jäger*, in: Klein, AO, § 385 Rn. 29 ff. Auch hier stellen sich jedoch vergleichbare verfassungsrechtliche Fragen wie die Entscheidung des BVerfG v. 15.12.2015 - 2 BvR 2735/14 zum Europäischen Haftbefehl zeigt (dazu unter 3. Kapitel § 1 A. III.).

214 So die herrschende Ansicht in Rechtsprechung und Literatur: BFH, Beschl. v. 29.10.1986 - I B 28/86, BStBl. II 1987, 440 (441); *Söhn*, in: Hübschmann/Hepp/Spitaler, AO/FGO, § 117 AO Rn. 12b; *Hendricks*, Internationale Informationshilfe, S. 23 ff.; vgl. auch *Carl/Klos*, Leitfaden zur internationalen Amts- und Rechtshilfe in Steuersachen, S. 68 f., die darauf abstellen, in welcher Funktion und in welchem Verfahren die jeweilige Finanzbehörde im Einzelfall auftritt; *Dannecker*, StVj 1990, 124 (129 f.). A.A. wohl *Förster*, in: Koch/Scholtz, AO, § 117 Rn. 2/1.

215 Hierunter fällt insbesondere das Verständigungsverfahren im engeren Sinne nach Vorbild des Art. 25 Abs. 1 und 2 OECD-MA. Es hat die Vermeidung einer abkommenswidrigen Besteuerung zwischen Behörden der Vertragsparteien eines DBA im Einzelfall zum Ziel. Die Einleitung des Verfahrens erfolgt auf Antrag des betroffenen Steuerpflichtigen. Dieser hat indes keinen Anspruch auf eine Einigung der Behörden. Gemäß dem 2008 neu eingefügten Art. 25 Abs. 5 OECD-MA ist in diesem Fall ggf. ein obligatorisches Schiedsverfahren anzustrengen.

216 Konsultationsverfahren zwischen den Behörden der Vertragsparteien eines DBA wie sie in Art. 25 Abs. 3 Satz 1 OECD-MA vorgesehen sind, sollen allgemeinen Meinungsverschiedenheiten bei der Auslegung und Anwendung von DBA im gegenseitigen Einvernehmen abhelfen. Sie können darüber hinaus nach Art. 25 Abs. 3 Satz 2 OECD-MA auch dazu dienen, Fälle von Doppelbesteuerung, die nicht im konkreten DBA geregelt sind, durch vorherige Beratung zu vermeiden, vgl. dazu *Flüchter*, IStR 2012, 694 (695 f.).

217 Von den beiden vorher genannten Verständigungsverfahren nach Vorbild des OECD-MA ist das Übereinkommen über die Beseitigung der Doppelbesteuerung im Fall von Gewinnberichtigungen zwischen verbundenen Unternehmen, 90/436 EWG v.

zu betrachten. Zum einen dienen sie im Zuge des Festsetzungsverfahrens – die Vollstreckungshilfe greift hingegen erst auf der Stufe des Erhebungs- bzw. Vollstreckungsverfahrens ein – zwar der Klärung von Streitigkeiten im Rahmen der Besteuerung, die durch unterschiedliche Ansichten bei der Normanwendung von Doppelbesteuerungsabkommen der Staaten auftreten. Insbesondere stellen sie ein Instrument zur Beilegung der Streitfrage bereit, welcher Staat einen grenzüberschreitenden Sachverhalt bei einem Doppelbesteuerungskonflikt besteuern darf und welcher Staat steuerlich zurücktreten muss, z.B. durch die Bestimmung von Verrechnungspreisen.[218] Zum anderen erfordert der Amtshilfebegriff *per definitionem* gerade eine Hilfeleistung der ersuchten Behörden gegenüber der ersuchenden Behörde.[219] Dem regelmäßigen Streitbeilegungsverfahren ist hingegen das gleichberechtigte Gegenübertreten der Beteiligten wesensimmanent.[220] Die Behörden verhandeln unmittelbar miteinander, vgl. auch Art. 25 Abs. 4 OECD-MA. Hierbei handelt es sich nicht um eine Form der einseitigen Hilfeleistung. Die Voraussetzungen der Amtshilfe sind damit nicht erfüllt.

C. *Internationale Koordinierung verbindlicher Vorwegauskünfte*

Thematisch im Zusammenhang mit den Verständigungsverfahren steht die internationale Koordinierung verbindlicher Vorwegauskünfte.[221] Die internationale Koordinierung verbindlicher Vorwegauskünfte dient ebenfalls der

23.7.1990, BGBl. II 1993, 1308 (sog. EU-Schiedskonvention), abzugrenzen. Hierbei handelt es sich um eine eigenständige multilaterale Institution der Verständigung in Verrechnungspreisfällen und Streitigkeiten im Zuge der Gewinnaufteilung von Betriebsstätten. Sie gilt ausschließlich für die Mitgliedstaaten der EU. Für den Fall, dass keine Verständigung erzielt werden kann, sieht die Konvention ein Schiedsverfahren vor, vgl. Art. 6 EU-Schiedskonvention. Näher zum Anwendungsbereich der Konvention im Vergleich zu Art. 25 OECD-MA *Peters/Haverkamp*, BB 2011, 1303 (1304 f.).

218 Vgl. dazu auch *Lehner*, in: Vogel/Lehner, DBA, Art. 25 Rn. 2; *Becker*, DStJG 36 (2013), 167 (168).

219 Siehe dazu bereits 1. Kapitel § 1 B. I.

220 So mit Recht *Hendricks*, Internationale Informationshilfe, S. 28 ff. mit weiteren Ausführungen zu den einzelnen Verfahren und deren Abgrenzung zur zwischenstaatlichen Rechts- und Amtshilfe.

221 Nach *Lehner*, in: Vogel/Lehner, DBA, Art. 25 Rn. 3 handelt sich hierbei lediglich um einen Unterfall des Verständigungsverfahrens im engeren Sinne; ähnlich *Vögele/Vögele*, IStR 2002, 641 (641). Ob es sich hierbei um eine eigene Form der Zusammenarbeit oder einen Unterfall handelt, kann jedoch an dieser Stelle dahingestellt bleiben, da beide Verfahren jedenfalls keine grenzüberschreitende Rechts- oder Amtshilfe darstellen.

Vermeidung von Doppelbesteuerung bzw. doppelter Nichtbesteuerung, insbesondere auf dem Gebiet der Verrechnungspreise durch sog. Advance Pricing Agreements.[222] In der deutschen Verwaltungspraxis sind die verbindliche Zusage (§§ 204 ff. AO) sowie die verbindliche Auskunft nach Treu und Glauben zwischen dem Steuerpflichtigen und der Finanzverwaltung gebräuchliche Formen der Kooperation im Zuge des Festsetzungsverfahrens. In Fällen mit Auslandsbezug stoßen sie jedoch an ihre Grenzen, weil die deutschen Finanzbehörden unilateral keine Aussagen mit Bindungswirkung für ausländische Steuergewalten treffen können, obgleich eine grenzüberschreitende Regelung im Interesse des Steuerpflichtigen zur Vermeidung der Doppelbesteuerung notwendig ist. Diesem Problem soll die internationale Koordinierung mittels eines zweistufigen Verfahrens Abhilfe schaffen. Die Koordinierung wird regelmäßig vom Steuerpflichtigen selbst angeregt.[223] Dabei legen sich die beteiligten Behörden in bi- oder multilateralen Vereinbarungen auf eine für sie verpflichtende Verrechnungspreismethode fest. Anschließend gewähren die jeweiligen Behörden im Rahmen ihres nationalen Verfahrensrechts dem Steuerpflichtigen eine Zusage (im Fall von Verrechnungspreisen wird insoweit von Advance Pricing Agreements gesprochen[224]), wodurch der Inhalt der Koordinierung auch im Verhältnis zu diesem verbindlich wird. Der Vorteil für den Steuerpflichtigen ist, dass ihm dadurch Rechts- und Planungssicherheit gewährleistet wird.[225] Diese Art der Kooperation – die Einigung auf zwischenstaatlicher Ebene – stellt allerdings keinen Fall der grenzüberschreitenden Rechts- und Amtshilfe dar, weil insoweit nicht von einer ergänzenden Hilfeleistung seitens eines Staates gesprochen werden kann und das Verfahren oftmals sogar erst auf Anregung des Steuerpflichtigen eingeleitet wird.[226]

---

222 Vgl. BMF v. 5.10.2006 (Merkblatt für bilaterale oder multilaterale Vorabverständigungsverfahren), BStBl. I 2006, 594 Rn 1.1. Ebenso *Seer*, DStJG 36 (2013), 337 (351); *Herzig*, in: FS Debatin, S. 107 (107); hierzu ausführlich *Hendricks*, in: Wassermeyer/Baumhoff, Verrechnungspreise, Rn. 10.72 ff.

223 *Hendricks*, Internationale Informationshilfe, S. 36.

224 Vgl. nur *Vollert/Eikel/Sureth*, StuW 2013, 367 (371 f.); zu den Rechtsgrundlagen des Verfahrens *Kramer*, IStR 2007, 174 (175); *Portner*, IStR 1996, 156 (156 ff., 159 f.).

225 Dazu näher *Grotherr*, BB 2005, 855 (855 ff.).

226 So auch *Hendricks*, Internationale Informationshilfe, S. 36 ff. Etwas anderes gilt indes, wenn im Rahmen der Koordinierung ein Informationsaustausch stattfindet. Dieser bedarf einer eigenen Rechtsgrundlage und stellt sehr wohl einen Fall der grenzüberschreitende Rechts- und Amtshilfe dar. Dazu näher sogleich unter § 2 A.

D. *International koordinierte Außenprüfung*

Gleichermaßen stellt die international koordinierte Außenprüfung (auch als Simultanprüfung oder koordinierte Betriebsprüfung bezeichnet) grundsätzlich keinen Fall der grenzüberschreitenden Rechts- und Amtshilfe dar. Auch für diese Kooperationsform ist charakteristisch, dass im Mittelpunkt des Verfahrens eine Form des Zusammenwirkens auf gleicher Ebene und nicht ein einseitiges Ersuchen um Hilfeleistung steht.[227] Außenprüfungen durch deutsche Finanzbeamte sind - genau wie Vollstreckungsmaßnahmen - auf fremdem Hoheitsgebiet völkerrechtlich unzulässig.[228] Bei der koordinierten Außenprüfung kooperieren die Finanzbehörden verschiedener Staaten deshalb bei der Durchführung von Außenprüfungen eines Steuerpflichtigen, z.B. eines grenzüberschreitend agierenden Konzerns.[229] Hierbei wirken Behörden grenzüberschreitend in Bezug auf Ort, Zeitpunkt und Ausmaß einer Außenprüfung zusammen.[230] Das Verfahren dient vor allem der Vermeidung von Doppelbesteuerung, aber auch der Sachverhaltsaufklärung durch Informationsaustausch.[231] Im Vordergrund steht, wie der Name schon nahelegt, ein kooperierendes Zusammenwirken auf Augenhöhe und

---

227 Eingehend *Hendricks*, Internationale Informationshilfe, S. 34 ff. und 383 ff.; a.A. wohl *Drüen*, DStR-Beih 2013, 82 (83), der die koordinierten Prüfungen, trotz der Besonderheit, dass Behörden „unmittelbar miteinander verkehren", als Sonderfall der Amtshilfe bezeichnet; ähnlich *Czakert*, IStR 2013, 596 (602).

228 Ganz h.M.; vgl. nur *Seer*, in: Tipke/Kruse, AO/FGO, Vor § 193 AO Rn. 43. Siehe auch Fn. 136.

229 Zur koordinierten Außenprüfung *Carl/Klos*, Leitfaden zur internationalen Amts- und Rechtshilfe in Steuersachen, S. 158 ff.; mit Hinweis auf die zunehmende Bedeutung dieses Instruments *Drüen*, DStR-Beih 2013, 82 (83).

230 Aus Sicht der deutschen Behörden richtet sich die Rechtmäßigkeit solcher Außenprüfungen nach deutschem Recht, mithin nach §§ 193 ff. AO. Auf Basis von Art. 12 EU-Zusammenarbeitsrichtlinie hat Deutschland mit einigen Staaten eine gleichzeitige Prüfung vereinbart; dazu *Seer*, in: Tipke/Kruse, AO/FGO, Vor § 193 AO Rn. 43 m.w.N. Auch ein DBA, das eine Klausel im Sinne des Art. 26 OECD-MA enthält, ist als Rechtsgrundlage dafür denkbar, vgl. dazu OECD-MK, Art. 26 Rn. 9.1; *Engelschalk*, in: Vogel/Lehner, DBA, Art. 26 Rn. 43. Soweit jedoch im Rahmen der koordinierten Außenprüfung ein Informationsaustausch erfolgen soll, ist auf die dafür einschlägigen Grundsätze und Rechtsgrundlagen zurückzugreifen (dazu sogleich unter § 2 A.).

231 Vgl. BMF v. 25.5.2012 (Merkblatt zur zwischenstaatlichen Amtshilfe durch Informationsaustausch in Steuersachen), BStBl. I 2012, 599, Rn. 7.

nicht eine ergänzende Hilfeleistung.[232] Nach Art. 10 i.V.m. 12 EU-Zusammenarbeitsrichtlinie[233] bzw. §§ 10 i.V.m. 12 EUAHiG[234] können in diesem Zusammenhang ausländische Steuerbeamte an der gemeinsamen Prüfung teilnehmen, wenngleich ihnen dabei keine Hoheitsrechte zustehen. Auch §§ 17 f. EU-BeitrG sehen die Möglichkeit der Anwesenheit von Bediensteten in den Räumlichkeiten der Behörde des anderen Mitgliedstaates vor. Jedoch gewährt auch diese Vorschrift nur die bloße Anwesenheit und nicht die Ausübung eigener hoheitlicher Maßnahmen. Davon zu unterscheiden sind gemeinsame Außenprüfungen (sog. joint audits). Bei dieser Form der Zusammenarbeit werden die Außenprüfungen gemeinsam durchgeführt.[235] Auch hierbei handelt es sich indes aus den oben genannten Gründen nicht um grenzüberschreitende Rechts- und Amtshilfe.

§ 2 Abgrenzung zu anderen Formen zwischenstaatlicher Rechts- und Amtshilfe

Auf einer zweiten Stufe ist die internationale Vollstreckungshilfe von anderen Erscheinungsformen grenzüberschreitender Rechts- und Amtshilfe der Steuerverwaltung im Sinne des § 117 AO abzugrenzen. Die internationale Vollstreckungshilfe ist nicht gleichzusetzen mit der internationalen Zustellungshilfe und der internationalen Informationshilfe.[236] Vor allem Letztere nimmt in der steuerrechtlichen Literatur der letzten Jahre einen prominenten Platz ein. Wenn von grenzüberschreitender Zusammenarbeit der Steuerverwaltungen im Zuge des Besteuerungsverfahrens gesprochen wird, ist oftmals nur die zwischenstaatliche

---

232 Dies gilt wiederum nicht für einen im Zuge der Außenprüfung stattfindenden Informationsaustausch. Ausführlich auch zum Ablauf einer koordinierten Außenprüfung *Hendricks*, Internationale Informationshilfe, S. 383 ff.

233 Richtlinie 2011/16/EU des Rates v. 15.2.2011 über die Zusammenarbeit der Verwaltungsbehörden im Bereich der Besteuerung und zur Aufhebung der Richtlinie 77/799/EWG, ABl. L 64, 1. Zum Teil wird in der Literatur immer noch von Amtshilferichtlinie gesprochen, vgl. etwa *Czakert*, in: Schönfeld/Ditz, DBA, Art. 26 Rn. 21. Ausgehend vom Titel der neuen Richtlinie soll hier jedoch der Begriff der Zusammenarbeit verwendet werden. Dies hat zudem den Vorteil der besseren Unterscheidbarkeit von der alten, nicht mehr gültigen Amtshilferichtlinie 77/799/EWG.

234 Gesetz über die Durchführung der gegenseitigen Amtshilfe in Steuersachen zwischen den Mitgliedstaaten der Europäischen Union v. 23.6.2013, BGBl. I 2013, 1809.

235 Vgl. *Czakert*, IStR 2013, 596 (602); *Seer*, in: Tipke/Kruse, AO/FGO, Vor § 193 AO Rn. 44.

236 Zur Unterteilung siehe auch *Menck*, DStZ/A 1971, 57 (58); *Söhn*, in: Hübschmann/Hepp/Spitaler, AO/FGO, § 117 AO Rn. 9; *Hendricks*, Internationale Informationshilfe, S. 51.

Informationshilfe Gegenstand der Abhandlung. Obgleich die verschiedenen Formen der grenzüberschreitenden Amtshilfe zusammenwirken und zum Teil auch hinsichtlich ihrer Rechtsgrundlagen nicht klar getrennt sind, sind sie begrifflich zu unterscheiden.

Den Verfahren zwischenstaatlicher Amtshilfe ist jedoch gemein, dass ihre Notwendigkeit durch die völkerrechtlichen Grenzen, die der Finanzverwaltung aus dem Grundsatz der formellen Territorialität bei der Besteuerung erwachsen, bedingt ist. Dieser Grundsatz gilt für alle Arten von hoheitlichen Handlungen, ganz gleich, ob sie im Rahmen der Steuerfestsetzung, -erhebung oder -vollstreckung vorgenommen werden. Die verschiedenen Instrumente der grenzüberschreitenden Rechts- und Amtshilfe sollen auf den verschiedenen Stufen des Besteuerungsverfahrens die begrenzten unilateralen Möglichkeiten erweitern, die Vollziehbarkeit des nationalen Steuerrechts fördern und der Finanzverwaltung helfen, dem an sie gestellten Anspruch aus § 85 AO gerecht zu werden.[237]

A. Internationale Informationshilfe

I. Regelungsgehalt und Rechtsgrundlagen

Unter internationaler Informationshilfe (auch als internationaler Auskunftsverkehr, Auskunftsaustausch, Auskunftserteilung oder Informationsaustausch bezeichnet[238]) ist ein Verfahren zu verstehen, bei dem eine Behörde eines Staates einer Behörde eines anderen Staates Informationen zur Durchführung der Besteuerung bereitstellt.[239] Die Bereitstellung von Informationen umfasst dabei nicht nur die bloße Übermittlung steuerrechtlich relevanter Daten, sondern im Regelfall auch die Erlangung der entsprechenden Informationen.[240] Der Begriff der Information ist in diesem Zusammenhang weit zu verstehen und umfasst alle für die Besteuerung erheblichen Umstände.[241]

---

237 Vgl. *Lehner*, in: Vogel/Lehner, DBA, Grdl. Rn. 18; *Seer*, in: FS Schaumburg, S. 151 (151 f.); *Hendricks*, in: Beermann/Gosch, AO/FGO, § 117 AO Rn. 6; speziell zur Notwendigkeit der Informationshilfe *Czakert*, in: Schönfeld/Ditz, DBA, Art. 26 Rn. 2.

238 Siehe *Hendricks*, Internationale Informationshilfe, S. 9 f. m.w.N. zur uneinheitlichen Verwendung verschiedener Terminologien. Terminologisch unsauber ist es, die internationale Informationshilfe als internationale Amtshilfe zu bezeichnen, da hierunter auch die internationale Vollstreckungshilfe und die internationale Zustellungshilfe fallen und von der Informationshilfe zu unterscheiden sind.

239 So die h.M. Statt vieler *Hendricks*, Internationale Informationshilfe, S. 48.

240 *Hendricks*, Internationale Informationshilfe, S. 48.

241 *Lohr*, Der internationale Auskunftsverkehr im Steuerverfahren, S. 25.

Die Aktualität und Bedeutung der internationalen Informationshilfe für das Besteuerungsverfahren bei Sachverhalten mit Auslandsbezug kann wohl kaum überschätzt werden.[242] Sie ist für die Sachverhaltsaufklärung bei der Steuerfestsetzung in grenzüberschreitenden Fällen unverzichtbar geworden. Seit Jahren steigt die Anzahl der Anfragen auf Informationshilfe stetig an; ein Ende der Zunahme an Auskünften ist auf absehbare Zeit nicht zu erwarten.[243] Die materiell-rechtlichen Steuertatbestände können – wie aufgezeigt – in Fällen mit Auslandsbezug nicht uneingeschränkt verwirklicht werden. Insoweit kann von einer „Divergenz zwischen dem, was aufgeklärt werden darf, und dem, was an sich aufzuklären wäre, zwischen Verwaltungsauftrag und Verwaltungskönnen“[244] gesprochen werden. An unilateralen Maßnahmen zur Behebung des angesprochenen Defizits im Rahmen der Steuerfestsetzung mangelt es indes nicht: So bestehen für den Steuerpflichtigen in Auslandsfällen gesteigerte Mitwirkungspflichten (§ 90 Abs. 2 und 3 AO). Zudem stehen der Finanzbehörde in diesen Fällen erweiterte Schätzungsbefugnisse zu (§ 162 Abs. 2 bis 4 AO). Diese Maßnahmen sind allein jedoch nicht in der Lage – insbesondere nicht im Bereich der Beitreibung von steuerlichen Geldforderungen – die Divergenz zu beheben, sondern allenfalls abzumildern.[245] Im Zuge der Steuerfestsetzung sind die Finanzbehörden deshalb auf die internationale Informationshilfe angewiesen.

---

242 Vgl. *Bozza-Bodden*, DStJG 36 (2013), 133 (134); *Seer/Gabert*, in: Mutual assistance and information exchange, S. 23 (23); *dies.*, StuW 2010, 3 (3 f.); *Hendricks*, in: Beermann/Gosch, AO/FGO, § 117 AO Rn. 12 f. spricht von „Massenfallrecht“; *Lehner*, in: HStR XI, § 251 Rn. 82; siehe schon *Menck*, in: Internationale Steuerauskunft und Deutsches Verfassungsrecht, S. 1 (11). In diesem Kontext ist auch der im Oktober 2014 auf Initiative der G20-Staaten gefasste Entschluss zu einer globalen Ausweitung des automatischen Informationsaustausches zu sehen, dazu näher *Marquardt/Betzinger*, BB 2014, 3033 (3033 f.). Gleichermaßen soll auch innerhalb der EU die Zusammenarbeit auf bisher nicht vollständig am automatischen Informationsaustausch partizipierende Staaten wie Belgien, Luxemburg und Österreich ausgeweitet werden, dazu zuletzt FAZ v. 25.3.2014, S. 16.

243 So insbesondere *Seer*, in: Tipke/Kruse, AO/FGO, § 117 AO Rn. 6 mit umfangreichen Zahlennachweisen.

244 *Seer*, in: Tipke/Kruse, AO/FGO, § 117 AO Rn. 4; so bereits auch *Menck*, in: Internationale Steuerauskunft und Deutsches Verfassungsrecht, S. 1 (1 f.); siehe auch *Söhn*, in: Hübschmann/Hepp/Spitaler, AO/FGO, § 117 AO Rn. 3.

245 So auch *Seer*, in: Tipke/Kruse, AO/FGO, § 117 AO Rn. 4 mit weiteren Beispielen für unilaterale Maßnahmen.

Die Durchführung der Informationshilfe kann in unterschiedlichen Formen erfolgen. Zu differenzieren ist grundsätzlich zwischen einer Auskunft *auf* oder *ohne* Ersuchen der die Information beanspruchenden Behörde. Bei der ersten Art handelt es sich um den klassischen Fall der Informationshilfe. Erteilt eine Behörde grenzüberschreitend einer anderen Behörde unaufgefordert und ohne Ersuchen Informationen, weil diese für den anderen Staat von Interesse sein könnten, so spricht man hingegen von einer sog. Spontanauskunft (vgl. z.B. die Bezeichnung in Art. 3 Nr. 10 EU-Zusammenarbeitsrichtlinie). Davon abzugrenzen ist wiederum der Sonderfall des automatischen Informationsaustausches. Dabei vereinbaren die beteiligten Staaten *ex ante*, dass zu einem bestimmten Stichtag bestimmte Informationen zu bestimmten Vorgängen, etwa der Zahlung von Zinsen, ohne Aufforderung mitgeteilt werden.[246]

Die Übermittlung steuerrechtlich relevanter Information steht nach deutschem Recht regelmäßig im Konflikt mit dem Recht des Steuerpflichtigen auf Wahrung des einfachgesetzlich verbürgten Steuergeheimnisses (§ 30 AO).[247] Werden unter das Steuergeheimnis fallende Daten anderen Steuergewalten zugänglich gemacht, berührt dies zumindest immer auch das aus Art. 2 Abs. 1 i.V.m. Art. 1 Abs. 1 GG abgeleitete Grundrecht des Steuerpflichtigen auf informationelle Selbstbestimmung[248]. Darüber hinaus kann die Informationsübermittlung auch in Art. 12 oder 14 GG eingreifen, wenn z.B. Geschäfts- oder Betriebsgeheimnisse offenbart werden.[249] Es bedarf mithin einer gesetzlichen Grundlage für den Eingriff. Ähnlich wie bei der Vollstreckungshilfe gibt es auch im Bereich der Informationshilfe eine Fülle von Rechtsgrundlagen, die den zwischenstaatlichen Auskunftsverkehr regeln. Für deutsche Behörden ist Ausgangspunkt für die Gewährung und Leistung von Informationshilfe – als Unterfall der zwischenstaatlichen Rechts- und Amtshilfe – § 117 AO.[250] Durch diese Vorschrift werden eine Reihe völkerrechtlicher und unionsrechtlicher Vorschriften Bestandteil des nationalen Steuerverfahrensrechts (vgl. § 117 Abs. 2 AO):

---

246 Vgl. zu den unterschiedlichen Formen der Informationshilfe *Menck*, in: Internationale Steuerauskunft und Deutsches Verfassungsrecht, S. 1 (3 ff.).

247 Ausführlich dazu bereits *Friauf*, StbJb 1984/85, 317 (337 ff.).

248 Dazu grundlegend BVerfG, Urt. v. 15.12.1983 - 1 BvR 209/83 u.a., BVerfGE 65, 1.

249 Näher *Seer/Gabert*, StuW 2010, 3 (18 f.).

250 Zu § 117 AO und seiner rechtlichen Bedeutung für den grenzüberschreitenden Rechts- und Amtshilfeverkehr sogleich im 3. Kapitel § 2. Die dort getroffenen Feststellungen sind auf die Informations- und Zustellungshilfe übertragbar.

Zum einen enthält das OECD-MA in Art. 26 eine der Informationshilfe gewidmete Vorschrift. Deutschland hat Art. 26 OECD-MA in seine Verhandlungsgrundlage für den Abschluss neuer DBA aufgenommen und bereits eine Reihe von DBA mit dem Inhalt einer Informationshilfeklausel abgeschlossen.[251] Art. 26 OECD-MA erfasst alle drei oben genannten Formen der Informationshilfe, die zulässig sind, wenn die Informationen für die Besteuerung voraussichtlich erheblich sind, vgl. Art. 26 Abs. 1 Satz 1 OECD-MA. Das OECD-MA sieht sowohl einen kleinen (Art. 26 Abs. 1 Satz 1 1. Alt.) als auch einen großen Auskunftsaustausch (Art. 26 Abs. 1 Satz 1 2. Alt.) vor. Erstere beschränkt den Informationsaustausch gegenständlich auf die Durchführung des jeweils in Frage stehenden DBA. Die große Auskunftsklausel verpflichtet die Mitgliedstaaten zum zwischenstaatlichen Auskunftsverkehr auch im Hinblick auf innerstaatliche Vorschriften betreffend Steuern jeglicher Art.[252] Während die kleine Auskunftsklausel noch primär der Vermeidung von Doppelbesteuerung dient, hat die große Auskunftsklausel vorwiegend die Durchsetzung des Welteinkommensprinzips im Interesse des Ansässigkeitsstaats zum Ziel.[253] Zur Beschaffung der Informationen hat die ersuchte Behörde gemäß Art. 26 Abs. 4 OECD-MA die Befugnisse anzuwenden, die ihr in einem vergleichbaren nationalen Sachverhalt nach innerstaatlichem Recht zustünden. Die Verpflichtung der Behörden zur zwischenstaatlichen Informationshilfe gilt nicht uneingeschränkt, sondern unterliegt den in Art. 26 Abs. 3 OECD-MA normierten Grenzen. Danach ist ein Staat nicht zur Amtshilfe im Sinne des Art. 26 OECD-MA verpflichtet, wenn die Erteilung der Amtshilfe beispielsweise Maßnahmen voraussetzte, die nach den nationalen Gesetzen nicht durchgeführt werden können, betriebliche Geheimnisse offenbart würden oder die Erteilung der Informationen der öffentlichen Ordnung widerspräche. Das Bankgeheimnis entbindet eine Behörde von der Pflicht zum Informationsaustausch freilich nicht, vgl. Art. 26 Abs. 5 OECD-MA. Auch fehlendes eigenes Interesse an der Erteilung der Informationen stellt keinen tauglichen Grund zur Verweigerung der Informationshilfe dar, vgl. Art. 26 Abs. 4 Satz 2 OECD-MA.

---

251 *Czakert*, ISR 2013, 177 (179). Vgl. dazu die Übersicht der abgeschlossenen DBA: BMF v. 22.1.2014, BStBl. I 2014, 171 (175).

252 Im Regelfall schließt Deutschland neue DBA nur noch mit einer großen Auskunftsklausel ab. Ältere DBA enthalten indes zum Teil eine sog. kleine Auskunftsklausel, vgl. nur *Czakert*, ISR 2013, 177 (179).

253 *Engelschalk*, in: Vogel/Lehner, DBA, Art. 26 Rn. 2; *Hendricks*, in: Wassermeyer, DBA, Art. 26 MA Rn. 27.

Seit 2002 existiert zudem ein spezielles OECD-Musterabkommen über den Informationsaustausch in Steuersachen.[254] Die Bundesrepublik Deutschland hat seitdem bereits mehr als 20 Informationshilfeabkommen nach diesem Vorbild geschlossen.[255]

Zum anderen besteht im Verhältnis zu den Mitgliedstaaten der EU neben dem engen Netz an bilateralen DBA in Gestalt der EU-Zusammenarbeitsrichtlinie[256] ein weiteres rechtliches Fundament für den grenzüberschreitenden Informationsverkehr in Steuersachen. Diese Richtlinie ist innerstaatlich im EU-Amtshilfegesetz umgesetzt worden.[257] Der Anwendungsbereich der Richtlinie ist sachlich grundsätzlich nicht auf bestimmte Steuern beschränkt, vgl. § 1 Abs. 1 Satz 2 EUAHiG. Ausgenommen vom Anwendungsbereich der Richtlinie sind nach § 1 Abs. 2 EUAHiG lediglich die Umsatzsteuer, Zölle sowie harmonisierte Verbrauchsteuern. Die zwischenstaatliche Informationshilfe im Hinblick auf die Umsatzsteuer ist in der Zusammenarbeits-Verordnung[258] eigenständig geregelt. Flankiert wird das EUAHiG durch die in der Zinsinformationsverordnung[259] sowie in Verwaltungsanweisungen des BMF umgesetzte Zinsrichtlinie[260]. Aus der Perspektive der deutschen Behörden regelt das EUAHiG sowohl die Inanspruchnahme von Informationshilfe (§ 6) sowie die Gewährung (§ 4) derselben. Vom EUAHiG sind genau wie bei Art. 26 OECD-MA auch Spontanauskünfte (§ 8) und der automatische Informationsaustausch (§ 7) erfasst. Wesentliche Vorteile des EUAHiG sind die Einrichtung eines zentralen Verbindungsbüros (§ 3), die Einführung elektronischer Standardformblätter (§ 17) und Festlegung verbindlicher Fristen, innerhalb derer ein Ersuchen bearbeitet werden muss (§ 5).

---

254 Agreement on Exchange of Information on Tax Matters (TIEA). Hierzu ausführlich *Hendricks*, in: Wassermeyer, DBA, Vor Art. 1 MA-InfAust Rn. 26 ff.

255 Nachweise bei *Czakert*, in: Schönfeld/Ditz, DBA, Art. 26 Rn. 19 und Anh. 3.

256 Die EU-Zusammenarbeitsrichtlinie löst die bis zum 31.12.2012 geltende Amtshilferichtlinie RL 77/799/EWG ab.

257 Vgl. bereits Fn. 234.

258 Verordnung (EU) Nr. 904/2010 des Rates v. 7.10.2010 über die Zusammenarbeit der Verwaltungsbehörden und die Betrugsbekämpfung auf dem Gebiet der Mehrwertsteuer.

259 Verordnung zur Umsetzung der Richtlinie 2003/48/EG des Rates v. 3.6.2003 im Bereich der Besteuerung von Zinserträgen, BGBl. I 2004, 128.

260 Richtlinie 2003/48/EG des Rates v. 3.6.2003 im Bereich der Besteuerung von Zinserträgen, ABl. L 157, 38. Vgl. dazu ferner *Englisch*, in: Tipke/Lang, Steuerrecht, § 4 Rn. 73.

II. Abgrenzung

Die internationale Informationshilfe ist der Vollstreckungshilfe bei der Durchführung der Besteuerung verfahrenschronologisch vorgelagert.[261] Kurz gefasst soll die internationale Informationshilfe Ermittlungsdefizite bei der Steuer*festsetzung* überwinden, während die internationale Vollstreckungshilfe Schwierigkeiten bei der Steuer*erhebung* und *-vollstreckung* abzumildern versucht.

Sollen während der Vollstreckungshilfe Informationen z.B. im Rahmen eines auf dem OECD-MA basierenden DBA ausgetauscht werden, muss auch dafür auf die Art. 26 OECD-MA entsprechende Klausel zurückgegriffen werden. Art. 27 OECD-MA enthält insoweit keine eigenständige Rechtsgrundlage für die Informationshilfe. Die beiden Verfahren sind im Anwendungsbereich von DBA nach Vorbild des OECD-MA folglich ergänzend anzuwenden.[262] Das Instrument der Vollstreckungshilfe wäre ohne die auf dem Wege der Informationshilfe erhaltenen Daten ein stumpfes Schwert. Nur durch die vorherige Erlangung der notwendigen Informationen ist die zuständige nationale Behörde überhaupt in der Lage, ein zweckmäßiges grenzüberschreitendes Vollstreckungsersuchen zu stellen. Bei der Ermittlung der Vermögensverhältnisse eines im Ausland ansässigen Steuerpflichtigen, der in Deutschland Steuerschulden innehat, sind die deutschen Vollstreckungsbehörden auf die Informationen der Behörden des Ansässigkeitsstaats notwendig angewiesen.

Andererseits kennt auch die EU-BeitrRL die Übermittlung steuerrelevanter Informationen als Instrument der Amtshilfe. So enthält das EU-BeitrG in § 5 Abs. 1 aus Sicht der deutschen Behörde die Befugnis alle Auskünfte, die bei der Beitreibung einer Forderung voraussichtlich erheblich sein werden, im Wege der grenzüberschreitenden Amtshilfe mitzuteilen. Hieran wird deutlich, dass sich im Unionsrecht Informationshilfe und Vollstreckungshilfe ergänzen und innerhalb der erlassenen Richtlinien (Zusammenarbeitsrichtlinie und Beitreibungsrichtlinie) – anders als in Art. 26 und 27 OECD-MA – nicht klar getrennt sind. Dient die Übermittlung der Daten lediglich der Vorbereitung der Beitreibungshilfe und nicht der Sachverhaltsaufklärung im Rahmen der Steuerfestsetzung, ist es gerechtfertigt, insoweit auch von Vollstreckungshilfe im weiteren Sinne zu sprechen. Der Schwerpunkt der Tätigkeit liegt dort auf der Beitreibung bereits entstandener und festgesetzter Ansprüche aus dem Steuerschuldverhältnis.

---

261 Siehe auch *Czakert*, in: Schönfeld/Ditz, DBA, Art. 27 Rn. 1. Wie hier unterteilend auch *Lammers*, EWS 2010, 121 (121).

262 So auch *Engelschalk*, in: Vogel/Lehner, DBA, Art. 26 Rn. 2; *Czakert*, in: Schönfeld/Ditz, DBA, Art. 26 Rn. 38.

B. Internationale Zustellungshilfe

Die internationale Zustellungshilfe ist in gleicher Weise von der grenzüberschreitenden Vollstreckungshilfe zu unterscheiden. Die internationale Zustellungshilfe ist ebenfalls ein Unterfall der grenzüberschreitenden Rechts- und Amtshilfe und fällt in den Anwendungsbereich des § 117 AO. Unter internationaler Zustellungshilfe ist die grenzüberschreitende Zusammenarbeit von Behörden bei der Zustellung eines Verwaltungsakts zu verstehen. *In concreto* ersucht die Behörde eines Staates die Behörde eines anderen Staates um die formlose oder förmliche Bekanntgabe (Zustellung) eines Verwaltungsakts auf deren Hoheitsgebiet. Deutsche Behörden können gemäß § 117 AO sowohl Zustellungshilfe leisten (Abs. 2) als auch in Anspruch nehmen (Abs. 1).

Wann die Inanspruchnahme von Zustellungshilfe erforderlich ist, ist im Einzelnen umstritten. Fraglich ist insbesondere, wann die Übersendung von Schriftstücken einen staatlichen Hoheitsakt darstellt und durch das Prinzip der formellen Territorialität eingeschränkt wird. Einigkeit besteht insoweit, als die förmliche Zustellung einen Hoheitsakt darstellt, der gemäß dem Prinzip der formellen Territorialität auf fremdem Staatsgebiet völkerrechtlich unzulässig ist.[263] Die Zustellung ist eine Art der Bekanntgabe mit besonderen Formerfordernissen (§ 122 Abs. 5 AO i.V.m. VwZG) zur Sicherstellung und Nachweis des tatsächlichen Zugangs. Ihre Anwendung steht – soweit sie nicht gesetzlich vorgeschrieben ist – im pflichtgemäßen Ermessen der zuständigen Behörde.

Unstreitig ist auch, dass die bloße Benachrichtigung ohne Verknüpfung irgendwelcher Rechtsfolgen keine hoheitliche Handlung darstellt. Diese Form der Benachrichtigung ins Ausland geht folglich mit dem Völkerrecht konform. Ein Rückgriff auf Amtshilfe bedarf es insoweit nicht.[264]

Höchst umstritten ist jedoch, ob auch mit der formlosen Bekanntgabe durch Postübermittlung von Verwaltungsakten, z.B. von Steuerbescheiden, auf dem Gebiet eines fremden Staates eine Verletzung des Souveränitätsanspruches des betroffenen Staates einhergeht und damit völkerrechtswidrig ist. Wäre dies der Fall, könnte eine völkerrechtskonforme Übermittlung – ohne Einwilligung des betroffenen Staates – lediglich im Wege der Amtshilfe erfolgen. Das BVerfG und einige Vertreter der Literatur stellen schwerpunktmäßig auf die Rechtsfolgen ab, die mit Zugang eines Verwaltungsakts verbunden sind und durch die

---

263 H.M.: BFH, Beschl. v. 11.2.1959 – II 15/58 U, BStBl. III 1959, 181 (182); *Menck*, DStZ/A 1971, 57 (57); *Lehner*, in: Vogel/Lehner, DBA, Grdl. Rn. 16; *Seer*, in: Tipke/Kruse, AO/FGO, § 117 AO Rn. 2; *Schaumburg*, Internationales Steuerrecht, Rn. 19.2.

264 Statt vieler *Schaumburg*, Internationales Steuerrecht, Rn. 19.2 m.w.N.

Bekanntgabe im Ausland auf fremdem Staatsgebiet eintreten.[265] Deshalb sei auch die formlose Bekanntgabe im Ausland unzulässig. §§ 122 Abs. 2 Nr. 2, 123 Satz 2 AO gingen zwar von der völkerrechtlichen Zulässigkeit der Übermittlung ins Ausland aus. Dies gelte indes einschränkend nur dann, wenn der Staat, in dem der Empfänger ansässig ist, einverstanden sei.[266] Dem wird entgegengehalten, dass es sich hierbei gar nicht um einen Hoheitsakt im Ausland handele, da die Bekanntgabe zwar im Ausland erfolge, die Rechtsfolgen hingegen im Inland hervortreten.[267] Eine formlose Bekanntgabe auf fremdem Staatsgebiet ist jedenfalls nach einhelliger Ansicht dann zulässig, wenn der andere Staat sein Einverständnis erklärt hat.[268] Nach Art. 9 Abs. 2 UAbs. 1 EU-BeitrRL scheint diese Frage zumindest in deren Anwendungsbereich rechtlich geklärt zu sein. Nach dieser Vorschrift kann eine Behörde einer Person im Hoheitsgebiet eines anderen Mitgliedstaats jedes Dokument direkt per Einschreiben oder auf elektronischem Wege zustellen.

In den Fällen, in denen die Zustellung im Ausland eine völkerrechtswidrige Handlung darstellt, ist die Behörde auf die Zusammenarbeit mit der zuständigen Behörde des anderen Staates angewiesen. In diesen Fällen ist die grenzüberschreitende Zustellungshilfe ein notwendiges Instrument zur Durchführung der Besteuerung. Die Bekanntgabe von Verwaltungsakten ist im Steuerverfahrensrecht an verschiedenen Stellen von Bedeutung. So ist die Bekanntgabe ein essentielles Kriterium für die Wirksamkeit eines Steuerbescheids, § 124 Abs. 1 AO. Auch für den Vollstreckungsbeginn ist die Bekanntgabe des Leistungsgebots zwingend erforderlich, § 254 Abs. 1 Satz 1 AO.

---

265 BVerfG, Beschl. v. 22.3.1983 – 2 BvR 475/78, BVerfGE 63, 343 (372 f.); *Müller-Franken*, in: Hübschmann/Hepp/Spitaler, AO/FGO, § 122 AO Rn. 403 ff., § 123 AO Rn. 185 ff.; *Lehner*, in: Vogel/Lehner, DBA, Grdl. Rn. 16; *Schaumburg*, Internationales Steuerrecht, Rn. 19.2; *Carl/Klos*, Leitfaden zur internationalen Amts- und Rechtshilfe in Steuersachen, S. 43; wohl auch *Menck*, DStZ/A 1971, 57 (61); ausführlich dazu *Siegrist*, Hoheitsakte auf fremdem Staatsgebiet, S. 169 ff.

266 So ausdrücklich die Gesetzesbegründung: BT-Drs. 10/1636, S. 40.

267 So insbesondere *Seer*, in: Tipke/Kruse, AO/FGO, § 122 AO Rn. 62, § 123 AO Rn. 2, § 117 AO Rn. 2; ähnlich *Söhn*, in: Hübschmann/Hepp/Spitaler, AO/FGO, § 117 AO Rn. 3 Fn. 7.

268 Vgl. *Vogel*, Der räumliche Anwendungsbereich der Verwaltungsrechtsnorm, S. 347. Nach Ansicht des BMF reicht es bereits zur völkerrechtlichen Zulässigkeit aus, dass der andere Staat ex ante keinen Widerspruch gegen die Übermittlung erhoben hat, vgl. AEAO v. 31.1.2014, BStBl. I 2014, 390 zu § 122 Rn. 1.8.4 i.V.m. 3.1.4.1. Krit. *Ohler/Kruis*, DÖV 2009, 93 (95), mit dem Hinweis darauf, dass etwa die Schweiz nachdrücklich gegen eine solche Praxis protestiert.

Eigene zwischenstaatliche Abkommen betreffend die Regelung der internationalen Zustellung, an denen Deutschland beteiligt ist, sind nur in wenigen Fällen geschlossen worden.[269] Vielmehr sind Vorschriften zur Zustellungshilfe auf unionsrechtlicher Ebene sowohl in die Zusammenarbeitsrichtlinie (Art. 13) als auch in die Beitreibungsrichtlinie (Art. 8 und 9) integriert. Dagegen enthalten Art. 26 und 27 OECD-MA ausdrücklich keine rechtliche Grundlage für die grenzüberschreitende Zustellungshilfe.[270] DBA, die auf dieser Grundlage geschlossen wurden, können somit zur Zustellungshilfe nicht herangezogen werden. Außerhalb des Anwendungsbereichs der genannten Richtlinien ist der ersuchende Staat folglich bei der Übermittlung von Schriftstücken im Zusammenhang mit der Vollstreckung auf die Zustimmung des anderen Staats angewiesen.[271]

Die internationale Zustellungshilfe flankiert die internationale Vollstreckungshilfe. Mit einer Vollstreckungsmaßnahme darf erst begonnen werden, wenn der in Frage stehende Verwaltungsakt vollstreckbar ist, was u.a. dessen Bekanntgabe voraussetzt. Darüber hinaus ist die Vollstreckung erst nach einem erfolglosen Leistungsgebot, das einen eigenständigen Verwaltungsakt darstellt, zulässig. Die deutsche Behörde ist somit bei der Vollstreckung aufgrund der völkerrechtlichen Schranken zur wirksamen Durchführung u.U. auch auf die Zustellungshilfe angewiesen. Dient die Zustellung der Vorbereitung einer Vollstreckungsmaßnahme oder der Inanspruchnahme von Vollstreckungshilfe, handelt es sich um Vollstreckungshilfe im weiteren Sinne.

§ 3 Zusammenfassung

Die internationale Vollstreckungshilfe ist eine Form der grenzüberschreitenden Rechts- und Amtshilfe im Sinne des § 117 AO. Sie ist abzugrenzen von anderen grenzüberschreitenden Kooperationsformen, die nicht als Amtshilfe zu bezeichnen sind. Im Anwendungsbereich des § 117 AO unterscheidet sich die Vollstreckungshilfe in ihrem Gegenstand der Hilfeleistung und dem

269 Eine Ausnahme bilden die allgemeinen Rechts- und Amtshilfeverträge mit Italien und Österreich. Dazu näher sogleich 3. Kapitel § 3 C. Siehe auch das Europäische Übereinkommen v. 24.11.1977 über die Zustellung von Schriftstücken in Verwaltungssachen im Ausland, BGBl. II 1981, 533, das jedoch gemäß Art. 1 Abs. 2 gerade keine Anwendung auf Steuersachen findet.

270 Vgl. nur *Engelschalk*, in: Vogel/Lehner, DBA, Art. 27 Rn. 16, Art. 26 Rn. 9; *Krabbe*, in: Wassermeyer, DBA, Art. 27 MA Rn. 1.

271 *Engelschalk*, in: Vogel/Lehner, DBA, Art. 27 Rn. 16 weist darauf hin, dass Deutschland von allen Staaten mit denen eine Vollstreckungshilfeklausel vereinbart wurde, eine Zustimmung zur postalischen Zustellung erhalten hat.

jeweiligen Verfahrensstadium von der internationalen Informationshilfe sowie der internationalen Zustellungshilfe. Wenngleich es sich um verschiedene Unterarten der grenzüberschreitenden Rechts- und Amtshilfe handelt, wirken sie im Zuge des Besteuerungsverfahrens zusammen und ergänzen sich bei der Durchführung der Besteuerung. Auf Unionsebene wird eine Trennung der verschiedenen Instrumente in den jeweiligen Richtlinien nicht konsequent vorgenommen.

3. Kapitel: Rechtliche Grundlagen der internationalen Vollstreckungshilfe

Die internationale Vollstreckungshilfe wird von einer Reihe von Vorschriften geprägt, die auf verschiedenen normhierarchischen Ebenen angesiedelt sind (nationales Recht, Völkerrecht, Unionsrecht) und deshalb einerseits strikt auseinandergehalten und anderseits in ein Rangverhältnis zueinander gebracht werden müssen.[272] Bei der Anwendung von Vollstreckungshilfe können unterschiedliche Rechtsgrundlagen im Verhältnis zu dem jeweiligen Staat, mit dem eine Zusammenarbeit beabsichtigt wird, herangezogen werden. Sie stehen teilweise in Konkurrenz zueinander und bedürfen nicht zuletzt deshalb einer systematischen Einordnung.

Im Folgenden wird aus diesem Grund das Normengeflecht der grenzüberschreitenden Vollstreckungshilfe näher untersucht und aufgezeigt, auf welcher rechtlichen Grundlage die internationale Vollstreckungshilfe aus deutscher Sicht betrieben, d.h. in Anspruch genommen und geleistet werden kann (dazu § 2 und § 3).

Zuvor ist auf die Frage einzugehen, inwieweit eine gesetzliche Ermächtigung für die Leistung von Vollstreckungshilfe erforderlich ist und falls ja, welche Anforderungen an die inhaltliche Ausgestaltung der Ermächtigungsgrundlage zu stellen sind (§ 1). Diese Untersuchung wird zeigen, dass in bestimmten Fällen – namentlich dann, wenn diese Anforderungen nicht eingehalten werden – von Verfassungs wegen den deutschen Behörden die Ausübung der konkreten Hilfeleistung bei der Vollstreckung versagt ist.

---

272 Bereits *Menck*, DStZ/A 1971, 57 (59) kritisiert die „schwer zu überblickende Vielfalt an Bestimmungen" und bemängelt, dass die internationale Amtshilfe in Steuersachen unter dieser „Rechtszersplitterung" leide. Die Anzahl der Bestimmungen hat seitdem, wie im Folgenden aufgezeigt wird, sogar deutlich zugenommen.

§ 1 Verfassungsrechtliche Implikationen bei der Anwendung internationaler Vollstreckungshilfe durch die deutsche Finanzverwaltung

Zu Beginn der Ausführungen über die Rechtsgrundlagen soll untersucht werden, weshalb eine gesetzliche Grundlage für die grenzüberschreitende Vollstreckungshilfe überhaupt erforderlich ist und welche Anforderungen an eine solche zu stellen sind. Gemäß § 85 Satz 1 AO darf die Steuererhebung bedingt durch die mit ihr verbundenen Grundrechtseingriffe nur unter Einhaltung des Grundsatzes der Gesetzmäßigkeit erfolgen.[273] Einer Erörterung bedürftig ist indes die Frage, ob und warum für die Ausübung der grenzüberschreitenden Rechts- und Amtshilfe durch die Finanzverwaltung eine gesetzliche Regulierung erforderlich ist und weshalb sie über die Anwendung der Amtshilfe nicht nach eigenem Dafürhalten entscheiden darf. Auch bei dieser Problemstellung sind wiederum hinsichtlich der Leistung (dazu A.) und Inanspruchnahme (dazu B.) von Vollstreckungshilfe unterschiedliche Überlegungen anzustellen, da jeweils in unterschiedlicher Intensität in unterschiedliche Rechte des betroffenen Steuerpflichtigen eingegriffen wird. Insbesondere soll grundsätzlich untersucht werden, wie sich die Leistung von internationaler Vollstreckungshilfe mit den Maßstäben des Grundgesetzes, speziell dem Demokratieprinzip (A. II.) und dem Rechtsstaatsprinzip sowie den Grundrechten (A. III.) vereinbaren lässt.

Auch die Finanzverwaltung ist als Bestandteil der vollziehenden Gewalt gemäß Art. 20 Abs. 3 GG an Gesetz und Recht gebunden. Aus dieser Bestimmung ist der verfassungsrechtliche Maßstab hergeleitet worden[274], dass die vollziehende Gewalt in bestimmten Konstellationen nur unter Beachtung des Vorbehalts des Gesetzes tätig werden darf.[275] Das parlamentarische Gesetz muss demnach in diesen Sachbereichen die Regelungsentscheidung treffen, die der Verwaltung spiegelbildlich in diesem Bereich kompetenzrechtlich entzogen ist. Der

---

273 Siehe bereits 1. Kapitel § 2 B. II.

274 Obgleich nicht expressis verbis im Grundgesetz genannt – der Wortlaut von Art. 20 Abs. 3 GG schreibt vielmehr nur den Vorrang des Gesetzes vor – ist die Existenz des allgemeinen Gesetzesvorbehalts unumstritten. Vgl. dazu nur BVerfG, Beschl. v. 28.10.1975 – 2 BvR 883/73 u.a., BVerfGE 40, 237 (248). Daneben enthält das Grundgesetz eine Reihe besonderer Gesetzesvorbehalte (z.B. spezielle Gesetzesvorbehalte der Grundrechte), vgl. *Ossenbühl*, in: HStR V, § 101 Rn. 17, 21, 37 ff.; ferner bereits 1. Kapitel § 2 B. II. zum Erfordernis der gesetzmäßigen Besteuerung aufgrund der einfachgesetzlichen Normierung in § 85 AO.

275 BVerfG, Urt. v. 14.7.1998 – 1 BvR 1640/97, BVerfGE 98, 218 (251); *Grzeszick*, in: Maunz/Dürig, GG, Art. 20 Abschnitt VI Rn. 75; *Degenhart*, Staatsrecht I, Rn. 313.

Gesetzesvorbehalt dient zum einen der Sicherstellung demokratischer Legitimation wesentlicher Entscheidungen (Demokratieprinzip). Zum anderen stellt der Gesetzesvorbehalt Grundzüge rechtsstaatlicher Vorhersehbarkeit und Berechenbarkeit für das Verhalten der Exekutive her (Rechtsstaatsprinzip).[276]

Während Einigkeit über die Existenz des Gesetzesvorbehalts besteht, ist seine Reichweite hingegen umstritten. Thematisch verbunden ist damit auch die Frage, inwieweit das parlamentarische Gesetz die Voraussetzungen und Grenzen für ein Tätigwerden der Behörden in diesem Bereich vorzeichnen muss; mithin inwieweit der Gesetzgeber wesentliche Entscheidungen selbst treffen muss (sog. Wesentlichkeitsvorbehalt[277]). Übereinstimmung besteht jedoch insoweit, als der Gesetzesvorbehalt jedenfalls dann Platz greift, wenn mit dem Handeln der Verwaltung zugleich ein Grundrechtseingriff einhergeht.[278] Nach st. Rspr. des BVerfG sind in „grundlegenden normativen Bereichen, zumal im Bereich der Grundrechtsausübung" die wesentlichen Entscheidungen vom Parlament zu treffen.[279] Je intensiver sich dieser Grundrechtseingriff gestaltet, desto strengere Voraussetzungen sind an die Regelungsdichte der gesetzlichen Ermächtigung für das Handeln der Verwaltung zu stellen.[280]

A. *Gewährung von Vollstreckungshilfe*

Das BVerfG hat im Zusammenhang mit der Vollstreckungshilfe festgestellt, dass auch für die Vollstreckung ausländischer Vollstreckungstitel im Wege grenzüberschreitender Amtshilfe „aus dem Rechtsstaatsgrundsatz des Grundgesetzes [...] Mindestanforderungen für die Gewährung von Rechtshilfe durch die Bundesrepublik Deutschland [folgen]".[281] Die Gewährung von Vollstreckungshilfe, also

276 Statt vieler *Wernsmann*, in: Hübschmann/Hepp/Spitaler, AO/FGO, § 4 AO Rn. 650. Vgl. auch zuletzt BVerfG, Beschl. v. 17.9.2013 – 2 BvE 6/08 u.a., BVerfGE 134, 141 (184).

277 St. Rspr. Z.B. BVerfG, Beschl. v. 8.8.1978 – 2 BvL 8/77, BVerfGE 49, 89 (126); zuletzt etwa Beschl. v. 17.9.2013 – 2 BvE 6/08 u.a., BVerfGE 134, 141 (184). Dazu auch *Ossenbühl*, in: HStR V, § 101 Rn. 52 ff.

278 *Jarass*, in: Jarass/Pieroth, GG, Art. 20 Rn. 72 f.; *Degenhart*, Staatsrecht I, Rn. 314.

279 Statt aller nur BVerfG, Beschl. v. 8.8.1974 – 2 BvL 8/77, BVerfGE 49, 89 (126); Urt. v. 3.3.2009 – 2 BvC 3/07 u.a., BVerfGE 123, 39 (78).

280 BVerfG, Urt. v. 11.3.2008 – 1 BvR 2074/05 u.a., BVerfGE 120, 378 (408). Zur Wirkung des Gesetzesvorbehalts für den Bereich des Steuerrechts insbesondere *Wernsmann*, in: Hübschmann/Hepp/Spitaler, AO/FGO, § 4 AO Rn. 650.

281 Grundsätzlich bereits BVerfG, Beschl. v. 22.3.1983 – 2 BvR 475/78, BVerfGE 63, 343 (366).

die Durchführung von Vollstreckungsmaßnahmen zur Verwirklichung ausländischer Steuerforderungen, muss folglich u.a. mit dem dargestellten verfassungsrechtlichen Gesetzesvorbehalt und dem allgemeinen Rechtsstaatsprinzip im Einklang stehen. Soweit deutsche Behörden Vollstreckungshilfe gewähren, ist ihr Verhalten am Maßstab des Art. 20 Abs. 3 GG zu messen.

I. Erfordernis einer Ermächtigungsgrundlage

Die Ausführung von Vollstreckungsmaßnahmen, die *per se* einen empfindlichen Grundrechtseingriff[282] für die Adressaten der Maßnahmen darstellt, ist den Vollstreckungsbehörden unter Beachtung der Voraussetzungen und Grenzen der §§ 249 ff. AO gestattet. Sie stellt einen klassischen Fall der Eingriffsverwaltung dar und erfolgt auf einer hinreichend bestimmten gesetzlichen Ermächtigung.[283]

Der Ermächtigung des § 249 Abs. 1 AO liegt die Prämisse zugrunde, dass auf sie grundsätzlich, d.h. vorbehaltlich spezieller Verweisung, nur zurückgegriffen werden kann, wenn *inländische* Verwaltungsakte vollstreckt werden sollen, für die der Anwendungsbereich im Sinne von § 1 AO eröffnet ist.[284] Im Gegensatz dazu möchte die Vollstreckungsbehörde aber im Fall der grenzüberschreitenden Vollstreckungshilfe nicht Steuerforderungen auf Grundlage von Verwaltungsakten, die sie den Vorschriften der AO entsprechend selbst erlassen hat, beitreiben. Sie beabsichtigt vielmehr die Ansprüche der *ausländischen* ersuchenden Behörde zu vollstrecken, die nach dem Recht des Staates dieser Behörde zustande gekommen sind. Diese Konstellation ist von der Ermächtigung der §§ 249 ff. AO aber gerade nicht erfasst und den Wertungen der AO gemäß auch nicht originäre Aufgabe der deutschen Finanzbehörden.

Die mit der Vollstreckung betrauten Behörden dürfen aber ohne besondere gesetzliche Zuweisung keine Grundrechtseingriffe zur Erledigung nicht von der AO erfasster Aufgaben vornehmen.[285] Die Entscheidung darüber, ob und inwieweit ausländische Steuerforderungen vollstreckt werden sollen, obliegt als neue Aufgabenzuweisung dem parlamentarischen Gesetzgeber.[286] Ihm gebührt es,

---

282 Als betroffene Grundrechte sind regelmäßig Art. 2 Abs. 1, ggf. aber auch Art. 12, 13 oder 14 GG zu nennen, vgl. dazu bereits 1. Kapitel § 1 A.

283 Statt aller *Beermann*, in: Hübschmann/Hepp/Spitaler, AO/FGO, Vor §§ 249–346 AO Rn. 71.

284 *Beermann*, in: Hübschmann/Hepp/Spitaler, AO/FGO, Vor §§ 249–346 AO Rn. 46; *Engelschalk*, in: Vogel/Lehner, Art. 27 Rn. 41a.

285 So allgemein zur Amtshilfe *Schlink*, Amtshilfe, S. 149.

286 Vor der grundlegenden Entscheidung des BVerfG v. 22.3.1983 – 2 BvR 475/78, BVerfGE 63, 343 war in der deutschen Literatur umstritten, ob die Anerkennung

eine entsprechende Aufgabe der Finanzverwaltung, speziell der Vollstreckungsbehörde, zu umschreiben und ihr entsprechende Befugnisse an die Hand zu geben. Dieser Grundsatz muss erst recht gelten, wenn vorhandene Eingriffsbefugnisse nicht allein zur Erledigung nicht vorgesehener Aufgaben eingesetzt werden sollen, sondern sich diese Aufgaben gar als das Produkt ausländischer Behörden erweisen und nicht nach Maßgabe der AO zustande gekommen sind. Schon aus diesem Grund bedarf es für die Gewährung von Vollstreckungshilfe einer expliziten Aufgaben- und Kompetenzzuweisung durch den Gesetzgeber.[287]

Dieser Befund wird durch den Umstand verstärkt, dass im Falle der Vollstreckungshilfe ein ausländischer Titel die Grundlage für den darauffolgenden Grundrechtseingriff bildet, der mit der Ausübung von Vollstreckungsmaßnahmen einhergeht. Eines der tragenden Prinzipien der internationalen Vollstreckungshilfe ist gerade die Anerkennung des Anspruchs des ersuchenden Staates nach dessen Rechtssystem.[288] Eine Überprüfung der Rechtmäßigkeit dieses Anspruchs ist grundsätzlich weder nach dem EU-BeitrG noch nach Art. 27 OECD-MA vorgesehen. Führt man sich vor Augen, dass deutsche Behörden sich somit im Grundsatz bei der Beitreibung ausländischer Steuerforderungen auf die Rechtmäßigkeit der nach ausländischem Recht ergangenen Steuerbescheide

---

ausländischer Steuerforderungen und deren Vollstreckung im Inland *völkerrechtlich* zulässig sei. Vereinzelt wurde gar ein völkerrechtliches Durchsetzungsverbot für fremde Hoheitsakte angenommen. Jedoch schien bereits zu dem damaligen Zeitpunkt die gegenseitige Vollstreckungshilfe unproblematisch, sofern ein bilateraler völkerrechtlicher Vertrag geschlossen wurde, vgl. dazu auch BFH, Urt. v. 21.2.1978 – VII R 49/74, BFHE 124, 480 (487). Umfassend zum mittlerweile wohl überholten Meinungsstreit *Papier/Olschewski*, DVBl. 1976, 475 (476) m.w.N.

287 Zum Erfordernis eines amtshilferechtlichen Gesetzesvorbehalts *Schlink*, Amtshilfe, S. 149 ff., 155 f., der für die innerstaatliche Amtshilfe darauf abstellt, ob die Kompetenz der ersuchten Behörden zur Aufgabenerfüllung der ersuchenden Behörden eingesetzt wird oder ein Wechsel in der Zuständigkeit stattfindet. Sei dies der Fall, sei ein Gesetz bzw. im Fall der Zuständigkeitsübertragung ein Querschnittsgesetz als Grundlage erforderlich. In diese Richtung ebenfalls argumentierend *Idziok*, Vollstreckungshilfe, S. 57 ff.

288 EuGH, Urt. 14.1.2010 – Rs. C-233/08, *Kyrian*, Slg. 2010 I-177, Rn. 41; ähnlich *Blaesing*, ZfZ 2011, 117 (118 f.); *Engelschalk*, in: Vogel/Lehner, Art. 27 Rn. 41a. Siehe auch *Papier/Olschewski*, DVBl. 1976, 475 (477), die mit Recht darauf hinweisen, dass „Gegenstand und Inhalt [des Vollstreckungsakts] von einer fremden Staatsgewalt festgelegt werden". Die deutsche Vorschrift zur Anerkennung des ausländischen Titels enthalte insofern „überhaupt keine *Sach*regelung". Das Prinzip der gegenseitigen Anerkennung ist beispielweise auch beim Europäischen Haftbefehl verankert. Vgl. dazu zuletzt BVerfG, Urt. v. 15.12.2015 – 2 BvR 2735/14, BVerfGE 140, 317 (349).

bzw. Vollstreckungstitel verlassen (so etwa nach § 9 Abs. 1 Satz 2 EU-BeitrG: „Die Forderung wird wie eine inländische Forderung behandelt." oder Art. 27 Abs. 3 Satz 1 OECD-MA: „...wird dieser Steueranspruch...anerkannt." und nach Art. 27 Abs. 3 Satz 2 OECDMA: „...erhoben, als handele es sich bei dem Steueranspruch um einen Steueranspruch des anderen [um Vollstreckung ersuchten, Anm. Verf.] Staates.") und diese als Grundlage für die Vollstreckungsmaßnahme heranziehen (§ 10 Abs. 3 Satz 1 EU-BeitrG: „..., der [Vollstreckungstitel, Anm. Verf.] die alleinige Grundlage für die im anderen Mitgliedstaat zu ergreifende Beitreibungs- und Sicherungsmaßnahme ist."), wird deutlich, dass eine Gewährung von Amtshilfe in diesem Sachbereich nicht schrankenlos jenseits parlamentarischer Normierung durch die Exekutive erfolgen darf.

Es stünde zu befürchten, dass tragende Wertungen des Besteuerungsverfahrens, wie sie in der AO verkörpert werden, insbesondere förmliche Schutzvorschriften zugunsten des Betroffenen (z.B. Fristen oder Rechtsbehelfsbelehrungen), unterlaufen werden könnten. Will die Exekutive die ihr durch die AO vorgegebene Aufgabe in dem Sinne ausweiten, dass sie auch ausländische Steuerforderungen zwangsweise durchsetzen kann, bedarf es dafür zwingend eines parlamentarischen Gesetzes. Sie kann nicht ohne Weiteres Vollstreckungsmaßnahmen auf Basis von nicht nach der AO ergangenen Verwaltungsakten betreiben.[289] Der Bundestag als Gesetzgebungsorgan muss darüber befinden, zugunsten welcher Staaten die Vollstreckungshilfe geleistet werden soll; mithin welche Staaten ein solches Rechtssystem vorweisen können, dass die Ausführung von Vollstreckungsmaßnahmen für diesen anderen Staat vertretbar erscheint.

Darüber hinaus muss nicht nur das „Ob" der Entscheidung, sondern auch das „Wie" hinreichend bestimmt gesetzlich normiert sein. Der oben dargestellte, in st. Rspr. des BVerfG aufgestellte Wesentlichkeitsvorbehalt wird bei der Gewährung von Vollstreckungshilfe ausgelöst. Die Ausführung von Vollstreckungsmaßnahmen stellt einen empfindlichen Grundrechtseingriff dar. Hinzu kommt jedoch bei der Leistung von Vollstreckungshilfe, dass die sachliche Entscheidung über den Inhalt der zu vollstreckenden Forderung von einer fremden Staatsgewalt getroffen wurde. Die demokratische Legitimation ist diesbezüglich nicht gewährleistet. Als Konsequenz dessen muss zumindest bei dem darauf gestützten Grundrechtseingriff ein Mindestmaß an demokratischer Legitimation und rechtsstaatlicher Vorhersehbarkeit vorherrschen.

Um dies zu gewährleisten, ist der Rahmen, innerhalb dessen die Leistung von Vollstreckungshilfe zu erfolgen hat, gesetzlich festzulegen. Die Gewährung von

289 Im Ergebnis ebenso *Dutta*, EuR 2007, 744 (745); *ders.*, IPRax 2010, 504 (504).

Vollstreckung darf nicht im Sinne einer Blankettermächtigung der Verwaltung überlassen werden.[290] Dazu gehört u.a. auch, dass die Voraussetzungen der Vollstreckungshilfe in der Ermächtigungsgrundlage umschrieben sind. Gleichermaßen müssen inhaltliche Grenzen, etwa in Gestalt eines *ordre public*-Vorbehalts (öffentliche Ordnung), gesetzlich festgeschrieben werden, bei deren Überschreitung Vollstreckungshilfe nicht geleistet werden darf. Die wesentlichen Entscheidungen hierzu sind der Exekutive entzogen und vom demokratisch legitimierten Gesetzgeber in einem Parlamentsgesetz zu regeln.[291]

II. Vollstreckung ausländischer Steuerforderungen am Maßstab des grundgesetzlichen Demokratieprinzips

1. Ansicht der Literatur: Verstoß gegen das Demokratieprinzip

Zum Teil wird in der Literatur der Ansatz vertreten, die Anerkennung ausländischer Steuerforderungen und Gewährung von Vollstreckungshilfe zugunsten fremder Staaten verstoße generell gegen das verfassungsrechtlich verbürgte Demokratieprinzip (vgl. Art. 20 Abs. 1 und 2 GG).[292] Aus dem Demokratieprinzip des Grundgesetzes folgt (Art. 20 Abs. 2 Satz 1 GG), dass die Staatsgewalt vom Volk ausgehen muss[293]. Das Volk ist deren „Träger"[294] und „grundsätzlich alleinige Quelle ihrer Legitimation"[295].[296] Zwischen hoheitlichen Handlungen der

290 So auch grundsätzlich *Papier/Olschewski*, DVBl. 1976, 475 (477).

291 In diesem Sinne bildet § 117 Abs. 2 AO i.V.m. mit dem jeweils einschlägigen, ins nationale Recht umgesetzten bzw. transformierten Abkommen eine taugliche Rechtsgrundlage, welche die genauen Anforderungen für die Gewährung von Vollstreckungshilfe enthält und damit die umschriebenen Voraussetzungen erfüllt. Vgl. dazu ausführlich § 2 und § 3.

292 Vgl. zum Folgenden ausführlich *Papier/Olschewski*, DVBl. 1976, 475 (477 ff.). Das BVerfG hat sich in seiner grundlegenden Entscheidung vom 22.3.1983 mit dieser Argumentation, der sich der Beschwerdeführer in der zugrundeliegenden Sache anschloss (BVerfGE 63, 343 [348 f.]), auseinandergesetzt. Dort wandte sich der Beschwerdeführer gegen die Vollstreckung eines österreichischen Abgabenbescheides durch deutsche Behörden auf Grundlage des deutsch-österreichischen Rechts- und Amtshilfevertrages.

293 Vgl. *Pieroth*, in: Jarass/Pieroth, GG, Art. 20 Rn. 4; siehe auch *Grzeszick*, in: Maunz/Dürig, GG, Art. 20 Abschnitt II Rn. 61.

294 St. Rspr. Vgl. nur zuletzt BVerfG, Urt. v. 21.10.2014 – 2 BvE 5/11, BVerfGE 137, 185 (232).

295 *Sachs*, in: Sachs, GG, Art. 20 Rn. 27.

296 Grundlegend zum Prinzip der Volkssouveränität *Böckenförde*, in: HStR II, § 24 Rn. 2 ff.

Exekutive, der Gesetzgebung und dem Staatsvolk muss eine Legitimationskette mit einem bestimmten Legitimationsniveau bestehen.[297] Hoheitsakte müssen auf den Willen des Volkes zurückzuführen sein.[298]

Die Vertreter der Ansicht, die Leistung von Vollstreckungshilfe sei mit dem Demokratieprinzip und dem dieses Prinzip konkretisierenden Vorbehaltsgrundsatz unvereinbar, gehen von der Prämisse aus, dass jeder Grundrechtseingriff neben der unmittelbaren Eingriffswirkung einem darüber hinausgehenden Sachzweck diene. Eingriff und Sachzweck seien stets – unter Berücksichtigung von Willkürverbot und Verhältnismäßigkeitsgrundsatz – in Einklang zu bringen. Im Bereich des Steuerrechts sei dieser Zusammenhang grundsätzlich nicht ohne Weiteres herzustellen, da die Erhebung von Steuern der allgemeinen Deckung des Finanzbedarfs des Staates diene.[299] Eine Beziehung zwischen Eingriffsintensität und verfolgtem Zweck lasse sich insofern nicht herleiten, als Steuern nicht zweckgebunden für eine bestimmte Sache verwendet würden. Eingriffe in Grundrechte des Einzelnen aufgrund der Besteuerung seien mangels materiellrechtlicher Schutznormen nur durch ein verstärktes Legitimationserfordernis gerechtfertigt.[300] Um die mit der Besteuerung verbundenen Grundrechtsbeeinträchtigungen dennoch zu rechtfertigen, sei es deshalb erforderlich, dass dieser Mangel durch verschärfte demokratische Legitimation bei der Steuererhebung kompensiert werde. Diese sei aber gerade bei der Beitreibung ausländischer Steuerforderungen nicht gewährleistet. Denn die demokratische Legitimationskette könne durchbrochen sein, wenn sich der Hoheitsakt zwar der Form nach auf das Volk zurückführen ließe, sich dessen Inhalt aber als fremdbestimmt erweise.[301] Dies sei der Fall, wenn die Verwaltung bedingungslos verpflichtet sei, Eingriffe in Form von Vollstreckungsmaßnahmen vorzunehmen, um Steuerforderungen zu vollziehen, deren Inhalt und Tragweite gar nicht sie selbst, sondern eine fremde Staatsgewalt festgelegt habe.[302] Die Anerkennung und Vollstreckung erfolge zwar, auch nach den Vertretern dieser Ansicht, im Allgemeinen nicht bedingungslos. Aber selbst ein im jeweiligen Abkommen vorgesehener *ordre public*-Vorbehalt

297 St. Rspr.: BVerfG, Beschl. v. 24.5.1995 – 2 BvF 1/92, BVerfGE 93, 37 (66 f.); v. 5.12.2002 – 2 BvL 5/98, BVerfGE 107, 59 (86 f.). Näher zu den unterschiedlich Formen hinreichender Legitimation *Sachs*, in: Sachs, GG, Art. 20 Rn. 35 ff.

298 *Böckenförde*, in: HStR II, § 24 Rn. 11 m.w.N. zur Rspr. des BVerfG.

299 Insoweit noch zustimmend BVerfG, Beschl. v. 22.3.1983 – 2 BvR 475/78, BVerfGE 63, 343 (367).

300 *Papier/Olschewski*, DVBl. 1976, 475 (478 f.).

301 So *Papier/Olschewski*, DVBl. 1976, 475 (477).

302 *Papier/Olschewski*, DVBl. 1976, 475 (477).

könne über diese verfassungsrechtlichen Bedenken nicht hinweghelfen, weil eine „effiziente inhaltliche Begrenzung" darüber nicht möglich sei.[303] Das Demokratieprinzip verbiete deshalb generell die Vollstreckung ausländischer Titel und schließe die Gewährung derartiger Rechtshilfe aus.[304] Entsprechende Gesetze zur Transformation völkerrechtlicher Verpflichtung seien verfassungswidrig.[305]

2. Eigene Stellungnahme

Die Annahme, die Anerkennung und Vollstreckung fremder Steuerforderungen verstoße gegen das grundgesetzliche Demokratieprinzip, vermag nicht zu überzeugen. Zum einen überdehnt eine solche Lesart des Demokratieprinzips dessen Regelungsgehalt und beschneidet unzulässigerweise den weiten Handlungsspielraum des parlamentarischen Gesetzgebers. Diesem steht im Rahmen der Verfassung durchaus die Kompetenz zu, der Finanzverwaltung auch die Möglichkeit der Amtshilfe zugunsten fremder Staaten zu übertragen, solange deren Voraussetzungen und Grenzen gesetzlich niedergelegt sind (vgl. dazu bereits I.). Folgte man der soeben dargestellten Ansicht der Literatur, würde praktisch jede Form von grenzüberschreitender Amtshilfe undenkbar, da damit regelmäßig die Anerkennung ausländischer Akte einhergeht. Zudem würde diese Auslegung des Demokratieprinzips die Bundesrepublik Deutschland, wie es das BVerfG treffend formuliert, „verfassungsrechtlich weithin zur Unfähigkeit verurteilen, sich am internationalen Rechtshilfeverkehr zu beteiligen"[306].

Die Gegenansicht verkennt zum anderen, dass durch die gemäß Art. 59 Abs. 2 Satz 1 GG zwingend vorgeschriebene Mitwirkung der zuständigen Gesetzgebungsorgane bei der Transformation völkerrechtlicher Verträge sehr wohl eine demokratische Legitimation vorherrscht. Durch das Erfordernis eines nationalen Zustimmungsgesetzes zu einem völkerrechtlichen DBA ist auch bei Vollstreckung fremder Steuerforderungen die Legitimationskette grundsätzlich intakt. Der Gesetzgeber hat sich dadurch die von der Exekutive vorgezeichnete Entscheidung, mit welchem Staat in welchem Umfang auf dem Gebiet der Vollstreckungshilfe kooperiert werden soll, zu eigen gemacht.[307] Dem Demokratieprinzip

303 *Papier/Olschewski*, DVBl. 1976, 475 (479).

304 Dies soll wohl nur für deutsche Staatsbürger gelten. Ob die Aussagen auch auf Ausländer mit Wohnsitz in Deutschland übertragbar seien, halten die Vertreter dieser Ansicht selbst für „zweifelhaft", da diesen gegenüber der „Repräsentationsgedanke" nicht greife. Vgl. näher *Papier/Olschewski*, DVBl. 1976, 475 (Fn. 59).

305 So das Ergebnis von *Papier/Olschewski*, DVBl. 1976, 475 (482).

306 BVerfG, Beschl. v. 22.3.1983 – 2 BvR 475/78, BVerfGE 63, 343 (370).

307 In diese Richtung auch BFH, Urt. v. 21.2.1978 – VII R 49/74, BFHE 124, 480 (483).

lässt sich hingegen nicht die Bedingung entnehmen, dass die deutsche Finanzverwaltung jede einzelne materielle Regelungsentscheidung, also insbesondere die Entscheidung darüber, welche Steuerforderung vollstreckt werden soll, im gesamten Umfang selbst treffen muss. Die Folge wäre, dass Vollstreckungshilfe *per se* nicht zugunsten anderer Staaten geleistet werden dürfte. Einer solch extensiven Deutung der Verfassung und insbesondere des darin enthaltenen Demokratieprinzips kann nicht gefolgt werden.[308]

Vielmehr ist in diesem Zusammenhang festzustellen, dass völker- und unionsrechtlich die Zulässigkeit von Vollstreckungshilfe unbestritten ist. Die Gesamtschau der Normen mit Völkerrechtsbezug (vgl. die Präambel sowie Art. 23 ff., 59 GG) verdeutlicht darüber hinaus gerade die Völkerrechtsfreundlichkeit des Grundgesetzes[309] und gebietet eine offene Staatlichkeit[310], insbesondere die völkerrechtliche Kooperation mit anderen Staaten. Das in Art. 20 GG seinen Ausdruck findende Demokratieprinzip ist ebenfalls im Lichte dieser völkerrechtsoffenen Prägung des Grundgesetzes zu interpretieren und nicht als starre Anwendungsschranke hinsichtlich fremder Rechtsordnungen zu sehen.[311] Die in der internationalen völkerrechtlichen Praxis anerkannte Vollstreckungshilfe stellt diesbezüglich keinen Ausnahmefall dar und muss daher auch von diesem „Staatsziel"[312] des Grundgesetzes erfasst sein. Die „Verschränkungen" mit anderen Rechtsordnungen ist verfassungsrechtlich gewollt.[313]

Ist die völkerrechtliche Vollstreckungshilfe mit dem Demokratieprinzip vereinbar, muss dies erst recht hinsichtlich der unionsrechtlich determinierten Vollstreckungshilfe auf Grundlage des EU-BeitrG gelten. Die EU kann nach dem Prinzip der begrenzten Einzelermächtigung (Art. 5 Abs. 1, 2 EUV) nur tätig werden, wenn ihr die Kompetenz in dem jeweiligen Bereich im Vorfeld von den einzelnen Mitgliedstaaten übertragen wurde. Wesentlich für das Handeln der EU ist somit die Kompetenzbeschränkung der Mitgliedstaaten zugunsten der

308 In diesem Sinne auch *Ohler*, in: HStR XI, § 238 Rn. 9.

309 St. Rspr. Vgl. nur BVerfG, Beschl. v. 14.10.2004 – 2 BvR 1481/04, BVerfGE 111, 307 (316 f.). Zuletzt ausführlich zur Völkerrechtsfreundlichkeit des Grundgesetzes und deren Verfassungsrang. BVerfG, Beschl. 15.12.2015 – 2 BvL 1/12, BverfGE 141, 1 (26 ff.)

310 Hierzu *Stern*, Staatsrecht I, § 15 I m.w.N.

311 BVerfG, Beschl. v. 22.3.1983 – 2 BvR 475/78, BVerfGE 63, 343 (370).

312 Zur Völkerfreundlichkeit als Staatsziel und seiner historischen Bedeutung *Wahl*, JuS 2003, 1145 (1146).

313 *Ohler*, in: HStR XI, § 238 Rn. 3 m.w.N. zur Rechtsprechung des BVerfG.

supranationalen Ebene.[314] Diese Kompetenzübertragung ist im Rahmen der integrationsfesten Grenzen von Art. 23 GG nicht nur zulässig, sondern beabsichtigt. Die demokratische Legitimationskette bei unionalen Sekundärrechtsakten wie der EU-Beitreibungsrichtlinie bleibt dennoch bestehen: Zum einen wurde die Kompetenz in Gestalt von Art. 113 und 115 AEUV, auf die die EU-Beitreibungsrichtlinie gestützt wird, mit Zustimmung der deutschen Gesetzgebungsorgane im Sinne von Art. 23 Abs. 1 Satz 2 GG übertragen und zum anderen wirkten der deutsche Vertreter im Rat bei der Rechtssetzung mit und die Abgeordneten im auch von deutschen Bürgern gewählten Europäischen Parlament wurden gehört.[315]

Auf unionaler Ebene ist die Anerkennung und Ausführung von Hoheitsakten anderer Mitgliedstaaten ein bewährtes Prinzip. Dies zeigen beispielweise die Instrumente der Internationalen Rechtshilfe in Strafsachen (vgl. 2. Kapitel § 1 A.), des Europäischen Haftbefehls[316], der Anerkennung und Vollstreckung von Geldstrafen und Geldbußen[317] sowie die Anerkennung und Vollstreckung von Entscheidungen in Zivil- und Handelssachen[318], die dem Wesen der Vollstreckungshilfe im Grundsatz vergleichbar sind. Auch dort werden im Grunde „Sachentscheidungen" von fremden Staatsgewalten getroffen und dann innerstaatlich nur noch vollzogen. Insbesondere die Anerkennung und Vollstreckung im Ausland ergangener, zivilrechtlicher Entscheidungen kann als Pendant zur

---

314 Grundlegend BVerfG Urt. v. 30.6.2009 – 2 BvE 2/08 u.a., BVerfGE 123, 267.

315 Einschränkend zur demokratischen Legitimation des EU-Parlaments insbesondere im Hinblick auf die Gleichheit der Wahl jedoch BVerfG Urt. v. 9.11.2011 – 2 BvC 4/10 u.a., BVerfGE 129, 300; Urt. v. 26.2.2014 – 2 BvE u.a., BVerfGE 135, 259.

316 Rahmenbeschluss des Rates v. 13.6.2002 über den Europäischen Haftbefehl und die Übergabeverfahren zwischen den Mitgliedstaaten (2002/584/J), ABl. L 190, 1. Dort normiert insbesondere Art. 1 Abs. 2 den Grundsatz der gegenseitigen Anerkennung. Näher *Schaper*, Europäischer Haftbefehl, S. 72. Mit Beschl. v. 15.12.2015 – 2 BvR 2735/14, BVerfGE 140, 317 (342, 354 f.) hat das BVerfG dieses Prinzip grundsätzlich anerkannt, aber aus dem Grundgesetz hergeleitete Grenzen für die Anerkennung ausländischer Auslieferungsgesuche aufgestellt.

317 Rahmenbeschluss des Rates v. 24.2.2005 über die Anwendung des Grundsatzes der gegenseitigen Anerkennung von Geldstrafen und Geldbußen, ABl. EU 2005 Nr. L 76, S. 16.

318 Verordnung 44/2001/EG des Rates vom 22.12.2000 über die gerichtliche Zuständigkeit und die Anerkennung und Vollstreckung von Entscheidungen in Zivil- und Handelssachen v. 16.1.2001, ABl. L 12, 1. Diese legt in Art. 33 fest, dass Gerichtsentscheidungen, die in einem Mitgliedstaat ergangen sind, ohne besonderes Verfahren im anderen Mitgliedstaat anzuerkennen sind. Nach Art. 38 der VO kann eine vollstreckbare Entscheidung auf Antrag auch in dem anderen Mitgliedstaat vollstreckt werden.

Beitreibungshilfe von Steuerforderungen betrachtet werden. Die von der Literatur an den Tag gelegte Deutung des Demokratieprinzips würde generell die Anwendbarkeit fremden Rechts und somit auch die Zusammenarbeit auf diesen Feldern ausschließen.[319]

Schließlich vermag auch nach Ansicht des BVerfG der Einwand der fehlenden demokratischen Legitimation des Eingriffs nicht zu überzeugen. Es sei durchaus nicht immer zwingend erforderlich, dass mit der steuerlichen Belastung gleichzeitig eine entsprechende demokratische Repräsentation einhergehen müsse. Insbesondere könne daraus aus Sicht des Gerichts nur „beschränkt" ein wirksamer Schutz vor einem „unmäßigen Eingriff" abgeleitet werden. Dem Steuerzugriff sei verfassungsrechtlich allenfalls durch Art. 14 Abs. 1, Art. 3 Abs. 1 GG und dem Leistungsfähigkeitsprinzip eine äußerste materielle Grenzen gesetzt.[320]

Zudem ist durch die Schranke rechtsstaatlicher Mindestanforderungen (dazu sogleich III.) im Empfängerstaat sichergestellt, dass maßgebliche rechtsstaatliche Vorgaben des Grundgesetzes bei der Gewährung von Vollstreckungshilfe nicht unterlaufen werden, sodass von einer Schranke hinsichtlich der Reichweite der Anerkennung sehr wohl gesprochen werden kann. Von einer „bedingungslosen" Anerkennung fremder Steuerforderungen kann deshalb jedenfalls nicht die Rede sein.[321] Werden diese Anforderungen im Empfängerstaat unterlaufen, dürfen die betroffenen Behörden von Verfassungs wegen ohnehin keine Vollstreckungshilfe leisten.

Die Anerkennung und Beitreibung fremder Steuerforderungen durch deutsche Finanzbehörden verstößt folglich nicht gegen das Demokratieprinzip des Grundgesetzes.[322]

III. Verfassungsrechtliche Schranken bei der Leistung von Vollstreckungshilfe

1. Rechtsstaatliche Mindestanforderungen an das Abgabenrecht des Empfängerstaats

Obgleich das grundgesetzliche Demokratieprinzip der Leistung von Vollstreckungshilfe grundsätzlich nicht entgegensteht, unterliegt die Anerkennung und Vollstreckung fremder Steuerforderungen dennoch aus dem Grundgesetz

---

319 Ähnlich BVerfG, Beschl. v. 22.3.1983 – 2 BvR 475/78, BVerfGE 63, 343 (370).

320 Näher BVerfG, Beschl. v. 22.3.1983 – 2 BvR 475/78, BVerfGE 63, 343 (367).

321 In diesem Sinne zuletzt auch das BVerfG für den vergleichbaren Fall eines Auslieferungsgesuchs nach Maßgabe des Europäisches Haftbefehls, Beschl. v. 15.12.2015 – 2 BvR 2734/14, BVerfGE 140, 317 (342).

322 So im Ergebnis auch ausdrücklich BVerfG, Beschl. v. 22.3.1983 – 2 BvR 475/78, BVerfGE 63, 343 (368 ff.); ebenso ferner *Pieroth*, in: Jarass/Pieroth, GG, Art. 20 Rn. 7.

folgenden Schranken. Festgestellt wurde bereits, dass Vollstreckungshilfe nur auf Grundlage einer tauglichen Ermächtigungsgrundlage zugunsten anderer Staaten geleistet werden darf. Darüber hinaus ist aber mit der Rechtsprechung des BVerfG hervorzuheben, dass Vollstreckungshilfe trotz gesetzlicher Ermächtigung einschränkend dann nicht zugunsten fremder Staaten ausgeführt werden darf, wenn „rechtstaatliche Mindestanforderungen“[323] im Empfängerstaat nicht gewährleistet sind. Im Folgenden soll aufgezeigt werden, was unter diesen Anforderungen zu verstehen ist und warum sie den Behörden bei der Gewährung von Vollstreckungshilfe Grenzen ziehen.

a) Rechtsprechung des BVerfG

Das BVerfG hat in einer grundlegenden Entscheidung vom 22. März 1983[324] im Lichte des Grundgesetzes Maßstäbe zum Recht der internationalen Vollstreckungshilfe aufgestellt, die noch heute Gültigkeit besitzen. In dem der Entscheidung zugrundeliegenden Sachverhalt ging es um die Verfassungsmäßigkeit des Zustimmungsgesetzes[325] zum Rechtshilfevertrag vom 11.9.1970 zwischen der Bundesrepublik Deutschland und der Republik Österreich. Art. 2 Abs. 1 lit. c i.V.m. Art. 1 des bilateralen Abkommens verpflichtete die beiden Vertragsstaaten zur gegenseitigen Amtshilfe bei der Vollstreckung von Forderungen. Gegenständlich beschränkt war das Abkommen auf die Bereiche der Zölle, Verbrauchsteuern und Monopole.[326] Im Anwendungsbereich dieses Vertrages klagte ein deutscher Staatsangehöriger mit Wohnsitz in Deutschland gegen die Vollstreckung eines österreichischen Abgabenbescheides, der im Wege der

323 So ausdrücklich BVerfG, Beschl. v. 22.3.1983 – 2 BvR 475/78, BVerfGE 63, 343 (366), als Schranke für die Ausübung von Vollstreckungshilfe. Im Ergebnis ähnlich *Papier/ Olschewski*, DVBl. 1976, 475 (477 f.), die allerdings betonen, dass eine bedingungslose Anerkennung und Vollstreckung ausländischer Vollstreckungstitel gegen das *Demokratieprinzip* verstoßen würden, da wesentliche Entscheidungen von einer auswärtigen Staatsgewalt getroffen würden.

324 BVerfGE 63, 343.

325 Gesetz zu dem Vertrag vom 11. September zwischen der Bundesrepublik Deutschland und der Republik Österreich über Rechts- und Amtshilfe in Zoll-, Verbrauchsteuer- und Monopolangelegenheiten, BGBl. II 1971, 1001.

326 Nicht zu verwechseln ist dieses Abkommen mit dem Vertrag zwischen der Bundesrepublik Deutschland und der Republik Österreich über Rechtsschutz und Rechtshilfe in Abgabensachen v. 4.10.1954, BGBl. II 1955, 833. Letzterer verpflichtet die Vertragsstaaten zur Amtshilfe (insbesondere Vollstreckungshilfe) auf dem Gebiet anderer öffentlicher Abgaben.

Vollstreckungshilfe an ein deutsches Hauptzollamt übermittelt worden war. Diesen Fall, welcher neben der Frage der Zulässigkeit von Vollstreckungshilfe schwerpunktmäßig Probleme zur Rückwirkung völkerrechtlicher Verträge in sich barg, nahm das BVerfG zum Anlass, zu den grundsätzlichen verfassungsrechtlichen Rahmenbedingungen der Gewährung von Vollstreckungshilfe durch deutsche Behörden Stellung zu beziehen.

Nach dem Dafürhalten des Gerichts gebe es bedingt durch das Rechtsstaatsprinzip des Grundgesetzes Grenzen für die Einführung der generellen Vollstreckungsmöglichkeit ausländischer Vollstreckungstitel. Die Gewährung von Vollstreckungshilfe sei nur dann mit dem Rechtsstaatsprinzip vereinbar, wenn „das ausländische Verfahrensrecht, in dem Abgabenverpflichtungen tituliert werden, einem rechtsstaatlichen Mindeststandard an Verfahrensgerechtigkeit genügt" und „das materielle ausländische Abgabenrecht nicht der verfassungsrechtlichen öffentlichen Ordnung (ordre public) der Bundesrepublik Deutschland zuwiderläuft".[327] Das BVerfG verlangt demnach implizit und losgelöst von den Anforderungen an das innerstaatliche nationale Recht (dazu I.) eine – wohl zumindest summarische[328] – Prüfung der rechtlichen Ordnung in dem um Vollstreckungshilfe ersuchenden Staat, die für das Zustandekommen der übermittelten Forderungen ausschlaggebend war.[329] Hält das Recht des ersuchenden

327 BVerfG, Beschl. v. 22.3.1983 – 2 BvR 475/78, BVerfGE 63, 343 (366).

328 Den exakten Umfang der Prüfung, ob die verfassungsrechtlichen Grenzen eingehalten werden, die das BVerfG den Behörden und Gerichten abverlangt, lässt sich der besprochenen Entscheidung nicht entnehmen. Im Anwendungsbereich des Europäischen Haftbefehls hat das Gericht den Prüfungsumfang aber zuletzt im Beschl. v. 15.12.2015 – 2 BvR 2735/14, BVerfGE 140, 317 (346 ff.) präzisiert: Danach kann im Einzelfall eine Pflicht zur Aufklärung des Sachverhalts bestehen, wenn der Steuerpflichtige entsprechende Anhaltspunkte vorträgt. Dem Steuerpflichtigen kommt dabei keine Beweislast, wohl aber eine Darlegungslast zu. Der Umfang der staatlichen Aufklärungspflicht richtet sich nach Art und Gewicht der vom Verfolgten vorgetragenen Anhaltspunkte.

329 Das verfahrensgegenständliche Rechtshilfeabkommen enthielt zwar in Art. 4 explizit die Möglichkeit der Versagung eines Ersuchens wegen Beeinträchtigung von Souveränität, Sicherheit, öffentliche Ordnung oder anderer wesentlicher Interessen. Die Ausführung des BVerfG sind jedoch genereller Natur und unabhängig von dieser Klausel („ […] verfassungsrechtliche Grenzen […] der generellen Vollstreckungsmöglichkeit ausländischer Titel."). Nur „im übrigen" sei auf diesen Vorbehalt im Abkommen zurückzugreifen. So auch BVerfG, Beschl. v. 15.12.2015 – 2 BvR 2735/14, BVerfGE 140, 317 (342).

Staates dieser Prüfung nicht stand, ist die Gewährung von Vollstreckungshilfe nach der Rechtsprechung des BVerfG von Verfassungs wegen unzulässig.[330]

Der Rechtsprechung des BVerfG ist – auch vor dem Hintergrund der Ausführungen zum Erfordernis einer tauglichen Ermächtigungsgrundlage (I.) – hinsichtlich des Vorbehalts der Prüfungskompetenz bezogen auf die Leistung von Vollstreckungshilfe beizupflichten. Zwar liegt den internationalen Abkommen zur Vollstreckungshilfe das Prinzip zugrunde, dass die ausländische Forderung grundsätzlich „ohne eigene Sachprüfung"[331] von den nationalen Behörden anerkannt und beigetrieben wird (vgl. § 9 EU-BeitrG und Art. 27 Abs. 3 OECD-MA). Es kann gerade als eine der großen Errungenschaften der Ausgestaltung der modernen Vollstreckungshilfe bezeichnet werden, dass sich das grundlegende Prinzip der (grundsätzlichen) Anerkennung des ausländischen Anspruchs durchgesetzt und folglich in den internationalen Abkommen Niederschlag gefunden hat. Der gesamte Ablauf des Amtshilfevorgangs bei der Vollstreckung wird dadurch vereinfacht und beschleunigt.

Dieser Grundsatz kann jedoch nicht schrankenlos gelten und im Einzelfall korrekturbedürftig sein.[332] Er darf insbesondere nicht dazu führen, dass das grundgesetzlich verankerte Rechtsstaatsprinzip, das Demokratieprinzip sowie die Grundrechte des Einzelnen ausgehöhlt werden. Dies wäre dann der Fall, wenn steuerliche Forderungen durch deutsche Behörden vollstreckt würden, die gemessen an den Anforderungen des BVerfG rechtsstaatswidrig entstanden sind. In diesem Fall würde der Steuerpflichtige verpflichtet, Vollstreckungsmaßnahmen zur Durchsetzung verfassungswidrig entstandener Forderungen zu

---

330 BVerfG, Beschl. v. 22.3.1983 – 2 BvR 475/78, BVerfGE 63, 343 (366). Mit explizitem Verweis auf diese Entscheidung hat auch das LG Bonn für den weitergehenden Fall, dass der Bundesminister der Justiz gemäß Art. 192 Abs. 2 EWG (heute Art. 299 Abs. 2 AEUV) einen gemeinschafts- (jetzt: unions-)rechtlichen Vollstreckungstitel der EU innerstaatlich zu vollstrecken hat, entschieden, dass er diesen zwar nicht auf seine Vereinbarkeit mit dem innerstaatlichen *ordre public* prüfen dürfe. Er sei jedoch verpflichtet zu prüfen, dass der Wesensgehalt der Grundrechte des Vollstreckungsschuldners unangetastet bleibe, vgl. LG Bonn, Urt. v. 16.10.1985 – 1 O 199/85, NJW 1986, 665 (666 f.). Ein solches Prüfungsrecht bejaht das Gericht sogar entgegen dem eindeutigen Wortlaut des Art. 192 Abs. 2 EWG (heute: Art. 299 Abs. 2 AEUV). Vgl. jetzt auch BVerfG, Beschl. v. 15.12.2015 – 2 BvR 2735/14, BVerfGE 140, 317: Das BVerfG bestätigt darin die hier dargestellten Grundsätze für den Europäischen Haftbefehl.

331 *Papier/Olschewski*, DVBl. 1976, 475 (476).

332 So auch allgemein *Ohler*, in: HStR XI, § 238 Rn. 11 zur Anerkenntnis fremder Hoheitsakte.

dulden. Selbst eine wirksame gesetzliche Ermächtigungsgrundlage vermag über diese aus dem Grundgesetz folgende Schranke nicht hinwegzuhelfen. Soll Vollstreckungshilfe geleistet werden, ist folglich sowohl formell als auch materiell die Einhaltung rechtsstaatlicher Grundsätze des ausländischen Steuerrechts zu fordern. Die Einhaltung dieser Grundsätze ist in jedem Fall der Amtshilfe – zumindest summarisch – durch die ausführende Behörde, die an Art. 20 Abs. 3 GG gebunden ist, zu prüfen.[333]

Zwar mag es im Einzelfall aufgrund der geforderten Prüfung zu einer Verzögerung des Amtshilfeverfahrens kommen. Der Sinn und Zweck der Anerkennung des auswärtigen Titels liegt u.a. in der Beschleunigung des grenzüberschreitenden Verfahrens, die durch eine zusätzliche Kontrolle konterkariert werden könnte.[334] Wägt man jedoch das Interesse des betroffenen Steuerpflichtigen an einem ordnungsgemäßen Verfahren im Hinblick auf das fundamental wichtige Rechtsstaatsprinzip mit einer geringfügig längeren Verfahrensdauer ab, ist die zusätzliche Prüfung hinnehmbar und auch hinsichtlich des Umfangs der zuständigen Behörde zumutbar.[335] Zudem dürfte es sich bei Bedenken hinsichtlich des ausländischen Steuerrechts um einen Ausnahmefall[336] handeln, da zumindest innerhalb der EU grundsätzlich von der Einhaltung der Rechtsstaatlichkeit durch alle Mitgliedstaaten ausgegangen werden kann.[337] Daneben wird in der Regel auch beim Abschluss von DBA und der sich anschließenden Transformation ins nationale Recht (vgl. Art. 59 Abs. 2 Satz 1 GG) in der Form eines Bundesgesetzes bereits im Vorfeld überprüft, ob das Steuerrecht des Vertragspartners materiell wie formell rechtsstaatlichen Anforderungen genügt. Staaten, in denen grundlegende Verstöße gegen die Rechtsstaatlichkeit drohen, können regelmäßig nicht

---

333 In diese Richtung auch *Engelschalk*, in: Vogel/Lehner, Art. 27 Rn. 41a, der davon ausgeht, dass die ersuchte Behörde bei Zweifeln an der Rechtmäßigkeit der Steuerfestsetzung im ersuchenden Staat „diese Zweifel zu klären" habe, bevor sie Vollstreckungsmaßnahmen einleite. Dafür sei Rücksprache mit der ersuchenden Behörden zu halten.

334 So auch *Blaesing*, ZfZ 2011, 117 (119) zum *ordre public*-Vorbehalt.

335 In diesem Sinne auch BVerfG, Beschl. v. 15.12.2015 – 2 BvR 2735/14, BVerfGE 140, 317 (349) zum Europäischen Haftbefehl.

336 Freilich zeigt aber das der Entscheidung vom BFH v. 3.11.2010 – VIII R 21/10, BStBl. II 2011, 401 zugrundeliegende Verfahren betreffend eines italienischen Gesuchs, dass dieser Ausnahmefall durchaus eintreten kann.

337 Vgl. insoweit auch BVerfG, Beschl. v. 15.12.2015 – 2 BvR 2735/14, BVerfGE 140, 317 (350 f.), wonach einem Mitgliedstaat der EU im Hinblick auf die Einhaltung der Grundsätze der Rechtsstaatlichkeit grundsätzlich besonderes Vertrauen entgegenzubringen ist.

Empfänger deutscher Vollstreckungshilfe werden, da mit ihnen ein entsprechendes Abkommen gar nicht erst abgeschlossen werden darf und dementsprechend eine Kooperation auf diesem Gebiet unterbleibt.[338]

b) Rechtsprechung des EuGH

Die hier in Übereinstimmung mit dem BVerfG vertretene Ansicht des Bestehens verfassungsrechtlicher Grenzen bei der Gewährung von Vollstreckungshilfe könnte möglicherweise im Einzelfall zu einem Verstoß gegen unionsrechtliche Verpflichtungen aus der EU-BeitrRL führen, wenn ein an Deutschland gerichtetes Vollstreckungsersuchen abgelehnt wird, obwohl die Richtlinie die Erfüllung des Ersuchens vorsieht und eine Ablehnung nicht gestattet. Die Ausführungen des BVerfG stehen jedoch mit der Rechtsprechung des EuGH, der gemäß Art. 19 Abs. 1 Satz 2 EUV zur Auslegung der EU-BeitrRL allein befugt ist[339], im Einklang.

Der bislang ergangenen Rechtsprechung des EuGH lässt sich das Bestehen von nationalen Schranken bei der Gewährung von Vollstreckungshilfe in Form einer letzten „Überprüfungsmöglichkeit" ebenfalls entnehmen. In diesem Zusammenhang betont der Gerichtshof[340] in der für das Recht der internationalen Vollstreckungshilfe zentralen Rs. *Kyrian*, dass die „Zuständigkeitsverteilung" [der EU-BeitrRL, Anm. Verf.] es zwar grundsätzlich der ersuchten Behörde verwehre, die Rechtmäßigkeit des Zustandekommens der um Vollstreckung erbetenen Forderung zu überprüfen.[341] Dies gelte jedoch ausnahmsweise dann nicht, wenn die Vollstreckung dieser Forderungen im ersuchten Staat einen Verstoß gegen die öffentliche Ordnung zur Folge hätte. In diesem Fall sei der ersuchte Mitgliedstaat (wohl die ersuchte Behörde, jedenfalls aber ein ggf. auf Grundlage von Art. 12 Abs. 3 der EU-BeitrRL[342] mit der Rechtmäßigkeit der

338 Siehe auch die – freilich innerstaatlich rechtlich nicht verbindliche – Empfehlung im OECD-MK, Rn. 1, Vollstreckungshilfeklauseln nicht in DBA zugunsten solcher Staaten aufzunehmen, die grundlegende Rechte des Steuerpflichtigen nicht gewährleisten. Idealiter wird in DBA mit Staaten, welche Defizite dieser Art aufweisen, eine Vollstreckungsklausel im Sinne des Art. 27 OECD-MA nicht aufgenommen. Es erscheint indes fraglich, ob alle Staaten, die an der Gemeinsamen Konvention von Europarat und OECD zur Amtshilfe in Steuersachen von 1988 (dazu noch unter § 3 D.) partizipieren, diesen Anforderungen gerecht werden.

339 Vgl. dazu allgemein *Huber*, in: Streinz, EUV/AEUV, Art. 19 EUV Rn. 11; *Gaitanides*, in: von der Groeben/Schwarze/Hatje, Unionsrecht, Art. 19 EUV Rn. 3.

340 Noch auf Grundlage der Rechtslage einer älteren Fassung der EU-BeitrRL.

341 EuGH, Urt. 14.1.2010 – Rs. C-233/08, *Kyrian*, Slg. 2010 I-177, Rn. 41.

342 Noch in der Fassung als RL 76/308/EWG, geändert durch RL 2001/44/EG. Näher zur Entwicklung der EU-Beitreibungsrichtlinie unter § 3 A. II.

Vollstreckungsmaßnahme befasstes Gericht) befugt, die Vollstreckungsmaßnahme ganz oder teilweise zu versagen oder von der Einhaltung bestimmter Voraussetzungen abhängig zu machen.[343] Der ersuchte Mitgliedstaat müsse die übermittelte Forderung genauso behandeln wie eine innerstaatliche. Es sei jedoch „kaum denkbar, dass ein Vollstreckungstitel von diesem Mitgliedstaat vollstreckt wird, wenn diese Vollstreckung seine öffentliche Ordnung beeinträchtigen könnte“[344]. Demnach gesteht auch der EuGH den Mitgliedstaaten in Ausnahmefällen – abweichend vom Prinzip der Anerkennung des übermittelten Titels – das Recht zur Ablehnung eines Vollstreckungsersuchens zu.[345]

Inhaltlich besteht auf den ersten Blick insofern ein Unterschied zwischen den vom BVerfG geforderten „rechtsstaatlichen Mindestanforderungen“ und der vom EuGH anerkannten Versagungsmöglichkeit wegen Verstoßes gegen die öffentliche Ordnung, als hier von beiden Gerichten zwar im Grunde ein Ablehnungsgrund anerkannt wird, derjenige des BVerfG aber weitergehend ist. Das BVerfG betrachtet den *ordre public*-Vorbehalt als Teil der Mindestanforderungen aus dem Rechtsstaatsprinzip für die Gewährung von Rechtshilfe bezogen auf das *materielle* ausländische Abgabenrecht.[346] Darüber hinaus soll aber auch das ausländische Verfahrensrecht „einem rechtstaatlichen Mindeststandard an Verfahrensgerechtigkeit“[347] genügen. Der EuGH bezieht sich *prima facie* in seiner Urteilsbegründung zur Rs. *Kyrian* nur auf formelle Gründe, namentlich die Voraussetzungen der Vollstreckbarkeit der Forderung und die ordnungsgemäße Zustellung des entsprechenden Bescheids. Es ist jedoch trotz des missverständlichen Wortlauts nicht ersichtlich, dass der EuGH die Versagungskompetenz der ersuchten Behörde auf verfahrensrechtliche Gründe beschränken will. Vielmehr waren im zu entscheidenden Fall nur formelle Probleme zu beanstanden. Vorangestellt hat der EuGH in seinen Entscheidungsgründen den Grundsatz, dass eine Verpflichtung zur Vollstreckung von Forderungen, die gegen die „öffentliche Ordnung“ verstoßen, nicht bestehe.[348] Damit schließt er materielle Erwägungen als Prüfungsmaßstab des Zuwiderlaufens der öffentlichen Ordnung nicht aus.

343 EuGH, Urt. 14.1.2010 – Rs. C-233/08, *Kyrian*, Slg. 2010 I-177, Rn. 42.

344 EuGH, Urt. 14.1.2010 – Rs. C-233/08, *Kyrian*, Slg. 2010 I-177, Rn. 43. Krit. zu dieser Argumentation *Dutta*, IPRax 2010, 504 (508).

345 Offenlassend wohl insoweit noch Generalanwalt *Mazák*, Schlussanträge v. 15.9.2009 – Rs. C-233/08, *Kyrian*, Slg. 2010 I-177. Krit. *Blaesing*, ZfZ 2011, 117 (118 f.).

346 BVerfG, Beschl. v. 22.3.1983 – 2 BvR 475/78, BVerfGE 63, 343 (366).

347 BVerfG, Beschl. v. 22.3.1983 – 2 BvR 475/78, BVerfGE 63, 343 (366).

348 EuGH, Urt. 14.1.2010 – Rs. C-233/08, *Kyrian*, Slg. 2010 I-177, Rn. 43.

Auch ein materieller Verstoß der auswärtigen Rechtsordnung kann im Ergebnis die öffentliche Ordnung beeinträchtigen.

Festzuhalten ist nach Ansicht des Verfassers, dass in der Sache zugunsten des ersuchten Mitgliedstaats trotz unterschiedlicher Formulierung aus den Entscheidungsbegründungen beider Gerichte ein gleichwertiger Versagungsgrund hergeleitet werden kann.[349] Diese Versagungsgründe unterscheiden sich lediglich durch ihre ungleiche Herleitung und Begründung. Der EuGH stützt sich anders als das BVerfG bei der Feststellung der Versagungsmöglichkeit nicht auf die nationale Verfassung eines Mitgliedstaates, sondern bezieht sich auf die nicht näher erläuterte öffentliche Ordnung.

Im Einzelfall kann mithin die ersuchte deutsche Behörde aus den genannten Gesichtspunkten verpflichtet sein, die Gewährung von Vollstreckungshilfe abzulehnen. Die Rechtsprechung des EuGH unterstützt im Anwendungsbereich der EU-BeitrRL im Ergebnis die vom BVerfG geforderte Möglichkeit des Versagens eines Ersuchens im Ausnahmefall. Der mögliche Einwand, dass es durch die verfassungsrechtlich gebotene Grenze auf dem Gebiet der unionsrechtlich determinierten Vollstreckungshilfe zu einer Kollision zwischen deutschem Verfassungsrecht und Unionsrecht kommen könnte, läuft somit grundsätzlich ins Leere.

Dessen ungeachtet hat das BVerfG in seiner Entscheidung zum Europäischen Haftbefehl vom 15.12.2015 ausgeführt, dass Hoheitsakte der EU und – soweit sie durch das Unionsrecht determiniert werden – Akte der deutschen öffentlichen Gewalt zwar aufgrund des Anwendungsvorrang des Unionsrechts nicht am Maßstab des Grundgesetzes gemessen werden.[350] Auch soweit deutsche Stellen das Recht der EU vollziehen, sind sie von einer umfassenden Bindung an die Grundrechte und andere Gewährleistungen des Grundgesetzes grundsätzlich freigestellt.[351] Dies gilt nach dem Dafürhalten des BVerfG jedoch nicht, wenn die durch Art. 23 Abs. 1 Satz 3 i.V.m. 79 Abs. 3 GG für integrationsfest erklärten Grundsätze der Verfassung tangiert werden.[352] Der Anwendungsvorrang geht nur soweit, wie das Grundgesetz die Übertragung von Hoheitsrechten erlaubt

349 Ausführlich noch zu der Ablehnung eines Ersuchens und deren Gründe unter 3. Teil 2. Kapitel.

350 BVerfG, Beschl. v. 15.12.2015 – 2 BvR 2735/14, BVerfGE 140, 317 (334).

351 BVerfG, Beschl. v. 15.12.2015 – 2 BvR 2735/14, BVerfGE 140, 317 (335 f.). Vgl. hierzu auch *Wernsmann*, in Hübschmann/Hepp/Spitaler, AO/FGO, § 4 AO Rn. 399 ff.

352 BVerfG, Beschl. v. 15.12.2015 – 2 BvR 2735/14, BVerfGE 140, 317 (334 und 336 ff.). Vgl. auch die umfangreichen Nachweise zu vergleichbaren Identitätskontrollen in anderen EU-Mitgliedstaaten, BVerfGE 140, 317 (339 ff.).

oder vorsieht.[353] Die Gewährleistung des integrationsfesten Kerns ist auch bei der Anwendung des Unionsrechts sowie unionsrechtlich determinierter Vorschriften durch die deutsche öffentliche Gewalt im Einzelfall sicherzustellen.[354]

Sollte mithin in der Ausführung eines Beitreibungsersuchens ein Verstoß gegen das ebenfalls integrationsfeste Rechtsstaatsprinzip (vgl. Art. 79 Abs. 3 i.V.m. 20 Abs. 3 GG) liegen, müsste das Unionsrecht, also die umgesetzte EU-BeitrRL, im Einzelfall unangewendet bleiben (dazu auch unter d)).

c) Rechtsprechung der deutschen Finanzgerichtsbarkeit

Gefolgschaft findet die Auslegung der EU-BeitrRL des EuGH auch in der Rechtsprechung der deutschen Finanzgerichtsbarkeit.[355] Die Auswertung der im Nachgang zur Rs. *Kyrian* ergangenen Entscheidungen ergibt, dass die deutschen Finanzgerichte die Deutung des EuGH aufgegriffen haben und im Einzelfall die Möglichkeit einer Ablehnung eines Ersuchens aufgrund des *ordre public*-Vorbehalts prüfen. Es lässt sich demnach sowohl aus der Rechtsprechung des BFH zum Recht der Vollstreckungshilfe als auch aus erstinstanzlichen Entscheidungen der Finanzgerichte[356] eine Schranke zur Gewährung von Vollstreckungshilfe

---

353 BVerfG, Beschl. v. 15.12.2015 – 2 BvR 2735/14, BVerfGE 140, 317 (336).

354 So das BverfG im Beschl. v. 15.12.2015 – 2 BvR 2735/14, BVerfGE 140, 317 (334 und 341), obwohl es im streitgegenständlichen Fall gar nicht darauf ankam, da eine unionsrechtskonforme Ablehnung des Auslieferungsersuchen möglich war und mithin kein Kollisionsfall zwischen nationalem Recht und Unionsrecht vorlag. Anders aber EuGH, Urt. v. 26.2.2013 – Rs. C-399/11, *Melloni*, ECLI:EU:C:2013:107, Rn. 55 ff., der den Anwendungsvorrang auch vor nationalen Grundrechten bekräftigt. Kritisch auch *Sauer*, NJW 2016, 1134 (1135 ff.); Schönberger, JZ 2016, 422 (424); differenzierend *Karaosmanoglu/Ebert*, DVBl. 2016, 875 (878 ff.); *Nettesheim*, JZ 2016, 424 (428). Eine vermittelnde Ansicht andeutend zuletzt aber EuGH, Urt. v. 5.12.2017 – Rs. C-42/17, Rn. 61. Ausführlich zur Rspr. des BVerfG zum Verhältnis des nationalen Rechts zum Unionsrecht und insbesondere zur Entscheidung zum Europäischen Haftbefehl *Dietz*, AöR 142 (2016), 78 (78 ff., 86 ff.).

355 Vgl. dazu auch *Kuhfus*, EFG 2011, 1127 (1130).

356 Vgl. FG Hamburg, Urt. v. 26.10.2011 – 3 K 205/10, EFG 2012, 482 (484); Gerichtsbescheid v. 11.11.2011 – 3 K 192/11, EFG 2012, 485 (486); FG Münster, Beschl. v. 30.3.2011 – 7 V 814/11 AO, EFG 2011, 1127 (1130); Sächsisches FG, Urt. 27.11.2013 – 2 K 44/12, juris-Rn. 83; siehe auch FG München, Urt. v. 10.10.2013 – 10 K 2217/13, DStRE 2014, 1511 (1513), das eine Nachprüfung explizit vornimmt. Anders noch FG München, Urt. v. 25.6.2009 – 14 K 3563/08, ZfZ Beilage 2010, Nr. 3, 33 (juris-Rn. 17 f.), nach Zurückverweisung durch BFH gem. § 126 Abs. 3 Satz 1 Nr. 2 FGO jedoch im zweiten Rechtsgang Annahme eines Verstoßes gegen den *ordre public*, Urt. v. 4.4.2012 – 6 K 434/11, EFG 2012, 1523 (1523). A.A. explizit FG Köln, Urt. v.

ableiten, die im Wesentlichen auch der vom BVerfG aus dem Grundgesetz gezogenen Grenze entspricht.

Regelmäßig hält der BFH am Vorbild der vom EuGH in der Rs. *Kyrian* entwickelten Doktrin fest, dass es den ersuchten Mitgliedstaaten aufgrund der in der EU-BeitrRL verankerten Kompetenzverteilung grundsätzlich verwehrt sei, die Rechtmäßigkeit des im ersuchenden Staat zustande gekommenen Steuerbescheids, um dessen Vollstreckung ersucht wird, in Frage zu stellen.[357] In Ausnahmefällen müsse jedoch aufgrund eines Verstoßes gegen die öffentliche Ordnung aus formellen Gründen Vollstreckungshilfe versagt werden.[358] Die Bestimmungen der Richtlinie, insbesondere das Prinzip der gegenseitigen Anerkennung unter Ausschluss eigener Sachprüfung, „hindere[n] nicht an der Prüfung, ob die Vollstreckung des ausländischen Titels in Deutschland gegen die öffentliche Ordnung verstieße“[359]. Es bestehe sogar die Pflicht zu einer solchen Prüfung, wenn ein Verstoß gegen den *ordre public* möglich erscheine.[360]

Die hier zitierten Urteile des BFH sind, wie die Entscheidung des EuGH, zwar zum EU-BeitrG bzw. zur EU-BeitrRL in früheren Fassungen ergangen. Diese enthielten nur einen *ordre public*-Vorbehalt zur Versagung von Auskunftsersuchen[361], jedoch keinen solchen Versagungsgrund bezogen auf die Ablehnung von Vollstreckungshilfe im engeren Sinne. Dies entspricht im Grundsatz der aktuell gültigen Fassung der EU-BeitrRL, in der explizit auch kein *ordre public*-Vorbehalt für die Ablehnung von Vollstreckungsmaßnahmen verankert ist. Dieser Rechtsprechung lässt sich folglich insgesamt und auch bezogen auf das EU-BeitrG in seiner gegenwärtigen Fassung die Aussage entnehmen, dass Vollstreckungshilfe nur gewährt werden darf, wenn bestimmte Verfahrensprinzipien garantiert und wesentliche Rechtsgrundsätze nicht verletzt sind.[362] Der Einwand, die Rechtsprechung des BFH lasse sich mithin nicht auf die aktuell gültige Fassung des

---

30.9.2015 – 14 K 2097/13, juris-Rn. 71 mit Hinweis auf die geänderte Rechtslage; wohl auch Sächsisches FG, Urt. v. 11.08.2010 – 8 K 309/10, juris-Rn. 20.

357 Vgl. nur BFH, Urt. v. 3.11.2010 – VII R 21/10, BStBl. II 2011, 401 (402).

358 St. Rspr. seit der Rs. *Kyrian*: BFH, Urt. v. 3.11.2010 – VII R 21/10, BStBl. II 2011, 401 (403); Urt. v. 11.12.2012 – VII R 70/11, BStBl. II 2013, 475 (478); zuletzt auch Urt. v. 24.2.2015 – VII R 1/14, BFH/NV 2015, 801 (803).

359 BFH, Urt. v. 3.11.2010 – VII R 21/10, BStBl. II 2011, 401 (Ls. 1). Ohne Hinweis auf diese Möglichkeit noch das erstinstanzlich zuständige FG München, Urt. v. 25.6.2009 – 14 K 3563/08, ZfZ Beilage 2010, Nr. 3, 33.

360 BFH, Urt. v. 3.11.2010 – VII R 21/10, BStBl. II 2011, 401 (Ls. 2).

361 Vgl. Art. 4 Abs. 3 RL 76/308/EWG. Zur Entwicklung der EU-Beitreibungsrichtlinie näher unter § 3 A. II.

362 Vgl. BFH, Urt. v. 3.11.2010 – VII R 21/10, BStBl. II 2011, 401 (404).

EU-BeitrG übertragen, verfängt somit nicht.[363] Der BFH spricht zwar, ähnlich wie der EuGH, aber anders als das BVerfG, nicht explizit von „rechtsstaatlichen Mindestanforderungen". Der BFH begründet die Versagungsmöglichkeit nicht mit dem Rechtsstaatsprinzip der Verfassung. Die von ihm gefällten Entscheidungen besagen aber in der Sache nichts anderes, nämlich dass unter bestimmten Umständen Vollstreckungshilfe nicht geleistet werden darf.

Der vom BFH entwickelte Versagungsgrund ist – wie der des EuGH – zwar nach seinem Wortlaut ferner *prima facie* auf formelle Mängel des um Vollstreckung ersuchenden Staates beschränkt. Es ist jedoch auch hier nicht ersichtlich, warum nicht auch materielle Gründe zur Ablehnung eines Ersuchens berechtigen sollen. Es erscheint naheliegend, dass der BFH bislang schlicht keine Gelegenheit zur Stellungnahme hinsichtlich materieller Gründe für die Einschlägigkeit eines *ordre public*-Vorbehalts hatte, weil ein entsprechender Fall noch nicht anhängig war.[364] Denn auch aus materiellen Gründen kann die öffentliche Ordnung beeinträchtigt sein. Materielle Verstöße können gleichwertig, wenn nicht teilweise sogar empfindlicher als reine Verfahrensverstöße in Grundrechte (etwa Art. 14 Abs. 1 GG im Falle einer Erdrosselungssteuer) eingreifen. So hat das FG Münster einen Verstoß gegen die öffentliche Ordnung festgestellt, wenn auf Grundlage eines ausländischen Vollstreckungstitels eine Steuerschuld beigetrieben werden soll, die nach deutschem Verständnis das Resultat eines wucherischen Zinssatzes darstellt.[365] Mithin muss nach Ansicht des Verfassers folgerichtig das vom BFH vertretene Ergebnis, das sich auf die Rechtsprechung des EuGH stützt, erst recht auch dann gelten, wenn nicht das formelle, sondern das materielle Steuerrecht des um Vollstreckungshilfe ersuchenden Staates der deutschen öffentlichen Ordnung entgegensteht.[366]

d) Zusammenfassende Bewertung

Die Rechtsprechung des BVerfG steht im Einklang mit der Sichtweise des EuGH, der sich auch die deutsche Finanzgerichtsbarkeit angeschlossen hat. Konsequenterweise muss es die Möglichkeit seitens der ersuchten (deutschen) Behörden

---

363 So aber FG Köln, Urt. v. 30.9.2015 – 14 K 2097/13, juris-Rn. 71.

364 In diesem Sinne auch BFH, Urt. v. 24.2.2015 – VII R 1/14, BFH-NV, 801 (803), wo das Gericht den *ordre public*-Vorbehalt im konkreten Fall zwar nicht für einschlägig hielt, dessen Anwendbarkeit aber wohl nicht ausdrücklich auf formelle Probleme beschränkt sehen wollte.

365 FG Münster, Beschl. v. 30.3.2011 – 7 V 814/11 AO, EFG 2011, 1127 (1130).

366 Vgl. hierzu nochmals die explizite Rechtsprechung des BVerfG, Beschl. v. 22.3.1983 – 2 BvR 475/78, BVerfGE 63, 343 (366).

geben, im Einzelfall ein Vollstreckungsersuchen abzulehnen, wenn dieses rechtstaatlichen Anforderungen nicht genügt, weil beim Zustandekommen des zugrundeliegenden Titels das besagte rechtsstaatliche Mindestmaß unterschritten wurde. Der BVerfG formuliert gewissermaßen einen nationalen *ordre public*-Vorbehalt abgeleitet aus dem Rechtsstaatsgebot, welches dem besonderen Schutz durch die Art. 23 Abs. 1 Satz i.V.m. 79 Abs. 3 GG unterliegt, der indes dem unionsrechtlichen Vorbehalt, den der EuGH in der Rs. *Kyrian* entwickelt hat, weitestgehend entspricht.

Sollte im Einzelfall – dieser Fall ist wohl eher theoretischer Natur – ausnahmsweise der grundgesetzliche Vorbehalt weiter reichen als der unionsrechtliche und läge ein Verstoß (nur) gegen das Grundgesetz vor, müsste das Vollstreckungsersuchen in Gemäßheit der Rechtsprechung des BVerfG zu Art. 23 Abs. 1 Satz 3 GG i.V.m. 79 Abs. 3 GG zurückgewiesen werden, da der integrationsfeste Kern des Grundgesetzes insoweit der deutschen öffentlichen Gewalt – auch bei der Ausübung von Vollstreckungshilfe – Grenzen setzt.[367] Im Ergebnis kann dies im Einzelfall dazu führen, dass Unionsrecht für unanwendbar erklärt werden muss.[368]

Der BFH richtet diese Prüfungspflicht zwar nach dem Wortlaut seiner Entscheidungsbegründung nur an das erstinstanzlich zuständige Finanzgericht.[369] In der chronologischen Abfolge des Amtshilfevorgangs wird sich in der Regel aber zunächst die zuständige Vollstreckungsbehörde bzw. das BZSt mit der Rechtmäßigkeit der Ausführung des Vollstreckungsersuchens befassen müssen. Es stellt sich daher die Frage, wie die Versagungsmöglichkeit einer Behörde im Einzelfall und ausgehend von der jeweiligen Rechtsgrundlage begründet werden kann:

367 Zwar beruft sich das BVerfG im Beschl. v. 22.3.1983 – 2 BvR 475/78, BVerfGE 63, 343 (366) ausdrücklich nur auf das Rechtsstaatsprinzip. Aber auch Verstöße gegen andere in Art. 1 und 20 GG niedergelegte Grundsätze (vgl. Art. 79 Abs. 3 GG) sind – theoretisch zumindest – geeignet, einen Versagungsgrund gegen ein eingehendes Vollstreckungsersuchen zu konstituieren. Vgl. zur Reichweite des Art. 79 Abs. 3 GG *Pieroth*, in Jarass/Pieroth, Art. 79 Rn. 15 ff. *Sauer*, NJW 2016, 1134, sieht die Gefahr, dass jeder Grundrechtsfall in Verbindung zur Menschenrechtswürde gebracht werde könne und die nationalen Grundrechte damit mttelbar den Anwendungsvorrang aushebeln können. Hierzu auch ausführlich *Nettesheim*, JZ 2016, 424 (427 f.).

368 So explizit BVerfG, Beschl. v. 15.12.2015 – 2 BvR 2735/14, BVerfGE 140, 317 (337) zum Europäischen Haftbefehl.

369 BFH, Urt. v. 3.11.2010 – VII R 21/10, BStBl. II 2011, 401 (Ls. 2).

1. Unproblematisch ist die Herleitung der Versagung jedenfalls dann, wenn die einschlägige Rechtsgrundlage diese Verwerfungskompetenz ausdrücklich vorsieht. So kann die Ablehnung im Anwendungsbereich eines (transformierten) DBA beispielweise durch Zurückgreifen auf den in vielen Abkommen verankerten *ordre public*-Vorbehalt (so z.B. in Art. 27 Abs. 8 lit. b OECD-MA) geschehen. Diese Klausel gilt ausdrücklich auch für Vollstreckungsmaßnahmen im engeren Sinne.

2. Im Anwendungsbereich des EU-BeitrG kann die zuständige Behörde auch ohne explizite Ermächtigung im Gesetz ein Vollstreckungsersuchen versagen, wenn bereits unionsrechtlich, also nicht notwendigerweise aus verfassungsrechtlichen Gründen, die Zurückweisung des Amtshilfeersuchens geboten ist. Die Befugnis zur Versagung steht den Mitgliedstaaten nach Ansicht des EuGH richtigerweise *unabhängig* von einer verankerten Einrede in der EU-BeitrRL zu. Dies lässt sich der kryptischen Formulierung in der Urteilsbegründung des EuGH in der Rs. *Kyrian* entnehmen, wonach es „kaum denkbar" sei, dass ein Mitgliedstaat eine Vollstreckung vornehmen würde, wenn diese gegen die öffentliche Ordnung verstieße, und dem Verweis „im Übrigen" auf die vorhandene Einrede nach Art. 4 Abs. 3 RL 76/308/EWG.[370] Im Anwendungsbereich des EU-BeitrG steht der Behörde somit die besagte Versagungsmöglichkeit nach Ansicht des EuGH losgelöst von einer bestimmten Einrede offen.[371] Wie bereits aufgezeigt, lassen sich im Wege dieses *ordre public*-Vorbehalts die verfassungsrechtlich gebotenen Mindestanforderungen geltend machen. Wie vorstehend ausgeführt, ergibt sich in der Sache in der Regel kein Unterschied zum *ordre public*-Vorbehalt des EuGH und BFH. Dessen ungeachtet gewährt § 14 Abs. 1 Satz 1 Alt. 1 EU-BeitrG den Behörden die Möglichkeit, Amtshilfe nicht zu leisten, wenn die Ausführung der Vollstreckung oder die Anordnung von Sicherungsmaßnahmen *unbillig wäre*.[372] Auch im Rahmen dieser Klausel lassen sich rechtsstaatliche Bedenken zur Geltung bringen und den verfassungsrechtlich hergeleiteten Schranken Rechnung tragen.

---

370 EuGH, Urt. 14.1.2010 – Rs. C-233/08, *Kyrian*, Slg. 2010 I-177, Rn. 43. Die RL 76/308/EWG ist mittlerweile von der RL 24/2010/EU abgelöst worden. Dies ändert jedoch nach der hier vertretenen Ansicht nichts an der generellen Ablehnungsmöglichkeit. Krit. *Dutta*, IPRAX 2010, 504 (508).

371 Die Entscheidung des EuGH ebenfalls in diesem Sinne bewertend *Blaesing*, ZfZ 2011, 117 (118 f.).

372 Gemäß BT-Drs. 17/6263, S. 44 soll ein „weiter Spielraum" für die Möglichkeit der Ablehnung eines Ersuchens geschaffen werden. Die Unbilligkeit orientiert sich indes in erster Linie an Gründen, die in der Person des Schuldners liegen.

3. Aber auch für den Fall, dass keine Versagungsbestimmung im jeweils einschlägigen Abkommen vorgesehen ist und die Anwendung der aus dem Unionsrecht abgeleiteten Versagungsmöglichkeit nicht hinreichend Abhilfe schafft, muss die Behörde die ersuchte Maßnahme ablehnen können, wenn anderenfalls die Ausführung der Vollstreckung zu einem Verstoß gegen die Verfassung führen würde.[373] Die Gewährleistung der durch Art. 23 Abs. 1 Satz 3 i.V.m. Art. 79 Abs. 3 GG für integrationsfest erklärten Verfassungsgrundsätze muss auch bei Anwendung des Rechts der EU oder unionsrechtlich determinierter Vorschriften durch die deutsche öffentliche Gewalt im Einzelfall sichergestellt sein.[374] Zwar obliegt die Feststellung einer Verletzung der Verfassungsidentität grundsätzlich dem BVerfG im Rahmen der sog. Identitätskontrolle.[375] Dies folgt zum einen aus einer unionsrechtsfreundlichen Auslegung des Art. 79 Abs. 3 GG sowie zum anderen aus einer Wertung des Art. 100 Abs. 1 GG.[376] Dies entbindet die zuständige Behörde indes nicht von der Pflicht, im Einzelfall zu prüfen, ob verfahrensrechtliche Mindestgarantien eingehalten werden.[377] Kommt sie zu dem Ergebnis, dass dies nicht der Fall ist, muss sie die Ausführung des Ersuchens versagen. Im Anwendungsbereich eines transformierten DBA hat die zuständige Behörde selbst die Vorgaben des BVerfG dergestalt zu achten, dass die Ausführung von Vollstreckungsersuchen nicht dazu führt, dass die in Art. 23 Abs. 1 Satz 3 i.V.m. 79 Abs. 3 GG gezogenen Grenzen überschritten werden.

Das BVerfG hat in seinem Beschluss zum Europäischen Haftbefehl zwar nur darüber befunden, dass das über ein Auslieferungsgesuch entscheidende Gericht kraft Verfassung verpflichtet ist, die Auslieferung zu untersagen, um den

373 Nur so können die Ausführungen des BVerfG, Beschl. v. 22.3.1983 – 2 BvR 475/78, BVerfGE 63, 343 (366), das seine Anforderungen unabhängig von einer konkreten Ablehnungsmöglichkeit in einem bestimmten Abkommen aufgestellt hat, verstanden werden.

374 Vgl. BVerfG, Beschl. v. 15.12.2015 – 2 BvR 2735/14, BVerfGE 140, 317 (334).

375 BVerfG, Beschl. v. 15.12.2015 – 2 BvR 2735/14, BVerfGE 140, 317 (337). Mit der Identitätskontrolle kann das BVerfG auch im Rahmen einer Verfassungsbeschwerde (Art. 93 Abs. 1 Nr. 4a GG) befasst werden. Diese Kontrollbefugnisse sind nach Ansicht des BVerfG „zurückhaltend" und „europarechtsfreundlich" auszuüben. Ggf. ist zunächst ein Vorabentscheidungsverfahren gemäß Art. 267 AEUV durchzuführen.

376 Vgl. BVerfG, Beschl. v. 15.12.2015 – 2 BvR 2735/14, BVerfGE 140, 317 (337).

377 Das BVerfG billigt den Behörden diese Kompetenz im Beschl. v. 15.12.2015 – 2 BvR 2735/14, BVerfGE 140, 317 (352, 355, 364 f.) explizit zu, obwohl das BVerfG in der Entscheidungsbegründung mit Verweis auf frühere Entscheidungen zunächst andeutet, dass diese Versagungsmöglichkeit nur dem BVerfG zustehen solle, vgl. BVerfGE 140, 317 (337). In diesem Sinne auch *Sachs*, JuS 2016, 373 (375).

integrationsfesten Kern zu schützen.[378] Die gleiche Pflicht muss jedoch auch für die zuständige Behörde gelten. Sie trifft gleichermaßen das vom BVerfG postulierte Gebot, dass „die deutsche Herrschaftsgewalt die Hand nicht zu Verletzungen der Menschenwürde durch andere Staaten reichen darf".[379] Zwar wird bei der Vollstreckung von steuerlichen Geldforderungen in der Regel nicht der Gehalt der Menschenwürde nach Maßgabe von Art. 1 Abs. 1 GG tangiert. Für das Rechtsstaatsgebot bzw. alle anderen in Art. 79 Abs. 3 GG niedergelegten Grundsätze kann jedoch nichts anderes gelten, da gleichermaßen ein unabänderlicher Teil der verfassungsmäßigen Ordnung betroffen ist.

Im Falle eines DBA, das die Möglichkeit der Versagung nicht vorsieht, könnte eine Verweigerung der Amtshilfe zwar zu einem abkommenswidrigen Verhalten führen. Im Regelfall dürfte dies einen Verstoß gegen das völkervertragliche Prinzip *pacta sunt servanda* (vgl. Art. 26 WVK) und damit einen Verstoß gegen das Völkerrecht darstellen.[380] Denn grundsätzlich gelten die durch völkerrechtlichen Vertrag begründeten Pflichten auch trotz entgegenstehendem innerstaatlichen Recht (vgl. Art 27 WVK).[381] Dies kann an der zwingenden Gebotenheit der Versagung aber nichts ändern. Das aus dem Grundgesetz abgeleitete Rechtsstaatsprinzip (Art. 20 Abs. 3 GG) verdrängt innerstaatlich das transformierte DBA als einfaches nationales Recht.[382] Gleiches gilt auch für einen Grundrechtsverstoß. Ein völkervertragsrechtswidriges Verhalten ist in dem Fall, in dem ein Verstoß gegen das grundgesetzliche Rechtsstaatsprinzip droht, als das geringere Übel hinzunehmen.[383]

4. Der soeben dargestellte Vorbehalt kann u.U. sogar dazu führen, dass bestimmten Staaten die Gewährung von Vollstreckungshilfe generell versagt werden muss. Entsprechen die verfahrensrechtlichen Ausgestaltungen des um Vollstreckungshilfe ersuchenden Staates grundsätzlich nicht den rechtsstaatlichen Mindestanforderungen Deutschlands, darf Vollstreckungshilfe nämlich

---

378 BVerfG, Beschl. v. 15.12.2015 - 2 BvR 2735/14, BVerfGE 140, 317 (342).

379 BVerfG, Beschl. v. 15.12.2015 - 2 BvR 2735/14, BVerfGE 140, 317 (347).

380 Zu diesem Prinzip *Stein/von Buttlar*, Völkerrecht, Rn. 46 f.

381 So etwa *Herdegen*, Völkerrecht, § 15 Rn. 16.

382 Näher zum Verhältnis von Völkervertragsrecht und nationalem (Verfassungs-)Recht zuletzt BVerfG, Beschl. v. 15.12.2015 - 2 BvL 1/12, BVerfGE 141, 1 (16 ff.).

383 Zu den Konsequenzen etwa des Entstehens eines Kündigungsrechts oder eines Schadensersatzanspruches des Vertragspartners hier vgl. nur *Stein/von Buttlar*, Völkerrecht, Rn. 105 ff sowie BVerfG, Beschl. v. 15.12.2015 - 2 BvL 1/12, BVerfGE 141, 1 (25 f.).

nicht geleistet werden.[384] Gleiches gilt, wenn sich nach Abschluss eines DBA die rechtlichen Verhältnisse im Vertragsstaat dergestalt ändern, dass die Einhaltung dieser rechtsstaatlichen Untergrenze nicht mehr gewährleistet ist.

2. Formelle und materielle verfassungsrechtlich gebotene Versagungsgründe

Fraglich ist, was konkret unter den „rechtsstaatlichen Mindestanforderungen" im Empfängerstaat zu verstehen ist, die eine verfassungsrechtliche Grenze für die Leistung von Vollstreckungshilfe begründen. Denn wann im Einzelnen die Grenze der „rechtsstaatlichen Mindestanforderungen" unterschritten ist und die Gewährung von Vollstreckungshilfe von Verfassungs wegen unzulässig ist, hat das BVerfG in seiner Grundsatzentscheidung weitestgehend offengelassen. Dennoch lassen sich Aussagen zu konkreten formellen und materiellen Schranken anhand der Wertungen des deutschen Steuerrechts und bisher ergangener finanzgerichtlicher Rechtsprechung treffen. Auch aus der Rechtsprechung zur Auslegung des in vielerlei Hinsicht vergleichbaren *ordre public*-Vorbehalts lassen sich Anhaltspunkte für den Inhalt der verfassungsrechtlichen Grenzen ziehen.

Grundlegend ist festzuhalten, dass es sich bei den genannten Mindestanforderungen um „wesentliche Rechtsgrundsätze" handeln muss, die „grundlegende Prinzipien" des deutschen Steuerrechts darstellen müssen.[385] Bloße Abweichungen vom nationalen Recht oder einfache Rechtsverstöße beim Zustandekommen der zu vollstreckenden Forderungen im ersuchenden Staat führen noch nicht automatisch zur Verfassungswidrigkeit der Vollstreckungsmaßnahme durch die deutsche Behörde.[386] In diesem Sinne – in Anlehnung an die Auslegung des *ordre public*-Vorbehalts – ist die Rechtsprechung des BVerfG zu verstehen. Es darf dabei nicht übersehen werden, dass jeder Mitgliedstaat seinem Verwaltungs- und Steuersystem unterschiedliche Prinzipien, Regelungen und Wertungen zugrunde legt. Gestaltungen, die dem deutschen Steuerrecht fremd sind, führen nicht

---

384 So empfiehlt auch der OECD-MK, Rn. 1, dass die Vertragsparteien vor Abschluss eines DBA erwägen sollten, ob und inwieweit sie sich zur gegenseitigen Vollstreckungshilfe verpflichten. Insbesondere sei dabei zu berücksichtigen, wie vergleichbar das Steuersystem, das Steuerverfahrensrecht und das Niveau an Rechtsstaatlichkeit, speziell die grundlegenden Rechte des Steuerpflichtigen seien.

385 Vgl. insoweit BFH, Urt. v. 3.11.2010 – VII R 21/10, BStBl. II 2011, 401 (403 f.); Urt. v. 11.12.2012 – VII R 70/11, BStBl. II 2013, 475 (478) zum *ordre public*-Vorbehalt. Siehe auch BVerfG, Beschl. v. 15.12.2015 – 2 BvR 2735/14, BVerfGE 140, 317 (344).

386 BFH, Urt. v. 3.11.2010 – VII R 21/10, BStBl. II 2011, 401 (403) zum *ordre public*-Vorbehalt.

per se zur Verfassungswidrigkeit der Vollstreckungsmaßnahme. Anderenfalls würde die internationale Praxis der Vollstreckungshilfe praktisch unmöglich gemacht und das Prinzip der gegenseitigen Anerkennung *ad absurdum* geführt. Gleichermaßen ist auch zu verlangen, dass es sich bei dem Verstoß um einen *offensichtlichen* Widerspruch zum verfassungsrechtlichen Rechtsstaatsprinzip handelt.[387] Auch hier drohte sonst eine Umkehrung der Kompetenzverteilung dahingehend, dass deutsche Behörden im Ergebnis doch die Rechtmäßigkeit des zu vollstreckenden Titels umfassend überprüfen würden. Nur so kann gewährleistet sein, dass die ersuchten Staaten nicht durch die Hintertür das Prinzip der gegenseitigen Anerkennung unterlaufen und den Anwendungsbereich der EU-BeitrRL aushöhlen.

Die *formellen* Anforderungen („Mindeststandard an Verfahrensgerechtigkeit“[388]), die an das ausländische Verfahrensrecht zu stellen sind, lassen sich anhand einer Betrachtung der zentralen Maßstäbe der AO bestimmen. Aus dem Vergleich zwischen den Wertungen, die das nationale Verfahrensrecht prägen, mit denen des in Frage stehenden ausländischen Rechts wird erkennbar, ob rechtsstaatliche Anforderungen gewahrt bleiben. Aber auch die amtliche Kommentierung des OECD-MA, das den meisten bisher abgeschlossenen deutschen DBA und der DE-VG[389] zugrunde liegt, kann zur Ermittlung der Anforderungen ergänzend herangezogen werden. Sie ist zwar rechtlich unverbindlich, ihre bestimmenden Wertungen kommen aber weitestgehend in den deutschen DBA zur Geltung.[390] Zu den rechtsstaatlichen Mindestanforderungen eines ordnungsgemäßen Besteuerungsverfahrens gehören demnach u.a. eine angemessene Fristenzumessung, verständliche Rechtsbehelfsbelehrungen[391], vorhersehbare, auf gesetzlicher Grundlage, nicht der Willkür unterliegende

387 BFH, Urt. v. 11.12.2012 – VII R 70/11, BStBl. II 2013, 475 (478) zum *ordre public*-Vorbehalt. So fordert das BVerfG im Beschl. v. 15.12.2015 – 2 BvR 2735/14, BVerfGE 140, 317 (339) mit Recht eine zurückhaltende und europarechtsfreundliche Ausübung der Kontrollbefugnisse, um der Gefahr einer uneinheitlichen Anwendung des Unionsrechts Einhalt zu gebieten.

388 BVerfG, Beschl. v. 22.3.1983 – 2 BvR 475/78, BVerfGE 63, 343 (366).

389 Vgl. *Schönfeld/Ditz/Häck/Schlotter*, in: Schönfeld/Ditz, DBA, Anh. 4 Rn. 3; *Czakert*, ISR 2013, 177 (177).

390 Vgl. nur *Schaumburg*, Internationales Steuerrecht, Rn. 16.4; *Lehner*, in: Vogel/Lehner, DBA, Grdl. Rn. 38; *Engelschalk*, in: Vogel/Lehner, DBA, Art. 27 Rn. 11. Zu den Abweichungen der mit Deutschland abgeschlossenen DBA vom OECD-MA noch unter § 3 B.

391 Dazu gehört nach Ansicht des BFH auch, dass die Zahlungsaufforderung in einer für den Steuerpflichtigen verständlichen Sprache gefasst ist, sodass für ihn erkennbar

Verwaltungsentscheidungen, ein effektives Rechtsschutzsystem[392], insbesondere die Möglichkeit der Verschaffung rechtlichen Gehörs unter Beistand eines Rechtsanwalts und die Wahrung eines Steuergeheimnisses[393].[394] Zudem sollten die Rechte des Steuerpflichtigen ein an die Grundrechte des Grundgesetzes heranreichendes Niveau haben.[395] Gerade die Bestimmungen im ersuchenden Staat zur Eröffnung des Rechtsweges und der Ausgestaltung des Verfahrens zur Durchsetzung subjektiver Rechte des Einzelnen unterliegen durch Art. 19 Abs. 4 Satz 1 GG zusätzlicher verfassungsrechtlicher Schranken.[396]

Auch in *materieller* Hinsicht müssen rechtsstaatliche Mindestvoraussetzungen im Empfängerstaat erfüllt sein, damit der deutschen Finanzverwaltung die Möglichkeit der Gewährung von Vollstreckungshilfe offen steht.[397] Auch hierfür bieten die Wertungen des Grundgesetzes zum materiellen Steuerrecht den Ausgangspunkt, um mögliche Verfassungsverstöße festzustellen. So stellt beispielsweise eine erdrosselnde Besteuerung nach deutschem Verständnis einen Verstoß gegen Art. 14 Abs. 1 GG dar.[398] Ein Vollstreckungsersuchen, das die Beitreibung einer Forderung beansprucht, welche das Resultat einer offensichtlich erdrosselnden, konfiskatorischen Steuer ist, wird den „rechtsstaatlichen

---

wird, dass die Rechtsbehelfsfrist nur 15 Tage beträgt, BFH, Urt. v. 3.11.2010 – VII R 21/10, BStBl. II 2011, 401 (405).

392 So auch *Jacobs*, in: Strunk/Kaminski/Köhler, AStG/DBA, Art. 27 MA Rn. 4.

393 Vgl. zur einfachgesetzlichen Rechtslage *Drüen*, in: Tipke/Kruse, AO/FGO, § 30 Rn. 106. Es ist nicht erforderlich, dass die steuerlichen Daten den gleichen Schutzstandard, wie er in § 30 AO niedergelegt ist, auch im Kooperationsstaat erfahren. Vielmehr ist ein Mindestmaß an Vertraulichkeit und Datenschutz zu fordern. Zur Regelung des Steuergeheimnisses in anderen Staaten etwa *Alber*, in: Hübschmann/Hepp/Spitaler, AO/FGO, § 30 AO Rn. 640 ff.

394 Siehe BVerfG, Beschl. v. 22.3.1983 – 2 BvR 475/78, BVerfGE 63, 343 (378). Vgl. auch die Aufzählung im OECD-MK, Rn. 1. Dem zustimmend *Engelschalk*, in: Vogel/Lehner, DBA, Art. 27 Rn. 80.

395 *Czakert*, in: Schönfeld/Ditz, DBA, Art. 27 Rn. 4. So entschied das BVerfG, dass Österreich „eine den Grund- und Menschenrechten verpflichteten rechtsstaatliche Ordnung" vorweisen könne, Beschl. v. 22.3.1983 – 2 BvR 475/78, BVerfGE 63, 343 (378).

396 So leitet das BVerfG die Anforderung verfassungsrechtlicher Mindeststandards auch vor dem Hintergrund von Art. 19 Abs. 4 GG ab, vgl. BVerfG, Beschl. v. 22.3.1983 – 2 BvR 475/78, BVerfGE 63, 343 (375 ff.)

397 BVerfG, Beschl. v. 22.3.1983 – 2 BvR 475/78, BVerfGE 63, 343 (366).

398 St. Rspr. Vgl. nur BVerfG, Urt. v. 24.7.1962 – 2 BvL 15/61 u.a., BVerfGE 14, 221 (241); Beschl. v. 18.1.2006 – 2 BvR 2194/99, BVerfGE 115, 97 (115); BVerwG, Urt. v. 15.10.2014 – 9 C 8.13, BVerwGE 150, 225 (229); *Tappe/Wernsmann*, Öffentliches Finanzrecht, Rn. 254. Hierzu ferner *Hey*, in: Tipke/Lang, Steuerrecht, § 3 Rn. 184.

Mindestanforderungen" nicht mehr gerecht und muss deshalb versagt werden.[399] Daneben zeigt der aus Art. 3 Abs. 1 GG abzuleitende Grundsatz der Steuergerechtigkeit Maßstäbe für den zu vollstreckenden Steuerbescheid auf. Ein Steuertatbestand muss ein Mindestmaß an „Sachgerechtigkeit der Erfassung" der steuerlichen Leistungsfähigkeit aufweisen.[400] Gleichermaßen hat das FG Münster zu Recht entschieden, dass die Ausführung eines Vollstreckungsersuchens versagt werden müsse, wenn die im Wege der Amtshilfe beizutreibenden Zinsforderungen durch Anwendung eines „wucherischen Zinssatzes" zustande gekommen sind.[401] Eine solche Forderung könne auch nicht im Wege geltungserhaltender Reduktion auf ein der deutschen Rechtsordnung entsprechendes Maß zurückgeführt und vollstreckt werden.[402]

3. Zwischenergebnis

Die Finanzverwaltung ist nur zur Gewährung von Vollstreckungshilfe berechtigt, wenn der ersuchende Staat in formeller sowie in materieller Hinsicht ein vergleichbares Maß an Rechtsstaatlichkeit aufzuweisen hat. Hinsichtlich der Ermittlung der konkreten Kriterien für die Rechtsstaatlichkeit lassen sich die Erkenntnisse, die aus dem *ordre public*-Vorbehalt gewonnen wurden, übertragen.

IV. Vereinbarkeit der Ermächtigungsgrundlage mit verfassungsrechtlichen Maßstäben

Nicht nur die Finanzverwaltung ist bei der Anwendung der ihr zustehenden Befugnisse verfassungsrechtlich gemäß Art. 20 Abs. 3 GG gebunden, sondern auch der Gesetzgeber[403] unterliegt bei der Ausgestaltung der gesetzlichen Ermächtigung zur Gewährung von Vollstreckungshilfe der vom BVerfG aufgestellten verfassungsrechtlichen Schranke der „rechtsstaatlichen Mindestanforderungen" im Empfängerstaat.[404] Die Befugnisnorm muss, wie bereits erläutert, den Rahmen

399 So wohl auch BVerfG, Beschl. v. 22.3.1983 - 2 BvR 475/78, BVerfGE 63, 343 (368) m.w.N. zu Fällen, in denen ein Verstoß gegen Art. 14 Abs. 1 GG bejaht wurde.

400 BVerfG, Beschl. v. 22.3.1983 - 2 BvR 475/78, BVerfGE 63, 343 (368).

401 FG Münster, Beschl. v. 30.3.2011 - 7 V 814/11 AO, EFG 2011, 1127 (1130).

402 FG Münster, Beschl. v. 30.3.2011 - 7 V 814/11 AO, EFG 2011, 1127 (1130).

403 Zur Verfassungsbindung bei der Gesetzgebung vgl. nur *Sachs*, in: Sachs, GG, Art. 20 Rn. 94.

404 Vgl. auch *Ohler*, in: HStR XI, § 238 Rn. 17, der im Einzelfall gar die verpflichtende Einbeziehung eines *ordre public*-Vorbehaltes in einen völkerrechtlichen Vertrag an die diesen aushandelnden Verfassungsorgane stellt, wenn erkennbar ist, dass der Vollzug des Vertrages zu Widersprüchen mit dem Grundgesetz führt.

der Vollstreckungshilfe festlegen. Darüber hinaus darf ein Gesetz[405] die Finanzverwaltung nur zur Leistung von Vollstreckungshilfe zugunsten solcher Staaten ermächtigen, deren Steuersystem den besagten Mindestvoraussetzungen genügt. Anders gesagt, schließen die Bedingungen des BVerfG Vereinbarungen mit Staaten aus, in denen das Rechtsstaatsprinzip nicht in einer den Mindestanforderungen entsprechenden Art und Weise verankert ist.

Erfüllt der von der Vollstreckungshilfe profitierende Staat diese Anforderungen nicht und wurde mit ihm trotzdem ein DBA abgeschlossen, ist zunächst denkbar, dass das entsprechende Zustimmungsgesetz im Wege verfassungskonformer Auslegung aufrechterhalten werden könnte. Diese Auslegung würde im Ergebnis dazu führen, dass die rechtsanwendende Behörde dem ersuchenden Staat im Einzelfall die Leistung der Hilfemaßnahme zu versagen hat, um den aus dem Grundgesetz abgeleiteten rechtsstaatlichen Schranken gerecht zu werden.[406] Eine solche Verweigerung kann etwa im Falle eines DBA auf eine Art. 27 Abs. 8 lit. b OECD-MA entsprechende Klausel gestützt werden. Sollte eine Versagung nach Ausgestaltung des jeweiligen Abkommens nicht möglich sein, erscheint es gar geboten, der Ermächtigungsgrundlage wegen Verstoßes gegen das Rechtsstaatsprinzip oder Grundrechte die Verfassungskonformität abzusprechen. Der empfindliche Grundrechtseingriff, den eine Vollstreckungsmaßnahme darstellt, wäre dann nicht von einer rechtmäßigen Ermächtigungsgrundlage getragen.

Dieses Ergebnis, abgeleitet aus der Entscheidung des BVerfG v. 22.3.1983, könnte insbesondere zu Schwierigkeiten bei der Anwendung des EU-BeitrG führen. Das EU-BeitrG dient der Umsetzung der EU-BeitrRL und findet Anwendung im Verhältnis zu den anderen (gegenwärtig) 27 EU-Mitgliedstaaten. Zwar liegen momentan keine Erkenntnisse dafür vor, dass eines der Steuersysteme der EU-Mitgliedstaaten generell nicht rechtsstaatlichen Mindestanforderungen genügt.[407]

---

405 Um ein solches Gesetz handelt es sich auch bei einem Zustimmungsgesetz nach Art. 59 Abs. 2 GG zu einem DBA mit einer Vollstreckungshilfeklausel. In gleicher Weise ist aber auch das Umsetzungsgesetz einer Richtlinie der EU – zumindest theoretisch – Gegenstand einer solchen Prüfung.

406 Vgl. BVerfG, Beschl. v. 15.12.2015 – 2 BvR 2735/14, BVerfGE 140, 317 (355) zum Europäischen Haftbefehl.

407 So wohl auch das Ergebnis der umfassenden Untersuchung der EATLP zur unionsweiten Amtshilfe im Steuerverfahren mit umfangreichen Nachweisen zur nationalen Umsetzung der Vollstreckungshilfe, *Seer/Gabert*, Mutual assistance and information exchange, S. 151 ff. Ausnahmen sind jedoch denkbar: So etwa BFH, Urt. v. 3.11.2010 – VII R 21/10, BStBl. II 2011, 401 zu einem italienischen Gesuch.

Angenommen, dies wäre aber der Fall, müsste das EU-BeitrG grundsätzlich wegen Verfassungswidrigkeit unanwendbar bleiben. Diese Rechtsfolge ist indes wegen des besonderen Rechtsverhältnisses zwischen nationalem Recht und Unionsrecht nicht zwangsläufig feststellbar: Grundsätzlich steht dem BVerfG ein Verwerfungsmonopol hinsichtlich verfassungswidriger formeller Gesetze zu, vgl. Art. 100 Abs. 1 GG.[408] Unionsrecht darf wegen des Anwendungsvorrangs[409] jedoch grundsätzlich nicht am Maßstab des Grundgesetzes gemessen werden; entsprechende Vorlagen oder Verfassungsbeschwerden zum BVerfG sind von vornherein unzulässig.[410] Gleiches gilt auch dann, wenn das deutsche Gesetz zwingend unionsrechtlich determiniert ist, d.h. lediglich der Umsetzung einer Richtlinie im Sinne des Art. 288 AEUV dient, ohne dem Mitgliedstaat einen eigenen Spielraum zu belassen.[411] Auch in diesem Fall ist das Gesetz nicht anhand grundgesetzlicher Maßstäbe zu bewerten, sondern grundsätzlich nur auf seine Vereinbarkeit mit Unionsrecht zu prüfen.[412] Die Prüfungskompetenz bezogen auf die Vereinbarkeit mit Unionsrecht obliegt indes gemäß Art. 19 Abs. 1 Satz 2 EUV dem EuGH und nicht dem BVerfG.

Wie das BVerfG mit Entscheidung vom 15.12.2015 festgestellt hat, gilt dies jedoch dann nicht, soweit die verfassungsänderungs- und integrationsfest ausgestaltete Verfassungsidentität des Grundgesetz tangiert ist.[413] Insoweit ist das BVerfG im Rahmen einer sog. Identitätskontrolle befugt, zur Wahrung der

---

408 Statt aller *Wernsmann*, Jura 2005, 328 (329).

409 Zum Rangverhältnis von Unionsrecht und nationalem Recht sogleich unter § 2 B. II.

410 Vgl. nur *Degenhart*, Staatsrecht I, Rn. 271. Es sei denn, auf europäischer Ebene wird ein dem Niveau des Grundgesetzes entsprechender Grundrechtsschutz nicht mehr gewährleistet, mittlerweile st. Rspr. Vgl. nur BVerfG, Beschl. v. 7.6.2000 - 2 BvL 1/97, BVerfGE 102, 147 (164). Dieser Fall dürfte nach überwiegender Meinung in der Literatur jedoch praktisch kaum eintreten, vgl. hierzu nur *Classen*, in: Schulze/Zuleeg/Kadelbach, Handbuch Europarecht, § 4 Rn. 127; *Wernsmann*, Jura 2005, 328 (332). Jetzt aber BVerfG, Beschl. v. 15.12.2015 - 2 BvR 2735/14, BVerfGE 140, 317 (333 f.).

411 St. Rspr. BVerfG, Beschl. v. 13.3.2007 - 1 BvF 1/05, BVerfGE 118, 79 (95); Beschl. v. 11.3.2008 - 1 BvR 256/08, BVerfGE 121, 1 (15).

412 Etwas anderes gilt nur insoweit der Gesetzgeber in eigener Regelungskompetenz über die Vorgaben der Richtlinie hinausgeht und insoweit einen eigenen Gestaltungsspielraum hat, vgl. BVerfG, Urt. v. 15.9.2009 - 1 BvR 256/08 u.a., BVerfGE 125, 260 (306 f.).

413 BVerfG, Beschl. v. 15.12.2015 - 2 BvR 2735/14, BVerfGE 140, 317 (336).

unabänderlichen Grundsätze das Unionsrecht im Einzelfall für unanwendbar zu erklären (siehe hierzu bereits III. 1. a)).[414]

Vorliegend sah die EU-BeitrRL im Wesentlichen keinen Umsetzungsspielraum für die Mitgliedstaaten vor. Demzufolge verkörpert das EU-BeitrG auch eine weitgehend wortgetreue Implementierung der Richtlinie ins nationale Recht.[415] Es kann daher von einer zwingenden unionsrechtlichen Determinierung ausgegangen werden, sodass lediglich die Vereinbarkeit der Richtlinie mit primärem Unionsrecht überprüfbar bleibt.[416] Sollte die Anwendung des EU-BeitrG im Einzelfall dazu führen, dass Vollstreckungshilfe im Verhältnis zu einem EU-Mitgliedstaat geleistet würde, dessen Steuerrecht nicht rechtsstaatlichen Mindestanforderungen entspricht, zöge dies daher nicht die Verfassungswidrigkeit des Gesetzes nach sich, weil das EU-BeitrG eine Auslegung ermöglicht, die den verfassungsrechtlichen Anforderungen genüge tut. Die EU-Beitreibungsrichtlinie sieht zwar ihrem Wortlaut nach keine Möglichkeit der Versagung eines Vollstreckungsersuchens wegen rechtsstaatlicher Bedenken vor. Insbesondere wurde der *ordre public*-Vorbehalt auf die Versagung von Auskunftsersuchen beschränkt und gilt grundsätzlich nicht mehr für die Vollstreckungshilfe. Jedoch haben – wie bereits aufgezeigt – sowohl der EuGH als auch der BFH dennoch einen *ordre public*-Vorbehalt in ältere Fassungen der Richtlinie hineingelesen. Diese Auslegung ist auf die gegenwärtig geltende Fassung übertragbar. Die Möglichkeit der Versagung von Vollstreckungshilfe ist den Behörden somit durchaus gegeben. Zudem verbietet § 14 Abs. 1 Satz 1 Alt. 1 EU-BeitrG den zuständigen deutschen Behörden die erbetene Vollstreckungshilfe zu leisten, wenn die Vollstreckung „unbillig wäre".[417] Dieser unbestimmte Rechtsbegriff ist bei entsprechender Konstellation so auszulegen, dass dem grundgesetzlichen Rechtsstaatsprinzip Rechnung getragen werden kann. Bei Unterschreitung des Mindeststandards im ersuchenden Staat ist die Hilfeleistung folglich zwingend zu versagen. Ein Ermessensspielraum dahingehend, ob die ersuchte Maßnahme ausgeführt wird, steht den zuständigen Behörden in dieser Entscheidung ausdrücklich nicht zu (vgl. auch den Wortlaut des § 14 Abs. 1 EU-BeitrG: „…wird nicht geleistet…").

---

414 BVerfG, Beschl. v. 15.12.2015 – 2 BvR 2735/14, BVerfGE 140, 317 (336). Vgl. auch die Nachweise zu abweichenden Ansichten in Fn. 354. Hierzu auch *Wernsmann*, in: Hübschmann/Hepp/Spitaler, AO/FGO, § 4 AO Rn. 399 ff.

415 Zur inhaltlichen Entsprechung des Umsetzungsgesetzes auch *Seer*, in: Tipke/Kruse, AO/FGO, § 250 AO Rn. 22. Eingehend *Beermann*, in: Hübschmann/Hepp/Spitaler, AO/FGO, § 250 AO Rn. 79 ff.

416 Vgl. nur *Wernsmann*, in: Hübschmann/Hepp/Spitaler, AO/FGO, § 4 AO Rn. 399.

417 Vgl. dazu bereits Fn. 372.

V. Zwischenergebnis

Für die Gewährung internationaler Vollstreckungshilfe durch die deutschen Vollstreckungsbehörden ist zusammenfassend mithin eine gesetzliche Ermächtigung erforderlich, die den Rahmen für die Möglichkeiten der Vollstreckungsbehörden vorgibt. Die Vollstreckung von Steuerforderungen anderer Staaten verstößt nicht gegen das Demokratieprinzip aus Art. 20 Abs. 2 Satz 1 GG. Die gesetzliche Ermächtigung sowie deren Anwendung durch die zuständigen Behörden unterliegen der vom BVerfG aus dem Grundgesetz hergeleiteten Schranke, dass nur zugunsten solcher Staaten Vollstreckungshilfe geleistet werden darf, deren Steuersystem „rechtsstaatlichen Mindestanforderungen" genügt. Dieser Maßstab ist vergleichbar mit dem Vorbehalt der öffentlichen Ordnung, wie er vom EuGH und dem BFH anerkannt wird. Sowohl formelle wie materielle Wertungen sind dabei zu berücksichtigen. Im Einzelfall kann dies dazu führen, dass diesen Staaten gegenüber Vollstreckungshilfe versagt werden muss, weil der zugrundeliegende Steuerbescheid nicht der grundgesetzlichen Mindestgarantie entspricht. Dies gilt auch für den Anwendungsbereich des EU-BeitrG, wenn der für integrationfest erklärte Kern des Grundgesetzes (Art. 23 Abs. 1 Satz 3 i.V.m. 79 Abs. 3 GG) tangiert ist und daher ausnahmsweise die Nichtanwendung von Unionsrecht geboten ist. Auch der Gesetzgeber unterliegt bei der Zustimmung zu internationalen Abkommen den genannten Schranken.

B. Inanspruchnahme von Vollstreckungshilfe

Nachdem soeben die Gewährung von Amtshilfe bei der Vollstreckung im Hinblick auf verfassungsrechtliche Vorgaben untersucht wurde, soll im Folgenden die Inanspruchnahme von Beitreibungshilfe unter diesen Gesichtspunkten beleuchtet werden.

I. Erfordernis einer Ermächtigungsgrundlage

Nicht nur die Leistung, sondern auch die Inanspruchnahme von Vollstreckungshilfe kann nicht losgelöst von gesetzlichen Vorgaben nach freiem Befinden der Verwaltung vollzogen werden. Im Falle der Inanspruchnahme von Vollstreckungshilfe wird die Maßnahme selbst zwar in einem anderen Staat ausgeführt und ist daher insoweit nicht an den Maßstäben des Grundgesetzes zu messen, da diesbezüglich ein anderer Hoheitsträger tätig wird.[418] Der betroffene

418 Vgl. zur Grundrechtsbindung der auswärtigen Gewalt *Rüfner*, in: HStR IX, § 197 Rn. 56 ff; *Nettesheim*, in: Maunz/Dürig, GG, Art. 59 Rn. 220 ff.

Steuerpflichtige wird insofern lediglich in seinen Rechten, die ihm kraft der Verfassung des ersuchten Mitgliedstaats garantiert werden, von Handlungen einer anderen Hoheitsgewalt berührt.

Wird im Wege eines Vollstreckungsersuchens Amtshilfe erbeten, tangiert dieser Vorgang darüber hinaus aber auch die grundgesetzlich verbrieften Rechte des in Deutschland steuerpflichtigen Steuerschuldners. In diesem Fall wird ein Ersuchen von deutschen Behörden ins Ausland übermittelt. Diese Handlung ist auf ihre Vereinbarkeit mit deutschem Recht überprüfbar.

1. Inhalt des Vollstreckungsersuchens

Mit dem Stellen eines Ersuchens gerichtet auf die Einleitung von Vollstreckungsmaßnahmen geht regelmäßig die Bereitstellung notwendiger Daten für die Ausführung der Vollstreckung durch die auswärtige Steuerbehörde einher. Essentieller Bestandteil eines Vollstreckungsersuchens ist u.a. der für den Vollstreckungsbeginn erforderliche einheitliche Vollstreckungstitel, dessen Inhalt im Wesentlichen dem des ursprünglichen Vollstreckungstitels entspricht (vgl. § 10 Abs. 3 Satz 1 EU-BeitrG). Nach deutschem Vollstreckungsrecht stellt schon der den Steueranspruch geltend machende Steuerbescheid im Zusammenspiel mit dem Leistungsgebot den für die Vollstreckung erforderlichen Titel dar. Dieser Titel beinhaltet somit eine genaue Bezeichnung der geschuldeten und im Wege des Vollstreckungsverfahrens beizutreibenden Steuerforderung. Gemäß Art. 12 Abs. 1 UAbs. 2 lit. b EU-BeitrRL soll das Ersuchen Name und andere einschlägige Angaben zur Feststellung des Schuldners enthalten. Zudem muss der übersandte Vollstreckungstitel nach Art. 12 Abs. 1 UAbs. 2 lit. a EU-BeitrRL detaillierte Angaben zur Forderung enthalten, die beigetrieben werden soll (z.B. zu Höhe und Art der Forderung). Auch andere Informationen im Zusammenhang mit der beizutreibenden Forderung können der auswärtigen Steuergewalt zugänglich gemacht werden (§ 10 Abs. 3 Satz 3 EU-BeitrG). Werden im Verlauf des Verfahrens weitere zweckdienliche Informationen erlangt, können auch diese an die ersuchte Behörde übermittelt werden (§ 10 Abs. 4 EU-BeitrG). Die Forderung kann somit anhand der ebenfalls im Vollstreckungstitel aufgeführten persönlichen Daten dem Steuerpflichtigen zweifelsfrei zugeordnet werden. Dem Ersuchen lässt sich mithin konkret entnehmen, welche Steuer ein bestimmter Steuerpflichtiger dem deutschen Fiskus noch schuldig ist.

Dies gilt in der Regel ebenfalls für die Durchführung einer Vollstreckungshilfeklausel eines auf Basis von Art. 27 OECD-MA geschlossenen DBA. Detaillierte Regelungen zum Inhalt eines Ersuchens finden sich dort zwar nicht.

Insbesondere schreibt das OECD-MA keine besondere Form vor.[419] Gemäß Art. 27 Abs. 1 Satz 3 OECD-MA können die zuständigen Behörden der Vertragsstaaten besondere Durchführungsbestimmungen zum Ablauf eines Ersuchens vereinbaren. Da auch dem OECD-MA das Prinzip der Anerkennung der Steuerforderung durch den Empfängerstaat zugrunde liegt, ist auch hier von einem vergleichbar detaillierten Gehalt eines Ersuchens wie im Anwendungsbereich der EU-BeitrRL auszugehen. Ein Ersuchen ohne entsprechende Angaben könnte von der ersuchten Behörde nicht sinnvoll umgesetzt werden.

2. Grundrechtsrelevanz eines Vollstreckungsersuchens

Nach wohl herrschender Ansicht stellt ein Übermittlungsakt an eine auswärtige Gewalt, der steuerrelevante Daten enthält, einen rechtfertigungsbedürftigen Grundrechtseingriff dar.[420] Mit der Übermittlung eines Ersuchens um Amtshilfe bei der Vollstreckung ist zwangsläufig zumindest immer ein Eingriff in das Steuergeheimnis des Steuerpflichtigen als Ausprägung des Rechts auf informationelle Selbstbestimmung (Art. 2 Abs. 1 i.V.m. Art. 1 Abs. 1 GG) verbunden.[421] Dieses vom BVerfG im Rahmen des Volkszählungsurteils entwickelte Grundrecht beinhaltet die Befugnis des Betroffenen, „grundsätzlich selbst über die Preisgabe und Verwendung seiner persönlichen Daten zu bestimmen".[422] Die Träger der geschützten Daten sollen u.a. vor deren unbegrenzter Weitergabe geschützt werden.[423] Zu dem vom Grundrecht auf informationelle Selbstbestimmung geschützten Bereich gehören auch für die Besteuerung relevante Informationen.[424] Einschränkungen dieses Rechts sind nur im „überwiegenden

---

419 Vgl. *Engelschalk*, in: Vogel/Lehner, DBA, Art. 27 Rn. 10. Für das EG-BeitrG, das bis zum Inkrafttreten des EU-BeitrG gültig war, hat der BFH entschieden, dass ein Ersuchen auch per E-Mail formwirksam übertragen werden kann, Urt. v. 11.12.2012 - VII R 70/11, BStBl. II 2013, 475 (477 f.). Diese Entscheidung lässt sich, soweit keine anderen abkommensspezifischen Bestimmungen entgegenstehen, auf die Anwendung von DBA übertragen.

420 Statt vieler *Hendricks*, Internationale Informationshilfe, S. 105 ff. m.w.N.; *Seer*, IWB 2011, 144 (151); *Eilers*, Steuergeheimnis als Grenze des internationalen Auskunftsverkehrs, S. 26; *Söhn*, in: Hübschmann/Hepp/Spitaler, AO/FGO, § 117 AO Rn. 31a.

421 Wohl auch *Idziok*, Vollstreckungshilfe, S. 150 f. Für das Ersuchen im Rahmen des Auskunftsverkehrs *Brock*, Auskunftsverkehr, S. 31.

422 BVerfG, Urt. v. 15.12.1983 - 1 BvR 209/83, BVerfGE 65, 1 (Ls. 1).

423 BVerfG, Urt. v. 17.7.1984 - 2 BvE 11/83 u.a., BVerfGE 67, 100 (143).

424 BVerfG, Urt. v. 15.12.1983 - 1 BvR 209/83, BVerfGE 65, 1 (45); Urt. v. 17.7.1984 - 2 BvE 11 u.a., BVerfGE 67, 100 (142) unter Betonung, dass das Steuergeheimnis als solches kein Grundrecht sei.

Allgemeininteresse“ zulässig und bedürfen einer verfassungsmäßigen gesetzlichen Grundlage.[425] Folglich darf auch die Übermittlung steuerrelevanter Daten im Rahmen eines Vollstreckungsersuchens nicht ohne eine taugliche Ermächtigungsgrundlage erfolgen.[426]

II. Exkurs: Vereinbarkeit mit § 30 AO

Gleichermaßen steht der Übermittlungsakt im Rahmen der Vollstreckungshilfe grundsätzlich in Konflikt zu der Grundaussage des § 30 Abs. 1 AO, der als einfachgesetzliche Ausprägung des Grundrechts auf informationelle Selbstbestimmung zu betrachten ist[427] und den Datenschutz der Steuerbürger sicherstellen soll[428]. Ein Verstoß gegen das Steuergeheimnis im Sinne von § 30 AO stellt *per se* keinen Grundrechtsverstoß dar.[429] § 30 AO und das EU-BeitrG oder ein transformiertes DBA, welche die Übermittlung von Vollstreckungsersuchen gestatten, stehen als formelle Gesetze auf derselben Rangstufe. Eine etwaige Kollision der genannten Rechtsnormen ist nach allgemein gültigen Kollisionsregeln aufzulösen.[430]

Nach § 30 Abs. 1 AO sind Amtsträger im Sinne von § 7 AO, mithin auch die handelnden Personen der Vollstreckungsbehörden, zur Wahrung des Steuergeheimnisses verpflichtet. Das Steuergeheimnis schützt den Betroffenen vor Weitergabe der über ihn erlangten Daten.[431] Das Recht des Steuerschuldners auf vertrauliche Behandlung seiner Steuerdaten – wie es § 30 Abs. 2 AO gebietet – wird durch die dargestellte Bereitstellung dieser Daten für eine andere Hoheitsgewalt verletzt.[432] Eine derartige Offenbarung ist daher nach § 30 Abs. 2 AO grundsätzlich unzulässig. Die Offenbarung von steuerrelevanten Daten ist aber

---

425 BVerfG, Urt. v. 15.12.1983 – 1 BvR 209/83, BVerfGE 65, 1 (Ls. 2).

426 Nach Ansicht von *Seer*, IWB 2011, 144 (151) ist – ungeachtet des Eingriffs in das Recht auf informationelle Selbstbestimmung – das „Vollstreckungsamtshilfeersuchen ein Akt der Verwaltungsvollstreckung“ und deshalb schon ob seines Eingriffscharakters zumindest eine Beschränkung von Art. 2 Abs. 1 GG. Ob diese Aussage zutreffend ist, kann an dieser Stelle dahinstehen, da notwendigerweise zumindest immer das Recht auf informationelle Selbstbestimmung berührt ist.

427 Vgl. BFH, Urt. v. 29.7.2003 – VII R 39/02 u.a., BStBl. II 2003, 828 (Rn. 34); *Drüen*, in: Tipke/Kruse, AO/FGO § 30 Rn. 6 m.w.N.

428 *Seer*, in: Tipke/Lang, Steuerrecht, § 21 Rn. 28.

429 So etwa BFH, Urt. v. 29.7.2003 – VII R 39/02 u.a., BStBl. II 2003, 828 (Rn. 34); *Drüen*, in: Tipke/Kruse, AO/FGO § 30 Rn. 7.

430 Vgl. hierzu nur *Wernsmann*, in: Hübschmann/Hepp/Spitaler, AO/FGO, § 4 AO Rn. 355 ff.

431 Vgl. nur *Seer*, in: Tipke/Lang, Steuerrecht, § 21 Rn. 28.

432 *Söhn*, in: Hübschmann/Hepp/Spitaler, AO/FGO, § 117 AO Rn. 31a.

nach § 30 Abs. 4 AO unter bestimmten Voraussetzungen gestattet. Nach § 30 Abs. 4 Nr. 1 AO ist eine Durchbrechung des Steuergeheimnisses zulässig, wenn die Offenbarung der Durchführung eines Verwaltungsverfahrens im Sinne von § 30 Abs. 2 Nr. 1 lit. a 1. Alt. AO entspricht. Diese Befugnis erstreckt sich nicht nur auf innerstaatliche Behörden, sondern auch auf die Übermittlung an nicht ans Grundgesetz gebundene Hoheitsträger.[433] Darüber hinaus ist gemäß § 30 Abs. 4 Nr. 2 AO eine Offenbarung zulässig, sofern ein Gesetz dies ausdrücklich gestattet.[434] Soll mithin das Steuergeheimnis zugunsten einer Behörde eines anderen Staates durchbrochen werden, etwa durch Offenlegung der Vermögensverhältnisse des Vollstreckungsschuldners, ist dafür nach dieser Vorschrift eine gesetzliche Grundlage erforderlich. Die Inanspruchnahme von Vollstreckungshilfe darf nur auf Basis einer solchen Ermächtigung vollzogen werden (etwa § 117 AO und die umgesetzten bzw. transformierten internationalen Abkommen, die im Folgenden dargestellt werden).[435]

§ 2 Innerstaatliches Recht: Vorgaben aus der AO

Nachdem festgestellt wurde, dass eine innerstaatliche gesetzliche Ermächtigungsgrundlage erforderlich ist und diese notwendigerweise die wesentlichen Voraussetzungen der Vollstreckungshilfe regeln muss, sollen diese rechtlichen Grundlagen im Folgenden näher beleuchtet und systematisiert werden. Hierbei wird aufgezeigt, dass das aufgestellte Kriterium einer den Rahmen der Vollstreckungshilfe umreißenden Gesetzesgrundlage durch eine Vielzahl an zusammenwirkenden Normen sichergestellt ist.

Die AO bildet das rechtliche Fundament für das Handeln der Finanzvollstreckungsbehörden im Sinne des § 249 Abs. 1 Satz 3 i.V.m. § 6 AO, soweit der Anwendungsbereich gemäß § 1 AO eröffnet ist. Die Vorschriften der AO zur Amtshilfe bei der Vollstreckung bezogen auf Steuersachen sind gegenüber anderen Amtshilfevorschriften vorrangig.[436] Die AO enthält an verschiedenen Stellen Regelungen zur (Vollstreckungs-)Amtshilfe: §§ 111 bis 115 AO regeln allgemein

433 *Alber*, in: Hübschmann/Hepp/Spitaler, AO/FGO, § 30 AO Rn. 627. So auch BMF v. 23.1.2014, BStBl. I 2014, 188, Rn. 1.7.1.

434 *Alber*, in: Hübschmann/Hepp/Spitaler, AO/FGO, § 30 AO Rn. 627; *Drüen*, in: Tipke/Kruse, AO/FGO § 30 Rn. 71, 106.

435 Vgl. nur *Drüen*, in: Tipke/Kruse, AO/FGO § 30 Rn. 106. Jedoch dürfte es sich etwa bei § 10 EU-BeitrG um eine im Verhältnis zu § 30 Abs. 1 AO speziellere Regelung handeln, sodass § 30 Abs. 4 Nr. 2 AO insoweit nur deklaratorische Bedeutung zukommen dürfte.

436 *Söhn*, in: Hübschmann/Hepp/Spitaler, AO/FGO, Vor §§ 111–117 AO Rn. 7.

die innerstaatliche Amtshilfe, während sich in §§ 117 bis 117c AO grundlegende Vorschriften zum grenzüberschreitenden Amtshilfeverkehr finden. Der Sechste Teil (Vollstreckung, §§ 249 ff. AO) beinhaltet zudem in Form von § 250 AO eine spezielle die Vollstreckungshilfe betreffende Norm.

A. §§ 111 ff. AO

§ 111 Abs. 1 Satz 1 AO verpflichtet alle Gerichte und Behörden die zur Durchführung der Besteuerung erforderliche Amtshilfe zu leisten. Unter „Durchführung der Besteuerung" fallen alle Verwaltungsverfahren der AO (siehe bereits 1. Kapitel § 1 A.); mithin ist von § 111 AO – vorbehaltlich des unten noch näher dargestellten § 250 AO – auch das Vollstreckungsverfahren umfasst.[437] § 111 Abs. 1 Satz 1 AO gilt jedoch nur insoweit, als die Finanzbehörden ihrerseits Amtshilfe *anfordern*. Werden hingegen die Finanzbehörden von Behörden im Zuge anderer Verwaltungsverfahren um Amtshilfe ersucht, sind die §§ 111 bis 115 AO nicht einschlägig. In diesem Fall ist auf die jeweilige Gesetzesgrundlage der ersuchenden Behörden oder ggf. gar auf Art. 35 Abs. 1 GG zurückzugreifen. Zudem gilt die Verpflichtung des § 111 AO nach einhelliger Ansicht nur für deutsche Behörden im Sinne des § 6 AO untereinander, da nur sie dem Anwendungsbereich der AO unterworfen sind.[438] Ausländische Behörden fallen demnach nicht in den Anwendungsbereich dieser Vorschrift und sind folglich von der dort verankerten Amtshilferegelung ausgenommen. Dies zeigt schon das Vorhandensein speziellerer, für das grenzüberschreitende Amtshilfeverfahren einschlägiger Normen.

B. § 117 AO

Die zwischenstaatliche Amtshilfe ist hingegen – dies ist schon anhand der amtlichen Überschrift erkennbar – in § 117 AO geregelt. Im Bereich der zwischenstaatlichen Amtshilfe sowie der internationalen Vollstreckungshilfe als deren Unterfall ist § 117 AO gegenüber den §§ 111 ff. AO grundsätzlich vorrangig.[439] §§ 111 bis 115 AO können im zwischenstaatlichen Amtshilfeverkehr „allenfalls ergänzend zur Anwendung kommen".[440] § 117 AO wird als deutsche „Grundnorm" der grenzüberschreitenden Kooperation in Steuersachen bezeichnet und

---

437 *Söhn*, in: Hübschmann/Hepp/Spitaler, AO/FGO, Vor §§ 111–117 AO Rn. 12; *Wolffgang/Hendricks*, in: Beermann/Gosch, AO/FGO, § 111 AO Rn. 17.

438 Vgl. nur *Söhn*, in: Hübschmann/Hepp/Spitaler, AO/FGO, § 111 AO Rn. 12.

439 Statt vieler *Zöllner*, in: Koenig, AO, § 111 Rn. 2.

440 *Söhn*, in: Hübschmann/Hepp/Spitaler, AO/FGO, Vor §§ 111–117 AO Rn. 15.

bildet die rechtliche Grundlage für die zwischenstaatliche Rechts- und Amtshilfe der deutschen Behörden.[441] § 117 AO enthält demgegenüber keinerlei Regelungsgehalt bezüglich der Frage, wann ausländische Finanzbehörden Amtshilfe von deutschen Finanzbehörden verlangen können oder wann die ausländischen Finanzbehörden selbst zur Leistung von Amtshilfe verpflichtet sind. Dies wird ausschließlich in den entsprechenden ausländischen Gesetzen bzw. in den unionsrechtlichen Rechtsakten und völkerrechtlichen Übereinkommen geregelt. § 117 AO kann als Bundesgesetz nur Regelungen für deutsche Vollstreckungsbehörden treffen.

Wie bereits im 1. Kapitel § 2 A. III. ausgeführt, differenziert auch § 117 AO nach der Richtung der Amtshilfe. Von dieser Weichenstellung hängt die Wahl der Rechtsgrundlage ab: So findet § 117 Abs. 1 AO Anwendung für die Inanspruchnahme von Amtshilfe, während § 117 Abs. 2 (und Abs. 3) AO die Leistung von Amtshilfe zum Gegenstand hat. Auch auf die Abs. 4 und 5, die Durchführungsbestimmungen zur Amtshilfe enthalten, wird in der gebotenen Kürze einzugehen sein.

I. § 117 Abs. 1 AO

„Die Finanzbehörden können zwischenstaatliche Rechts- und Amtshilfe nach Maßgabe des deutschen Rechts in Anspruch nehmen."

1. Anwendungsbereich

§ 117 Abs. 1 AO schafft die gesetzlichen Voraussetzungen für die Inanspruchnahme grenzüberschreitender Rechts- und Amtshilfe durch deutsche Finanzbehörden. § 117 Abs. 1 AO ermöglicht es den deutschen Finanzbehörden grenzüberschreitend um Vollstreckungshilfe zu ersuchen und sich von einer ausländischen Behörde gewähren zu lassen.

Der in dieser Vorschrift verwendete Begriff der zwischenstaatlichen Amtshilfe ist hierbei – wie bereits unter 1. Kapitel § 1 B. aufgezeigt – ausgehend vom nationalen Amtshilfebegriff des § 111 Abs. 1 Satz 1 AO zu verstehen. Dessen Voraussetzungen und Grenzen, die in den §§ 111 bis 115 AO verankert sind, sind

---

441 *Czakert*, ISR 2013, 177 (177); *ders.*, in: Schönfeld/Ditz, DBA, Art. 26 Rn. 29 bezeichnet § 117 AO auch als Ausgangsbasis für die steuerliche Amtshilfe; § 117 AO als „Generalnorm" bezeichnend *Hendricks*, Internationale Informationshilfe, S. 12 m.w.N.; *Krabbe*, in: Wassermeyer, DBA, Art. 27 MA Rn. 2 verweist indes darauf, dass Vollstreckungshilfe auch allein auf Grundlage eines Art. 27 OECD-MA umfassenden DBA vollzogen werden kann.

grundsätzlich auch bei der Anwendung dieser Vorschrift zu beachten.[442] Jedoch wird der Begriff der Amtshilfe im Rahmen des § 117 Abs. 1 AO in der Regel insofern konkretisiert, als der Umfang der Vollstreckungshilfe im jeweils einschlägigen, umgesetzten bzw. transformierten zwischenstaatlichen Abkommen umschrieben wird, sodass die §§ 111 ff. AO nur in Ergänzung angewendet werden können. Grenzüberschreitende Vollstreckungshilfe ist als Unterfall der zwischenstaatlichen Amtshilfe vom Anwendungsbereich des § 117 Abs. 1 AO erfasst und somit taugliche Ermächtigungsgrundlage für ihre Inanspruchnahme.[443]

Im vorherigen Abschnitt wurde festgestellt, dass mit der Übermittlung eines Vollstreckungsersuchens regelmäßig ein Eingriff in das Recht auf informationelle Selbstbestimmung aus Art. 2 Abs. 1 i.V.m. 1 Abs. 1 GG einhergeht und diese Weitergabe an eine auswärtige Behörde grundsätzlich auch der Regelung des § 30 Abs. 1, 2 AO zuwiderläuft. § 117 Abs. 1 AO als formelles Gesetz stellt in diesem Zusammenhang zum einen die rechtfertigende Einschränkungsmöglichkeit für eine Beschränkung des Grundrechts auf informationelle Selbstbestimmung dar.[444] Zum anderen handelt es sich bei der Gestattung der Inanspruchnahme von Amtshilfe (inkl. der notwendigen Übermittlung steuerrelevanter Daten) nach § 117 Abs. 1 AO um eine zulässige Offenbarung in Gesetzesform im Sinne von § 30 Abs. 4 Nr. 2 AO („soweit sie durch Gesetz ausdrücklich zugelassen ist“).[445]

§ 117 Abs. 1 AO behandelt indes nicht die Frage, inwieweit die deutschen Behörden von der jeweiligen ersuchten ausländischen Behörde Vollstreckungshilfe *verlangen* können. Mithin trifft die Vorschrift keine Aussage darüber, ob ein Anspruch auf Vollstreckungshilfe gegen die ausländische Behörde besteht. Ein solcher Anspruch kann nicht aus nationalem Recht erwachsen, sondern richtet sich vielmehr nach zwischenstaatlichen Übereinkünften bzw. der daraufhin erfolgten Umsetzungsakte in dem betreffenden Staat der ersuchten Behörde.[446]

2. „Nach Maßgabe deutschen Rechts“

§ 117 Abs. 1 AO stellt klar, dass die Inanspruchnahme zwischenstaatlicher Rechts- und Amtshilfe *nach Maßgabe deutschen Rechts* zu erfolgen hat. Diese Einschränkung zieht mehrere Konsequenzen nach sich:

---

442 *Seer*, in: Tipke/Kruse, AO/FGO, § 117 AO Rn. 10.

443 *Hendricks*, in: Beermann/Gosch, AO/FGO, § 117 AO Rn 11 f. und 40.

444 Zutreffend *Söhn*, in: Hübschmann/Hepp/Spitaler, AO/FGO, § 117 AO Rn. 31d m.w.N.

445 Vgl. *Drüen*, in: Tipke/Kruse, AO/FGO § 30 Rn. 106. Siehe auch BMF v. 23.1.2014, BStBl. I 2014, 188, Rn. 1.7.1.

446 So auch *Söhn*, in: Hübschmann/Hepp/Spitaler, AO/FGO, § 117 AO Rn. 18.

Hierdurch wird einerseits deklaratorisch hervorgehoben, dass die deutschen Finanzbehörden auch im Falle eines Ersuchens an eine ausländische Behörde an deutsches (Verfassungs-)Recht gebunden sind. Daher gelten auch im Rahmen der Vollstreckungshilfe die allgemeinen Besteuerungsgrundsätze der §§ 85 ff. AO. So findet etwa auch der Amtsermittlungsgrundsatz nach § 88 AO Anwendung[447] mit der Folge, dass in bestimmten Konstellationen das Stellen eines Vollstreckungsersuchens zur Erhebung der Steuer erforderlich sein kann. Auch der allgemeine Grundsatz, dass die Finanzbehörden nach § 85 AO die Steuer gleichmäßig festzusetzen und zu erheben haben, hat Auswirkung auf die Inanspruchnahme von grenzüberschreitender Vollstreckungshilfe. Im Einzelfall kann dieser Verwaltungsauftrag zu einer Ermessensreduzierung auf null hinsichtlich der Ermessensfrage führen („können […] in Anspruch nehmen", vgl. § 117 Abs. 1 AO), ob ein Vollstreckungsersuchen gestellt werden soll (vgl. hierzu auch bereits 1. Kapitel § 2 B.).[448]

Darüber hinaus macht die Formulierung des § 117 Abs. 1 AO – anders als in § 117 Abs. 2 AO wird nicht von innerstaatlich anwendbarem Völker- oder Unionsrecht gesprochen – deutlich, dass die deutschen Finanzbehörden auch unabhängig von zwischenstaatlichen Verpflichtungen befugt sind, Vollstreckungshilfe in Anspruch zu nehmen.[449] Die Finanzbehörden bedürfen mithin keiner innerstaatlich anwendbaren Rechtsakte der EU oder bi- oder multilateraler Verträge des Völkerrechts, um sich grenzüberschreitende Vollstreckungshilfe gewähren zu lassen.[450] Die Befugnis zur Inanspruchnahme leitet sich bereits unmittelbar aus dem deutschen Recht in Form des § 117 Abs. 1 AO losgelöst von weiteren Vorschriften ab.[451] Dabei gehen indes, sobald solche zwischenstaatlichen Vereinbarungen geschlossen und innerstaatlich umgesetzt bzw. transformiert wurden,

---

447 Dieser gilt für alle Steuerverfahren, vgl. hierzu nur *Söhn*, in: Hübschmann/Hepp/Spitaler, AO/FGO, § 85 AO Rn. 20.

448 So allgemein *Söhn*, in: Hübschmann/Hepp/Spitaler, AO/FGO, § 117 AO Rn. 17 zur Inanspruchnahme von zwischenstaatlicher Amtshilfe.

449 So auch *Hendricks*, IStR 2009, 846 (848), der jedoch zu Recht darauf hinweist, dass die Wahrscheinlichkeit, dass eine ausländische Behörde Vollstreckungshilfe zu leisten bereit ist, ohne dass eine gegenseitige Verpflichtung rechtlich verankert wurde, in der Praxis gering sein dürfte. Eine ausländische Behörde wird selbst nur Hilfe bei der Vollstreckung leisten, wenn sie im umgekehrten Fall eine entsprechende Hilfeleistung einfordern kann. Dies folgt schon aus dem im Rahmen der Vollstreckungshilfe vorherrschenden Gegenseitigkeitsprinzip, siehe dazu 1. Kapitel § 2 C. II.

450 *Söhn*, in: Hübschmann/Hepp/Spitaler, AO/FGO, § 117 AO Rn. 17.

451 BFH, Urt. v. 21.7.2009 – VII R 52/08, BStBl. II 2010, 51 (53); in diesem Sinne auch zur Informationshilfe BMF v. 25.5.2012, BStBl. I 2012, 599, Rn. 1.3.5.

sie der allgemeinen Regelung des § 117 Abs. 1 AO präzisierend als *lex specialis* vor und müssen bei der Inanspruchnahme von Vollstreckungshilfe im Verhältnis zu diesem Vertragsstaat auch zwingend zur Anwendung gelangen.

In Fällen, in denen ein Staat auf freiwilliger Basis einem anderen Staat Vollstreckungshilfe gewährt, ohne rechtlich dazu verpflichtet zu sein, spricht man von Kulanzhilfe.[452] § 117 Abs. 1 AO unterstreicht folglich, dass die Inanspruchnahme von Vollstreckungshilfe im Kulanzwege grundsätzlich gestattet ist. Bei der Inanspruchnahme von Kulanzhilfe sind freilich entgegenstehende gesetzliche Vorgaben (z.B. § 30 AO) oder das verfassungsrechtliche Verhältnismäßigkeitsgebot zu beachten.[453]

Zu unterscheiden von der Zulässigkeit der Inanspruchnahme ist die Frage, wann von deutschen Finanzbehörden ein Beitreibungsersuchen gestellt werden darf. Diese Frage regelt § 117 Abs. 1 AO auf den ersten Blick nicht. Vielmehr setzt § 117 Abs. 1 AO seinem Wortlaut nach überhaupt kein Ersuchen für die grenzüberschreitende Amtshilfe voraus. Jedoch können spiegelbildlich die innerstaatlich anwendbaren, zwischenstaatlich geschlossenen Abkommen die Inanspruchnahme von Vollstreckungshilfe gemäß § 117 Abs. 1 AO dennoch beeinflussen. Denn nach Transformation bzw. Umsetzung ins nationale Recht werden auch diese Teil des deutschen Rechts (dazu noch näher § 3). Über die Einschränkung, dass Vollstreckungshilfe nach § 117 Abs. 1 AO nur „nach Maßgabe deutschen Rechts" erfolgen darf, wird deren Inanspruchnahme mittelbar doch durch die umgesetzten bzw. transformierten Abkommen beeinflusst. So ist etwa in § 10 Abs. 1 und 2 EU-BeitrG geregelt, unter welchen Voraussetzungen um Vollstreckungshilfe ersucht werden darf. Danach darf diese z.B. nach § 10 Abs. 2 EU-BeitrG regelmäßig erst dann in Anspruch genommen werden, wenn die nationalen Maßnahmen ausgeschöpft sind.[454]

Im Rahmen der Vollstreckungshilfe erlangt die „Maßgabe deutschen Rechts" zudem vor allem durch den Sechsten Teil der AO (§§ 249 ff. AO) an Bedeutung, der die einschlägigen Maßstäbe für die Verwaltungsvollstreckung bezogen auf steuerliche Forderungen bereithält. So ist nach § 10 Abs. 1 Satz 1 Nr. 1 EU-BeitrG

---

452 Vgl. nur *Söhn*, in: Hübschmann/Hepp/Spitaler, AO/FGO, § 117 AO Rn. 60; *Hendricks*, IStR 2009, 846 (848).

453 *Hendricks*, Internationale Informationshilfe, S. 359. Vgl. auch *Söhn*, in: Hübschmann/Hepp/Spitaler, AO/FGO, § 117 AO Rn. 24, der aus dem Grundrecht auf informationelle Selbstbestimmung das Gebot für die zuständigen Behörden zu einer restriktiven Inanspruchnahme der zwischenstaatlichen Amtshilfe herleitet.

454 Vgl. zu weiteren Voraussetzungen eines ausgehenden Ersuchens BMF v. 23.1.2014, BStBl. I 2014, 188, Rn. 3.1.1.1.

das Stellen eines Beitreibungsersuchens erst zulässig, wenn die Voraussetzungen der Vollstreckung – also §§ 249 ff. AO – gegeben sind. Auch Art. 27 Abs. 3 OECD-MA setzt für die Inanspruchnahme von Vollstreckungshilfe Vollstreckbarkeit nach nationalem Recht, also gemäß den Voraussetzungen des § 251 AO, voraus.

II. § 117 Abs. 2 AO

> *„Die Finanzbehörden können zwischenstaatliche Rechts- und Amtshilfe auf Grund innerstaatlich anwendbarer völkerrechtlicher Vereinbarungen, innerstaatlich anwendbarer Rechtsakte der Europäischen Union sowie des EU-Amtshilfegesetzes leisten."*

§ 117 Abs. 2 AO[455] reguliert dem Grunde nach das Leisten von Amtshilfe gegenüber anderen Staaten. Ausweislich des Wortlauts kommt die Gewährung von Amtshilfe auf der Grundlage der dort genannten drei Arten von Rechtsgrundlagen in Betracht. Dabei gilt es zwischen Rechtsquellen des Völkerrechts und Rechtsakten der Europäischen Union zu unterscheiden. Beiden Fällen ist indes gemein, dass sie letztlich – wenngleich auf unterschiedliche Weise – innerstaatlich Geltung erlangen. Obgleich § 117 Abs. 2 AO explizit das EU-Amtshilfegesetz nennt, handelt es sich dabei letztlich mittelbar auch um einen Fall eines „innerstaatlich anwendbaren Rechtsakt[s] der Europäischen Union". Das EU-Amtshilfegesetz dient schließlich der Umsetzung der EU-Zusammenarbeitsrichtlinie[456]. Es enthält indes keine Vorschriften zur Gewährung von Vollstreckungshilfe, sondern hat vielmehr die davon zu unterscheidende Informationshilfe zum Gegenstand. Im Folgenden soll zunächst aufgezeigt werden, wie Normen des Völkerrechts und des Unionsrechts innerstaatlich hierarchisch einzuordnen sind und wodurch sie ihre Geltung erfahren.

1. Rechtsakte der EU

§ 117 Abs. 2 AO spricht zum einen von „innerstaatlich anwendbare[n] Rechtsakte[n] der Europäischen Union". Das Recht der EU stellt eine selbstständige Rechtsordnung dar[457], das aber in den Rechtsordnungen der Mitgliedstaaten Geltung erfährt und dort unmittelbare Wirksamkeit entfaltet.[458] Es wird

---

455 § 117 Abs. 2 AO wurde mit Gesetz v. 26.6.2013 (BGBl. I 2013, 1809) in Bezug auf die neue Terminologie des Unionsrechts nach dem Vertrag von Lissabon redaktionell angepasst.

456 Siehe Fn. 233 und 234.

457 *Ruffert*, in Calliess/Ruffert, EUV/AEUV, Art. 1 AEUV Rn. 4 m.w.N.

458 Vgl. nur *Ehlers*, in: Schulze/Zuleeg/Kadelbach, Handbuch Europarecht, § 11 Rn. 1, 5. Obgleich Einigkeit hierüber besteht, wird der Geltungsgrund des Unionsrechts unterschiedlich hergeleitet: Nach st. Rspr. des EuGH handelt es sich beim Recht der

in diesem Zusammenhang auch von einer „Verzahnung“ des Unionsrechts mit dem nationalen Rechts gesprochen.[459] Unionsrecht genießt in Deutschland nach mittlerweile ganz h.M. – wenngleich die Begründung dafür divergiert – Anwendungsvorrang vor einfachem Recht.[460] Demnach ist mit Unionsrecht[461] kollidierendes nationales Recht unanwendbar, behält jedoch seine Gültigkeit. Innerstaatlich anwendbare Rechtsakte sind mithin primär die im nationalen Recht unmittelbare Geltung entfaltenden Verordnungen.[462]

Für den Bereich der Vollstreckungshilfe ist die EU-BeitrRL von überragender Bedeutung, die in Gestalt des EU-BeitrG innerstaatlich umgesetzt worden ist.

EU um eine eigenständige Rechtsordnung mit autonomer Geltung und originärem Hoheitsanspruch, das sich vom ursprünglich völkerrechtlichen Vertrag herausgebildet hat, vgl. nur EuGH, Urt. v. 15.7.1964 – Rs. C-6/64, *Costa/ENEL*, Slg. 1964, 1253 (1269). Das BVerfG sieht den Grund für die Geltung des Unionsrechts in dem verfassungsrechtlichen Souveränitätsverzicht des jeweiligen Mitgliedstaates. Erst nach dem Rechtsanwendungsbefehl durch das Zustimmungsgesetz entfalte das Unionsrecht innerstaatlich seine Wirkung, vgl. bereits BVerfG, Beschl. v. 9.6.1971 – 2 BvR 255/69, BVerfGE 31, 145 (173 f.); Urt. v. 30.6.2009 – 2 BvE 2/08 u.a., BVerfGE 123, 267 (400).

459 Vgl. näher *Streinz*, Europarecht, Rn. 197, 201.

460 Vgl. dazu nur *Ruffert*, in Calliess/Ruffert, EUV/AEUV, Art. 1 AEUV Rn. 16, 18 mit besonderem Hinweis darauf, dass es sich hierbei gerade nicht um einen Geltungsvorrang handelt. Siehe auch Erklärung Nr. 17 der Schlussakte zum Vertrag von Lissabon, ABl. C 83/1.

461 Das Recht der EU lässt sich in Primärrecht und Sekundärrecht unterteilen. Unter Primärrecht sind die beiden gleichrangigen Verträge EUV und AEUV, aber auch Protokolle, Anlagen oder ungeschriebene allgemeine Rechtsgrundsätze des Unionsrechts und die EU-Grundrechtecharta (vgl. Art. 6 Abs. 1 EUV) zu verstehen. Davon zu unterscheiden ist unionales Sekundärrecht (abgeleitetes Recht), das die Organe der EU in eigener Zuständigkeit erlassen. Die wichtigsten sekundärrechtlichen Rechtsakte sind Richtlinien und Verordnungen. Verordnungen haben gemäß Art. 288 Abs. 1 AEUV allgemeine Geltung und sind in jedem Mitgliedstaat unmittelbar und in allen Teilen verbindlich. Richtlinien gemäß Art. 288 Abs. 2 AEUV sind hingegen nur hinsichtlich des zu erreichenden Ziels verbindlich. Sie müssen jedoch noch in nationales Recht umgesetzt werden, wobei die Mitgliedstaaten hinsichtlich der Wahl des Umsetzungsmittels frei sind.

462 Siehe BT-Drs. 10/1636, S. 39 f.; *Hendricks*, in: Beermann/Gosch, AO/FGO, § 117 Rn. 79. Für die Vollstreckungshilfe ist hier die Durchführungsverordnung 2011/1189/EU v. 18.11.2011 zur Festlegung der Durchführungsbestimmungen zu bestimmten Artikeln der Richtlinie 2010/24/EU des Rates über die Amtshilfe bei der Beitreibung von Forderungen in Bezug auf Steuern, Abgaben und sonstige Maßnahmen, ABl. L 302, 16 zu beachten.

Streng genommen fällt das EU-BeitrG nicht in den Anwendungsbereich des innerstaatlich anwendbaren Rechtsakts der EU im Sinne des § 117 Abs. 2 AO. Das Umsetzungsgesetz ist dem deutschen Gesetzgeber zuzurechnen. Die fehlende Nennung des EU-BeitrG – gerade im Vergleich zum EU-Amtshilfegesetz – ist im Rahmen des § 117 Abs. 2 AO wohl als Redaktionsversehen zu werten.[463] Das EU-BeitrG ist dessen ungeachtet als taugliche Ermächtigungsgrundlage für die Gewährung von Beitreibungshilfe durch die zuständigen deutschen Behörden zu betrachten.[464]

2. Innerstaatlich anwendbares Völkerrecht

Zum anderen können Finanzbehörden gemäß § 117 Abs. 2 AO aufgrund innerstaatlich anwendbarer völkerrechtlicher Vereinbarungen zwischenstaatliche Amtshilfe leisten. Ebenso wie das Unionsrecht müssen auch völkerrechtliche Verträge und Abkommen zunächst ins nationale Recht transformiert werden.

Es ist zwar grundsätzlich umstritten, in welchem Verhältnis das Völkerrecht zu nationalem Recht steht und welches Recht im Kollisionsfall vorrangig ist.[465] Beide Ansichten kommen aber übereinstimmend zu dem Ergebnis, dass die völkerrechtliche Übereinkunft zur Geltung im nationalen Recht eine entsprechende Anordnung erfordert.[466] Einigkeit besteht also insoweit, als völkerrechtliche Verträge der Transformation bedürfen. Auch das Grundgesetz geht in Art. 59 Abs. 2 Satz 1 GG von dieser Annahme aus und fordert die Zustimmung oder Mitwirkung der jeweils für die Bundesgesetzgebung zuständigen

---

463 Im Rahmen der redaktionellen Anpassung durch das Amtshilferichtlinie-Umsetzungsgesetz (Fn. 455) hätte durchaus die Möglichkeit bestanden, das EU-BeitrG in § 117 Abs. 2 AO aufzunehmen.

464 So auch *Hendricks*, in: Beermann/Gosch, AO/FGO, § 117 Rn. 93.

465 Hierzu haben sich im Wesentlichen zwei Theorien herausgebildet: Die Vertreter der gemäßigten Monismus-Lehre gehen davon aus, dass Völkerrecht und nationales Recht Teil einer einheitlichen Rechtsordnung seien, in der das Völkerrecht dem nationalen Recht vorgehe, aber dieser Vorrang erst gerichtlich durchgesetzt werden müsse, vgl. dazu *Schweitzer*, Staatsrecht III, Rn. 26 ff. m.w.N. zu den verschiedenen Unteransichten. Demgegenüber stellen nationales Recht und Völkerrecht den Anhängern der gemäßigten Dualismus-Theorie zufolge zwei wesensverschiedene Rechtsordnungen dar. Überschneidungen und Widersprüche seien anhand von Kollisionsnormen aufzulösen, vgl. *Schweitzer*, Staatsrecht III, Rn. 31 ff. Der Streit ist vornehmlich theoretischer Natur und führt in der praktischen Anwendung selten zu unterschiedlichen Ergebnissen und bedarf deshalb an dieser Stelle keiner näheren Auseinandersetzung.

466 So ausdrücklich *Schweitzer*, Staatsrecht III, Rn. 418 f.

Körperschaft in der Form eines Bundesgesetzes, um den völkerrechtlichen Vertrag zum Bestandteil des deutschen Rechts erstarken zu lassen.[467] In Deutschland wird das Völkerrecht folglich durch Zustimmung zum Vertragsabschluss in nationales Recht transformiert und erhält in der Regel den Rang eines einfachen Bundesgesetzes.[468]

Die den Finanzbehörden eröffnete Ermächtigung aufgrund von innerstaatlich anwendbaren völkerrechtlichen Vereinbarungen Vollstreckungshilfe leisten zu können, wird insbesondere durch ins nationale Recht implementierte DBA mit einer Klausel auf Basis von Art. 27 OECD-MA bedeutsam. DBA sind bilaterale völkerrechtliche Verträge. Transformierte DBA genießen nach Umsetzung mithin den Rang eines einfachen Bundesgesetzes.[469]

Nach § 2 Abs. 1 AO sollen Verträge mit anderen Staaten über die Besteuerung nach Transformation ins nationale Recht den Steuergesetzen vorgehen. Darunter sind nicht nur DBA, sondern auch Abkommen über die zwischenstaatliche Rechts- und Amtshilfe zu verstehen.[470] Hierunter fallen nicht Rechtsakte der EU, die der Umsetzung ins nationale Recht bedürfen, also speziell die EU-BeitrRL bzw. das EU-BeitrG.[471] Die Vorschrift soll insbesondere klarstellen, dass spätere innerstaatliche Steuergesetze das transformierte Völkerrecht nicht verdrängen können.[472] Allerdings ist hierzu kritisch anzumerken, dass § 2 Abs. 1 AO als einfache Bundesnorm den verfassungsrechtlichen Grundsatz der Ranggleichheit (Art. 59 Abs. 2 GG) zwischen transformiertem Völkervertragsrecht und Bundesrecht nicht abändern kann und allgemeine Regeln zur Aufhebung von Normenkollisionen (z.B. *lex posterior derogat legi priori* oder *lex specialis*) auch im Zusammenhang mit transformiertem Völkervertragsrecht weiterhin

467 Die allgemeinen Regeln des Völkerrechts sind gemäß Art. 25 Satz 1 GG ohnehin unmittelbarer Bestandteil des Bundesrechts.

468 Vgl. *Schaumburg*, Internationales Steuerrecht, Rn. 3.24. Es ist umstritten, ob hierin ein Transformationsakt oder ein Vollzugsbefehl zu sehen ist, vgl. dazu nur *Schweitzer*, Staatsrecht III, Rn. 445; *Weber-Fas*, Staatsverträge im Internationalen Steuerrecht, S. 69 ff.

469 BVerfG, Beschl. 15.12.2015 – 2 BvL 1/12, DStR 2016, 359 (362). Näher zum Rechtscharakter von DBA und deren Implementierung *Birk*, in: FS J. Lang, S. 1131 (1132 ff.).

470 *Gersch*, in: Klein, AO, § 2 Rn. 2.

471 Dies folgt schon aus dem Wortlaut der Norm, der auf den nur für völkerrechtliche Verträge geltenden Art. 59 Abs. 2 Satz 1 GG Bezug nimmt. Für das Unionsrecht gilt ohnehin der Anwendungsvorrang. A.A. *Gersch*, in: Klein, AO, § 2 Rn. 2.

472 BT-Drs. 7/4292, S. 15.

Gültigkeit besitzen.[473] Für Unionsrecht gilt zudem ohnehin der oben dargestellte Anwendungsvorrang. Letztlich läuft der Vorrangbefehl des § 2 Abs. 1 somit ins Leere.[474]

Die Leistung von Vollstreckungshilfe durch deutsche Behörden richtet sich somit im Ergebnis nach deutschem Recht. Die Leistung von Vollstreckungshilfe nach § 117 Abs. 2 AO wird insoweit durch die Bezugnahme auf implementierte unions- und völkerrechtliche Rechtsakte konkretisiert. Verstößt die Umsetzung ins innerstaatliche Recht gegen das jeweilige völkerrechtliche (die Handlung eines nationalen Gesetzesakts, der mit dem Abkommen im Widerspruch steht, wird als sog. treaty override[475] bezeichnet) oder unionsrechtliche Übereinkommen, ist dies keine Frage der Zulässigkeit der Leistung von Vollstreckungshilfe nach § 117 Abs. 2 AO. Die Rechtmäßigkeit der nationalen Umsetzungsnorm bleibt davon grundsätzlich unberührt.[476] Die dafür jeweils vorgesehenen Mechanismen (etwa das unionsrechtliche Vertragsverletzungsverfahren wegen fehlerhafter Umsetzung einer Richtlinie nach Art. 259, 260 AEUV[477] oder völkerrechtliche Suspendierungs- oder Rücktrittsmöglichkeiten wegen Vertragsverletzung[478]) sind losgelöst von § 117 Abs. 2 AO zu bewerten.

Denkbar ist, dass der Gesetzgeber nach Transformation eines völkerrechtlichen Vertrages eine Bestimmung erlässt, die dem völkerrechtlichen Vertrag zuwiderläuft. Nach allgemeinen Kollisionsregeln geht das spätere Gesetz dem früheren vor (*lex posterior*-Grundsatz). Dieser Grundsatz gilt nach der Rechtsprechung des BVerfG auch in Relation zu transformiertem Völkervertragsrecht.[479]

---

473 Eingehend BVerfG, Beschl. 15.12.2015 – 2 BvL 1/12, BVerfGE 141, 1 (20 f.); vgl. auch *Drüen*, in: Tipke/Kruse, AO/FGO, § 2 AO Rn. 1; *Koenig*, in: Koenig, AO, § 2 Rn. 17.

474 So explizit *Schaumburg*, Internationales Steuerrecht, Rn. 3.25 mit dem Hinweis, dass § 2 AO allenfalls deklaratorische Bedeutung zukommt, in dem Sinne, dass dadurch die grundgesetzliche Prämisse der völkerrechtsfreundlichen Auslegung auch einfachgesetzlich hervorgehoben wird.

475 Dazu *Lehner*, in: Vogel/Lehner, DBA, Grdl. Rn. 194 ff. Die Verfassungswidrigkeit ablehnend BVerfG, Beschl. 15.12.2015 – 2 BvL 1/12, BVerfGE 141, 1.

476 So zuletzt BVerfG, Beschl. 15.12.2015 – 2 BvL 1/12, DStR 2016, 359; *Schaumburg*, Internationales Steuerrecht, Rn. 3.25; *Musil*, in: Hübschmann/Hepp/Spitaler, AO/FGO, § 2 AO Rn. 178; *Thiemann*, JZ 2012, 903 (911 f.); krit. zuletzt BFH, Beschl. v. 10.1.2012 – 1 R 66/09, JZ 2012, 903.

477 Vgl. *König*, in: Schulze/Zuleeg/Kadelbach, Handbuch Europarecht, § 2 Rn. 56. Unter Umständen kommt auch die unmittelbare Anwendbarkeit der Richtlinie bzw. ein unionsrechtlicher Staatshaftungsanspruch in Betracht.

478 Vgl. nur *Stein/von Buttlar*, Völkerrecht, Rn. 105 ff.

479 BVerfG, Beschl. 15.12.2015 – 2 BvL 1/12, BVerfGE 141, 1

Ein solcher sog. treaty override ist verfassungsrechtlich – ungeachtet der oben geschilderten völkerrechtlichen Konsequenzen – unbedenklich.[480]

III. § 117 Abs. 3 AO

Die Finanzbehörden können nach pflichtgemäßem Ermessen zwischenstaatliche Rechts- und Amtshilfe auf Ersuchen auch in anderen Fällen leisten, wenn
1. die Gegenseitigkeit verbürgt ist,
2. der ersuchende Staat gewährleistet, dass die übermittelten Auskünfte und Unterlagen nur für Zwecke seines Besteuerungs- oder Steuerstrafverfahrens (einschließlich Ordnungswidrigkeitenverfahren) verwendet werden, und dass die übermittelten Auskünfte und Unterlagen nur solchen Personen, Behörden oder Gerichten zugänglich gemacht werden, die mit der Bearbeitung der Steuersache oder Verfolgung der Steuerstraftat befasst sind,
3. der ersuchende Staat zusichert, dass er bereit ist, bei den Steuern vom Einkommen, Ertrag und Vermögen eine mögliche Doppelbesteuerung im Verständigungswege durch eine sachgerechte Abgrenzung der Besteuerungsgrundlagen zu vermeiden und
4. die Erledigung des Ersuchens die Souveränität, die Sicherheit, die öffentliche Ordnung oder andere wesentliche Interessen des Bundes oder seiner Gebietskörperschaften nicht beeinträchtigt und keine Gefahr besteht, dass dem inländischen Beteiligten ein mit dem Zweck der Rechts- und Amtshilfe nicht zu vereinbarender Schaden entsteht, falls ein Handels-, Industrie-, Gewerbe- oder Berufsgeheimnis oder ein Geschäftsverfahren, das auf Grund des Ersuchens offenbart werden soll, preisgegeben wird.
Soweit die zwischenstaatliche Rechts- und Amtshilfe Steuern betrifft, die von den Landesfinanzbehörden verwaltet werden, entscheidet das Bundesministerium der Finanzen im Einvernehmen mit der zuständigen obersten Landesbehörde.

1. Anwendungsbereich

§ 117 Abs. 3 AO stellt im Gefüge des § 117 AO einen Sonderfall der Gewährung von grenzüberschreitender Amtshilfe dar. Nach dieser Vorschrift kommt die Leistung zwischenstaatlicher Amtshilfe auch in anderen Fällen als § 117 Abs. 2 AO in Betracht. Damit sind Fälle gemeint, in denen aus deutscher Sicht entweder überhaupt keine zwischenstaatlichen Amtshilfeverpflichtungen bestehen oder aber die bestehenden Abkommen im konkreten Einzelfall nicht einschlägig sind, etwa weil die vom Ersuchen behandelte Steuerart nicht vom Abkommen erfasst[481] oder die Maßnahme, um die ersucht wird, dort nicht vorgesehen ist.[482] Es handelt sich hierbei um einen gesetzlich explizit vorgesehenen Fall der

480 BVerfG, Beschl. 15.12.2015 – 2 BvL 1/12, BVerfGE 141, 1; differenzierend *Drüen*, in: Tipke/Kruse, AO/FGO, § 2 AO Rn. 5b m.w.N.
481 *Söhn*, in: Hübschmann/Hepp/Spitaler, AO/FGO, § 117 AO Rn. 168.
482 Vgl. BT-Drs. 7/4292, S. 26.

Kulanzhilfe.[483] Für das Zurückgreifen auf Abs. 3 muss kein internationales Recht einschlägig sein, das kraft Umsetzung Bestandteil des nationalen Rechts wird und als taugliche Ermächtigungsgrundlage dienen kann.

Aber auch oder gerade die Hilfe auf Kulanzbasis erfordert eine gesetzliche Ermächtigung, um den vom BVerfG aufgestellten verfassungsrechtlichen Schranken Genüge zu tun. Ihre Ausübung kann nicht der Entscheidung der Exekutive überlassen werden (siehe § 1 A.), da auch in Fällen der Kulanz auf Grundlage anerkannter Verwaltungsakte bzw. Titel, die von auswärtigen Behörden erlassen worden sind, vollstreckt und darauf basierend in die Grundrechte des in Deutschland ansässigen Steuerpflichtigen eingegriffen werden soll. Eine solche, verfassungsrechtlich erforderliche Ermächtigung stellt § 117 Abs. 3 AO dar.

Sinn und Zweck der Gestattung von zwischenstaatlicher Amtshilfe auf Kulanzbasis durch § 117 Abs. 3 AO ist letztlich das Ziel, dass auch deutschen Behörden im umgekehrten Fall Amtshilfe im Wege der Kulanz gewährt wird.[484] Die Regelung ist damit im Ergebnis eine einfachgesetzliche Reaktion[485] auf das im internationalen Amtshilferecht vorherrschende Gegenseitigkeitsprinzip.[486] Danach soll im Grunde nur Amtshilfe fordern dürfen, wer gleichzeitig bereit ist, solche selbst zu leisten. Nur wenn deutsche Behörden zur Leistung von Kulanzhilfe bereit sind, können sie im Gegenzug eine solche erwarten.

Bezogen auf die Vollstreckungshilfe nach § 117 Abs. 3 AO wurde diese Vorschrift deshalb durch § 117 Abs. 3 Satz 1 Nr. 1 AO insoweit konkretisiert, als auch die Kulanzhilfe zwingend voraussetzt, dass den Behörden ein Amtshilfeersuchen des die Amtshilfe beanspruchenden Staates zugeht. In der internationalen Praxis wird Vollstreckungshilfe in aller Regel nicht ohne vorheriges Ersuchen erteilt (einzige ersichtliche Ausnahme ist die Gewährung von Vollstreckungshilfe im weiteren Sinne nach § 6 Abs. 1 EU-BeitrG für Steuererstattungsfälle). Eine

483 Anders als § 117 Abs. 1 AO, der die Inanspruchnahme von Kulanzhilfe nur konkludent gestattet.

484 Vgl. *Söhn*, in: Hübschmann/Hepp/Spitaler, AO/FGO, § 117 AO Rn. 167 mit dem zutreffenden Hinweis, dass § 117 Abs. 3 AO damit „in erster Linie der deutschen Besteuerung dient“. So auch *Hendricks*, in: Beermann/Gosch, AO/FGO, § 117 AO Rn. 100.

485 Vgl. dazu auch BT-Drs. 7/4292, S. 27.

486 Dazu insbesondere *Menck*, DStZ/A 1971, 57 (59), der das Prinzip der Gegenseitigkeit „als große[n], zusammenschließende[n] Grundsatz der internationalen Amts- und Rechtshilfe“ bezeichnet. Ferner auch *Söhn*, in: Hübschmann/Hepp/Spitaler, AO/FGO, § 117 AO Rn. 172. Eingehend zum Prinzip der Gegenseitigkeit schon unter 1. Kapitel § 2 C. II.

unaufgeforderte, spontane Amtshilfe auf Kulanzbasis ist den deutschen Behörden damit im Ergebnis untersagt, weil sie im Gegenzug auch keine Vollstreckungshilfe ohne vorheriges Ersuchen erwarten könnten. Dem Sinn und Zweck des § 117 Abs. 3 AO liefe deshalb die Gewährung von Vollstreckungshilfe ohne entsprechendes vorheriges Ersuchen zuwider und ist deshalb nicht vom Regelungsgehalt des § 117 Abs. 3 AO umfasst. Folglich schreibt § 117 Abs. 3 AO das Erfordernis eines Ersuchens ausdrücklich vor.

Darüber hinaus erscheint die Tauglichkeit von § 117 Abs. 3 AO für die Gewährung von Vollstreckungshilfe generell fraglich. Vollstreckungshilfe, die durch ein vorheriges Ersuchen verlangt wird, scheint zwar als Unterfall grenzüberschreitender Amtshilfe *prima facie* auf Grundlage von § 117 Abs. 3 AO gestützt werden zu können. Die amtshilferechtliche Kulanzhilfe ist nach dieser Vorschrift indes nicht uneingeschränkt zulässig, sondern nach pflichtgemäßem Ermessen nur unter bestimmten, in § 117 Abs. 3 Satz 1 AO festgeschriebenen Voraussetzungen, die kumulativ[487] vorliegen müssen, gestattet. Diese Voraussetzungen sind allerdings so gefasst, dass fraglich erscheint, ob überhaupt die Leistung von Vollstreckungshilfe gestützt auf diese Vorschrift denkbar ist. Ausweislich § 117 Abs. 3 Satz 1 AO ist die Leistung von Vollstreckungshilfe nur zulässig, wenn (Nr. 1) Gegenseitigkeit verbürgt ist, (Nr. 2) der Empfangsstaat die zweckmäßige Verwendung der übermittelten Daten garantiert, (Nr. 3) der Empfangsstaat zur Vermeidung von Doppelbesteuerung bereit ist *und* (Nr. 4) dabei wesentliche Interessen der Bundesrepublik Deutschland nicht beeinträchtigt werden. Im Besonderen die in Nr. 1 und 2 gestellten Bedingungen erschweren eine Gewährung von Vollstreckungshilfe auf Kulanzbasis.

2. Erfordernis der Gegenseitigkeit, § 117 Abs. 3 Satz 1 Nr. 1 AO

Das Erfordernis der verbürgten Gegenseitigkeit gemäß § 117 Abs. 3 Satz 1 Nr. 1 AO schränkt die Gewährung von Vollstreckungshilfe auf Fälle ein, in denen der ersuchende Staat im Gegenzug zugesichert („verbürgt") hat, im umgekehrten Fall eine entsprechende Hilfe zu leisten. Ist die Gegenseitigkeit nicht verbürgt, hat die deutsche Vollstreckungsbehörde die Hilfeleistung im Wege der Kulanz zu versagen. An dieser Voraussetzung zeigt sich wiederum das Bestreben des Gesetzgebers, die Gewährung von Kulanzhilfe auch im umgekehrten Fall zu erreichen. Zugleich soll sichergestellt werden, dass nur zugunsten solcher Staaten

487 Vgl. insoweit den Wortlaut am Ende des § 117 Abs. 3 Satz 1 Nr. 3 AO: „und". Einhellige Ansicht; statt aller *Söhn*, in: Hübschmann/Hepp/Spitaler, AO/FGO, § 117 AO Rn. 171.

Kulanzhilfe geleistet wird, bei denen eine entsprechende Gegenleistung tatsächlich zu erwarten ist.

Fraglich ist dabei, welche Anforderungen an das Tatbestandsmerkmal der Verbürgung der Gegenseitigkeit zu stellen sind. Um einen eigenständigen Anwendungsbereich neben § 117 Abs. 2 AO zu haben, muss die Zusicherung im Sinne des § 117 Abs. 3 Satz 1 Nr. 1 AO zumindest auch unterhalb der Schwelle einer formellen völkerrechtlichen Vereinbarung das Erfordernis der Verbürgung erfüllen. Anderenfalls würde § 117 Abs. 3 AO regelmäßig von § 117 Abs. 2 AO verdrängt, was jedoch ausweislich der Systematik des § 117 AO nicht gewollt sein dürfte: Der Wortlaut des § 117 Abs. 3 Satz 1 AO besagt vielmehr: „Die Finanzbehörden können [...] *auch in anderen Fällen* [Hervorhebung nur hier] leisten...". Mit diesen anderen Fällen können nur solche gemeint sein, die nicht bereits unter Abs. 2 fallen; mithin solche Fälle, in denen keine zwischenstaatlichen Abkommen zur Anwendung gelangen.

Auf der anderen Seite muss sich jedoch die Gegenseitigkeit in gewisser Mindestform manifestieren, um dem Wortlaut der „Verbürgung" gerecht zu werden und nicht zu einer leeren Hülse zu verkommen. Nach einhelliger Ansicht im Schrifttum wird daher im Anwendungsbereich der Kulanzhilfe nach § 117 Abs. 3 AO neben einer formellen Übereinkunft auch eine materiell oder faktisch verbürgte Gegenseitigkeit für hinreichend befunden.[488] Eine materiell oder faktisch verbürgte Reziprozität kann dann angenommen werden, wenn das Ersuchen einer deutschen Behörde im Kulanzwege „vergleichbar effektiv"[489] ausgeführt würde wie durch deutsche Finanzbehörden. Die Finanzbehörde müsste in umgekehrten Fällen durch die Verständigungspraxis tatsächlich eine vergleichbare Kulanzhilfe erwarten können. Ein Indikator für eine derartige Erwartbarkeit kann die Art und Weise der Zusammenarbeit zwischen den Staaten in der Vergangenheit sein, mithin ob bisher gegenseitige Amtshilfe erfolgte. Diese Voraussetzung muss allerdings im Zeitpunkt der Leistung gegeben sein und vor Gewährung der Hilfeleistung von der zuständigen Finanzbehörde sorgfältig überprüft werden.

Eine gesetzliche Grundlage für eine Inanspruchnahme von Kulanzvollstreckungshilfe ist in Form des § 117 Abs. 1 AO zwar vorgesehen (vgl. ausführlich bereits unter I.). Aus dem Umstand, dass deutsche Behörden in der Praxis Vollstreckungshilfe aber im Kulanzwege „ersichtlich nicht in Anspruch

---

488 So etwa *Söhn*, in: Hübschmann/Hepp/Spitaler, AO/FGO, § 117 AO Rn. 173; *Engelschalk*, in: Vogel/Lehner, DBA, Art. 27 Rn. 10; *Seer*, in: Tipke/Kruse, AO/FGO, § 117 AO Rn. 93.

489 *Söhn*, in: Hübschmann/Hepp/Spitaler, AO/FGO, § 117 AO Rn. 173a.

nehmen“[490], folgt, dass eine materiell verbürgte Gegenseitigkeit regelmäßig nicht vorliegen wird. Auch ist ausweislich der fehlenden Erwähnung dieser Möglichkeit im für die Verwaltungspraxis der Vollstreckungshilfe bedeutsamen BMF-Merkblatt v. 23.1.2014[491] davon auszugehen, dass in der Praxis diese Konstellation tatsächlich nicht wahrgenommen wird. Wenn aber deutsche Vollstreckungsbehörden von dieser Möglichkeit praktisch nicht Gebrauch machen, kann von einer faktischen oder materiell verbürgten Gegenseitigkeit schon im Grundsatz nicht ausgegangen werden, da Gegenseitigkeit schon begriffsnotwendig von beiden Parteien die Ausübung von Kulanzhilfe voraussetzt. Deshalb wird im Anwendungsbereich der Vollstreckungshilfe im Regelfall die Voraussetzung von § 117 Abs. 3 Satz 1 Nr. 1 AO nicht erfüllt sein.[492]

3. Erfordernis der Gewährleistung der Datenverwendung nur für bestimmte Zwecke, § 117 Abs. 3 Satz 1 Nr. 2 AO

Darüber hinaus darf die Vollstreckungshilfe auf Kulanzbasis nur geleistet werden, wenn der ersuchende Staat gewährleistet, dass die übermittelten Auskünfte und Unterlagen nur für Zwecke seines Besteuerungsverfahren verwendet und nur mit diesem Verfahren betrauten Personen zugänglich gemacht werden, vgl. § 117 Abs. 3 Satz 1 Nr. 2 AO. Der Gewährung von Kulanzhilfe sind hierdurch also zusammenfassend insoweit Schranken gesetzt, als durch sie das internationale Steuergeheimnis nicht verletzt werden darf.[493]

Diese Einschränkung vermittelt ihrem Wortlaut nach aber den Eindruck, dass § 117 Abs. 3 AO überhaupt nicht auf das Instrument der Vollstreckungshilfe gemünzt ist. § 117 Abs. 3 Satz 1 Nr. 2 AO spricht als Ergebnis der geleisteten Amtshilfe von „übermittelten Auskünfte[n] und Unterlagen“. Die Hilfeleistung im Rahmen der Vollstreckungshilfe im engeren Sinne besteht indes in der Beitreibung ausländischer Steuerforderungen, nicht (nur) in der Bereitstellung von Informationen betreffend die Besteuerung. Zwar werden dabei notwendigerweise auch die erforderlichen Informationen im Zusammenhang mit

---

490 *Seer*, in: Tipke/Kruse, AO/FGO, § 250 AO Rn. 43. Ihm folgend *Engelschalk*, in: Vogel/Lehner, DBA, Art. 27 Rn. 10.

491 BStBl. I 2014, 188. Anders wohl für die Praxis der Leistung von Informationshilfe BMF, Merkblatt zur zwischenstaatlichen Amtshilfe durch Informationsaustausch in Steuersachen v. 25.5.2012, BStBl. I 2012, 599 (Rn. 1.3.5). Danach ist die Gewährung auf Grundlage von § 117 Abs. 3 AO grundsätzlich möglich.

492 So auch *Fritsch*, in: Koenig, AO, § 250 Rn. 9; vgl. *Hendricks*, IStR 2009, 846 (848) für den Anwendungsbereich des Auskunftsverkehrs.

493 *Seer*, in: Tipke/Kruse, AO/FGO, § 117 AO Rn. 95.

der beizutreibenden Forderung übersandt, diese sind der ersuchenden Behörde jedoch im Regelfall bereits bekannt. Übermittelt werden indes letztendlich hauptsächlich die ggf. beigetriebenen Vermögenswerte, etwa im Wege einer Überweisung (vgl. § 9 Abs. 5 Satz 1 EU-BeitrG). Auskünfte und Unterlagen werden hingegen primär bei der internationalen Informationshilfe übersandt (vgl. dazu bereits 2. Kapitel § 2 A.). Daneben können allenfalls anlässlich der Vollstreckungshilfe im weiteren Sinne Auskünfte über den Vollstreckungsschuldner (z.B. über das Vorhandensein von Vermögenswerten, § 5 Abs. 1 Satz 1 EU-BeitrG) an den ersuchenden Staat gewährt werden.

Die Einschränkung des § 117 Abs. 3 Satz 1 Nr. 2 AO ist ihrem Wesen nach daher schon gar nicht auf die Vollstreckungshilfe im engeren Sinne anwendbar. Sind die Bedingungen, unter denen eine Kulanzhilfe den Finanzbehörden ermöglicht wird, nicht für die Leistung von Vollstreckungshilfe im engeren Sinne erfüllbar, muss *e contrario* gefragt werden, ob die Ermächtigung dem Grunde nach den Fall der Gewährung von Vollstreckungshilfe überhaupt erfassen will. Vor dem Hintergrund der strengen Voraussetzungen, insbesondere was die Bestimmtheit anbelangt, die an den Gesetzesvorbehalt bei der Gewährung von Vollstreckungshilfe zu stellen sind, ist diese Frage im Ergebnis zu verneinen. Es geht aus der Vorschrift nicht klar hervor, dass Vollstreckungshilfe zugunsten fremder Staaten auch ohne zwischenstaatliches Abkommen geleistet werden kann. Die Formulierung des § 117 Abs. 3 Satz 1 Nr. 2 AO indiziert vielmehr, dass Vollstreckungshilfe im engeren Sinne auf dieser Grundlage nicht geleistet werden darf, sondern primär für die internationale Informationshilfe Geltung erlangt.[494] Auch für diesen Fall der zwischenstaatlichen Amtshilfe ist die praktische Bedeutung der Kulanzhilfe im Vergleich zu § 117 Abs. 2 AO zwar gering[495], aber im Gegensatz zur Vollstreckungshilfe wird ihre Anwendung in der Verwaltungspraxis ausweislich des BMF-Merkblatts zum Informationsaustausch[496] explizit vorgesehen. Es könnte zudem argumentiert werden, dass die fehlende Erwähnung im

---

494 In diesem Sinne auch *Hendricks*, IStR 2009, 846 (848), der darüber hinaus zutreffend die für die Kulanzhilfe notwendig zu erfüllenden Voraussetzungen der § 117 Abs. 3 Satz 1 Nr. 3 (Vermeidung von Doppelbesteuerung) und 4 (Preisgabe von Geschäftsgeheimnissen) AO als weitere Gründe für die Nichttauglichkeit des Abs. 3 für die Gewährung von Vollstreckungshilfe aus Kulanz heranzieht. Auch diese Bedingungen sprechen dafür, dass § 117 Abs. 3 für die Gewährung von Kulanzhilfe ungeeignet ist. A.A. wohl *Dutta*, EuR 2007, 744 (745 Fn. 3).

495 Vgl. nur *Hendricks*, IStR 2009, 846 (848); *Seer*, in: Tipke/Kruse, AO/FGO, § 117 AO Rn. 90.

496 Fn. 451.

BMF-Schreiben dahingehend ermessensbindend wirkt, dass Vollstreckungshilfe im engeren Sinne auch aus diesem Grunde nicht im Kulanzwege erteilt werden dürfe.[497] Allenfalls die Übermittlung von Auskünften als Maßnahme der Vollstreckungshilfe im weiteren Sinne dürfte zur Vorbereitung von Vollstreckungshilfe auf Grundlage von Art. 117 Abs. 3 AO gewährt werden, sofern die übrigen Voraussetzungen in § 117 Abs. 3 Satz 1 AO erfüllt sind.

4. Zwischenergebnis

Vollstreckungshilfe im engeren Sinne kann nicht im Kulanzwege gestützt auf § 117 Abs. 3 AO geleistet werden. Diesen Schluss legt eine Auslegung der in § 117 Abs. 3 Satz 1 Nr. 2 AO aufgeführten Bedingung nahe. Zudem ist die in Abs. 3 Satz 1 Nr. 1 AO verbürgte Voraussetzung der Gegenseitigkeit bei der Ausübung von Vollstreckungshilfe in aller Regel für die zuständigen Behörden nicht erfüllbar. Folgerichtig wird § 117 Abs. 3 AO von den deutschen Finanzbehörden in der Praxis für die Leistung von Vollstreckungshilfe nicht herangezogen.

IV. § 117 Abs. 4 AO

§ 117 Abs. 4 AO beinhaltet selbst keine Ermächtigung für die Inanspruchnahme oder Leistung von Vollstreckungshilfe, sondern regelt die Frage, welche Rechtsnormen bei der Durchführung der Vollstreckungshilfe Platz greifen. § 117 Abs. 4 AO kann jedoch konkretisierend im Hinblick auf bestehende Ermächtigungsgrundlagen wirken. Gemäß § 117 Abs. 4 Satz 1 AO gelten bei der Durchführung für die Befugnisse der Finanzbehörden sowie die Rechte und Pflichten der Beteiligten die allgemein für Steuern nach § 1 Abs. 1 AO einschlägigen Vorschriften. Diese Norm bestätigt deklaratorisch, dass für die internationale Vollstreckungshilfe als Unterfall der zwischenstaatlichen Amtshilfe auf die allgemeinen Vorschriften der AO zurückgegriffen werden muss, sofern speziellere Vorschriften (etwa das EU-BeitrG) nicht vorhanden sind.[498]

So verweist § 117 Abs. 4 Satz 2 AO explizit auf § 114 AO, der für das innerstaatliche Amtshilfeverfahren den Grundsatz statuiert, dass die ersuchende Behörde für die Rechtmäßigkeit der zu vollstreckenden Maßnahme verantwortlich ist, während die ersuchte Behörde für die Art und Weise der Ausführung der Vollstreckungshandlung verantwortlich ist. Insoweit bestätigt § 114 AO jedoch nur, was in der internationalen Vertragspraxis zum Recht der zwischenstaatlichen

---

497 So vor allem *Seer*, in: Tipke/Kruse, AO/FGO, § 250 AO Rn. 43.

498 Ähnlich *Hendricks*, IStR 2009, 846 (848).

Amtshilfe ohnedies gängige Praxis ist und folglich auch in den innerstaatlich anwendbaren Abkommen umgesetzt wurde (vgl. auch den Grundsatz in § 250 Abs. 1 AO).

Für das Recht der Vollstreckungshilfe relevant scheint auf den ersten Blick indes der Verweis des § 117 Abs. 4 Satz 3 AO auf die Anhörungspflicht der inländischen Beteiligten nach § 91 AO. § 91 Abs. 1 AO schreibt den Behörden vor, dass vor Erlass eines belastenden Verwaltungsakts dem Betroffenen die Gelegenheit gegeben werden soll, sich zu den für die Entscheidung erheblichen Tatsachen zu äußern. Aber auch der Bezug in § 117 Abs. 4 Satz 3 AO ist seinem Wesen nach nur auf die internationale Informationshilfe anwendbar. So ist dort – ähnlich wie in § 117 Abs. 3 Satz 1 Nr. 2 AO – nur von „übermittelten Auskünften und Unterlagen“ die Rede. Folglich scheint auch dieser Verweis nicht auf den Fall der Vollstreckungshilfe im engeren Sinne anwendbar zu sein. Dies lässt sich im Umkehrschluss auch der Ausnahmeregelung des 2. HS. („es sei denn [...] es findet ein Informationsaustausch auf Grund des EU-Amtshilfegesetzes statt...“) entnehmen.

V. § 117 Abs. 5 AO

Als weitere konkretisierende Ermächtigungsgrundlage für den Bereich der Vollstreckungshilfe könnte § 117 Abs. 5 AO herangezogen werden. Dieser enthält eine Ermächtigung für das BMF (mit Zustimmung des Bundesrats) durch den Erlass einer Rechtsverordnung auf dem Gebiet des Zollwesens zur Förderung der zwischenstaatlichen Zusammenarbeit bei der Amtshilfe völkerrechtliche Vereinbarungen umzusetzen. Jedoch wurde von dieser sich auf das Zollwesen beschränkenden Möglichkeit bislang kein Gebrauch gemacht[499], weshalb sie dieser Stelle nicht näher beleuchtet werden soll.

C. § 250 AO

I. Anwendungsbereich

Neben § 117 AO ist im Rahmen der Vollstreckungshilfe vor allem § 250 Abs. 1 AO Beachtung zu schenken:

> *„Soweit eine Vollstreckungsbehörde auf Ersuchen einer anderen Vollstreckungsbehörde Vollstreckungsmaßnahmen ausführt, tritt sie an die Stelle der anderen Vollstreckungsbehörde. Für die Vollstreckbarkeit des Anspruchs bleibt die ersuchende Vollstreckungsbehörde verantwortlich.“*

---

499 *Seer*, in: Tipke/Kruse, AO/FGO, § 117 AO Rn. 115.

Der Gesetzesinhalt des § 250 tritt – anders als bei § 117 AO – nicht auf den ersten Blick hervor. § 250 Abs. 1 Satz 1 AO normiert oberflächlich betrachtet nur, dass die Behörde, welche die (ersuchte) Vollstreckungsmaßnahme ausführt, auch für die Art und Weise der Vollstreckung verantwortlich ist. Für den zu vollstreckenden Inhalt soll dagegen die Behörde verantwortlich bleiben, die um die Vollstreckungsmaßnahmen ersucht hat, vgl. § 250 Abs. 1 Satz 2 AO. Implizit geht jedoch dadurch, dass in § 250 AO die Amtshilfe auf dem Gebiet der Vollstreckungshilfe vorausgesetzt wird, aus dieser Vorschrift hervor, dass die Vollstreckungshilfe ein zulässiges Instrument des Besteuerungsverfahrens sein muss. Den Vollstreckungsbehörden soll die Möglichkeit der Amtshilfe explizit auf dem Gebiet der Vollstreckungshilfe an die Hand gegeben werden.[500] Sinn und Zweck der Vorschrift ist es, örtliche Unzuständigkeiten der Vollstreckungsbehörden zu kompensieren.[501] Über den Wortlaut der Vorschrift hinaus bildet § 250 Abs. 1 AO daher eine rechtliche Grundlage für die (Finanz-)Vollstreckungsbehörden zur Leistung von Vollstreckungshilfe, nicht jedoch allgemeiner Amtshilfe.[502] Eine örtlich zuständige Vollstreckungsbehörde kann somit an Stelle einer örtlich unzuständigen Vollstreckungsbehörde die Vollstreckung eines Verwaltungsakts ausführen, den die unzuständige Behörde erlassen hat.

Ausweislich des Gesetzeswortlauts wird ferner deutlich, dass die Vollstreckungshilfe im Sinne des § 250 AO regelmäßig ein Ersuchen einer Vollstreckungsbehörde im Sinne des § 249 Abs. 1 Satz 3 AO voraussetzt. Das BMF hat die Anwendung für die zuständigen Vollstreckungsbehörden der Vollstreckungshilfe jedoch folgendermaßen präzisiert: Liegt Gefahr im Verzug vor, kann eine Vollstreckungsbehörde ausnahmsweise auch ohne Ersuchen tätig werden, vgl. Abschn. 8 Abs. 3 VollstrA. Diese Einschränkung gilt freilich nur für die innerstaatliche Beitreibungshilfe.

§ 250 AO ist nur für den Fall der *Leistung* von Vollstreckungshilfe einschlägig. Die Inanspruchnahme von Amtshilfe bei der Vollstreckung ist von § 250 AO gerade nicht erfasst. Diesbezüglich, insbesondere bzgl. der Frage, wann eine Vollstreckungsbehörde auf die Vollstreckungshilfe rekurrieren und ein entsprechendes Vollstreckungsersuchen stellen darf, enthält § 250 AO keinen Aussagegehalt.[503] Soweit eine Vollstreckungsbehörde sich der (nationalen) Amtshilfe bedienen

500 So ausdrücklich *Beermann*, in: Hübschmann/Hepp/Spitaler, AO/FGO, § 250 AO Rn. 2; vgl. ferner die Gesetzesbegründung zur Vorgängervorschrift § 241 AO, BT-Drs. 6/1982, S. 176.

501 Vgl. *Fritsch*, in: Koenig, AO, § 250 Rn. 1. Vgl. auch Abschn. 8 Abs. 2 VollstrA.

502 *Beermann*, in: Hübschmann/Hepp/Spitaler, AO/FGO, § 250 AO Rn. 3.

503 *Werth*, in: Klein, AO, § 250 Rn. 4.

möchte, muss sie weiterhin auf §§ 111 ff. AO zurückgreifen. Ersuchen andere Behörden als die in § 249 Abs. 1 Satz 3 AO genannten Finanz- oder Hauptzollämter um Vollstreckungshilfe, muss auf die für sie einschlägigen Rechtsgrundlagen zurückgegriffen werden; § 250 AO gilt für sie nicht.

§ 250 Abs. 2 Satz 1 AO sieht Fälle vor, in denen die ersuchte Behörde die Erteilung der Amtshilfe ablehnen kann. Dies kommt danach nur in Betracht, wenn sie sich für unzuständig hält oder sie die Handlung, um die sie ersucht wird, für unzulässig erachtet. Besteht die ersuchende Behörde weiterhin auf die Ausführung des Vollstreckungsersuchens, entscheidet die Aufsichtsbehörde der ersuchten Vollstreckungsbehörde.

II. Verhältnis von §§ 111 ff. AO zu § 250 AO

Folglich ist festzustellen, dass sich in der AO neben den allgemeinen Amtshilfevorschriften (§§ 111 ff. AO) eine besondere für das Vollstreckungsrecht bestimmte Amtshilferegelung findet, die die Leistung von Vollstreckungshilfe zum Gegenstand hat. Zu klären ist, in welchem Verhältnis die beiden Vorschriften zueinander stehen. Das Verhältnis zwischen § 250 Abs. 1 AO und §§ 111 ff. AO ist in Rechtsprechung und Literatur besonders umstritten. Es stellt sich die Frage, ob bei der Leistung von Vollstreckungshilfe beide Vorschriften nebeneinander anzuwenden sind oder ob § 250 Abs. 1 AO die §§ 111 ff. AO gar als *lex specialis* verdrängt.

Nach wohl h.M. in der Literatur handelt es sich bei § 250 AO um eine Sondervorschrift zur Amtshilfe.[504] Danach ginge sie den anderen Vorschriften zur Amtshilfe in der AO vor. Auf diese könnte insoweit nur zurückgegriffen werden, als § 250 AO keine Aussage treffe.

Demgegenüber wird vertreten, dass § 250 Abs. 1 AO im Rahmen der Vollstreckungshilfe rechtsbegründende Wirkung zukomme.[505] Nur sie schaffe die rechtliche Grundlage für die Leistung von Vollstreckungshilfe. Auf §§ 111 ff. AO könne deshalb in keinem Fall zurückgegriffen werden. Die Leistung von Vollstreckungshilfe richte sich ausschließlich nach § 250 Abs. 1 AO.

III. Keine Grundlage für internationale Vollstreckungshilfe

Letztendlich kann dieser Streit im Rahmen der weiteren Untersuchung offengelassen werden, da der Anwendungsbereich von § 250 AO sich grundsätzlich nur auf die nationale Vollstreckungshilfe erstreckt und nur Behörden der AO

---

504 Diese Ansicht vertreten etwa *Werth*, in: Klein, AO, § 250 Rn. 3; *Fritsch*, in: Koenig, AO, § 250 Rn. 1.

505 *Beermann*, in: Hübschmann/Hepp/Spitaler, AO/FGO, § 250 AO Rn. 6.

verpflichtet. § 250 Abs. 1 AO ist richtiger Ansicht nach jedenfalls keine taugliche Ermächtigungsgrundlage für die Gewährung zwischenstaatlicher Vollstreckungshilfe durch deutsche Vollstreckungsbehörden.[506] § 250 AO bezieht sich damit ausschließlich auf die innerstaatliche Vollstreckungshilfe, die nur zwischen deutschen Behörden erfolgt. § 250 Abs. 1 Satz 1 AO spricht nur von Vollstreckungsbehörden (mithin von Finanz- und Hauptzollämtern nach § 249 Abs. 1 Satz 3 1. HS. AO) im Sinne der Abgabenordnung; ausländische Behörden sind solche gerade nicht. Für die internationale Vollstreckungshilfe gilt somit weiterhin die Grundnorm der zwischenstaatlichen Rechts- und Amtshilfe; im Falle der Leistung von Vollstreckungshilfe mithin § 117 Abs. 2 AO, die auf die innerstaatlich anwendbaren völker- und unionsrechtlichen Rechtsakte verweist und insofern konkretisiert wird.

§ 250 AO ist dennoch für die zwischenstaatliche Vollstreckungshilfe nicht gänzlich bedeutungslos. Zu den § 117 Abs. 2 AO präzisierenden Abkommen zählt insbesondere die in Form des EU-BeitrG umgesetzte EU-BeitrRL. Nach § 1 Abs. 4 EU-BeitrG sind für Ersuchen ausländischer Behörden die Vorschriften der AO entsprechend anzuwenden, soweit das EU-BeitrG nicht etwas anderes bestimmt. Die Ausführung des EU-BeitrG bestimmt sich folglich nach den Regelungen der AO zur Vollstreckung. Durch diesen Verweis erlangt § 250 AO ggf. mittelbar auch auf dem Gebiet der internationalen Vollstreckungshilfe Geltung, soweit der Anwendungsbereich des EU-BeitrG eröffnet ist und keine spezielleren Regelungen enthält.[507] Gleiches gilt grundsätzlich auch im Anwendungsbereich eines nach Vorbild von Art. 27 OECD-MA geschlossenen DBA, das innerstaatlich transformiert wurde. Art. 27 Abs. 4 OECD-MA sieht vor, dass der ersuchte Staat die beizutreibende Forderung anerkennt und sich ihre Handhabung nach den innerstaatlichen Vorschriften über die Vollstreckung richtet und mit ihr wie mit einer eigenen Forderung ohne Auslandsbezug zu verfahren ist.

D. Exkurs: Merkblätter

Die Ausübung von Vollstreckungshilfe wird für die Vollstreckungsbehörden neben den aufgezeigten Vorschriften der AO durch Merkblätter des BMF determiniert. Insbesondere das Merkblatt zur zwischenstaatlichen Amtshilfe bei der Steuererhebung (Beitreibung) v. 23.2.2014[508] beeinflusst maßgeblich die

506 *Seer*, Tipke/Kruse, AO/FGO, § 250 Rn. 1, 5.

507 *Beermann*, in: Hübschmann/Hepp/Spitaler, AO/FGO, § 250 AO Rn. 11.

508 BStBl. I 2014, 188. Dieses löst das Merkblatt zur zwischenstaatlichen Amtshilfe bei der Steuererhebung (Beitreibung) v. 29.2.2012, BStBl. I 2012, 144 ab, welches zuvor

Verwaltungspraxis der zuständigen Behörden bei Leistung und Inanspruchnahme internationaler Vollstreckungshilfe. Durch den Umstand, dass viele Übereinkommen neu geschlossen wurden, ist die Auslegung einzelner Vorschriften noch weitestgehend ungeklärt. Die BMF-Merkblätter können für die Behörden deshalb ein wichtiger Anhaltspunkt bei der Normanwendung sein. Den BMF-Merkblättern kommt schon allein deshalb auf dem Rechtsgebiet der internationalen Vollstreckungshilfe besondere Bedeutung zu.

Zu berücksichtigen ist dabei jedoch, dass den sog. BMF-Schreiben selbst nicht der Rang eines förmlichen Gesetzes zukommt. Sie werden von der Exekutive erlassen und entfalten grundsätzlich keine Außenwirkung, sodass sich der Bürger im Regelfall auch nicht auf sie berufen kann.[509] Die in den Verwaltungsblättern enthaltenen Anweisungen binden zunächst einmal nur die Behörden als Adressaten der Schreiben. Die Behörden sind indes bei der Gesetzesanwendung an Gesetz und Recht (Art. 20 Abs. 3 GG), insbesondere Art. 3 Abs. 1 GG, gebunden. Folglich müssen sie vergleichbare Sachverhalte im Wesentlichen gleich behandeln. Schreibt nun ein BMF-Merkblatt eine bestimmte Vorgehensweise vor, kann dies im Ergebnis dazu führen, dass aufgrund der ständigen Verwaltungspraxis eine Selbstbindung hinsichtlich der Ermessensausübung nach § 5 AO eintritt.[510] Insofern kommt es – soweit Ermessen eingeräumt ist – zu einer mittelbaren Außenwirkung des BMF-Schreibens, wenn der Betroffene sich darauf berufen kann, dass die Verwaltung in vergleichbaren Fällen in der Vergangenheit regelmäßig eine bestimmte Entscheidung getroffen hat. In einer solchen Konstellation kann er vor dem Hintergrund der Gleichbehandlung auch für seinen Fall diese bestimmte Ermessensausübung beanspruchen.[511] Im Rahmen der Vollstreckungshilfe könnte sich der Betroffene daher im Zuge einer Klage gegen ein Vollstreckungsersuchen oder eine Vollstreckungsmaßnahme direkt auf die Verwaltungsanweisung berufen, wenn die Verwaltung im Einzelfall eine von dieser Anweisung und von ihrer Verwaltungspraxis abweichende Gesetzanwendung ausgeübt hat.

---

das Merkblatt zur zwischenstaatlichen Amtshilfe bei der Steuererhebung (Beitreibung) v. 19.1.2004, BStBl. I 2004, 66 außer Kraft setzte.

509 Grundsätzlich zur Rechtsnatur von Verwaltungsvorschriften *Wernsmann*, in: Hübschmann/Hepp/Spitaler, AO/FGO, § 4 AO Rn. 85 ff.

510 BFH, Urt. v. 13.1.1976 – VII R 40/73, BStBl. II 1976, 457 (457); zur Außenwirkung der BMF-Merkblätter im Bereich der Vollstreckungshilfe BFH, Urt. v. 21.7.2009 – VII R 52/08, BStBl. II 2010, 51 (53) sowie *Hendricks*, IStR 2009, 846 (850). Näher *Wernsmann*, in: Hübschmann/Hepp/Spitaler, AO/FGO, § 5 AO Rn. 183 m.w.N.

511 Zu den Voraussetzungen dafür *Wernsmann*, in: Hübschmann/Hepp/Spitaler, AO/FGO, § 5 AO Rn. 200 ff.

Das Merkblatt v. 23.2.2014 enthält eine Reihe von Anweisungen an die zuständigen Vollstreckungsbehörden, die es bei der Ausübung von Vollstreckungshilfe für diese zu beachten gilt. Es enthält zudem wichtige Durchführungsvorschriften für die konkrete Anwendung der Vollstreckungshilfe, die dem oft knapp gefassten Gesetzestext nicht zu entnehmen sind. Ferner beinhaltet es Hinweise in Bezug auf die Anwendung der Vollstreckungshilfe im Verhältnis zu bestimmten Staaten, soweit Besonderheiten vorherrschen (vgl. Rn. 5 des Merkblatts). Im Rahmen der Ausführungen zum 3. Teil werden bei der Auslegung der einzelnen Vorschriften die Bestimmungen als Hilfe herangezogen werden können.

E. Zwischenergebnis

Den rechtlichen Ausgangspunkt der grenzüberschreitenden Vollstreckungshilfe bildet aus deutscher Sicht § 117 AO. Abs. 1 gestattet die Inanspruchnahme von Vollstreckungshilfe auch ohne zwischenstaatliche Vereinbarungen. Tatsächlich wird jedoch in der Praxis auch die Inanspruchnahme durch zwischenstaatliche Vereinbarungen determiniert. Abs. 2 erlaubt die Gewährung von Beitreibungshilfe zugunsten anderer Staaten, soweit entsprechende völker- und unionsrechtliche Rechtsakte innerstaatlich transformiert bzw. umgesetzt wurden. Dies gilt auch für das EU-BeitrG, obwohl es in Abs. 2 keine explizite Erwähnung findet. Abs. 3 gewährt zwar dem Grunde nach die Möglichkeit zur Leistung grenzüberschreitender Rechts- und Amtshilfe auf Kulanzbasis, ist jedoch aufgrund der konkreten Voraussetzungen auf die Vollstreckungshilfe nicht anwendbar. § 250 AO ist für die internationale Vollstreckungshilfe allenfalls mittelbar heranzuziehen. Für die Behörden kommt bei der Ausübung von Beitreibungshilfe Merkblättern des BMF ermessensbindende Wirkung zu.

§ 3 Unions- und Völkerrecht

Regelungen betreffend die zwischenstaatliche Amtshilfe bedürfen einer eigenen gesetzlichen, Voraussetzungen und Grenzen normierenden Grundlage. Eine solche innerstaatliche gesetzliche Grundlage (§ 117 AO) enthält jedoch nur die generelle Ermächtigung zur zwischenstaatlichen Amtshilfe.[512] Die tatsächliche Ausgestaltung der Amtshilfe mit anderen Staaten wird auf Basis von völkerrechtlichen Abkommen bzw. Unionsrecht vereinbart und/oder kodifiziert (vgl. auch die Formulierung des § 117 Abs. 2 AO).

---

512 BT-Drs. 10/1636, S. 40.

Eine allgemeine, aus dem Völkergewohnheitsrecht herrührende Verpflichtung zur Anerkennung und Durchsetzung ausländischer Steuerforderungen besteht nach einhelliger Ansicht nicht.[513] Eine ungeschriebene Vollzugspflicht zugunsten anderer Hoheitsakte stellte eine unzulässige Einschränkung der staatlichen Souveränität dar.[514] Auch im Wege einer völkervertragsrechtlichen Rechtsfortbildung ist eine derartige Verpflichtung nicht begründbar.[515] Anderenfalls bestünde gar nicht das Erfordernis der Aufnahme einer Art. 27 OECD-MA entsprechenden Klausel in ein DBA.[516]

Ebenso wenig lässt sich aus dem primären Unionsrecht eine solche Verpflichtung herleiten: Weder dem Gebot der Unionstreue nach Art. 4 Abs. 3 UAbs. 2 und 3 EUV[517] noch dem Grundsatz der loyalen Zusammenarbeit der Mitgliedstaaten untereinander nach Art. 4 Abs. 3 UAbs. 1 EUV[518] lassen sich ein solch weitgehender Regelungsgehalt entnehmen.[519] Folglich obliegt es den Mitgliedstaaten selbst in den einschlägigen Unionsorganen für die entsprechenden zwischenstaatlichen rechtlichen Verpflichtungen zu sorgen, um die Amtshilfe bei der Beitreibung zu normieren, für die das unionsrechtliche Primärrecht unmittelbar keinen Regelungsgehalt bereithält. Die Begründung einer solchen zwischenstaatlichen Verpflichtung kann mithin nur durch bi- oder multilateralen völkerrechtlichen Vertrag oder im Falle des Unionsrechts durch einen Sekundärrechtsakt erfolgen. Die Bundesrepublik Deutschland hat mittlerweile eine Reihe

---

513 Statt vieler BVerfG, Beschl. v. 22.3.1983 – 2 BvR 457/78, BVerfGE 63, 343 (361 f.); *Papier/Olschewski*, DVBl. 1976, 475 (476) m.w.N.

514 So mit Recht *Dutta*, EuR 2007, 744 (748).

515 Überzeugend *Dutta*, EuR 2007, 744 (746 f.).

516 *Dutta*, EuR 2007, 744 (746 f.).

517 Dieses Gebot verpflichtet die Mitgliedstaaten alle Maßnahmen zur Erfüllung der unionsrechtlichen Verpflichtungen zu ergreifen und die Union bei Erfüllung ihrer Aufgaben zur unterstützen und Maßnahmen zu unterlassen, welche die Ziele der Union gefährden könnten; vgl. *Haratsch/König/Pechstein*, Europarecht, Rn. 192. Näher *Marauhn*, in: Schulze/Zuleeg/Kadelbach, Handbuch Europarecht, § 7 Rn. 27 ff.

518 Nach der Rspr. des EuGH verpflichtet der Grundsatz der loyalen Zusammenarbeit die Mitgliedstaaten auch untereinander zur gegenseitigen Unterstützung. Statt vieler EuGH, Urt. 11.6.1991 – Rs. C-251/89, *Athanasopoulos*, Slg. 1991 I-2797, Rn. 57. Dieser Grundsatz führt jedoch nicht so weit, dass Mitgliedstaaten zur Beitreibung fremder Steuertatbestände verpflichtet würden. Das zeigt schon die Systematik des Primärrechts, die vom Grundsatz geprägt wird, das direkte Steuerrecht im Zuständigkeitsbereich der Mitgliedstaaten zu belassen.

519 Zutreffend mit ausführlicher Begründung *Dutta*, EuR 2007, 744 (752 ff.); *ders.*, IPRax 2010, 504 (504).

von internationalen Abkommen und Vereinbarungen zur Hand, um internationale Vollstreckungshilfe zu gewähren und in Anspruch zu nehmen, die es zu unterscheiden gilt und im Folgenden dargestellt werden sollen. Dabei sind die zwischenstaatliche und die innerstaatliche Ebene strikt zu trennen. Nur der innerstaatliche Umsetzungsakt ist in der Regel für die deutschen Finanzbehörden maßgeblich (vgl. bereits die Ausführungen zu § 117 Abs. 2 AO). Im Einzelnen sind auf zwischenstaatlicher Ebene folgende Abkommen zu unterscheiden:

A. EU-Beitreibungsrichtlinie[520]

Für die Mitgliedstaaten der EU existiert für den Bereich der Vollstreckungshilfe seit 1976 eine Richtlinie, die seit ihrem Inkrafttreten mehrfach erweitert wurde. Zuletzt wurde sie im Jahr 2010 einer umfassenden Erneuerung unterzogen. Im Zuge dessen wurde sie komplett neugefasst und umfassende Verfahrensvorschriften zur Leistung und Inanspruchnahme von Beitreibungshilfe wurden eingefügt.

I. Unionsrechtlicher Hintergrund

Die internationale Vollstreckungshilfe ist für die Durchsetzung von steuerlichen Forderungen wegen der völkerrechtlichen Schranke der formellen Territorialität ein notwendiges Instrument zur gleich- und gesetzmäßigen Besteuerung.[521] Für das Hoheitsgebiet der EU mitsamt seinen unionsrechtlichen Besonderheiten gilt dabei trotz der mittlerweile engen Verflechtung und dem partiellem Souveränitätsverzicht der Mitgliedstaaten keine andere Herleitung für die Notwendigkeit der Vollstreckungshilfe als außerhalb der EU.[522] Die völkerrechtliche Prämisse der mitgliedstaatlichen Souveränität bleibt unberührt.

Zwar geht insbesondere im EU-weiten Binnenmarkt das Bedürfnis zur Zusammenarbeit im Rahmen des Besteuerungsverfahrens mit der Zielsetzung des Wegfalls der Grenzen einher: Entfallen einerseits die Schranken für die Marktteilnehmer, müssen die Mitgliedstaaten andererseits in der Lage bleiben, ihre steuerfiskalischen Interessen zu schützen.[523] Diese Zielsetzung erscheint

---

520 Nachweis zur RL und deren Umsetzung siehe Fn. 23 und 24.

521 Vgl. *Gabert*, FR 2012, 707 (707 f.).

522 So bereits die Erkenntnis des Rates in den Erwägungsgründen zur RL 76/308/EWG, ABl. L 73, 18. Das Fehlen von unionsrechtlichen Bestimmungen war gerade der Anlass für den Erlass einer Richtlinie.

523 Ähnlich insoweit die Erwägungsgründe des Rates zur RL 2010/24/EU, ABl. L 84, 1, Rn. 3 f.

gefährdet, wenn Steuerpflichtige die Begleichung ihrer Steuerschuld „umgehen" können, indem sie ihr Vermögen dem Zugriff des Steuergläubigers - durch Verlagerung in einen anderen Mitgliedstaat - entziehen.[524] Diese Gefahr ist ohne ein Korrelat bei der Beitreibung von Steuerforderungen auch über die nationalen Grenzen hinweg durchaus erheblich. Aus dieser (gefährdeten) Zielsetzung allein lässt sich jedoch keine unmittelbare unionsrechtliche Verpflichtung zur gegenseitigen Beitreibung steuerrechtlicher Forderungen herleiten – es bedarf deshalb der Beitreibungsrichtlinie.

II. Historischer Hintergrund

Aufgrund der fehlenden Regelung im Primärrecht sah auch der unionale Gesetzgeber die Notwendigkeit, das Recht zur Beitreibungshilfe unionsrechtlich zu vereinheitlichen. Die EU (zum damaligen Zeitpunkt noch EWG bzw. später EG) hat schon frühzeitig erkannt, dass der wirtschaftliche Aufschwung und der zunehmende grenzüberschreitende Verkehr der EU-Bürger und Unternehmer zu Schwierigkeiten bei der Beitreibung von öffentlich-rechtlichen Forderungen führen würde und hielt deshalb eine sekundärrechtliche Regelung auf Unionsebene (damals Gemeinschaftsebene) für erforderlich. Die fehlende Möglichkeit der Vollstreckungshilfe stellte ihrer Ansicht nach ein Hindernis für die Errichtung sowie eine Beeinträchtigung für das Funktionieren des Gemeinsamen Marktes (heute Binnenmarkt im Sinne von Art. 26 AEUV) dar.[525] Schon vor dem Erlass einer Regelung zur allgemeinen Amtshilfe zwischen den Behörden im Bereich der direkten Steuern[526] wurde deshalb im Jahre 1976 die ursprüngliche EG-Beitreibungsrichtlinie[527] erlassen, die damit erstmalig das Problem der mangelnden grenzüberschreitenden Durchsetzbarkeit öffentlich-rechtlicher Forderungen und die damit verbundenen finanziellen Einbußen bekämpfen sollte.

---

524 Nachdrücklich *Dutta*, EuR 2007, 744 (744).

525 So die Erwägungsgründe des Rates zur RL 76/308/EWG, ABl. L 73, 18.

526 Die EWG-Amtshilferichtlinie 77/799/EWG wurde erst am 19.12.1977 erlassen.

527 Richtlinie 76/308/EWG des Rates vom 15. März 1976 über die gegenseitige Unterstützung bei der Beitreibung von Forderungen im Zusammenhang mit Maßnahmen, die Bestandteil des Finanzierungssystems des Europäischen Ausrichtungs- und Garantiefonds für die Landwirtschaft sind, sowie von Abschöpfungen und Zöllen, ABl. L 73, 18. Innerstaatlich umgesetzt wurde die Richtlinie durch Gesetz zur Durchführung der EG-Beitreibungsrichtlinie v. 10.8.1979, BGBl. I 1979, 1429. Die Richtlinie ist seit dem 29.6.2008 außer Kraft und wurde von nachfolgenden Richtlinien (dazu sogleich) ersetzt.

1. RL 76/308/EWG

Die erste Fassung der Beitreibungsrichtlinie war indes in ihrem sachlichen Anwendungsbereich noch stark beschränkt. Sie sollte insbesondere der Gefahr von Betrugsfällen vorbeugen, die wegen mangelnder Unterstützmöglichkeiten auf dem Gebiet der Vollstreckung von Forderungen im Rahmen des Ausgleichs- und Garantiefonds der gemeinsamen Agrarpolitik drohten.[528] Die Richtlinie bezog sich gegenständlich zunächst nur auf Forderungen aus Ausgleichszahlungen der gemeinsamen Agrarpolitik (Art. 2 lit. a RL 76/308/EWG), bestimmte näher definierte Abschöpfungen (Art. 2 lit. b RL 76/308/EWG), vor allem – die im Rahmen dieser Untersuchung interessanten – Zölle (Art. 2 lit. c RL 76/308/EWG) sowie schließlich Kosten und Zinsen, die in Zusammenhang mit den drei in lit. a bis c genannten Forderungen entstanden sind (Art. 2 lit. d RL 76/308/EWG).[529] Die Unterstützung bei der Beitreibung von Steuern war somit nicht der ursprüngliche Beweggrund für den Erlass der Richtlinie. Im Vordergrund stand die Durchsetzung der materiellen Vorschriften zur gemeinsamen Agrarpolitik. Trotz ihrer nicht explizit an Steuern orientierten Ausrichtung war durch die RL 76/308/EWG der Grundstein für die gegenseitige Unterstützung bei der Beitreibung öffentlich-rechtlicher Forderungen, insbesondere von Zöllen, gelegt und damit der Weg für die Vollstreckungshilfe bezogen auch auf Forderungen aus dem Steuerverhältnis bereitet.

Insbesondere im Hinblick auf die Verfahrensgestaltung wurde durch die RL 76/308/EWG in der EU das Fundament für die Praxis der heutigen, grenzüberschreitenden Vollstreckungshilfe gelegt. So eröffnete die Richtlinie erstmalig die Möglichkeit der Anwendung derjenigen Maßnahmen, die auch heute den Kanon der gängigen Unterstützungshandlungen im Rahmen von Vollstreckungshilfe (im weiteren wie im engeren Sinne) ausmachen: Gemäß Art. 4 Abs. 1 RL 76/308/EWG erteilte die ersuchte Behörde auf Antrag der ersuchenden Behörden alle Auskünfte, die letzterer Behörde für die Durchführung der Beitreibung von Nutzen waren. Art. 5 Abs. 1 RL 76/308/EWG sah die Vornahme von Zustellungen von Rechtsakten, welche die beizutreibenden Forderungen enthalten, durch die ersuchte Behörde vor. Kern der Richtlinie war jedoch die Möglichkeit der unmittelbaren Vollstreckung auswärtiger Titel seitens der ersuchten Behörde, vgl. Art. 6 Abs. 1 RL 76/308/EWG. Gemäß Art. 6 Abs. 2 RL 76/308/EWG erfolgte dies unter

528 Vgl. die Erwägungsgründe des Rates zur RL 76/308/EWG, ABl. L 73, 18.

529 Im Rechtsetzungsverfahren hatte sich der Wirtschafts- und Sozialausschuss in seiner Stellungnahme v. 28.8.1973 schon ohne Erfolg darum bemüht, den Anwendungsbereich der Richtlinie auch auf die „Mehrwertsteuer" zu erstrecken, ABl. C 69, 4.

Anerkennung des ausländischen Titels; die Forderung wurde dann gleich einer inländischen behandelt und vollstreckt. Darüber hinaus war auch die Einleitung von Sicherungsmaßnahmen auf begründeten Antrag hin vorgesehen, Art. 13 RL 76/308/EWG. Schon in dieser frühen Fassung der Beitreibungsrichtlinie waren somit die heute noch prägenden Instrumente Auskunfts-, Zustellungs-, Sicherungs- und Vollstreckungsersuchen verankert. Zudem waren darin schon für das Vollstreckungshilferecht wesentliche Prinzipien wie der Äquivalenzgrundsatz (Art. 4 Abs. 1 UAbs. 1, Art. 10 RL 76/308/EWG), der Subsidiaritätsgrundsatz (Art. 7 Abs. 1, Art. 14 lit. b RL 76/308/EWG) oder die Anerkennung des auswärtigen Titels (Art. 6 Abs. 2, Art. 8 RL 76/308/EWG) verwirklicht.

Ausweislich Art. 1 RL 76/308/EWG beschränkte sich die Richtlinie vornehmlich auf die Regulierung der Leistung von Vollstreckungshilfe aus Sicht des ersuchten Staates, mithin wann dieser zur Hilfegewährung verpflichtet ist. Aussagen zur Frage, unter welchen Voraussetzungen das Stellen eines Vollstreckungsersuchen zulässig sein sollte, enthielt sie nur in Ausnahmefällen (vgl. Art. 7 Abs. 2 RL 76/308/EWG).

Entsprechend der in Art. 22 RL 76/308/EWG vorgesehenen Ermächtigung wurden bestimmte Vorschriften der RL 76/308/EWG durch die EU-Kommission in Form der RL 77/794/EWG[530] konkretisiert. Diese Durchführungsbestimmungen bargen primär Regelungen zur konkreten verfahrenstechnischen Zusammenarbeit zwischen den Behörden, um die Wirksamkeit der Richtlinie sicherzustellen.[531] Insbesondere enthielt die Richtlinie im Anhang eine Reihe von Formularen, die zur Übermittlung eines Ersuchens verwendet werden sollten. Die RL 77/794/EWG wurde im Jahre 2002 „im Interesse der Eindeutigkeit"[532] durch die RL 2002/94/EG[533] ersetzt. Hierdurch wurde erstmals die Möglichkeit

530 Richtlinie 77/794/EWG der Kommission vom 4. November 1977 zur Festsetzung der erforderlichen Durchführungsbestimmungen zu bestimmten Artikeln der Richtlinie 76/308/EWG über die gegenseitige Unterstützung bei der Beitreibung von Forderungen im Zusammenhang mit Maßnahmen, die Bestandteil des Finanzierungssystems des Europäischen Ausrichtungs- und Garantiefonds für die Landwirtschaft sind, sowie von Abschöpfungen und Zöllen, ABl. L 333, 11.

531 Vgl. Erwägungsgründe der Kommission zu RL 77/94/EWG, ABl. L 333, 11.

532 So die Formulierung der Kommission nachdem die RL 76/308/EWG durch die RL 2001/44/EG umfassend modifiziert worden war.

533 Richtlinie 2002/94/EG der Kommission vom 9. Dezember 2002 zur Festlegung ausführlicher Durchführungsbestimmungen zu bestimmten Artikeln der Richtlinie 76/308/EWG über die gegenseitige Unterstützung bei der Beitreibung von Forderungen im Zusammenhang mit bestimmten Abgaben, Zöllen, Steuern und sonstigen Maßnahmen, ABl. L 337, 41.

der Übermittlung der Ersuchen auf elektronischem Wege – wenngleich auf freiwilliger und konsensualer Basis – implementiert. Im Jahre 2008 wurde die RL 2002/94/EG ohne inhaltliche Änderung in der Sache wiederum durch die VO 2008/1179/EG[534] ausgetauscht, weil eine Verordnung nach Ansicht der Kommission das effizientere Rechtsinstrument zur Sicherstellung eines einheitlichen Verfahrens sei.[535]

2. Erweiterung durch Änderungsrichtlinien

In der Folgezeit bemühte sich die EU-Kommission, welche grundsätzlich gem. Art. 17 Abs. 2 Satz 1 EUV das alleinige Recht zur Gesetzesinitiative besitzt, die RL 76/308/EWG sowohl hinsichtlich ihres sachlichen Anwendungsbereichs auszuweiten und darüber hinaus die verfahrenstechnische Ausgestaltung zu verbessern. Dies erfolgte zunächst durch die Einbringung einer Reihe von Änderungsrichtlinien im Zeitraum von 1979 bis 2008, deren Auswirkungen an dieser Stelle kurz skizziert werden sollen:[536]

Bereits 1979 wurde eine neue Richtlinie[537] verabschiedet, die den sachlichen Anwendungsbereich (und im Übrigen auch den Titel) der Beitreibungsrichtlinie auf die Mehrwertsteuer (nunmehr Art. 2 lit. e RL 76/308/EWG) ausdehnte. RL 76/308/EWG in der neuen Fassung sollte damit das kurz zuvor geschaffene gemeinsame Mehrwertsteuersystem[538] flankieren, das ohne die gegenseitige Unterstützung bei der Beitreibung solcher Forderungen nicht die Hindernisse für die Errichtung sowie die Beeinträchtigung des Funktionierens des Binnenmarktes

534 Verordnung 2008/1179/EG der Kommission vom 28. November 2008 zur Festsetzung der Durchführungsbestimmungen zu bestimmten Artikeln der Richtlinie 2008/55/EG über die gegenseitige Unterstützung bei der Beitreibung von Forderungen im Zusammenhang mit bestimmten Abgaben, Zöllen, Steuern und sonstigen Maßnahmen, ABl. L 319, 21.

535 Vgl. Erwägungsgründe der Kommission zur VO 2008/1179/EG, ABl. L 319, 11.

536 Richtlinien, die lediglich den Beitritt neuer EU-Mitgliedstaaten dokumentieren, werden hierbei außer Betracht gelassen.

537 Richtlinie 79/1071/EWG des Rates vom 6. Dezember 1979 zur Änderung der Richtlinie 76/308/EWG über die gegenseitige Unterstützung bei der Beitreibung von Forderungen im Zusammenhang mit Maßnahmen, die Bestandteil des Finanzierungssystems des Europäischen Ausrichtungs- und Garantiefonds für die Landwirtschaft sind, sowie von Abschöpfungen und Zöllen, ABl. L 331, 10.

538 Zu nennen ist hier insbesondere die Sechste Richtlinie 77/388/EWG des Rates vom 17. Mai 1977 zur Harmonisierung der Rechtsvorschriften der Mitgliedstaaten über die Umsatzsteuern, ABl. L 145, 1.

zu verhindern imstande war.[539] Die Beitreibungsrichtlinie war damit erstmalig auch für den Bereich der (indirekten) Steuern einschlägig, ohne dass sie ihrem Inhalt nach einer Änderung unterzogen wurde.

Im Jahre 2001 wurde der Anwendungsbereich der Beitreibungsrichtlinie auf Vorschlag der Kommission[540] durch die Änderungsrichtlinie 2001/44/EG[541] erneut und diesmal umfassend erweitert. Erstmalig wurde die Bekämpfung von Steuerbetrug und Steuerhinterziehung als explizites Ziel in den Erwägungsgründen zur Richtlinie aufgeführt.[542] Diese Praktiken wurden als Bedrohung sowohl für das Funktionieren des Binnenmarktes als auch für die finanziellen Interessen und die Wettbewerbsfähigkeit der Mitgliedstaaten ausgemacht. Es sollte die Neutralität des Binnenmarktes in steuerlicher Hinsicht sichergestellt werden. Aus diesem Grunde sah man sich veranlasst, den Anwendungsbereich der Richtlinie auf weitere Steuerarten neben der Umsatzsteuer auszudehnen. Der neue Schwerpunkt der Zusammenarbeit im Rahmen der Beitreibungshilfe, der zuvor noch auf dem Agrarbereich gelegen hatte, zeigte sich auch in der Umbenennung der Richtlinie 76/308/EWG, die nunmehr „Richtlinie über die gegenseitige Unterstützung bei der Beitreibung von Forderungen auf bestimmte Abgaben, Zölle, Steuern und sonstige Maßnahmen" als offiziellen Titel führte.

Gegenständlich umfasst von der Beitreibungsrichtlinie waren nach der Änderung gemäß Art. 2 RL 76/308/EWG neben den Forderungen aus dem Ausrichtungs- und Garantiefonds für die Landwirtschaft (lit. a) und bestimmten Abschöpfungen (lit. b) nunmehr auch Einfuhrabgaben (lit. c), Ausfuhrabgaben (lit. d), die Mehrwertsteuer (lit. e), bestimmte Verbrauchsteuern (lit. f), Einkommen- und Kapitalsteuern (lit. g), Steuern auf Versicherungsprämien (lit. h) sowie Zinsen, Geldstrafen, Geldbußen und Kosten, die im Zusammenhang mit

---

539 Vgl. die Erwägungsgründe des Rates zur RL 79/1071/EWG, ABl. L 331, 10. Dort auch zu den folgenden Zielsetzungen. Immer noch krit. zur Reichweite jedoch der Wirtschafts- und Sozialausschuss in seiner Stellungnahme v. 12.4.1999, ABl. C 101, 26 (29), der die Ausgestaltung für unzureichend hielt und monierte, dass „die Europäische Union mit einem Steuerwesen ins 21. Jahrhundert geht, das kaum den Anforderungen des 19. Jahrhunderts gerecht wird."

540 Vorschlag v. 28.8.1998, ABl. C 269, 16 sowie v. 24.6.1999, ABl. C 179, 6.

541 Richtlinie 2001/44/EG des Rates vom 15. Juni 2001 zur Änderung der Richtlinie 76/308/EWG über die gegenseitige Unterstützung bei der Beitreibung von Forderungen im Zusammenhang mit Maßnahmen, die Bestandteil des Finanzierungssystems des Europäischen Ausrichtungs- und Garantiefonds für die Landwirtschaft sind, sowie von Abschöpfungen und Zöllen und bezüglich der Mehrwertsteuer und bestimmter Verbrauchsteuern, ABl. L 175, 17.

542 Vgl. die Erwägungsgründe des Rates zur RL 2001/44/EG, ABl. L 175, 17.

den genannten Forderungen entstanden sind (lit. i). Vollstreckungshilfe konnte folglich in der geänderten Fassung insbesondere auch bezogen auf die – neben der Umsatzsteuer – aufkommensstarke Einkommensteuer in Anspruch genommen werden.

Darüber hinaus wurde das Verfahren bei der Durchführung der Vollstreckungshilfe durch die Richtlinie verbessert. Zukünftig sollte gemäß dem geänderten Art. 8 Abs. 1 RL 76/308/EWG der mit der Forderung zusammenhängende Vollstreckungstitel nach Ersuchen als Titel der Rechtsordnung der ersuchten Behörde behandelt werden, um Vollstreckungsersuchen rascher und wirksamer entsprechen zu können.[543] Vor der Änderung musste die übermittelte Forderung noch durch einen Titel bestätigt, anerkannt, ergänzt oder ersetzt werden, der die Vollstreckung im ersuchten Staat ermöglichte, vgl. Art. 8 Abs. 1 RL 76/308/EWG.

Schließlich wurde die RL 2008/55/EG erlassen, die jedoch keine Änderungen in der Sache barg, sondern vielmehr die durch die vielen Änderungsrichtlinien entstandene unübersichtliche Rechtslage bereinigte, indem sie die RL 76/308/EWG samt ihrer Änderungen in eine kodifizierte Fassung übertrug.[544]

3. Defizite und geringer Erfolg bei der Vollstreckungshilfe als Ausgangspunkt für RL 2010/24/EU

Trotz der Vielzahl an Änderungen an der ursprünglichen RL 76/308/EWG stellte sich auf europäischer Ebene der gewünschte Erfolg nicht ein. Die Zahl der Ersuchen blieb gering, die Erfolgsquote verharrte auf niedrigem Niveau (vgl. dazu 4. Kapitel). Seitens der europäischen Gesetzgebungsorgane wurde erkannt, dass zur Verbesserung der Vollstreckungshilfe die rechtlichen Grundlagen und die Art der Zusammenarbeit zwischen den Staaten weiter ausgebaut werden mussten.[545] Ausgehend von den vermeintlichen Schwachstellen der bisherigen Richtlinien wurde beschlossen, eine ganz neue Richtlinie zu erlassen, statt weiter in Form von Änderungsrichtlinien eine schwer zu überschauende Rechtslage zu kreieren.[546] Es sei notwendig, auf Grundlage des Erreichten aufzubauen, aber punktuell „klarere und präzisere Regeln" zu schaffen, um die Amtshilfe „effektiver und effizienter sowie leichter anwendbar" zu machen, um insgesamt „bessere

543 Vgl. die Erwägungsgründe des Rates zur RL 2001/44/EG, ABl. L 175, 17.

544 Vgl. die Erwägungsgründe des Rates zur RL 2008/55/EG, ABl. L 150, 28.

545 Der Rat bezeichnet in den Erwägungsgründen zur RL 2010/24/EU, ABl. L 84, 1 die bisherigen Regelungen als „unzureichend".

546 Vgl. die Erwägungsgründe des Rates zur RL 2010/24/EU, ABl. L 84, 1.

Ergebnisse" zu erzielen.[547] Als Ergebnis wurde schließlich die RL 2010/24/EU erlassen, die im Folgenden näher analysiert werden soll, und dadurch die RL 2008/55/EG aufgehoben (vgl. Art. 29 RL 2010/24/EU). Konsequenterweise wurde zudem eine neue Durchführungsverordnung zur Festlegung von Durchführungsbestimmungen durch die Kommission erlassen.[548]

III. Unionsrechtliche Ermächtigungsgrundlage

Die Rechtsetzungskompetenzen der Organe der EU sind u.a. gemäß Art. 5 Abs. 1 Satz 1 EUV durch das Prinzip der begrenzten Einzelermächtigung beschränkt. Danach darf die EU nur in den Bereichen gesetzgeberisch tätig werden, in denen ihr durch die Mitgliedstaaten die notwendige Kompetenz übertragen wurde, vgl. Art. 5 Abs. 2 Satz 1 EUV.[549] Anderenfalls verbleibt die Zuständigkeit mangels Übertragung von Hoheitsrechten bei den Mitgliedstaaten (Art. 5 Abs. 2 Satz 2, Art. 4 Abs. 1 EUV). Für den Erlass einer Richtlinie ist folglich eine primärrechtliche Ermächtigungsgrundlage erforderlich, die für den in der Richtlinie behandelten Regelungsgegenstand einschlägig ist.[550] Ausweislich der Erwägungsgründe des Rates wird die Richtlinie 2010/24/EU insbesondere auf Art. 113 und 115 AEUV gestützt.[551]

Fraglich ist, ob es sich hierbei um taugliche Ermächtigungsgrundlagen zum Erlass der Richtlinie 2010/24/EU handelt. Art. 113 AEUV ist in seinem Anwendungsbereich auf die Regulierung der Umsatzsteuer, der Verbrauchsabgaben und sonstigen indirekten Steuern beschränkt. Bezüglich dieser indirekten Steuerarten geht Art. 113 AEUV den Art. 114 f. AEUV vor.[552] Für die Regelung der Vollstreckungshilfe bezogen auf diese Steuerarten müsste folglich (neben Art. 115 AEUV) auch Art. 113 AEUV herangezogen werden. Die Richtlinie

547 Vgl. die Erwägungsgründe des Rates zur RL 2010/24/EU, ABl. L 84, 1.

548 Durchführungsverordnung 2011/1189/EU v. 18.11.2011, siehe Fn. 462.

549 Vgl. insoweit auch die st. Rspr. des EuGH. Zuletzt Urt. v. 18.12.2014 – Rs. C-81/13, *Vereinigtes Königreich/Rat*, noch nicht in Slg. veröffentlicht, Rn. 61; Urt. v. 16.6.2015 – Rs. C-62/14, *OMT-Beschlüsse*, noch nicht in Slg. veröffentlicht, Rn. 41. Zu Bedeutung und Folgen eines Verstoßes gegen diesen Grundsatz aus nationaler verfassungsrechtlicher Sicht vgl. nur BVerfG, Beschl. v. 6.7.2010 – 2 BvR 2661/06, BVerfGE 126, 286 (304).

550 Vgl. nur *Haratsch/König/Pechstein*, Europarecht, Rn. 157.

551 Erwägungsgründe des Rates zur RL 2010/24/EU, ABl. L 84, 1. Zur Zulässigkeit, eine Richtlinie auf mehrere Ermächtigungsgrundlagen zu stützen *Haratsch/König/Pechstein*, Europarecht, Rn. 158.

552 *Kamann*, in: Streinz, EUV/AEUV, Art. 113 AEUV Rn. 11.

2010/24/EU regelt zwar nicht das Zustandekommen oder die Ausgestaltung indirekter Steuern im materiellen Sinne. Sie enthält vielmehr verfahrensrechtliche Vorschriften für ihre Beitreibung. Insoweit kann dennoch von „Rechtsvorschriften über die Umsatzsteuern, die Verbrauchsabgaben und sonstige indirekte Steuern" gesprochen werden.[553] Gemäß Art. 113 AEUV ist für den Erlass einer harmonisierenden Rechtsvorschrift auf diesem Gebiet ihre Notwendigkeit für die Errichtung und das Funktionieren des Binnenmarktes und die Vermeidung von Wettbewerbsverzerrungen zwingende Voraussetzung.[554]

Der Erlass einer Regelung zu den direkten Steuern ist hingegen nur unter den strengen Voraussetzungen des Art. 115 AEUV zulässig. Art. 114 Abs. 1 AEUV ist ausweislich Art. 114 Abs. 2 AEUV, der Steuern explizit als tauglichen Regelungsgegenstand ausnimmt, nicht einschlägig. Gleichzeitig lässt sich aus der Vorschrift des Art. 114 Abs. 2 AEUV, der für Art. 115 AEUV nicht greift, *e contrario* ableiten, dass Art. 115 AEUV für direkte Steuern anwendbar ist (vgl. auch den Einleitungssatz „Unbeschadet des Artikels Art. 114…").[555] Im Gegensatz zu Art. 113 enthält Art. 115 AEUV keinen expliziten Harmonierungsauftrag[556] und ist aufgrund seiner systematischen Stellung als Auffangtatbestand restriktiv anzuwenden. Gestützt auf Art. 115 AEUV können Richtlinien für die Angleichung derjenigen Rechts- und Verwaltungsvorschriften der Mitgliedstaaten erlassen werden, die sich unmittelbar auf die Errichtung oder das Funktionieren des Binnenmarktes auswirken.

Sowohl Art. 113 als auch Art. 115 AEUV haben mithin die gemeinsame Voraussetzung, dass sie nur herangezogen werden können, wenn der Binnenmarkt es erforderlich macht. Die Beitreibungsrichtlinie reguliert die Zusammenarbeit im Wege der Amtshilfe bei der Vollstreckung öffentlich-rechtlicher Forderungen sowie dazu dienlicher, vorbereitender Maßnahmen. Sie bezweckt damit die Durchsetzung nationaler Forderungen auch außerhalb ihres Hoheitsgebiets, vgl. Art. 1 EU-BeitrRL. Fraglich ist somit, ob eine solche Regelung für das Funktionieren des Binnenmarktes auf europäischer Ebene erforderlich ist. Nach Ansicht von Rat und Kommission, auf deren Vorschlag die Richtlinie beruht, ist dies der Fall, um die steuerliche Neutralität des Binnenmarktes zu

553 Zum Tatbestand des Art. 113 AEUV *Seiler*, in: Grabitz/Hilf/Nettesheim, Recht der EU, Art. 113 AEUV Rn. 18 ff.

554 Näher *Kamann*, in: Streinz, EUV/AEUV, Art. 113 AEUV Rn. 8 m.w.N.

555 Statt vieler *Wernsmann*, in: Schulze/Zuleeg/Kadelbach, Handbuch Europarecht, § 30 Rn. 63 m.w.N.

556 *Wernsmann*, in: Schulze/Zuleeg/Kadelbach, Handbuch Europarecht, § 30 Rn. 63.

schützen.[557] Anderenfalls liefe man Gefahr, dass die Mitgliedstaaten diskriminierende Schutzmaßnahmen gegenüber grenzüberschreitenden Umsätzen zur Verhinderung von Betrug und finanziellen Verlusten ergriffen.[558] Die Regelung sei somit erforderlich für das Funktionieren des Binnenmarktes.

Dieser Sichtweise ist zuzustimmen. Es liegt auf der Hand, dass mit der verstärkten wirtschaftlichen Verflechtung der Marktteilnehmer vermehrt grenzüberschreitende Vermögensverschiebungen erfolgen (vgl. bereits die Ausführung im 1. Teil 1. Kapitel). Um gleichzeitig finanzielle Einbußen der Mitgliedstaaten und Wettbewerbsverzerrungen durch eine unterschiedliche Bereitschaft zur Amtshilfe bei der Vollstreckung unter den Mitgliedstaaten zu verhindern, bedarf es eines unionsrechtlichen Korrelats, das die ordnungsgemäße Besteuerung sicherstellt und damit die finanziellen Interessen der Mitgliedstaaten schützt. Ein Binnenmarkt, der zwar einerseits die wirtschaftliche Expansion grenzüberschreitend ermöglicht, aber anderseits nur begrenzten steuerlichen Zugriff erlaubt, führt zwangsläufig zu Wettbewerbsverzerrungen und zufällig entstehenden Ungleichheiten, je nachdem inwieweit einem Mitgliedstaat gerade die Möglichkeit des Steuerzugriffs offensteht (beispielsweise durch ein bilateral abgeschlossenes DBA). Eine unmittelbare Auswirkung im Sinne von Art. 115 AEUV ist gegeben.

Nur auf unionaler Ebene kann dieser Missstand behoben werden, sodass gleichzeitig die unionsrechtlichen Grundsätze der Subsidiarität und Verhältnismäßigkeit (siehe Art. 5 Abs. 1 Satz 2, Abs. 3 bzw. 4 EUV) gewahrt bleiben[559], die auch in Art. 115 AEUV zum Ausdruck kommen.[560] Nationale Maßnahmen stoßen an ihre völkerrechtlichen Grenzen und sind daher nicht geeignet EU-weit der Gefahr für den Binnenmarkt Abhilfe zu schaffen. Zudem ist das DBA-Netz zwischen den Mitgliedstaaten zum gegenwärtigen Stand noch lückenhaft.[561] Das Funktionieren des Binnenmarkts wäre mithin ohne eine unionsweite Regelung gefährdet. Art. 115 bzw. Art. 113 AEUV sind im Ergebnis taugliche Ermächtigungsgrundlagen für den Erlass der Beitreibungsrichtlinie hinsichtlich der Steuerarten in der vorliegenden Form.

---

557 So die Erwägungsgründe des Rates zur RL 2010/24/EU, ABl. L 84, 1.

558 So die Erwägungsgründe des Rates zur RL 2010/24/EU, ABl. L 84, 1.

559 So auch die Ansicht des Rates in den Erwägungsgründen zur RL 2010/24/EU, ABl. L 84, 1, Rn. 20.

560 Vgl. nur *Englisch*, in: Tipke/Lang, § 4 Rn. 68.

561 Vgl. insoweit die Nachweise über die Vollstreckungshilfeklauseln in DBA mit deutscher Beteiligung unter B. II. Danach hat Deutschland längst nicht mit allen EU-Mitgliedstaaten die gegenseitige Vollstreckungshilfe vereinbart. Es ist davon auszugehen, dass sich dies bei anderen EU-Mitgliedstaaten nicht anders verhält.

IV. *Wesentliche Neuerungen*

Die früheren Fassungen der Beitreibungsrichtlinie waren einer Reihe von Kritikpunkten ausgesetzt. So wurde bemängelt, dass die EG-Beitreibungsrichtlinie lediglich die Behandlung eingehender Vollstreckungsersuchen zum Gegenstand hatte und für die Frage, unter welchen Voraussetzungen das Stellen eines Ersuchens zulässig sei, keine Regelung vorsah.[562] Auch die Anerkennung des übersandten Vollstreckungstitels im Staat der ersuchten Behörde war umständlich und problembehaftet und verhinderte so eine effiziente Zusammenarbeit.[563] Auf diese (oft von den zuständigen Organen selbst) erkannten Kritikpunkte wurde weitgehend reagiert. Dementsprechend sieht die nun gültige, neue Fassung der EU-BeitrRL eine Reihe von Änderungen vor, die zu einer besseren Zusammenarbeit innerhalb der EU auf dem Gebiet der Vollstreckungshilfe führen sollen[564]:

1. Erweiterung des Anwendungsbereichs

Als wichtigste Neuerung für die Reichweite der Vollstreckungshilfe ist die Erweiterung des sachlichen Anwendungsbereichs auf Steuern und Abgaben *aller* Art, die von einem Mitgliedstaat oder dessen gebiets- oder verwaltungsmäßigen Gliederungseinheiten einschließlich lokaler Behörden oder für diesen oder diese oder für die EU erhoben werden (Art. 2 Abs. 1 lit. a EU-BeitrRL).[565] Erstmalig ist damit die rechtliche Grundlage für die grenzüberschreitende Beitreibung hinsichtlich sämtlicher, innerhalb der EU erhobener Steuern geschaffen worden. So können nunmehr beispielsweise auch örtliche Verbrauch- und Aufwandsteuern oder die Biersteuer grenzüberschreitend durchgesetzt werden. Gerade vor

562 Vgl. BFH, Urt. 21.7.2009 – VII R 52/08, BStBl. II, 2010, 51 (53). Hierzu ist allerdings einschränkend zu bemerken, dass es sich dabei – wie der BFH auch richtig feststellte – um Umsetzungsprobleme des deutschen EG-BeitrG (§ 1 Abs. 2 und § 4) in der bis zum 31.12.2011 gültigen Fassung handelte. In diesem Sinne auch *Kortz*, DB 2012, 2422 (2423). Jedenfalls sind die Voraussetzungen für das Stellen eines Ersuchens in der neuen Fassung umfassender geregelt.

563 So etwa der Rat in seinen Erwägungsgründen zu RL 2010/24/EU, ABl. L 84, 1, Rn. 8.

564 Die Kommission geht in ihrem Bericht der Kommission v. 15.2.2012, KOM (2012) 58, S. 7 euphorisch von einem „Meilenstein auf dem Weg zu einer wirkungsvolleren Beitreibungsamtshilfe" aus. Vgl. auch *Gabert*, FR 2012, 707 (707), die von „bemerkenswerten" Änderungen spricht.

565 Vgl. hierzu auch *Gabert*, FR 2012, 707 (708).

dem Hintergrund, dass das Steuerrecht grundsätzlich noch zu den verbliebenen Kernbereichen mitgliedstaatlicher Souveränität zählt[566] und es dementsprechend eine Vielzahl verschiedener Steuerarten gibt[567], die nunmehr alle einer Durchsetzung im Wege der Vollstreckungshilfe zugänglich sind, kann von einer wertvollen Weiterentwicklung gesprochen werden.

Bisher bestehende Lücken hinsichtlich der grenzüberschreitenden Beitreibung von speziellen nationalen Steuern wurden damit geschlossen. Wenn ein Mitgliedstaat ein eingehendes Ersuchen gerichtet auf die Beitreibung einer Steuer erhält, die er selbst nicht erhebt, ist er zur Anwendung der Vorschriften, die für vergleichbare Steuern greifen, verpflichtet, vgl. Art. 13 Abs. 1 Satz 2 EU-BeitrRL. Wenn keine vergleichbare Steuer gegeben ist, sollen die Modalitäten der Einkommensteuer herangezogen werden (Art. 13 Abs. 1 UAbs. 1 EU-BeitrRL). Der gegenständliche Schwerpunkt der Richtlinie liegt nach ihrer Neufassung folglich eindeutig auf der Beitreibung von Steuerforderungen (vgl. auch den geänderten Titel der Richtlinie, der jedoch irreführend nur von „bestimmten Steuern" spricht, obwohl ausweislich Art. 2 lit. a der Richtlinie Steuern jeglicher Art gegenständlich erfasst sind).

Auch im Hinblick auf den personellen Anwendungsbereich wurde in Art. 3 lit. c EU-BeitrRL deutlich hervorgehoben, dass sowohl von natürlichen als auch juristischen Personen geschuldete Forderungen Gegenstand der Richtlinie sind. Insbesondere durch Art. 3 lit. c iii) und iv) EU-BeitrRL soll auf neue Rechtsformen reagiert und Umgehungen der Richtlinie verhindert werden.[568]

2. Neue Zuständigkeiten

Daneben wurde eine Reihe von Verfahrensvorschriften neu geschaffen. Diese haben insbesondere eine Verbesserung der Effektivität und Effizienz der Zusammenarbeit bei der Vollstreckungshilfe zum Ziel.

In diesem Sinne werden die Mitgliedstaaten nunmehr verpflichtet, für die Bearbeitung ein- und ausgehender Ersuchen zentrale Anlaufstellen einzurichten und die Kommission im Vorfeld darüber zu informieren. Dazu

566 Dies gilt jedenfalls für den Bereich der direkten Steuern mit der Einschränkung, dass die Ausgestaltung des nationalen Steuerrechts unter Wahrung des Unionsrechts, insbesondere der Grundfreiheiten, zu erfolgen hat, st. Rspr. des EuGH. Vgl. nur Urt. v. 14.2.1995 – Rs. C-279/93, *Schumacker*, Slg. 1995, I-225, Rn. 21.

567 Allein in Deutschland sind es ca. 30 verschiedene Steuerarten. Vgl. *Birk/Desens/Tappe*, Steuerrecht, Rn. 5.

568 Erwägungsgründe des Rates zur RL 2010/24/EU, ABl. L 84, 1, Rn. 5.

teilt jeder Mitgliedstaat der Kommission zunächst eine für die Zwecke der Richtlinie zuständige Behörde mit (Art. 4 Abs. 1 EU-BeitrRL).[569] Diese zuständige Behörde soll dann der Kommission ein zentrales Verbindungsbüro benennen (Art. 4 Abs. 2 EU-BeitrRL). Das zentrale Verbindungsbüro dient als Bindeglied zwischen den Mitgliedstaaten (Art. 4 Abs. 2 EU-BeitrRL) und ggf. der EU-Kommission (Art. 4 Abs. 2 UAbs. 1 EU-BeitrRL) und ist hauptverantwortlich für die Durchführung der Amtshilfe im Sinne der Richtlinie. Des Weiteren kann die zuständige Behörde zusätzliche Verbindungsbüros auswählen, die für die Vollstreckungshilfe hinsichtlich bestimmter Steuerarten zuständig sein sollen (Art. 4 Abs. 3 EU-BeitrRL). Schließlich wird der zuständigen Behörde die Option eingeräumt, sog. Verbindungsstellen zu benennen (Art. 4 Abs. 4 EU-BeitrRL). Diese Verbindungsstelle ist für die Ausübung der Vollstreckungshilfe in spezifischen territorialen oder funktionalen Bereichen zuständig.

Das Verbindungsbüro fungiert zum einen als eine Art Kontrollstelle mit Filterfunktion, das vorab die Rechtmäßigkeit ein- und ausgehender Ersuchen nach der EU-BeitrRL überprüft (vgl. etwa § 3 Abs. 1 Sätze 4 und 5 EU-BeitrG). Sollte ein Ersuchen rechtswidrig sein oder kann diesem aus anderen Gründen nicht nachgekommen werden (z.B. § 14 Abs. 2 EU-BeitrG), weist die Behörde es unter Benennung der Gründe zurück. Zum anderen ist es die zentrale Anlaufstelle für um Amtshilfe ersuchende Behörden. Diese Neuerung ist im Kontext der bisher geringen Verwendung der Vollstreckungshilfe im EU-Raum zu sehen. Sie soll die Hürden ihrer Inanspruchnahme senken und nicht jeder einzelnen Behörde die Aufgabe der eigenständigen Suche nach der zuständigen Behörde im anderen Staat aufbürden. Ferner soll in der Vergangenheit aufgetretenen Kommunikationsschwierigkeiten abgeholfen werden.[570] Insofern ist diese Neuerung wegen der zu erwartenden Verfahrensvereinfachung und -beschleunigung zu begrüßen. Auch hat die Einrichtung einer zentralen Instanz den Vorteil, dass ein- und ausgehende Ersuchen einheitlich von einer Behörde bewertet werden. Der möglichen Gefahr einer Rechtszersplitterung durch die unterschiedliche Handhabung von Vollstreckungsersuchen seitens einzelner lokaler Vollstreckungsbehörden wird damit vorgebeugt. Dem Grundsatz der Rechtsstaatlichkeit wird durch eine vermutete Steigerung der Vorhersehbarkeit von Entscheidungen, einem

569 Eine Übersicht der zuständigen Behörden aller Mitgliedstaaten hat die Kommission gemäß Art. 4 Abs. 1 UAbs. 1 EU-BeitrRL veröffentlicht. Siehe Bekanntmachung v. 12.10.2011, ABl. C 301/7.

570 Vgl. auch *Gabert*, FR 2012, 707 (709), die eine „Entbürokratisierung“ durch klare Kompetenzen erwartet.

gestärkten Maß an Rechtseinheit sowie einem Rückgang an Ungleichheit verstärkt Rechnung getragen.

Auf den ersten Blick mag die Vielzahl verschiedener, unter ähnlicher Bezeichnung firmierender Einrichtungen verwirrend erscheinen, obwohl ihre Neuschaffung gerade die Ausübung der Vollstreckungshilfe vereinfachen soll. Zwingend sind indes nur die Mitteilung der zuständigen Behörde sowie des zentralen Verbindungsbüros. Gerade die Schaffung des Letztgenannten ist vor dem Hintergrund der oben aufgezeigten Vorteile begrüßenswert. Das System der Vollstreckungshilfe darf auch nach Ansicht des Unionsgesetzgebers nicht durch mangelnde Koordinierung in Frage gestellt werden.[571] Die Einrichtung weiterer Verbindungsbüros und Verbindungstellen bleibt hingegen im Ermessen der Mitgliedstaaten. Hierdurch soll ihnen ermöglicht werden, fachspezifischere Behörde für einzelne Teilbereiche einzusetzen. Gerade in größeren Mitgliedstaaten liefe das zentrale Verbindungsbüro ansonsten Gefahr, seiner Aufgaben aufgrund kompetenzieller und personeller Überforderung nicht gewachsen zu sein. Zudem führt die Kommission eine Liste aller Verbindungsbüros und -stellen und informiert die Mitgliedstaaten hierüber, sodass Unklarheiten hinsichtlich des richtigen Adressaten eines Ersuchens aus dem Weg geräumt werden dürften. Schließlich sind unzuständige Stellen verpflichtet, ein eingehendes Ersuchen bei Unzuständigkeit an die zuständige Behörde weiterzuleiten (Art. 4 Abs. 5 EU-BeitrRL).

In Deutschland ist gemäß § 3 Abs. 1 1. HS. EU-BeitrG das BMF zuständige Behörde. Zugleich wurde es auch als zentrales Verbindungsbüro benannt, § 3 Abs. 1 2. HS. EU-BeitrG. Zudem hat der deutsche Gesetzgeber bei der Umsetzung von der Möglichkeit Gebrauch gemacht, weitere Verbindungsbüros zu benennen. Gemäß § 3 Abs. 1 Satz 2 Nr. 1 EU-BeitrG i.V.m. § 5 Abs. 1 Nr. 5 FVG ist das Bundeszentralamt für Steuern zuständig für die Prüfung und Bearbeitung von Ersuchen, die Steuern zum Gegenstand haben. Die gleiche Kompetenz soll gemäß § 3 Abs. 1 Satz 2 Nr. 2 EU-BeitrG i.V.m. § 12 Abs. 2 FVG der Bundesstelle Vollstreckung Zoll beim HZA Hannover hinsichtlich auf Zölle gerichteter Ersuchen zustehen. Die tatsächliche Ausführung eines Ersuchens oder die ursprüngliche Entscheidung, ob um Vollstreckungshilfe ersucht werden soll, liegt hingegen bei den nach der AO örtlich zuständigen (§ 4 Abs. 1 Satz 2 EU-BeitrG) Vollstreckungsbehörden (§ 4 Abs. 1 Satz 1 Nr. 1 EU-BeitrG) bzw. Hauptzollämtern (§ 4 Abs. 1 Satz 1 Nr. 2 EU-BeitrG).[572]

---

571 Erwägungsgründe des Rates zur RL 2010/24/EU, ABl. L 84, 1, Rn. 6.

572 Näher zur Zuständigkeit ein- und ausgehender Ersuchen noch im 3. Teil.

3. Einheitlicher Vollstreckungstitel

Der größte Fortschritt in verfahrenstechnischer Hinsicht ist in der Einführung eines einheitlichen Vollstreckungstitels (Art. 12 Abs. 1 EU-BeitrRL) zu sehen.

Bislang wurde gemäß Art. 7 Abs. 1 RL 2008/55/EG der nach dem Recht des ersuchenden Mitgliedstaates zustande gekommene Vollstreckungstitel in amtlicher Ausfertigung oder beglaubigter Kopie übermittelt. Art. 8 Abs. 1 RL 2008/55/EG sah vor, dass dieser Vollstreckungstitel im ersuchten Mitgliedstaat unmittelbar und automatisch anerkannt und wie ein dort entstandener Vollstreckungstitel behandelt wird. Jedoch konnte der ersuchte Mitgliedstaat dessen ungeachtet nach Art. 8 Abs. 2 RL 2008/55/EG einen Akt der Anerkennung oder Bestätigung des ausländischen Vollstreckungstitels vornehmen. Ihm stand sogar die Möglichkeit offen, den übermittelten Titel durch einen nationalen Titel zu ergänzen oder gar zu ersetzen. Die Mitgliedstaaten wurden durch die Richtlinie lediglich angehalten, sich zu bemühen, diese Handlungen innerhalb einer Frist von drei Monaten zu erledigen (Art. 8 Abs. 3 Satz 1 RL 2008/55/EG). Zwar waren sie nicht berechtigt, die Anerkennung aufgrund nationaler Formalitäten im Ergebnis zu verweigern (Art. 8 Abs. 3 Satz 2 RL 2008/55/EG). Doch durch die offen formulierten Zeitvorgaben konnte der Umsetzungsprozess im ersuchten Staat unter Umständen bis zu drei Monate, wenn nicht sogar noch mehr Zeit, in Anspruch nehmen. Die Ausgestaltung des Verfahrens hinsichtlich des Zustandekommens eines Rechtstitels divergierte oftmals stark von Mitgliedstaat zu Mitgliedstaat.[573] Die Gefahr einer erheblichen Verzögerung des Vollstreckungshilfeverfahrens war mithin nach alter Rechtslage programmiert. Vor dem Hintergrund der Erkenntnis[574], dass die Wahrscheinlichkeit, dass eine Forderung beigetrieben werden kann, umso geringer ist, je älter sie ist, war hier eine Nachbesserung im Sinne einer Beschleunigung des Verfahrens geboten.

Der Rat hat die Probleme bei der Anerkennung und Übersetzung von Titeln als „Hauptursache der mangelnden Wirksamkeit" der Vollstreckungshilfe erkannt.[575] Der neu eingefügte sog. einheitliche Vollstreckungstitel soll zu einer Verfahrensvereinfachung und damit Verfahrensbeschleunigung führen und letztlich die Beitreibungschancen erhöhen. Fortan ist dieser Titel jedem

573 Zu dem Umstand, dass nach wie vor Unterschiede zwischen den Rechtssystemen der Mitgliedstaaten vorherrschen vgl. die Erwägungsgründe des Rates zur RL 2010/24/EU, ABl. L 84, 1, Rn. 6.

574 Bericht der Kommission an den Rat und das Europäische Parlament v. 8.2.2006, KOM (2006) 43, S. 7.

575 Erwägungsgründe des Rates zur RL 2010/24/EU, ABl. L 84, 1, Rn. 8.

Ersuchen auf Beitreibung einer Forderung zwingend beizufügen. Der Titel ermächtigt zur Vornahme von Vollstreckungsmaßnahmen auch im ersuchten Mitgliedstaat (Art. 12 Abs. 1 EU-BeitrRL). Der Titel stellt im ersuchten Mitgliedstaat die alleinige Grundlage für die Vollstreckung der Forderung dar. Umsetzungshandlungen seitens des ersuchten Mitgliedstaates – wie eine Bestätigung oder Anerkennung des übermittelten Titels – sind nunmehr nicht mehr erforderlich (Art. 12 Abs. 1 UAbs. 1 Satz 2 EU-BeitrRL, § 9 Abs. 1 Satz 3 EU-BeitrG). Damit entfällt auch die bis zu dreimonatige Bearbeitungszeit. Es ist in Übereinstimmung mit der Einschätzung des Rates davon auszugehen, dass hierdurch das Verfahren der Vollstreckungshilfe effizienter gestaltet werden kann. Dies könnte wiederum zu einer verbesserten Annahme der Amtshilfe bei der Vollstreckung durch die Mitgliedstaaten führen.

4. Standardformblatt

Die Einführung des einheitlichen Vollstreckungstitels wird von einem sog. Standardformblatt sinnvoll flankiert. Wie bereits erwähnt (1. Kapitel § 2 A. I.), umfasst die EU-BeitrRL auch die Amtshilfe bei der Zustellung von Verwaltungsakten als Vollstreckungshilfe im weiteren Sinne. In der Regel bedarf es für die Vollstreckbarkeit einer Forderung der vorherigen Zustellung einer Leistungsaufforderung (z.B. im deutschen Recht nach § 254 Abs. 1 AO). Der ersuchende Mitgliedstaat ist somit ggf. auf die Inanspruchnahme von Zustellungshilfe notwendig angewiesen, wenn eine Bekanntgabe innerhalb des eigenen Hoheitsbereichs keinen Erfolg verspricht. Die Zustellungshilfe ist in diesem Fall eine erforderliche Vorstufe zur Vollstreckungshilfe.

Mit dem Ziel, dass auch auf diesem Feld der EU-BeitrRL die Zusammenarbeit der zuständigen Behörden effizienter erfolgt[576], müssen die Mitgliedstaaten zukünftig für die Übermittlung eines Zustellungsersuchens ein sog. Standardformblatt verwenden, vgl. Art. 8 Abs. 1 UAbs. 1 EU-BeitrRL. Dieses Standardformblatt schreibt vor, welche Angaben das Zustellungsersuchen enthalten muss.

Die Verwendung dieses Standardformblattes soll neben dem Zustellungsersuchen auch für die Inanspruchnahme von Amtshilfe bei der Beitreibung (Art. 10 Abs. 1 EU-BeitrRL) sowie für die anderen Vollstreckungshilfemaßnahmen im weiteren Sinne gelten: dem Auskunftsersuchen (Art. 5 Abs. 1 EU-BeitrRL) oder dem Ersuchen um Sicherungsmaßnahmen (Art. 16 Abs. 1 EU-BeitrRL), vgl. 21 Abs. 1 Satz 1 EU-BeitrRL. Das Standardformblatt soll auch, soweit möglich, für weitere Mitteilungen im Rahmen des laufenden Amtshilfeverfahrens verwendet

576 Erwägungsgründe des Rates zur RL 2010/24/EU, ABl. L 84, 1, Rn. 8.

werden (Art. 21 Abs. 1 Satz 2 EU-BeitrRL; dort insbesondere UAbs. 3 für den Informationsaustausch ohne vorheriges Ersuchen). Dass die Verwendung des Standardformblatts für alle Erscheinungsformen der Vollstreckungshilfe gilt, steht ob der eindeutigen Regelung des Art. 21 Abs. 1 Satz 1 EU-BeitrRL, die ausweislich der Unterüberschrift für Kapitel V der Richtlinie für alle Arten von Amtshilfeersuchen gilt, somit eigentlich außer Zweifel. Die Nennung der inhaltlichen Kriterien des Standardformblatts erfolgt jedoch nur im Rahmen des Zustellungsersuchen (Art. 8 EU-BeitrRL) und nicht im Kapitel V der Allgemeinen Vorschriften. Dort ist ihre Verwendung auch grundsätzlich zwingend vorgeschrieben. Im Gegensatz dazu findet sich in Art. 5, 10 oder 16 EU-BeitrRL kein vergleichbarer Inhalt. Sollte das Standardformblatt, wie in Art. 21 EU-BeitrRL *expressis verbis* aufgeführt, tatsächlich für alle Arten der Vollstreckungshilfe gelten, wäre die Regelung in Art. 8 der Richtlinie überflüssig und unter systematischen Gesichtspunkten deplatziert. Die Durchführungsbestimmungen der Kommission auf Grundlage von Art. 26 lit. c. EU-BeitrRL verstärken den Eindruck, dass das Standardformblatt nur für das Zustellungsersuchen vorgesehen ist.[577] Diese Durchführungsbestimmungen stehen im Widerspruch zu Art. 21 Abs. 1 EU-BeitrRL. Der deutsche Gesetzgeber ging bei der Umsetzung der Richtlinie jedoch offensichtlich davon aus, dass das Standardformblatt nicht nur für das Ersuchen um Zustellungshilfe gelten sollte (§§ 7 Abs. 1 Satz 3, 8 Abs. 1 Satz 2 EU-BeitrG).[578] Er hat demnach gleichzeitig in § 19 EU-BeitrG im Sinne von Art. 21 EU-BeitrRL die Anwendbarkeit des Standardformblatts für alle Instrumentarien eröffnet.

Es spricht meines Erachtens viel dafür, dass es sich bei Art. 21 Abs. 1 EU-BeitrRL um ein redaktionelles Versehen bzw. eine sprachliche Ungenauigkeit handelt, das bzw. die insoweit in der Umsetzung fortwirkt. Nichtsdestotrotz erscheint die Regelung aufgrund der hervorgerufenen Unklarheiten durch die unsystematische, sich widersprechende Regelung kritikwürdig.

Letztlich kann dahinstehen, ob auch für das Ersuchen um Auskünfte oder Sicherungsmaßnahmen das Standardformblatt zwingend verwendet werden soll oder nicht. Für Beitreibungsersuchen im engeren Sinne muss gemäß Art. 12 Abs. 1 EU-BeitrRL letztlich vor allem der einheitliche Vollstreckungstitel verwendet werden. Des Weiteren schreibt Art. 21 Abs. 3 EU-BeitrRL für den Fall, dass das Standardformblatt nicht bei der Übermittlung verwendet wurde, ausdrücklich

---

577 So sind wohl die Erwägungsgründe der Kommission zur Durchführungsverordnung 2011/1189/EU, ABl. L 302, 6, Rn. 5 zu verstehen.

578 Vgl. BT-Drs. 17/6263, S. 41 f. zur Heranziehung des Standardformblatts für Auskunfts- und Beitreibungsersuchen.

vor, dass die unterbliebene Verwendung nicht zur Rechtswidrigkeit des Ersuchens führt. Im Ergebnis ist der Gebrauch des Standardformblatts – abgesehen vom Fall der Übermittlung eines Zustellungsersuchens – damit nicht zwingend vorgeschrieben und sein Nichtgebrauch bleibt folgenlos. Es erscheint deshalb auch rechtlich unschädlich, wenn neben dem Zustellungsersuchen für alle Formen der Vollstreckungshilfe auf das Standardformblatt zurückgegriffen wird, zumal die Art. 21 EU-BeitrRL bzw. § 19 Abs. 1 Satz 1 EU-BeitrG dies so explizit vorsehen.

Für den Inhalt des Standardformblatts ist insoweit mangels anderer Regeln zum einen Art. 8 Abs. 1 UAbs. 1 EU-BeitrRL heranzuziehen. Zum anderen wird die Kommission ermächtigt, nähere Bestimmungen zu den Standardformblättern festzulegen (zum Inhalt dessen Art. 10 Nr. 2 Durchführungsverordnung 2011/1189/EU). Für das Ersuchen gerichtet auf Einleitung von Vollstreckungsmaßnahmen sind zudem die Angaben, die der einheitliche Vollstreckungstitel enthalten muss, zu beachten (Art. 12 Abs. 1 UAbs. 2 EU-BeitrRL).

Die Einführung eines Standardformblatts trägt wie schon die Verwendung des einheitlichen Vollstreckungstitels zur Verbesserung des Amtshilfeverfahrens bei. Zwar sahen auch die Vorgängerrichtlinien bestimmte Mindestangaben vor (z.B. Art. 7 Abs. 3 2008/55/EG). Jedoch waren die Mitgliedstaaten hinsichtlich der Art und Weise der Übermittlung eines Ersuchens frei. Durch die Festlegung auf ein Standardformblatt erfolgt die Übermittlung von Ersuchen nunmehr nach einem einheitlichen Muster. Verständnisprobleme hinsichtlich des Inhalts eines Ersuchens dürften damit weitgehend der Vergangenheit angehören. Diese Tatsache erleichtert nicht nur der ersuchten Behörde die Bearbeitung eingehender Ersuchen. Auch für die potentiell ersuchende Behörde wird durch die Standardisierung des Verfahrens die Hürde des grenzüberschreitenden Amtshilfeverfahrens gesenkt.[579] Zu bemängeln bleibt die unklare Rechtslage hinsichtlich des Anwendungsbereichs des Standardformblatts. Auch kann die Tatsache, dass der Nichtgebrauch des Formulars nicht zur Rechtswidrigkeit eines Ersuchens führt, im Ergebnis bewirken, dass sich dessen Verwendung nicht durchsetzen wird und die erhoffte Verbesserung des Verfahrens ausbleibt.

5. Sprachenregelung

Im Zusammenhang mit dem soeben beschriebenen Standardformblatt ist auch die neue Regelung bzgl. der zu verwendenden Verfahrenssprache zu verstehen. Unverändert geblieben ist die Grundregel, dass das übermittelte Ersuchen bzw.

---

579 Vgl. auch die Erwägungsgründe des Rates zur RL 2010/24/EU, ABl. L 84, 1, Rn. 8.

der einheitliche Vollstreckungstitel in einer der Amtssprachen des ersuchten Mitgliedstaats abzufassen ist (Art. 22 Abs. 1 Satz 1 EU-BeitrRL). Hilfsweise kann auch eine amtliche Übersetzung beigefügt werden.

Neu ist hingegen, dass die Mitgliedstaaten sich vorab bilateral auf eine gemeinsame Verfahrenssprache einigen können. Dies ergibt sich im Umkehrschluss aus Art. 22 Abs. 1 Satz 2 EU-BeitrRL. Diese Norm legt zudem fest, dass die Verwendung einer anderen Sprache als die hier genannten neuerdings zur Ungültigkeit eines Ersuchens führt. Dies gilt jedoch gemäß Art. 22 Abs. 2 EU-BeitrRL nicht für die Dokumente, die im Rahmen eines Zustellungsersuchens übersandt werden. Diese dürfen auch in der Amtssprache des ersuchenden Mitgliedstaates belassen werden. In diesem Zusammenhang bleibt somit die Gefahr bestehen, dass einem Vollstreckungsschuldner ein vollstreckbarer Steuerbescheid mittels Vollstreckungshilfe durch Zustellung in einer Sprachfassung zugeht, die dieser nicht versteht.[580]

Im Ergebnis wurden die Sprachenregelungen somit weiter präzisiert (vgl. auch Art. 22 Abs. 3 EU-BeitrRL) und den Mitgliedstaaten die Chance zur eigenständigen Regelung untereinander gegeben. Schließlich erscheint die Übermittlung eines Zustellungsersuchens nach neuer Rechtslage durch das Zusammenspiel von Standardformblatt und neuer Sprachregelung aus Sicht der um Hilfe ersuchenden Behörde denkbar unkompliziert.[581] Aber auch die ersuchte Behörde wird in die Lage versetzt, sprachliche Unklarheiten auf Grund des festgelegten Inhalts des Standardformblatts aufzuklären.

6. Kommunikationsnetzwerk

Schließlich werden die Maßnahmen zur Verbesserung der Amtshilfemodalitäten durch die Eröffnung des elektronischen Übermittlungswegs via der gemeinsamen Kommunikationsplattform CCN (Common Communication Network) komplettiert. Art. 21 Abs. 1 Satz 1 EU-BeitrRL schreibt die elektronische Übermittlung im Sinne von Art. 3 lit. d EU-BeitrRL hinsichtlich aller Arten von Ersuchen als den Regelfall vor. Art. 2 Nr. 2 Durchführungsverordnung 2011/1189/EU stellt insoweit klar, dass elektronisch übersendete Dokumente ebenso rechtsverbindlich sind wie postalische. Ausnahmen sollen nur gelten, wenn eine elektronische Übermittlung aus technischen Gründen nicht durchführbar ist

580 Zu einer solchen Konstellation noch zu alter Rechtslage FG München, Urt. v. 4.4.2012 – 6 K 434/11, EFG 2012, 1523.

581 Vgl. auch die Erwägungsgründe des Rates zu RL 2010/24/EU, ABl. L 84, 1, Rn. 11. Die Neuregelung ebenfalls positiv bewertend *Gabert*, FR 2012, 707 (714).

(vgl. dazu auch Art. 2 Nr. 3 Durchführungsverordnung 2011/1189/EU). Die allgemeine Verpflichtung, fortan im elektronische Wege Ersuchen zu stellen und Schriftstücke zu übersenden, soll wiederum das Verfahren beschleunigen und die Hürde der Inanspruchnahme von Vollstreckungshilfe senken.[582] Verwendet werden soll dabei gemäß Art. 2 Nr. 1 Durchführungsverordnung 2011/1189/EU das elektronische Netzwerk CCN im Sinne von Art. 3 lit. e EU-BeitrRL, das von der EU zur elektronischen Datenübertragung zwischen den Zoll- und Steuerverwaltungen der Mitgliedstaaten eingeführt wurde.[583] Es liegt nahe, dass die Wahl einer elektronischen Übermittlung gegenüber einer postalischen Versendung zeitliche Vorteile mit sich bringt und so zur Inanspruchnahme von Vollstreckungshilfe animiert.[584]

7. Spontanauskunft

Neben der Erweiterung des Anwendungsbereichs und den auf die Verbesserung des Verfahrens abzielenden Maßnahmen ist als dritte Gruppe von Neuerungen die Ausweitung der den Behörden zustehenden Instrumente hervorzuheben:

So soll nach Art. 6 EU-BeitrRL einem Mitgliedstaat, der einem Steuerpflichtigen mit Wohnsitz in einem anderem Mitgliedstaaten eine Steuer (mit Ausnahme der Umsatzsteuer) oder Abgabe erstattet, erlaubt werden, den Mitgliedstaat, in dem dieser Steuerpflichtige seinen Wohnsitz hat, über diesen Vorgang vorher zu unterrichten. Erstmalig kann somit Vollstreckungshilfe auch ohne vorheriges Ersuchen erfolgen (vgl. bereits 1. Kapitel § 2 A. I.).

Der deutsche Gesetzgeber hat sich entschieden, zulässigerweise[585] über den Regelungsgehalt von Art. 6 EU-BeitrRL[586] hinauszugehen und strengere Vorschriften für die deutschen Verbindungsbüros bei der Gewährung von Auskünften ohne Ersuchen in Erstattungsfällen zu erlassen. Grundsätzlich steht die Erteilung der Spontanauskunft gemäß § 6 Abs. 1 EU-BeitrG im

---

582 Vgl. die Erwägungsgründe des Rates zur RL 2010/24/EU, ABl. L 84, 1, Rn. 11.

583 Siehe Art. 5 der Entscheidung Nr. 253/2003/EG des Europäischen Parlaments und des Rates v. 11.2.2003 über ein Aktionsprogramm für das Zollwesen der Gemeinschaft („Zoll 2007"), ABl. L 36, 1.

584 So auch *Gabert*, FR 2012, 707 (711).

585 Die Mitgliedstaaten sind lediglich gemäß Art. 288 Abs. 3 AEUV verpflichtet, den Mindestgehalt einer Richtlinie umzusetzen. Ihnen bleibt es dabei unbenommen, weitergehende, eigene Regeln zu erlassen. *Nettesheim*, in: Grabitz/Hilf/Nettesheim, Recht der EU, Art. 288 AEUV Rn. 112.

586 Art. 6 EU-BeitrRL ist als „Kann"-Vorschrift ausgestaltet. Ihre Umsetzung ist damit für die Mitgliedstaaten nicht verpflichtend, BT-Drs. 17/6263, S. 41.

pflichtgemäßen Ermessen der Vollstreckungsbehörde, welche die Erstattung vornehmen wird. Diese *kann* den Wohnsitzstaat mittels des Verbindungsbüros über die bevorstehende Erstattung unterrichten.[587] Betrifft die Erstattung Steuern oder Abgaben im Sinne von § 4 Abs. 1 Satz 1 Nr. 2 EU-BeitrG (das sind u.a. die Verbrauchsteuern; die Einkommensteuer ist von dieser Informationspflicht indes nicht erfasst), so *muss* das zuständige Verbindungsbüro den anderen Mitgliedstaat über die Steuererstattung informieren, vgl. § 6 Abs. 2 EU-BeitrG.

Überdies wird die Fälligkeit im Sinne von § 220 AO der Steuererstattung von deutscher Seite insoweit modifiziert, als sie nicht vor Ablauf von zehn Arbeitstagen nach Informationsübermittlung eintritt (§ 6 Abs. 3 EU-BeitrG). Diese Erweiterung der Richtlinie erscheint durchaus sinnvoll. So wird dem die Auskunft erhaltenen Mitgliedstaat die Gelegenheit zur Überprüfung der Sachlage und ggf. zur Stellung weiterführender Amtshilfebegehren gegeben, ohne dass zu befürchten ist, dass er vor vollendete Tatsachen gestellt würde.

Die Vorteile der Schaffung einer Rechtsgrundlage für Vollstreckungshilfe im weiteren Sinne auch ohne Ersuchen liegen auf der Hand: Für den Fall, dass ein Steuerpflichtiger im Wohnsitzstaat der Begleichung seiner Steuerschuld nicht nachkommt und ggf. gegen ihn gerichtete Vollstreckungsmaßnahmen ins Leere gehen, soll dieser Steuerpflichtige in anderen Mitgliedstaaten nicht in den Genuss von Steuererstattungen kommen. Durch den Erhalt der unaufgeforderten Auskunft kann die Behörde im Wohnsitzstaat gezielter ein Vollstreckungsersuchen stellen. Dadurch steigt die Erfolgswahrscheinlichkeit der grenzüberschreitenden Beitreibung einer Forderung beträchtlich. Die Behörde, welche zur Steuererstattung und zur Hilfe bei der Beitreibung verpflichtet ist, kann zudem im Wege einer Aufrechnung im Sinne von § 226 AO leichter zu einer erfolgreichen Steuerbeitreibung gelangen.[588]

In der Einführung eines ersuchensunabhängigen Hilfsinstruments ist ein großer Fortschritt auf dem Weg zur Schaffung eines aus steuerlicher Sicht neutralen Binnenmarkts zu sehen. Abzuwarten bleibt allerdings, ob die Mitgliedstaaten dieses Instrument annehmen und tatsächlich regelmäßig Informationen über Steuererstattungen grenzüberschreitend kommunizieren werden, da hiermit ein zusätzlicher Verwaltungsaufwand verbunden ist. In

---

587 *Beermann*, in: Hübschmann/Hepp/Spitaler, AO/FGO, § 250 AO Rn. 131 hebt mit Recht hervor, dass die Vollstreckungsbehörde selbst nicht befugt ist, die Information an das Verbindungsbüro des Empfängerstaates zu übermitteln, sondern den Weg über das zuständige Verbindungsbüro beschreiten muss.

588 BT-Drs. 17/6263, S. 41.

vielen Fällen wird die Information für die Empfängerbehörde auch gar nicht erforderlich sein, weil die erfolglose Vollstreckung mit gleichzeitiger Aussicht auf Erfolg im Ausland sicherlich nicht den Regelfall darstellt. Voraussetzung für eine Informationserteilung ist darüber hinaus, dass der mitteilende Staat Kenntnis über den auswärtigen Wohnsitz des Empfängers der Steuererstattung besitzt. Es bleibt somit abzuwarten, inwieweit die Behörden bereit sind, von dieser – zum Teil freiwilligen oder in ihrem Ermessen stehenden[589] – Möglichkeit Gebrauch zu machen.

8. Anwesenheitsmöglichkeit

Als weitere neue Maßnahme erlaubt Art. 7 EU-BeitrRL der ersuchenden Behörde überdies eigene Bedienstete in die Räume der ersuchten Behörden zu entsenden und im eingeschränkten Maße an den Ermittlungen teilzunehmen. Hierin ist eine erste Abkehr vom Passivitätsprinzip hin zu einer aktiveren Rolle der ersuchenden Behörden im Rahmen der Vollstreckungshilfe zu sehen (vgl. bereits 1. Kapitel § 2 C. I.). Durch die Einwirkungsmöglichkeit der mit der beizutreibenden Forderung betrauten Behörde kann möglicherweise das Vollstreckungsverfahren im ersuchten Staat sinnvoller gestaltet werden. Die Regelung des Art. 7 Abs. 1 EU-BeitrRL verlangt eine Einigung zwischen den kooperierenden Mitgliedstaaten. Es bleibt abzuwarten, inwieweit die ersuchten Mitgliedstaaten bereit sind, im grundrechtssensiblen Bereich der Steuervollstreckung auswärtige Bedienstete einzubeziehen. Auch nach deutschem Recht können nunmehr also gemäß § 18 Satz 1 EU-BeitrG deutsche Bedienstete in andere Mitgliedstaaten entsandt werden, sofern die Komplexität eines Ersuchens es erfordert.

9. Sicherungsmaßnahmen

Schließlich wurden die Bestimmungen zum Ersuchen um Sicherungsmaßnahmen präzisiert und erweitert. In Art. 13 Abs. 1 RL 2008/55/EG war lediglich geregelt, dass ein Staat eine Behörde eines anderen Mitgliedstaats durch begründeten Antrag ersuchen kann, Maßnahmen zur Sicherstellung der Beitreibung einer Forderung zu ergreifen, soweit deren Rechts- und Verwaltungsvorschriften dies zulassen. Art. 16 EU-BeitrRL legt die Voraussetzungen für das Ersuchen um Sicherungsmaßnahmen detailliert fest. So darf darauf nur zurückgegriffen werden, wenn eine Forderung oder der Vollstreckungstitel zum Zeitpunkt des

589 Darauf hinweisend auch *Beermann*, in: Hübschmann/Hepp/Spitaler, AO/FGO, § 250 AO Rn. 131.

Ersuchens im ersuchenden Mitgliedstaat angefochten wird oder wenn der Vollstreckungstitel noch nicht erlassen wurde, vgl. Art. 16 Abs. 1 EU-BeitrRL. Das Dokument, das im ersuchenden Mitgliedstaat die Einleitung von Sicherungsmaßnahmen ermöglicht, ist – sofern vorhanden – dem Ersuchen beizufügen (Art. 16 Abs. 1 UAbs. 1 Satz 1 EU-BeitrRL). Ähnlich wie beim neu geschaffenen einheitlichen Vollstreckungstitel muss auch dieses Dokument seitens der ersuchten Behörde nicht durch besonderen Akt anerkannt, ergänzt oder ersetzt werden (Art. 16 Abs. 1 UAbs. 1 Satz 2 EU-BeitrRL). Gerade die Möglichkeit, schon vor Erlass eines Vollstreckungstitels im ersuchenden Mitgliedstaat Sicherungsmaßnahmen zu beantragen, ist vor dem Hintergrund drohender Verjährung (vgl. Art. 19 EU-BeitrRL) zu begrüßen.[590]

Für den Fall, dass ein bereits in Gang gesetztes Vollstreckungshilfeverfahren durch Rechtsbehelf im ersuchenden Mitgliedstaat gemäß Art. 14 Abs. 1 EU-BeitrRL angegriffen wird, kann die ersuchte Behörde wiederum auf Ersuchen Sicherungsmaßnahmen einleiten, um die Beitreibung sicherzustellen. Soweit es die ersuchte Behörde für notwendig erachtet, kann sie nunmehr auch ohne Ersuchen die entsprechenden Sicherungsmaßnahmen einleiten, soweit die Rechts- und Verwaltungsvorschriften des ersuchten Mitgliedstaates dies zulassen (Art. 14 Abs. 4 UAbs. 1 EU-BeitrRL). In Deutschland wurde diese Kompetenz zugunsten der deutschen Vollstreckungsbehörden in § 13 Abs. 2 Satz 4 EU-BeitrG niedergelegt. Diese Erweiterung hat vor allem den Vorteil, dass bereits laufende Amtshilfeverfahren auch eigenständig von der sachnäheren, ersuchten Behörde in Form von sichernden Maßnahmen fortgeführt werden können, obwohl ein Rechtsbehelf anhängig ist.

10. Zwischenergebnis

In der Zusammenschau wurden damit der sachliche Anwendungsbereich, die Modalitäten der Kooperation und der instrumentale Maßnahmenkatalog sinnvoll erweitert, verbessert und damit insgesamt auf ein neues Niveau gehoben. Zwar bleibt bei einigen neuen Gestaltungen der Vollstreckungshilfe (u.a. die Auskunftserteilung ohne Ersuchen, die Anwesenheitsmöglichkeit der Bediensteten der ersuchenden Behörde oder die Verwendung des Standardformblatts) abzuwarten[591], inwieweit die Mitgliedstaaten darauf tatsächlich zurückgreifen werden, aber insgesamt ist die Neufassung der Beitreibungsrichtlinie aus Sicht der Theorie positiv zu bewerten.

590 Vgl. die Erwägungsgründe des Rates zur RL 2010/24/EU, ABl. L 84, 1, Rn. 10.

591 Empirische Daten liegen insoweit noch nicht vor.

Die EU-BeitrRL bedarf grundsätzlich[592] der Umsetzung in innerstaatliches Recht, um unmittelbare Wirkung entfalten zu können (vgl. auch Art. 288 AEUV). Der deutsche Gesetzgeber hat die EU-BeitrRL innerhalb der vorgesehenen Frist (vgl. Art. 28 Abs. 1 EU-BeitrRL) zum 1.1.2012 in Form des EU-Beitreibungsgesetzes umgesetzt.

Nach überwiegender Ansicht der sich mit der Vollstreckungshilfe befassenden Literatur sind bei der Umsetzung der EU-BeitrRL im EU-BeitrG durch den deutschen Gesetzgeber keine negativen Abweichungen, die unionsrechtlich zu beanstanden wären, ersichtlich. Das EU-BeitrG entspreche inhaltlich dem Text der Richtlinie.[593] Danach sei die Richtlinie ordnungsgemäß umgesetzt worden. Das EU-BeitrG verhelfe der Richtlinie wirksam zur innerstaatlichen Geltung. Dieser Feststellung kann weitestgehend gefolgt werden. Im Folgenden soll dennoch auf einige Auffälligkeiten bei der Implementierung der Richtlinie ins deutsche Recht eingegangen werden, soweit dies nicht schon im Rahmen von IV. erfolgt ist. Insbesondere stellt der Richtliniengesetzgeber den Mitgliedstaaten die Umsetzung einiger Bestimmungen frei, um der Diversität der nationalen Rechtsordnungen Rechnung zu tragen.

So verzichtete der deutsche Gesetzgeber darauf, Art. 7 Abs. 2 EU-BeitrRL umzusetzen. Demnach darf nach deutscher Rechtslage ein Bediensteter eines anderen Mitgliedstaates bei der Teilnahme an deutschen Ermittlungen im Rahmen eines Vollstreckungshilfeverfahrens nicht eigenständig Einzelpersonen befragen oder Aufzeichnungen prüfen (vgl. näher bereits 1. Kapitel § 2 C. I.).

Erwähnenswert erscheint überdies die Umsetzung von Art. 18 Abs. 1 EU-BeitrRL. Nach dieser Bestimmung ist die ersuchte Behörde nicht verpflichtet, Amtshilfe zu leisten, falls die Beitreibung der Forderung aus Gründen, die auf die Verhältnisse des Schuldners zurückzuführen sind, erhebliche wirtschaftliche oder soziale Schwierigkeiten in dem ersuchten Mitgliedstaat bewirken könnte, sofern die in diesem Mitgliedstaat geltenden Rechts- und Verwaltungsvorschriften sowie die dort übliche Verwaltungspraxis eine solche Ausnahme für nationale Forderungen zulassen. Diesen Ablehnungsgrund hat der deutsche Gesetzgeber in § 14 Abs. 1 EU-BeitrG wie folgt umgesetzt: „Die [...] Amtshilfe wird nicht geleistet, wenn die Vollstreckung oder die Anordnung

592 Zur (im Ausnahmefall) unmittelbaren Anwendung von Richtlinien vgl. *Ruffert*, in: Calliess/Ruffert, EUV/AEUV, Art. 288 AEUV Rn. 51 ff.

593 *Seer*, in: Tipke/Kruse, AO/FGO, § 250 Rn. 22. So wohl auch *Beermann*, in: Hübschmann/Hepp/Spitaler, AO/FGO, § 250 AO Rn. 73.

von Sicherungsmaßnahmen unbillig wäre …“. Es hat zunächst aufgrund des abweichenden Wortlauts den Anschein, dass hier der von der Richtlinie vorgegebene Umsetzungsspielraum dahingehend überschritten wurde, dass ein nach der Richtlinie eng gefasster Ablehnungsgrund im deutschen Recht hin zu einer unbestimmten Generalklausel erweitert wurde. Die Richtlinie sollte jedoch einen Ablehnungsgrund nach national üblicher Praxis ermöglichen, der soziale und wirtschaftliche Härten beim Schuldner abfedert. Im deutschen Recht existiert in diesem Sinne für Vollstreckungsmaßnahmen die Vorschrift des § 258 AO, wonach im Einzelfall zum einen eine Vollstreckungsmaßnahme einstweilen eingestellt, beschränkt oder gar ganz aufgehoben werden kann, wenn die Vollstreckung *unbillig* ist.[594] Es ist davon auszugehen, dass der deutsche Gesetzgeber in § 14 Abs. 1 EU-BeitrG der ersuchten Behörde im Ausnahmefall einen Ablehnungsgrund nach Vorbild des § 258 AO ermöglichen wollte, den man als nationale Fassung des Art. 18 Abs. 1 EU-BeitrRL lesen kann, der durch das Merkmal der Unbilligkeit auch soziale und wirtschaftliche Schwierigkeiten berücksichtigt.[595] Wie im innerstaatlichen Vollstreckungsverfahren soll den Vollstreckungsbehörden im Einzelfall ein dahingehendes Ermessen zugebilligt werden, dass unbillige Maßnahmen nicht ausgeführt werden brauchen. Darin ist auch die Intention des Art. 18 Abs. 1 EU-BeitrRL zu sehen. Im Ergebnis ist § 14 Abs. 1 EU-BeitrG daher als ordnungsgemäße Umsetzung des Art. 18 Abs. 1 EU-BeitrRL zu bewerten.

B. Vollstreckungsklauseln aus bilateralen Doppelbesteuerungsabkommen

Neben der EU-BeitrRL sind als zweite Rechtsquelle für die grenzüberschreitende Vollstreckungshilfe mit Bindungswirkung gegenüber der deutschen Finanzverwaltung vor allem solche bilaterale DBA maßgeblich, die eine Klausel zur Gewährung und Inanspruchnahme internationaler Vollstreckungshilfe enthalten. Die Verträge völkerrechtlicher Natur binden zwar ihre Vertragspartner auf völkerrechtlicher Ebene, genießen aber in Deutschland nach Transformation ins nationale Recht gemäß Art. 59 Abs. 2 Satz 1 GG den Rang einfachen Bundesrechts

594 § 258 AO ist eine mit § 765a ZPO vergleichbare Vorschrift und stellt eine Billigkeitsregelung für das Vollstreckungsverfahren dar. Für das Erhebungsverfahren stehen den Behörden ferner die Möglichkeit der Stundung (§ 222 AO) und des Erlasses (§ 227 AO) zur Verfügung. Näher *Beermann*, in: Hübschmann/Hepp/Spitaler, AO/FGO, § 258 AO Rn. 1a f.

595 BT-Drs. 17/6263, S. 44. Zur Auslegung des Tatbestandsmerkmal der Unbilligkeit *Loose*, in: Tipke/Kruse, AO/FGO, § 258 AO Rn. 4 ff.

(vgl. bereits dazu unter § 2 B. II. 2.). Erst nach dieser Umsetzung verpflichten sie unmittelbar auch die zuständigen Vollstreckungsbehörden. Idealerweise basiert eine im DBA enthaltene Vollstreckungsklausel auf dem 2003 neu geschaffenen Art. 27 OECD-MA bzw. auf dem inhaltsgleichen Art. 26 DE-VG.[596] Die Bundesrepublik Deutschland hat demgemäß bereits eine Reihe von Abkommen mit dem Inhalt dieser Klausel abgeschlossen, weshalb eine besondere Darstellung im Rahmen dieser Untersuchung gerechtfertigt ist.

Zudem existieren aber auch DBA mit deutscher Beteiligung, die von Art. 27 OECD-MA abweichende Klauseln enthalten, weil sie einerseits schlicht vor 2003 ausgehandelt wurden. Andererseits sind Unterschiede u.a. auch den Besonderheiten divergierender Verwaltungssysteme der Vertragspartner geschuldet, wodurch teilweise eine individuelle Anpassung des Art. 27 OECD-MA angezeigt ist. Unter Berücksichtigung der vorhandenen Differenzen innerhalb des deutschen DBA-Netzes soll an dieser Stelle ein systematischer Überblick gewährt werden.[597]

I. DBA und das OECD-MA

Der Abschluss von DBA dient primär dem Ziel der Vermeidung von (juristischer[598]) Doppelbesteuerung, die durch die globale Verflechtung der Wirtschaft bei grenzüberschreitender Betätigung der Steuerpflichtigen und dem unkoordinierten Steuerzugriff der Staaten droht und unbestritten ökonomisch nachteilige Folgen hervorruft.[599] In der internationalen Abkommenspraxis hat sich – zumindest aus deutscher Sicht – das OECD-MA[600] als wichtigste Orientierungshilfe

---

596 Krit. zur Akzeptanz des Art. 27 OECD-MA *Söhn*, in: Hübschmann/Hepp/Spitaler, AO/FGO, § 117 AO Rn. 59b. Seit 2011 enthält auch das UN-MA eine Vollstreckungshilfeklausel. Wegen der geringen Bedeutung für die deutsche Abkommenspraxis soll hierauf jedoch in dieser Arbeit nicht im Detail eingegangen werden.

597 Eine Übersicht über den Stand der DBA und anderer Abkommen im Steuerbereich sowie laufender Abkommensverhandlungen bietet das BMF-Schreiben v. 19.1.2015, IV B 2 – S 1301/07/10017-06, BStBl. I 2015, 128. Vgl. auch die Anlage 1 des BMF-Merkblatts v. 23.1.2014, a.a.O mit besonderen Erläuterungen zum Inhalt der verschiedenen Abkommen.

598 Zum Begriff der juristischen Doppelbesteuerung vgl. nur OECD-MK, Einl. Rn. 1.

599 Näher zu den Zielen von DBA vgl. nur *Schönfeld/Häck*, in: Schönfeld/Ditz, DBA, Systematik Rn. 1 ff.; *Schaumburg*, Internationales Steuerrecht, Rn. 14.13. Vgl. auch OECD-MK, Einl. Rn. 1 ff.

600 OECD-Musterabkommen 2010 zur Vermeidung der Doppelbesteuerung auf dem Gebiet der Steuern vom Einkommen und Vermögen. In der einzig verbindlichen, englischen Sprachfassung abrufbar unter http://www.oecd.org/berlin/publikationen/

herausgebildet.[601] Die OECD[602] stellt für ihre Mitglieder[603] einen Mustervertrag samt zugehöriger Kommentierung bereit, der Empfehlungen enthält, wie ein bilaterales DBA aussehen könnte.

Die erste Fassung des Musterabkommens der OECD wurde im Jahre 1963 veröffentlicht.[604] Seitdem wurden sowohl das Abkommen als auch der begleitende Kommentar kontinuierlich weiterentwickelt.[605] Die Notwendigkeit der internationalen Zusammenarbeit auf dem Gebiet der Besteuerung wurde erkannt, beschränkte sich aber nicht nur auf materielle Verteilungsregeln zur Vermeidung von Doppelbesteuerung und enthielt bereits eine verfahrensrechtliche Bestimmung zum Informationsaustausch (Art. 26 OECD-MA).[606] Verfahrensrechtliche Regelungen zur Verbesserung der Zusammenarbeit auf dem Gebiet der Steuervollstreckung blieben zunächst aus. Die Entwicklung vollzog sich im Vergleich zur internationalen Informationshilfe deutlich langsamer.[607] Erst im Zuge der Änderungen des OECD-MA von 1977 reifte die Erkenntnis, dass solche Bestimmungen erforderlich waren.[608] 1981 wurde den Mitgliedstaaten aber zunächst noch der Abschluss eines eigenständigen Abkommens zur Vollstreckungshilfe

---

oecd-musterabkommenzurvermeidungvondoppelbesteuerung.htm; zuletzt abgerufen am 3.11.2016. Dort findet sich auch der dazugehörige OECD-MK.

601 *Schaumburg*, Internationales Steuerrecht, Rn. 16.4 mit Hinweis auf für die Vollstreckungshilfe nicht relevante Abweichungen.

602 Die Organisation für wirtschaftliche Zusammenarbeit und Entwicklung umfasst zur Zeit 34 Mitglieder. Deutschland ist seit der Gründung 1961 als Mitglied Teil der Organisation.

603 Das OECD-MA wird freilich auch für den Abschluss von DBA mit Nicht-OECD-Mitgliedstaaten herangezogen.

604 Vgl. näher OECD-MK, Einl. Rn. 4 ff. Näher zur Geschichte von Vollstreckungshilfeklauseln in völkerrechtlichen Verträgen *Knittel*, in: History of Tax Treaties, S. 710 ff.: Bereits 1927 entwarf der Völkerbund Abkommen mit (im Anwendungsbereich eingeschränkten) Vollstreckungshilfeklauseln.

605 Näher zur Entstehung und Entwicklung des OECD-MA an dieser Stelle vgl. nur *Lehner*, in: Vogel/Lehner, DBA, Grdl. Rn. 33 ff. m.w.N sowie *Dourado*, in: Reimer/Rust, DTC, Art. 27 MA Rn. 2 ff.

606 *Engelschalk*, in: Vogel/Lehner, DBA, Art. 26 Rn. 5.

607 *Czakert*, in: Schönfeld/Ditz, DBA, Art. 27 Rn. 14, der dafür vor allem die (mittlerweile abgelegten) Vorbehalte der angelsächsischen Staaten gegenüber der Vollstreckung ausländischer Steueransprüche verantwortlich macht. Vgl. auch *Dourado*, in: Reimer/Rust, DTC, Art. 27 MA Rn. 3.

608 *Engelschalk*, in: Vogel/Lehner, DBA, Art. 27 Rn. 2b.

empfohlen, wofür es auch ein eigenständiges Musterabkommen gab.[609] So dauerte es bis zum Jahre 2003, bis die OECD eine Bestimmung zur gegenseitigen Gewährung von Vollstreckungshilfe in das Musterabkommen aufnahm.[610]

DBA nach Muster der OECD in der heutigen Fassung enthalten demnach vorwiegend Verteilungsregeln, die festlegen, welcher Staat im Einzelfall auf welches Steuerobjekt zugreifen darf und welcher Staat dagegen seinen Steueranspruch beschränken muss.[611] Der überwiegende Teil eines DBA beschäftigt sich mit diesen materiellen Vorschriften zur Besteuerung von Einkommen und Vermögen (Abschnitte III und IV des OECD-MA). Flankiert werden diese Bestimmungen jedoch durch verfahrensrechtliche Vorschriften, welche die Zusammenarbeit der Staaten im Bereich der Steuerverwaltung verbessern sollen (Abschnitt V des OECD-MA).

Das Musterabkommen selbst stellt eine bloße Empfehlung des Rates der OECD an seine Mitglieder im Sinne von Art. 5 lit. b OECD-Satzung dar und ist völkerrechtlich wie innerstaatlich grundsätzlich rechtlich unverbindlich. Bedeutung kommt dem OECD-MA und dem OECD-MK allenfalls als (ergänzende[612]) Auslegungsmittel im Sinne von Art. 31 f. WÜRV zu, wenn die auszulegende Klausel des DBA in Übereinstimmung mit dem OECD-MA geschlossen wurde.[613]

II. Anwendung in der deutschen DBA-Praxis

Wie bereits eingangs erwähnt, ist Art. 27 OECD-MA regelmäßig Grundlage für den Abschluss neuer DBA mit deutscher Beteiligung.[614] Dies zeigt sich schon offenkundig an der Tatsache, dass diese Bestimmung sich auch in Art. 26 der

---

609 *Engelschalk*, in: Vogel/Lehner, DBA, Art. 27 Rn. 2b. Zur gemeinsam mit dem Europarat entwickelten multilateralen Konvention zur gegenseitigen Amtshilfe in Steuersachen von 1988 vgl. D.

610 Krit. zur Notwendigkeit des Art. 27 OECD-MA neben den anderen bestehenden Abkommen und zur Bereitschaft der Staaten eine entsprechende Klausel in DBA aufzunehmen *Krabbe*, in: Wassermeyer, DBA, Art. 27 MA Rn. 5.

611 Näher *Schaumburg*, Internationales Steuerrecht, Rn. 16.5.

612 So restriktiv *Gosch*, ISR 2013, 87 (91) m.w.N. zur Rechtsprechung des BFH.

613 Näher *Schönfeld/Häck*, in: Schönfeld/Ditz, DBA, Systematik Rn. 97; *Gosch*, ISR 2013, 87 (91); differenzierend zwischen OECD-MA und OECD-MK *Lehner*, in: Vogel/Lehner, DBA, Grdl. Rn. 124a ff.

614 *Czakert*, in: Schönfeld/Ditz, DBA, Art. 27 Rn. 4; *Mai*, in: Haase, AStG/DBA, Art. 27 MA Rn. 4. International scheint die Aufnahme einer Bestimmung nach Vorbild des Art. 27 OECD-MA in Doppelbesteuerungsabkommen (noch) eher selten zu erfolgen, vgl. *Dourado*, in: Reimer/Rust, DTC, Art. 27 MA Rn. 2, 38, die aufzeigt, dass die Resonanz der Staaten zu Art. 27 OECD-MA divergiert.

DE-VG[615] wortgetreu wiederfindet.[616] Die DE-VG bildet eine „Leitlinie“ für den Abschluss neuer DBA.[617] Es ist deshalb nicht unwahrscheinlich, dass sich die Zahl der DBA, die eine Art. 27 OECD-MA entsprechende Klausel enthalten, in Zukunft weiter erhöhen wird.[618] Ein erster Hinweis darauf lässt sich der verstärkten Anzahl neu geschlossener Abkommen in den letzten Jahren entnehmen.[619] Nichtsdestotrotz ist nicht in jedem seit 2003 neu verhandelten DBA eine Art. 27 OECD-MA entsprechende Vollstreckungshilfe enthalten.[620] Die Bundesregierung folgt damit der Empfehlung der OECD. Ausweislich des OECD-MK wird den Anwendern nahegelegt, nur mit solchen Staaten Vollstreckungshilfe zu vereinbaren, deren Rechtssystem etwa vergleichbaren Standards entspricht und von denen überhaupt erwartet werden kann, dass eine gleichwertige gegenseitige Amtshilfe geleistet wird.[621] Folglich wird den Staaten auch geraten, genau zu prüfen, ob und in welchem Ausmaß Vollstreckungshilfe vereinbart werden soll.[622] Dies dürfte vor allem bei Vereinbarung bilateraler DBA mit Entwicklungsstaaten mit einem noch schwach ausgeprägten Verwaltungssystem und nicht sicher gestellter Rechtsstaatlichkeit der Fall sein.[623] Angesichts der verfassungsrechtlichen Schranken für die Gewährung von Vollstreckungshilfe, die das BVerfG hinsichtlich der im ersuchenden Staat einzuhaltenden rechtlichen Mindeststandards

615 BMF v. 17.4.2013 – IV B 2 – S 1301/10/10022-32, StBW 2013, 441. Krit. zur rechtlichen Verbindlichkeit der DE-VG *Lehner*, in: Vogel/Lehner, DBA, Grdl. Rn. 38a.

616 Im Gegensatz zu anderen Bestimmungen des OECD-MA hat das BMF Art. 27 wortgetreu übernommen, vgl. *Lehner*, in: Vogel/Lehner, DBA, Grdl. Rn. 38. Zur Umsetzung des Art. 27 insbesondere *Czakert*, ISR 2013, 177 (180).

617 *Lehner*, in: Vogel/Lehner, DBA, Grdl. Rn. 38a.

618 Vorsichtig optimistisch auch *Engelschalk*, in: Vogel/Lehner, DBA, Art. 27 Rn. 2c.

619 Vgl. Fn. 597.

620 Vgl. nur die DBA mit den Vereinigten Arabischen Emiraten, Ghana, Weißrussland oder Russland.

621 OECD-MK, Art. 27 Rn. 1 mit weiteren Aspekten, die bei Vereinbarung von gegenseitiger Vollstreckungshilfe beachtet werden sollten. So auch *Czakert*, in: Schönfeld/Ditz, DBA, Art. 27 Rn. 4.

622 OECD-MK, Art. 27 Rn. 1 f.

623 Dementsprechend gibt es zwar mit solchen Staaten (darunter mit einigen sog. Steueroasen) eine Reihe von Abkommen, die zwar die Rechts- und Amtshilfe regeln, aber keine Vollstreckungshilfe im engeren Sinne vorsehen. Z.B. mit Anguilla (BStBl. I 2012, 100), St. Lucia (BStBl. I 2013, 760) oder Bermuda (BStBl. I 2013, 692). *Hendricks*, IStR 2009, 846 (Fn. 26) bezeichnet diese Steueroasenstaaten, welche die Vollstreckungshilfe verweigern, als sog. „Vollstreckungswüsten“.

aufgestellt hat (vgl. bereits § 1), erscheint eine solch restriktive Handhabung der Vollstreckungshilfeklausel im Zuge des Abschlusses neuer DBA geboten.

Bei Abschluss dieser Arbeit hatte Deutschland insgesamt bereits 15 Abkommen mit einem mit Art. 27 OECD-MA identischen (bzw. nahezu identischen) Wortlaut geschlossen.[624] Wie die Gewährung und Inanspruchnahme der Vollstreckungshilfe in Art. 27 OECD-MA und den darauf basierenden DBA ausgestaltet ist, wird unter III. erörtert.

Daneben existieren eine Reihe weiterer DBA mit dem Inhalt einer Klausel zur Vollstreckungshilfe, die sich von der Ausgestaltung des Art. 27 OECD-MA – zum Teil aufgrund ihres Alters[625] – mehr oder weniger stark unterscheiden.[626] Auf Besonderheiten dieser Abkommen wird unter IV. kurz eingegangen.

Schließlich gibt es viele ältere DBA, die lediglich den gegenseitigen Informationsaustausch vorsehen. Oftmals ist darin vereinbart, dass auch solche Auskünfte gewährt werden können, die für die Vollstreckung von Steuerforderungen erheblich sein können.[627] Nach der in dieser Arbeit vorgenommen Abgrenzung handelt es sich dabei folglich um Vollstreckungshilfe im weiteren Sinne (vgl. 1. Kapitel § 2 A.).

---

624 Art. 27 DBA-Albanien (BStBl. I 2012, 292), Art. 27 DBA-Algerien (BStBl. I 2009, 382), Art. 26 DBA-Bulgarien (BStBl. I 2011, 543), Art. 23 DBA-Frankreich (Zusatzabkommen v. 31.3.2015, noch nicht in Kraft getreten), Art. 26a DBA-Georgien (BGBl. II 2014, 940), Art. 28 DBA-Liechtenstein (BStBl. I 2013, 488), Art. 27 DBA-Mauritius (BStBl. I 2013, 388), Art. 27 DBA-Mexiko (BStBl. I 2014, 1223), Art. 28 DBA-Niederlande (BGBl. II 2012, 1414), Art. 27 DBA-Norwegen (BStBl. I 2015, 246), Art. 28 DBA-Polen (BStBl. I 2005, 349), Art. 26 DBA-Spanien (BStBl. I 2013, 349), Art. 26 DBA-Türkei (BStBl. I 2013, 373), Art. 26 DBA-Uruguay (BStBl. I 2012, 350), Art. 26a DBA-Usbekistan (Protokoll v. 14.10.2014, noch nicht in Kraft getreten).

625 So auch *Czakert*, in: Schönfeld/Ditz, DBA, Art. 27 Rn. 16.

626 Art. 27 DBA-Belgien (BStBl. I 1969, 38), Art. 27 DBA-China (noch nicht in Kraft getreten), Art. 27 DBA-Costa Rica (BGBl. II 2014, 917), Art. 29, 34 DBA-Dänemark (BStBl. I 1996, 1219), Art. 28 DBA-Vereinigtes Königreich (BStBl. I 2011, 469), Art. 27 DBA-Irland (BStBl. I 2013, 471), Art. 27 DBA-Kanada (BStBl. I 2002, 505), Art. 24 DBA-Luxemburg (BStBl. I 1959, 1022, mittlerweile durch das DBA von 2012 außer Kraft gesetzt), Art. 29, 32 DBA-Schweden (BStBl. I 1994, 422), Art. 26 DBA-USA (BStBl. I 2008, 783).

627 Z.B. Art. 24 Abs. 1 DBA-Bangladesch (BStBl. I 1992, 34), Art. 26 DBA-Estland (BStBl. I 1998, 543), Art. 26 DBA-Indien (BStBl. I 1996, 599).

III. Regelungsgehalt des Art. 27 OECD-MA

Im Folgenden soll der Aufbau und Inhalt des Art. 27 OECD-MA skizziert und dabei ein erster Vergleich zur EU-BeitrRL gezogen werden.[628]

1. Sachlicher Anwendungsbereich

Art. 27 Abs. 1 Satz 1 OECD-MA beschränkt die Anwendung der Amtshilfeverpflichtung auf Forderungen, die aus Steueransprüchen erwachsen, und ist damit enger gefasst als Art. 2 EU-BeitrRL, der weitere Arten öffentlich-rechtlicher Forderungen der Vollstreckungshilfe zugänglich macht. Unter Steueransprüchen sind nach Art. 27 Abs. 2 OECD-MA solche Forderungen zu verstehen, die aufgrund von Steuern jeder Art und Bezeichnung für Rechnung eines Vertragsstaates oder eines seiner Gebietskörperschaften erhoben werden, soweit die Besteuerung dem DBA oder anderen völkerrechtlichen Übereinkünften, denen die Vertragsstaaten beigetreten sind, nicht widerspricht.[629] Gemäß Art. 27 Abs. 1 Satz 2 OECD-MA sind jedoch davon nicht nur solche Steueransprüche erfasst, die im Rahmen des Anwendungsbereichs von Doppelbesteuerungsabkommen gemäß Art. 1 und 2 OECD-MA Erwähnung finden.[630] Die Klausel gilt demnach für alle Steuern, die einer der beiden Vertragspartner innerstaatlich erhebt, und ist nicht nur auf die Einkommen- und Vermögensteuer beschränkt. Darüber hinaus können auch mit dem Steueranspruch zusammenhängende Zinsen, Geldbußen[631] und Kosten der Erhebung oder Sicherung im Wege der Vollstreckungshilfe geltend gemacht werden (Art. 27 Abs. 2 OECD-MA). Um deren grenzüberschreitende Beitreibung kann auch unabhängig von der Hauptforderung ersucht werden.[632]

Auch personell wird der in Art. 27 Abs. 1 und 2 OECD-MA genannte Steueranspruch nicht durch Art. 1 und 2 OECD-MA eingeschränkt. Der Schuldner einer beizutreibenden Forderung muss folglich nicht in einem der Vertragsstaaten

---

628 Auf eine Zitierung der einzelnen transformierten DBA-Normen wird an dieser Stelle aus Platzgründen verzichtet. Die in Fn. 624 genannten DBA enthalten Art. 27 OECD-MA entsprechende Klauseln. Es wird nochmals darauf hingewiesen, dass nur die nach Art. 59 Abs. 2 GG transformierten Bestimmungen Gesetzesrang haben und die Finanzverwaltung binden.

629 Vgl. auch *Czakert*, in: Schönfeld/Ditz, DBA, Art. 27 Rn. 28.

630 Vgl. *Mai*, in: Haase, AStG/DBA, Art. 27 MA Rn. 11.

631 Darunter sind etwa Verspätungs- oder Säumniszuschläge, nicht aber strafrechtliche Sanktionen zu verstehen.

632 *Engelschalk*, in: Vogel/Lehner, DBA, Art. 27 Rn. 34b.

ansässig sein, um die Vollstreckungshilfeverpflichtung auszulösen, solange die geschuldete Steuer von einem der Vertragsstaaten erhoben wird.[633]

2. Instrumente

Art. 27 OECD-MA regelt gemäß Abs. 1 Satz 1 die gegenseitige Amtshilfe bei der Erhebung von Steueransprüchen. Obgleich hier in der (nicht amtlichen) deutschen Fassung[634] des Musterabkommens missverständlich nur von „Erhebung" gesprochen wird, ergibt sich aus der Gesamtschau der Norm (vgl. insbesondere Abs. 3), dass es sich bei der normierten Hilfeleistung um Vollstreckungshilfe im Sinne der in dieser Arbeit verwendeten Definition handelt.

Im Gegensatz zur EU-BeitrRL erfasst Art. 27 OECD-MA nur das Ersuchen um Amtshilfe bei der Beitreibung von Forderungen und damit zusammenhängende Sicherungsmaßnahmen. Die grenzüberschreitende Zustellungshilfe kann auf diese Bestimmung ausdrücklich nicht gestützt werden und bedarf einer gesonderten Vereinbarung.[635] Die Zustellungshilfe ist nicht im OECD-MA geregelt. Darüber hinaus umfasst Art. 27 OECD-MA nicht den Informationsaustausch.[636] Dies gilt auch für Informationsbegehren im Zusammenhang mit einem Vollstreckungsbegehren. Dazu findet sich in Art. 26 OECD-MA eine abschließende Regelung, auf die zurückgegriffen werden muss.[637] Im Ergebnis ist die Zahl der Instrumente im Vergleich zur EU-BeitRL damit geringer.

Bezogen auf die Vollstreckungshilfe im engeren Sinne ist der Gehalt des Art. 27 OECD-MA mit der EU-BeitrRL vergleichbar. Der ersuchte Staat erkennt die Forderung des ersuchenden Staates an und vollstreckt sie nach den Rechtsvorschriften und Maßstäben, die für eigene Steueransprüche gelten, vgl. Art. 27 Abs. 3 OECD-MA. Wäre der ersuchende Staat nach seinen innerstaatlichen

633 *Czakert*, in: Schönfeld/Ditz, DBA, Art. 27 Rn. 23; *Mai*, in: Haase, AStG/DBA, Art. 27 MA Rn. 11.

634 *Schönfeld/Häck*, in: Schönfeld/Ditz, DBA, Systematik Rn. 28. Davon zu unterscheiden ist die Verbindlichkeit eines bilateralen DBA, dessen Wortlaut in der Regel in der Sprache beider Vertragsstaaten verbindlich ist. Dazu näher *Lehner*, in: Vogel/Lehner, DBA, Grdl. Rn. 111.

635 Vgl. *Engelschalk*, in: Vogel/Lehner, DBA, Art. 27 Rn. 16.

636 So auch *Engelschalk*, in: Vogel/Lehner, DBA, Art. 27 Rn. 16.

637 Für die tatsächliche Inanspruchnahme von Auskünften zur Vorbereitung einer Beitreibung ergeben sich daraus jedoch keine Nachteile. Denn es existieren keine DBA mit deutscher Beteiligung, die eine Klausel nach Art. 27 OECD-MA enthalten, ohne gleichzeitig eine Klausel im Sinne von Art. 26 OECD-MA zum Gegenstand zu haben.

Gesetzen berechtigt, Maßnahmen zur Sicherung der Erhebung einzuleiten, leitet der ersuchte Staat auf Ersuchen entsprechende Sicherungsmaßnahmen nach seinem Recht ein (Art. 27 Abs. 4 Sätze 1 und 2 OECD-MA). Dies gilt selbst dann, wenn der Steueranspruch im ersuchenden Staat noch nicht vollstreckbar oder noch anfechtbar ist, vgl. Art. 27 Abs. 4 Satz 2 OECD-MA.

3. Verfahren

Grundsätzlich sind die verfahrensrechtlichen Vorgaben des Art. 27 OECD-MA weniger detailliert als die der EU-BeitrRL.[638] Zu ihrer näheren Ausgestaltung wird den Mitgliedstaaten mehr Spielraum gelassen. Dementsprechend sieht Art. 27 Abs. 1 Satz 3 OECD-MA vor, dass die zuständigen Behörden der Vertragsstaaten (also unterhalb der völkervertraglichen Ebene) in gegenseitigem Einvernehmen[639] regeln, wie die gegenseitige Vollstreckungshilfe durchzuführen ist.[640] Dementsprechend fehlt es grundsätzlich an einem einheitlichen Vollstreckungstitel, klar geregelten Zuständigkeiten, an einem Standardformblatt, einer gemeinsamen elektronischen Kommunikationsplattform oder Sprachenregelung. Ferner fehlen Regeln zur Kostentragung und Währungsumrechnung.[641] Dies könnte den Schluss zulassen, dass Vollstreckungshilfe auf Grundlage eines DBA zunächst weniger einheitlich abläuft und der Erfolg eines Ersuchens grundsätzlich verstärkt von der Zusammenarbeit und den Initiativen der zuständigen Behörden abhängig ist. Ob der Ablauf deshalb tatsächlich weniger effektiv und quantitativ letztlich weniger erfolgreich vonstatten geht, bleibt mangels verlässlicher Zahlen zwar (noch) Spekulation, ist jedoch naheliegend. Gerade wegen der geringen Erfolgsquoten wurden schließlich die administrativen Fragen im Rahmen der Neufassung der EU-BeitrRL umfassend geregelt. Art. 24 EU-BeitrRL ermöglicht es jedoch den EU-Mitgliedstaaten nunmehr ferner, bei Ausübung der Vollstreckungshilfe auf Grundlage eines DBA die in der EU-BeitrRL vorgesehenen administrativen Erleichterungen wie das CCN-Netz oder die Standardformblätter zu verwenden, was freilich im Verhältnis zu Drittstaaten wenig praktikabel erscheint.

---

638 Vgl. *Dourado*, in: Reimer/Rust, DTC, Art. 27 MA Rn. 16.

639 Beispielsweise die Vereinbarung zwischen den zuständigen Behörden Deutschlands und Kanada, BMF-Schreiben v. 19.11.2013 – IV B 5 – S 1301-KAN/07/10003.

640 Ausdrücklich empfohlen vom OECD-MK, Art. 27 Rn. 7 ff. Vgl. hierzu *Mai*, in: Haase, AStG/DBA, Art. 27 MA Rn. 21.

641 Dazu *Krabbe*, in: Wassermeyer, DBA, Art. 27 MA Rn. 13.

IV. Von Art. 27 OECD-MA abweichende Vollstreckungsklauseln

Die Vollstreckungshilfeklauseln, die in DBA mit deutscher Beteiligung enthalten sind und von Art. 27 OECD-MA abweichen, lassen sich grob in drei Gruppen gliedern:

1. An Art. 27 OECD-MA angelehnte Vollstreckungshilfeklauseln

Zunächst sind solche Klauseln zu nennen, die sich zwar weitestgehend an Art. 27 OECD-MA orientieren, diesen aber punktuell modifizieren. In diesem Zusammenhang sind vor allem die DBA mit Irland und dem Vereinigten Königreich hervorzuheben: Hier wurde in Abs. 8 (neben den bereits vorhandenen; dazu noch 3. Teil) ein weiterer Versagungsgrund als lit. e hinzugefügt. Dieser besagt, dass Vollstreckungshilfe nicht geleistet werden muss, wenn dadurch eine Forderung beigetrieben würde, die auf einer Steuer basiert, deren Erhebung allgemein anerkannten Besteuerungsgrundsätzen des ersuchten Staates zuwiderläuft. Dieser Zusatz ist im Lichte der Rechtsprechung des BVerfG zu den verfassungsrechtlichen Schranken der Gewährung von Vollstreckungshilfe zu begrüßen. Durch diese Klausel kann die ersuchte deutsche Behörde sich direkt auf mangelnde rechtliche Mindeststandards im ersuchenden Staat berufen. Die verstärkte Implementierung eines solchen Versagungsgrunds in bestehende und kommende DBA wäre im Sinne der Rechtssicherheit wünschenswert und würde den Maßstäben des BVerfG explizit Rechnung tragen. Durch die Verwendung einer solchen Klausel ließen sich ferner Bedenken hinsichtlich der Rechtsstandards des Vertragspartners überwinden, ohne gänzlich auf eine Vollstreckungshilfeklausel verzichten zu müssen.

2. Enger gefasste Vollstreckungshilfeklauseln

Daneben sehen einige ältere, vor 2003 geschlossene Abkommen eine hinsichtlich des sachlichen Anwendungsbereichs beschränktere Amtshilfe bei der Beitreibung vor (z.B. DBA-Belgien, DBA-Costa Rica). Darin findet sich typischerweise eine Klausel, welche die Vollstreckungshilfe nur auf Steuern vom Einkommen und Vermögen reduziert (vgl. z.B. Art. 27 Abs. 1 i.V.m. Art. 2 DBA-Belgien). Andere DBA grenzen den Anwendungsbereich noch enger ein und wenden die Vollstreckungshilfe nur an, um sicherzustellen, dass Befreiungen und ermäßigte Steuersätze nicht solchen Personen zukommen, die darauf keinen Anspruch haben (Art. 27 Abs. 1 DBA-Costa Rica). Auch das DBA-USA enthält eine in seinem Anwendungsbereich nur sehr eng gefasste Hilfeklausel (Art. 26 Abs. 4 DBA-USA).

Darüber hinaus existieren Abkommen, die lediglich eine auf wenige Absätze beschränkte Abwandlung des Art. 27 OECD-MA enthalten (z.B. DBA-China, DBA-Costa Rica). Darin ist nur die grundsätzliche Verpflichtung zur Leistung von Vollstreckungshilfe im Sinne von Art. 27 Abs. 1 OECD-MA geregelt. Das detaillierte Verfahren und die vorgesehenen Maßnahmen, wie Art. 27 OECD-MA es bzw. sie in den Abs. 2 bis 7 umschreibt, enthalten diese Abkommen nicht. Lediglich die Versagungsgründe nach Art. 27 Abs. 8 lit. a und b OECD-MA werden darin noch übernommen. Hierin ist der Versuch zu sehen, eine offener gestaltete Vollstreckungshilfepflicht zu etablieren. Im Zweifel wird in diesem Abkommen die konkrete Durchführung von der Verständigung der zuständigen Behörden abhängen. Ob solche Abkommen vor dem Hintergrund fehlender Vorhersehbarkeit für den Steuerpflichtigen und damit zusammenhängender Rechtsunsicherheit empfehlenswert sind, darf bezweifelt werden. Gerade im Verhältnis zu Staaten, deren Rechtsstaatlichkeit nicht über jeden Zweifel erhaben ist, kann dies zu einer willkürlichen Anwendung der Beitreibungshilfe führen.

Zu fordern ist zum einen, dass Voraussetzungen und Grenzen der Inanspruchnahme und Gewährleistung von Vollstreckungshilfe in einer mindestens dem Umfang des Art. 27 OECD-MA entsprechenden Form geregelt sind. Dazu gehören insbesondere detaillierte Vorgaben zur Zusammenarbeit der Vertragsstaaten. Nur so ist für den Steuerpflichtigen vorhersehbar, wann ein Vollstreckungsersuchen droht (z.B. ob Sicherungsmaßnahmen ergriffen werden oder nicht) und nur so, kann er ggf. eine vollstreckungsrechtliche Maßnahme gerichtlich überprüfen lassen. Anderenfalls besteht die Gefahr einer nicht Art. 3 GG gerecht werdenden ungleichmäßigen Gesetzesanwendung. Zum anderen ist eine detaillierte Rechtsgrundlage insofern wünschenswert, als der gesetzliche Rahmen der gegenseitigen Vollstreckungshilfe im Verhältnis zu Nicht-EU-Staaten vom Gesetzgeber festgelegt werden muss, um demokratische Legitimation herzustellen und den Behörden Spielräume bei der Anwendung zu entziehen.

3. Umfassender gefasste Vollstreckungshilfeklauseln

Umgekehrt hat Deutschland aber auch Abkommen geschlossen, die partiell über Art. 27 OECD-MA hinausgehen. Bedenklich erscheinen insbesondere solche Abkommen, die keine Möglichkeit der Ablehnung eines auf Beitreibungshilfe gerichteten Ersuchens vorsehen (z.B. Art. 27 DBA-Belgien). Hier muss die zuständige Vollstreckungsbehörde anderweitig sicherstellen, dass die rechtsstaatlichen Mindestanforderungen, die das BVerfG formuliert hat, gewahrt bleiben. Dies kann im Einzelfall, notfalls auch abkommenswidrig, zur Versagung eines

Ersuchens führen. Anderenfalls droht möglicherweise die Beitreibung von Steuerforderungen, die gegen in Deutschland im Verfassungsrang stehende Besteuerungsgrundsätze verstoßen.

Besondere Erwähnung im Gefüge der Rechtsgrundlagen zur Vollstreckungshilfe verdienen zudem die schon in den 1990er Jahren abgeschlossenen, sich ähnelnden DBA mit den skandinavischen Staaten Dänemark und Schweden, die sich mit eigenen Abschnitten zum Beistand in Steuersachen hervortun und in vielerlei Hinsicht Vorreiter für die späteren Bestimmungen des Art. 27 OECD-MA und der EU-BeitrRL sind. Hiernach ist neben der Vollstreckungshilfe im engeren Sinne auch die Zustellungshilfe, die von Art. 27 OECD-MA gerade nicht umfasst ist, Gegenstand der Amtshilfeverpflichtung, vgl. Art. 29 Abs. 1 lit. c. beider DBA. Dazu sieht Art. 31 Abs. 2 DBA-Dänemark – noch weitgehender als Art. 6 EU-BeitrRL – vor, dass Auskünfte auch ohne vorheriges Ersuchen erteilt werden dürfen, wenn die zu übermittelnden Informationen für die Beitreibung und Vollstreckung steuerlicher Ansprüche von Bedeutung sein können und den Behörden in größerer Zahl bekannt werden.

C. *Bilaterale Rechtshilfeabkommen*

Neben den bilateralen DBA hat Deutschland zudem vier völkerrechtliche Verträge abgeschlossen, die schwerpunktmäßig die grenzüberschreitende Rechts- und Amtshilfe zum Gegenstand haben. Diese Abkommen enthalten umfassende Klauseln, welche die gegenseitige Vollstreckungshilfe ermöglichen. Es wurden in diesem Sinne Abkommen mit Italien[642], Finnland[643], Österreich[644] und den Niederlanden[645] geschlossen. Obwohl die Abkommen zum Teil sehr alt sind, besitzen sie weiterhin (bzw. wieder) Gültigkeit und sind deshalb von der Steuerverwaltung im Verhältnis zu den genannten Staaten zu beachten. Sie umfassen in aller Regel alle Instrumente der Vollstreckungshilfe und unterliegen in ihrem sachlichen Anwendungsbereich wenigen Beschränkungen.

---

642 Deutsch-italienisches Abkommen über Amts- und Rechtshilfe in Steuersachen v. 20.2.1939, BStBl. I 1957, 142.

643 Abkommen v. 25.9.1935 zwischen dem Deutschen Reich und der Republik Finnland über Rechtsschutz und Rechtshilfe in Steuersachen, BStBl. I 1954, 404.

644 Vertrag zwischen der Bundesrepublik Deutschland und der Republik Österreich über Rechtsschutz und Rechtshilfe in Abgabesachen v. 4.10.1954, BStBl. I 1955, 434.

645 Abkommen zwischen der Bundesrepublik Deutschland und dem Königreich der Niederlande über die gegenseitige Amtshilfe bei der Beitreibung von Steueransprüchen und der Bekanntgabe von Schriftstücken v. 21.5.1999, BStBl. I 2001, 66.

D. *Gemeinsame Konvention von Europarat und OECD zur Amtshilfe in Steuersachen vom 25.1.1988*

I. Hintergrund und Umsetzung

Über das OECD-MA zur Vermeidung von Doppelbesteuerung auf dem Gebiet der Steuern vom Einkommen und vom Vermögen hinaus gab und gibt es seitens der OECD weitere Bestrebungen die Zusammenarbeit im Besteuerungsverfahren auf zwischenstaatlicher Ebene zu intensivieren.[646] Von diesen Bemühungen ist auch die internationale Vollstreckungshilfe erfasst. Noch vor Aufnahme der Klausel zur Vollstreckungshilfe in das OECD-MA versuchte die OECD das Ziel, die Zusammenarbeit auf dem Gebiet der Vollstreckungshilfe zu verbessern und zu intensivieren, durch selbstständige Abkommen zu erreichen.[647] 1988 kamen die Mitgliedstaaten von Europarat und OECD überein, eine Gemeinsame Konvention zur Amtshilfe in Steuersachen zu verabschieden. 2010 wurde die Konvention nochmals durch Protokoll geändert. Bei dieser Konvention handelt es sich um einen multilateralen völkerrechtlichen Vertrag, der nach eigener Aussage der OECD das umfassendste Instrument der Amtshilfe bei der Besteuerung und zur Verhinderung von Steuerhinterziehung ist.[648]

Gemäß Art. 59 Abs. 2 Satz 1 GG muss die Konvention, um in Deutschland innerstaatlich Geltung zu erlangen, unter Beteiligung der deutschen Gesetzgebungsorgane transformiert werden. Völkerrechtlich muss die Konvention nicht nur unterschrieben, sondern auch ratifiziert[649] werden, vgl. Art. 28 Nr. 1 der Konvention. Die Bundesrepublik Deutschland hat am 17.4.2008 die Konvention und am 3.11.2011 das Protokoll unterzeichnet. Die Ratifizierung hat sie erst im Juli 2015, 27 Jahre nachdem die Konvention vereinbart wurde, vollzogen.[650] Das

---

646 Vgl. insoweit für die Steuerfestsetzung auch das Tax Information Exchange Model Agreement (TIEA) der OECD von 2002 oder das Standard for Automatic Exchange of Financial Information in Tax Matters Musterabkommen von 2013.

647 *Engelschalk*, in: Vogel/Lehner, DBA, Art. 27 Rn. 2c.

648 Siehe die Beschreibung der OECD, abrufbar unter http://www.oecd.org/ctp/exchange-of-tax-information/conventiononmutualadministrativeassistanceintaxmatters.htm; zuletzt abgerufen am 3.11.2016.

649 Die Ratifikation ist völkerrechtlich die nach außen gerichtete verbindliche Erklärung eines Staates, durch den Vertrag völkerrechtlich gebunden zu sein und ist nicht zu verwechseln mit der innerstaatlichen Zustimmung nach Art. 59 Abs. 2 Satz 1 GG, vgl. *von Arnauld*, Völkerrecht, Rn. 199. Die Ratifikation erfolgt im Fall der Konvention durch Hinterlegung der Ratifikationsurkunde bei einem Verwahrer.

650 Gesetz zu dem Übereinkommen vom 25. Januar 1988 über die gegenseitige Amtshilfe in Steuersachen und zu dem Protokoll vom 27. Mai 2010 zur Änderung des

Gesetz zur Umsetzung ist seit dem 24.7.2015 in Kraft. Die Gründe für die späte Ratifikation sind neben der allgemeinen Zurückhaltung souveräner Staaten vor der Vollstreckung fremder öffentlich-rechtlicher Forderungen wohl in der erheblichen Kritik zu suchen, die die Konvention nach der ersten Veröffentlichung in der Fachliteratur erfahren hatte: So wurden insbesondere mangelnde Bestimmungen zum Geheimnisschutz und zum effektiven Rechtsschutz moniert.[651] Die Bundesregierung scheint nunmehr zu der Erkenntnis gelangt zu sein, dass auch dieses multilaterale Instrument notwendig ist, um die zugenommenen Möglichkeiten der Steuerhinterziehung und -vermeidung durch Kooperation u.a. bei der Vollstreckung zu bekämpfen.[652]

II. Inhalt

Die Konvention umfasst sowohl Maßnahmen des Informationsaustausches, der Zustellungshilfe und vor allem der Vollstreckungshilfe im engeren Sinne (Art. 1 Abs. 2 der Konvention; zur Vollstreckungshilfe Art. 11 ff. der Konvention). Die Amtshilfeverpflichtung gilt unabhängig von der Staatsangehörigkeit und vom Wohnsitz des betroffenen Steuerschuldners, vgl. Art. 1 Abs. 3 der Konvention. Unter das Abkommen fallen gemäß Art. 2 der Konvention eine Vielzahl verschiedener Steuerarten, die von einer Vertragspartei erhoben werden sowie Pflichtbeiträge zur Sozialversicherung[653]. Die Vollstreckung von Forderungen, deren Schuldner nicht im ersuchenden Vertragsstaat ansässig sind, ist jedoch im Vergleich zur EU-BeitrRL insofern eingeschränkt, als diese erst Gegenstand eines Vollstreckungsersuchens sein dürfen, wenn sie nicht mehr angefochten werden können, vgl. Art. 11 Abs. 2 UAbs. 2 der Konvention.[654]

III. Bewertung

Durch die Ratifizierung können Vollstreckungsmöglichkeiten gegenüber Staaten, mit denen möglicherweise ansonsten keine Zusammenarbeit auf diesem Gebiet erfolgen würde, vereinbart und so insgesamt das Netz der Vollstreckungshilfe erweitert werden. So sind u.a. auch Staaten wie Nigeria, Indonesien

---

Übereinkommens über die gegenseitige Amtshilfe in Steuersachen v. 16.7.2015, BGBl. II 2015, 966.

651 Zur Kritik in der Litatur vgl. nur *Hendricks*, Internationale Informationshilfe, S. 81 f. m.w.N.

652 Vgl. BT-Drs. 18/5173, S. 1.

653 Im Gegensatz zu § 1 Abs. 3 Nr. 1 EU-BeitrG und Art. 2 OECD-MA.

654 Vgl. *Seer*, in: Verfahren der Zusammenarbeit von Verwaltungsbehörden in Europa, S. 85 (92). Näher *Dourado*, in: Reimer/Rust, DTC, Art. 27 MA Rn. 18.

oder Argentinien Vertragspartner der Konvention und somit potentielle Empfänger und Leistende von Vollstreckungshilfe in Relation zu Deutschland.[655] Im Verhältnis zur EU-BeitrRL und Art. 27 OECD-MA ist in sachlicher Hinsicht keine Erweiterung der Befugnisse für die Vollstreckungsbehörden auszumachen. Vielmehr ist der Vorteil der Umsetzung der Konvention darin zu sehen, dass deutsche Steuerforderungen im Ausland durch die Partnerschaft mit neuen Staaten außerhalb der EU erweiternd zur Geltung gebracht werden können. Spiegelbildlich können hieraus jedoch rechtliche Probleme erwachsen. Wird die Bundesrepublik Deutschland um Vollstreckungshilfe von einem Staat ersucht, dessen Rechtssystem den vom BVerfG aufgestellten rechtsstaatlichen Mindestanforderungen nicht entspricht, kann ggf. die Versagung der Hilfeleistung geboten sein (siehe bereits dazu § 1).[656] In diesem Fall kann die zuständige Behörde verpflichtet sein, von der Ablehnungsmöglichkeit eines Ersuchens gemäß Art. 21 Abs. 2 lit. b der Konvention wegen Verstoßes gegen die öffentliche Ordnung Gebrauch zu machen. Die Gefahr, dass eine nach dem Grundgesetzmaßstab rechtsstaatswidrig zustande gekommene Steuerforderung Gegenstand eines Ersuchens sein wird, ist angesichts der mehr als 60 Staaten, die an der Konvention partizipieren, nicht auszuschließen. Gemäß Art. 27 Abs. 2 der Konvention wenden die Mitgliedstaaten untereinander ihre bestehenden Regeln an. Auch andere Abkommen, etwa DBA, bleiben unberührt, vgl. Art. 27 Abs. 1 der Konvention. Es bleibt mithin abzuwarten, inwieweit die deutsche Verwaltungspraxis auf das Übereinkommen zur gegenseitigen Amtshilfe in Steuersachen zurückgreifen wird.

E. Vorgaben der OECD

Im Gegensatz zu den unter A. bis D. beschriebenen Bestimmungen handelt es sich bei weiteren Maßnahmen der OECD nicht um umsetzbare Rechtsgrundlagen im eigentliche Sinne, die Rechte und Pflichten für die Finanzverwaltung auf dem Gebiet der Amtshilfe enthalten. So ist der sog. Peer-Review-Prozess

---

655 Zur Zeit haben mehr als 60 Staaten die Konvention in der geänderten Fassung ratifiziert. Eine Liste der partizipierenden Staaten ist abrufbar unter http://www.oecd.org/ctp/exchange-of-tax-information/Status_of_convention.pdf; zuletzt abgerufen am 3.11.2016.

656 So räumt der Gesetzgeber ein, dass derzeit nicht eingeschätzt werden könne, welche Staaten Ersuchen für welche Steuerarten der Konvention stellen werden und welchen Verwaltungsaufwand dies bedeuten könne, vgl. BT-Drs. 18/5173, S. 3.

lediglich ein Verfahren der OECD um zu überprüfen, ob Staaten die rechtlichen und tatsächlichen Standards für die grenzüberschreitende Amtshilfe einhalten.[657]

Schließlich existiert noch das Manual on the Implementation of Assistance in Tax Collection, das den Staaten Hilfestellung bei der Ausübung von Beitreibungshilfe gewährt.[658] Rechtlich verbindlich ist diese als bloße Empfehlung ausgestaltete Anleitung indes nicht. Auf eine weitere Darstellung dieser Verfahren wird aus diesem Grund verzichtet.

F. Zwischenergebnis

Zusammenfassend lässt sich damit feststellen, dass Deutschland zur Zeit mit 41 Staaten (27 davon sind EU-Mitgliedstaaten, denen gegenüber Deutschland somit allein schon durch die EU-BeitrRL verpflichtet ist) auf dem Gebiet der Vollstreckungshilfe im engeren Sinne die rechtlichen Grundlagen für eine Zusammenarbeit geschaffen hat. Dazu kommen die Staaten, die an der Gemeinsamen Konvention von Europarat und OECD zur Amtshilfe in Steuersachen vom 25.1.1988 partizipieren. Ausmaß und Reichweite der Zusammenarbeit divergieren dabei zum Teil in erheblicher Weise.

§ 4 Konkurrenzen

A. Allgemeines

Nachdem aufgezeigt wurde, dass eine Reihe von Vorschriften unterschiedlichen Normenrangs existieren, welche die Leistung und Inanspruchnahme von Vollstreckungshilfe durch deutsche Behörden festlegen, muss geklärt werden, in welchem Verhältnis diese zueinander stehen. Praktisch relevant ist insbesondere die Konstellation, in der gleich mehrere internationale Abkommen, die innerstaatlich umgesetzt bzw. transformiert wurden, für den gleichen Sachverhalt einschlägig sind. Dies ist vor allem dann der Fall, wenn Vollstreckungshilfe im Verhältnis zu einem EU-Mitgliedstaat praktiziert werden soll, mit dem zugleich ein DBA geschlossen wurde.[659] Aus Sicht des Steuerpflichtigen droht dabei die

---

657 Näher *Seer*, in: Verfahren der Zusammenarbeit von Verwaltungsbehörden in Europa, S. 85 (93).

658 Dazu *Seer*, in: Verfahren der Zusammenarbeit von Verwaltungsbehörden in Europa, S. 85 (93).

659 Soll etwa mit den Niederlanden im Wege der Vollstreckungshilfe kooperiert werden, kommen dafür mit dem EU-BeitrG, dem DBA-Niederlande, dem Rechts- und Amtshilfevertrag von 1999 sowie der kürzlich ratifizierten Amtshilfekonvention in Steuersachen der OECD gleich vier verschiedene Kooperationsinstrumente in Betracht.

Gefahr, dass sich eine Behörde bei Ausübung der Amtshilfe die für sie jeweils günstigste Regelung aus den verschiedenen Rechtsgrundlagen heraussucht. So ist es beispielsweise denkbar, dass ein Abkommen einen niedrigeren oder gar keinen Mindestbetrag vorsieht, unterhalb dessen Vollstreckungshilfe nicht gewährt wird, wohingegen das EU-BeitrG nach § 14 Abs. 1 eine Untergrenze in Höhe von € 1500 festsetzt.

Aus der klassischen Methodenlehre folgen grundsätzlich klare Vorgaben für die Anwendung von Gesetzen im Falle der Kollision, die eine missbräuchliche Gesetzesanwendung ausschließen sollten. In möglicher Konkurrenz stehen das EU-BeitrG, transformierte völkerrechtliche Verträge sowie ggf. rein nationales Recht. Normenkollisionen können freilich nur dann auftreten, wenn der sachliche Anwendungsbereich zweier Normbereiche überhaupt eröffnet ist. Grundsätzlich gilt dabei, dass Unionsrecht gegenüber nationalem Recht, auch transformiertem Völkerrecht[660], Anwendungsvorrang genießt (vgl. dazu bereits § 2 B II. 1.). Folglich kann entgegenstehendes nationales Recht Unionsrecht nicht verdrängen und muss im Konfliktfall außer Anwendung bleiben. Innerhalb der innerstaatlich anwendbaren völkerrechtlichen Bestimmungen bestimmt sich das Rangverhältnis nach allgemeinen Kollisionsregeln. So gehen speziellere Regeln den allgemeineren vor (*lex specialis derogat legi generali*).[661] Dementsprechend können die allgemeinen Bestimmungen zur Inanspruchnahme von Amtshilfe nach den §§ 111 ff. AO durch spezielleres, umgesetztes bzw. transformiertes Abkommensrecht verdrängt werden. Gleiches gilt für neuere im Verhältnis zu älteren Bestimmungen (*lex posterior derogat legi priori*).[662]

B. Vorgaben aus BMF-Merkblättern und aus der EU-BeitrRL

Ermessensbindend[663] ist für die Finanzverwaltung festgelegt worden, dass die unionsrechtlichen und bilateralen Rechtsgrundlagen grundsätzlich gleichwertig nebeneinander stehen.[664] Im Verhältnis zu EU-Mitgliedstaaten sollen die Finanzbehörden Amtshilfe „in der Regel" auf der Grundlage des EU-BeitrG in Anspruch nehmen.[665] Zudem treffen die einzelnen Abkommen Aussagen zum Verhältnis

660 Vgl. *Seer/Gabert*, StuW 2010, 3 (11); zur Kollision von Völker- und Unionsrecht anhand einer Abstimmungsregel des Fiskalvertrages *Ortmann*, EuZW 2015, 539.

661 *Nettesheim*, in: Maunz/Dürig, GG, Art. 59 Rn. 187.

662 So allgemein *Nettesheim*, in: Maunz/Dürig, GG, Art. 59 Rn. 186.

663 Siehe bereits zur Selbstbindung der Verwaltung § 2 D.

664 So explizit BMF v. 23.1.2014, BStBl. I 2014, 188, Rn. 1.2.4. Zustimmend *Ismer/Sailer*, IStR 2003, 622 (623); *Kortz*, DB 2012, 2422 (2427); *Fritsch*, in: Koenig, AO, § 250 Rn. 9.

665 BMF v. 23.1.2014, a.a.O., 188, Rn. 1.2.4.

zu anderen Rechtsgrundlagen.[666] Ausweislich Art. 24 Abs. 1 EU-BeitrRL gilt die Richtlinie unbeschadet der Erfüllung von sich aus bilateralen oder multilateralen Übereinkünften oder Vereinbarungen ergebenden Verpflichtungen zur Leistung von Amtshilfe in größerem Umfang. Diese Vorschrift trägt der Tatsache Rechnung, dass es eine Reihe völkerrechtlicher Abkommen seitens der Mitgliedstaaten gibt, deren Inhalt von dem der EU-BeitrRL divergieren. Nach Art. 24 EU-BeitrRL haben diese weiterhin Gültigkeit, soweit sie über die Vorgaben der Richtlinie hinausgehen.[667] Diese Lesart wird auch durch die Regelung des Art. 24 Abs. 3 EU-BeitRL bestätigt. Danach darf für die Leistung eben jener, weiter gehender Vollstreckungshilfe auf die durch die EU-BeitRL geschaffenen Kommunikationsmittel der Standardformblätter sowie des CCN-Netzes zurückgegriffen werden. Diese Vorschrift wäre gegenstandslos, wenn neben der EU-BeitRL kein Raum für die Anwendung der geschlossenen DBA und anderer Abkommen bliebe. Folglich können DBA und Rechtshilfeabkommen neben der EU-BeitrRL zur Anwendung kommen, solange deren Gewährleistungsgehalt dadurch nicht unterschritten wird. Anderenfalls droht die Anwendung der EU-BeitrRL unterlaufen zu werden, wenn es den Mitgliedstaaten möglich wäre, durch bilaterale Abkommen die Standards der EU-BeitRL zu umgehen. Im Kollisionsfall muss das EU-BeitrG damit dem DBA und anderer völkerrechtlicher Abkommen vorgehen.[668] Daraus folgt, dass eine zwingende Vorgabe der EU-BeitrRL (etwa die in Art. 11 geregelten Voraussetzungen für ein Beitreibungsersuchen oder in Art. 13 normierte Pflicht zur Erledigung eines Beitreibungsersuchens) nicht durch Zurückgreifen auf einen geringeren Standard eines anderen Abkommens ausgehöhlt werden darf.[669] Art. 27 Abs. 1 der Konvention schreibt zwar vor, dass die Gemeinsame Konvention der OECD nicht durch andere Übereinkünfte zur Zusammenarbeit beschränkt wird. Der Anwendungsvorrang des Unionsrechts bleibt davon jedoch unberührt. Darüber hinaus soll auch im Verhältnis der Mitgliedstaaten untereinander gemäß Art. 27 Abs. 2 der Konvention vorrangig die EU-BeitrRL herangezogen werden.

---

666 *Hendricks*, in: Beermann/Gosch, AO/FGO, § 117 AO Rn. 44 spricht insoweit von Öffnungsklauseln.

667 So auch *Czakert*, in: Schönfeld/Ditz, DBA, Anh. 2 Rn. 99.

668 *Seer*, in: Tipke/Kruse, AO/FGO, § 117 AO Rn. 9; *Engelschalk*, in: Vogel/Lehner, DBA, Art. 27 Rn. 7.

669 A.A. hingegen *Mai*, in: Haase, AStG/DBA, Art. 27 MA Rn. 8, die keine Sperrwirkung der Rechtsgrundlagen untereinander annimmt. Wohl auch *Dourado*, in: Reimer/Rust, DTC, Art. 27 MA Rn. 21.

Schließlich ordnet auch § 1 Abs. 4 EU-BeitrG für Ersuchen im Anwendungsbereich der Richtlinie an, dass die Vorschriften der AO entsprechend gelten, soweit nicht dieses Gesetz etwas anderes bestimmt. Enthält das EU-BeitrG somit eine speziellere Regelung, treten die Bestimmungen der AO zurück. Anderenfalls bleiben sie nebeneinander bestehen.

4. Kapitel: Bedeutung der internationalen Vollstreckungshilfe

§ 1 Ausmaß der Vollstreckungshilfe

Die Relevanz der internationalen Vollstreckungshilfe nimmt kontinuierlich zu. Die aufgezeigte Entwicklung, dass der Steuerpflichtige sich vermehrt grenzüberschreitend betätigt, wird zukünftig noch zunehmen (vgl. ausführlich bereits 1. Teil).[670] Der Zugriff auf vollstreckbares Vermögen ist dem Fiskus in diesen Fällen nicht selten verwehrt. Es ist nicht ausreichend, Informationen über steuerrelevante Aktivitäten des Steuerpflichtigen im Ausland zu erhalten. Der Staat muss die ihm zustehenden Ansprüche auch tatsächlich durchsetzen.[671] Zudem berichtet die Kommission über eine Zunahme an Fällen betrügerisch herbeigeführter Zahlungsunfähigkeit, in denen der Schuldner durch Gründung von Scheinfirmen die Möglichkeit der Beitreibung von Steuern erschwert.[672] Die Staaten – insbesondere in der EU – sind somit notwendig[673] auf das Instrument der internationalen Vollstreckungshilfe angewiesen, um das so entstandene Vollzugsdefizit zu beheben. Zur Untermauerung der Bedeutung von Vollstreckungshilfe sollen im Folgenden einige empirische Daten zur tatsächlichen Entwicklung der Vollstreckungshilfe zwischen den EU-Mitgliedstaaten dargestellt werden.[674]

Im Zeitraum von 2003 bis 2010 sind die Zahl gestellter Vollstreckungsersuchen, die Summe der beigetriebenen Beiträge sowie die Gesamterfolgsquote für

670 Bericht der Kommission v. 8.2.2006, KOM (2006) 43, S. 7; *Lammers*, EWS 2010, 121 (121).

671 Bericht der Kommission v. 8.2.2006, KOM (2006) 43, S. 1.

672 Bericht der Kommission v. 8.2.2006, KOM (2006) 43, S. 7.

673 In diesem Sinne bezeichnete die Kommission bereits 2006 die Beitreibungshilfe als „unentbehrlich", Bericht der Kommission v. 8.2.2006, KOM (2006) 43, S. 1.

674 Bedingt durch die seit 2003 gegenüber den Mitgliedstaaten statuierte Pflicht (nun Art. 27 EU-BeitrRL), die Kommission über ihre Anwendung der Beitreibungsrichtlinie zu informieren, fertigt die Kommission regelmäßig einen Bericht über das Ausmaß der Vollstreckungshilfe an.

Beitreibungsersuchen markant angestiegen.[675] Einschränkend ist indes voranzustellen, dass sich die Frequentierung der Beitreibungshilfe 2003 noch auf einem sehr geringen Niveau befand. So wurden 2003 zwischen den Mitgliedstaaten insgesamt auf Grundlage der EU-BeitrRL nur ca. 2800 Beitreibungs-, 400 Auskunfts- sowie 120 Zustellungsersuchen gestellt. Im Zuge dessen wurden Forderungen im Gesamtwert von ca. € 5,1 Mio. vereinnahmt. Der Anteil der beigetriebenen Mittel im Vergleich zum Gesamtwert der ersuchten Forderungen betrug im Jahr 2003 lediglich 1,13 %. Seitdem hat sich die Zusammenarbeit der Beitreibung sowohl quantitativ als auch qualitativ erheblich verbessert: 2010 wurden bereits ca. 8400 Beitreibungs-, 3000 Auskunfts- sowie 1250[676] Zustellungsersuchen an andere Mitgliedstaaten zu Vollstreckungszwecken übermittelt. Die Gesamtsumme der beigetriebenen Beiträge hat sich gegenüber 2003 um 880% gesteigert. Besonders hervorzuheben ist, dass sich die Erfolgsquote für den Zeitraum 2009 bis 2010 mittlerweile auf mehr als 6 % verbessert hat (2005 bis 2008 waren es noch ca. 5 %). Die Tatsache allein, dass Deutschland im Jahr 2004 für 36 % aller Ersuchen verantwortlich zeichnete, mag angesichts der Bevölkerungszahl noch wenig überraschend sein. Bemerkenswert ist allerdings, dass in diesem Jahr 38,6 % aller beigetriebenen Werte von der Tätigkeit deutscher Vollstreckungsbehörden herrühren. Insgesamt stellt die Kommission unter den Mitgliedstaaten große Unterschiede in der Handhabung der Vollstreckungshilfe fest[677], deren Ursachen möglicherweise in den erwähnten Disparitäten der mitgliedstaatlichen Steuerverfahrenssysteme zu suchen sind.

Im Zeitraum 2005 bis 2007 bezogen sich die Ersuchen hauptsächlich auf die Beitreibung von Forderungen der Umsatzsteuer[678] (zwischen 43 und 57 % aller Ersuchen). An zweiter Stelle folgten Einkommen- und Kapitalsteuern[679]

---

675 Zu den hier verwendeten Zahlen vgl. die Berichte der Kommission v. 8.2.2006, KOM (2006) 43; v. 4.9.2009, KOM (2009) 451; v. 15.2.2012, KOM (2012) 58.

676 2008 waren es dagegen noch fast 2000 Zustellungsersuchen.

677 Bericht der Kommission v. 8.2.2006, KOM (2006) 43, S. 6.

678 Besonders für den Bereich der Umsatzsteuer hat die Kommission aufgrund des in der EU grassierenden Umsatzsteuerbetrugs die Erforderlichkeit der RL 2010/24/EU hervorgehoben, vgl. insoweit Vorschlag für eine Richtlinie des Rates, KOM (2009) 28, S. 3.

679 Der Begriff Kapitalsteuer wird in Art. 2 lit. g RL 2008/55/EG i.V.m. Art. 1 Abs. 3 77/799/EG verwendet und erfasst die dort aufgezählten Steuern der Mitgliedstaaten. Darunter fallen u.a. aus deutscher Sicht die Einkommensteuer, Körperschaftsteuer, (die zur Zeit nicht mehr erhobene) Vermögensteuer, Gewerbesteuer und Grundsteuer.

(zwischen 26 und 37 % der Ersuchen). Im Zeitraum von 2008 bis 2010 haben sich mittlerweile die Einkommen- und Kapitalsteuern (zwischen 44 und 50 %) vor der Umsatzsteuer (zwischen 26 und 41 %) als größte Gruppe innerhalb der gestellten Ersuchen herausgebildet. Diese Zahlen sind insoweit nicht überraschend, als es sich hierbei auch um die in Deutschland aufkommensstärksten Steuerarten handelt.[680]

§ 2 Bewertung und Ausschau

Die Gründe für die – immer noch – geringen Erfolgsaussichten eines Ersuchens sind vielschichtig. So ist einerseits nicht zu verkennen, dass Vollstreckungsverfahren regelmäßig keinen Erfolg aufweisen, weil der Vollstreckungsschuldner schlichtweg keine Vermögenswerte besitzt, die der Vollstreckung zugänglich sind. Bei der Inanspruchnahme von Beitreibungshilfe sind regelmäßig bereits nationale Vollstreckungsmaßnahmen ohne Erfolg geblieben. Auch bei der innerstaatlichen Vollstreckung nach nationalem Recht liegt die Vollstreckungsquote längst nicht bei 100 %. Es handelt sich also bei den übermittelten Forderungen ohnehin bereits um schwierig durchzusetzende Forderungen.[681] Insbesondere sind auch bei amtshilfebedingten Vollstreckungsmaßnahmen Beschränkungen zu beachten, die den Erfolg eines Ersuchens beeinträchtigen (so etwa die Unpfändbarkeit von Forderungen im Sinne des § 319 AO). Es liegt mithin in der Natur des Vollstreckungsverfahrens, dass bei weitem nicht jeder Euro beigetrieben werden kann, auf den die Steuerverwaltung einen materiellen Anspruch hat.

Andererseits liegen die Gründe für die geringe Anwendung auch darin, dass die Rechtsgrundlagen zum Teil nicht ausgereift waren und mithin keine Akzeptanz seitens der Mitgliedstaaten bezogen auf die Vollstreckungshilfe herrschte. Insbesondere die Anerkennung ausländischer Forderungen führte unter den Mitgliedstaaten zu Schwierigkeiten. Die Bereitschaft einer Behörde grundrechtssensible Vollstreckungsmaßnahmen aufgrund fremder Steuerforderungen durchzuführen, war bei ohnehin schon knappen Ressourcen im Vergleich zu innerstaatlichen Forderungen gering.[682] Im Schnitt wurden weniger als 20 % der

---

680 Hierzu die Zahlen des BMF zum Jahr 2014, abrufbar unter http://www.bundesfinanzministerium.de/Content/DE/Standardartikel/Themen/Steuern/Steuerschaetzungen_und_Steuereinnahmen/2015-01-30-steuereinnahmen-kalenderjahr-2014.pdf?__blob=publicationFile&v=2; zuletzt abgerufen am 2.4.2016.

681 So auch der Bericht der Kommission v. 8.2.2006, KOM (2006) 43, S. 8.

682 Vgl. Bericht der Kommission v. 8.2.2006, KOM (2006) 43, S. 8.

Ersuchen noch im selben Jahr erfüllt, was vor dem Hintergrund der von der Kommission festgestellten Tatsache[683], dass die Durchsetzungen von Forderungen mit zunehmendem Alter immer schwieriger wird, einen weiteren Erklärungsansatz für die niedrige Erfolgsquote bietet. Ferner werden Kommunikationsschwierigkeiten und eintretende Verjährung wegen langer Verfahrensdauer als Gründe für die geringe Erfolgsquote genannt.[684] An diesem Punkt setzt die neue EU-BeitrRL an und führt deshalb beispielweise den einheitlichen Titel bei der grenzüberschreitenden Vollstreckungshilfe, die elektronische Kommunikationsplattform sowie das Standardformblatt ein. Insofern ist auch hier davon auszugehen, dass die bescheidene Erfolgsquote bei der Beitreibung auf Basis der neuen Rechtsgrundlagen verbessert wird.

Darüber hinaus gilt es noch zu bedenken, dass die zitierten Statistiken bestimmte Vorgänge im Vollstreckungsverfahren unberücksichtigt lassen.[685] So finden Zahlungen, die nach Einleitung des Verfahrens vom Vollstreckungsschuldner direkt an die ersuchende Behörde geleistet werden, keinen Niederschlag in der Statistik. Ebenso wenig tauchen infolge erfolgreicher Anfechtung der Steuerforderung geminderte Steuerschulden in dieser auf.

Die dargestellte Entwicklung ist vor dem Hintergrund zu betrachten, dass diese Ersuchen noch auf dem Boden der alten Rechtslage vor Erlass der EU-Betreibungsrichtlinie 2010/24/EU ergangen sind (vgl. ausführlich zur Historie der EU-BeitrRL bereits 3. Kapitel § 3 A. II.). Im Zeitraum von 2003 bis 2010 gab es nur geringfügige Verbesserungen bezogen auf die inhaltliche Ausgestaltung der Richtlinie; etwa die Neukodifizierung durch RL 2008/55/EG. Wenn aber bereits diese Maßnahmen im Zusammenspiel mit dem Einwirken der EU-Kommission auf die Mitgliedstaaten zur gesteigerten und effizienteren Zusammenarbeit bei der Beitreibungshilfe geführt hat, lässt sich mit guten Gründen annehmen, dass sich hier eine weitere Verbesserung abzeichnen wird. Nach der hier vertretenen These, dass die genannte Richtlinie eine erhebliche Verbesserung des Instituts der grenzüberschreitenden Vollstreckungshilfe bewirkt, liegt der Schluss nahe, dass die Mitgliedstaaten immer mehr hierauf zurückgreifen und internationale Vollstreckungshilfe in Anspruch nehmen werden und es dabei auch zu einer höheren Erfolgsquote kommen wird.

---

683 Bericht der Kommission v. 4.9.2009, KOM (2009) 451, S. 10; v. 15.2.2012, KOM (2012) 58, S. 6, 9.

684 Bericht der Kommission v. 8.2.2006, KOM (2006) 43, S. 8.

685 Vgl. Bericht der Kommission v. 8.2.2006, KOM (2006) 43, S. 9.

Schließlich ist auch festzustellen, dass die meisten Ersuchen wegen Beitreibungshilfe innerhalb der EU und dort auf Grundlage der EU-BeitrRL erfolgen.[686] Vollstreckungshilfe mit Drittstaaten ist (noch) eher die Ausnahme.[687] Deutschland hat überwiegend Abkommen mit Mitgliedstaaten der EU geschlossen.[688]

5. Kapitel: Ergebnis des allgemeinen Teils

Bei der internationalen Vollstreckungshilfe handelt es sich um einen Unterfall der grenzüberschreitenden Amtshilfe im Sinne des § 117 AO. Abzugrenzen ist die grenzüberschreitende Vollstreckungshilfe von internationaler Informationshilfe und der internationalen Zustellungshilfe. Die verschiedenen Phasen der Amtshilfe wirken jedoch regelmäßig bei der Vollstreckungshilfe zusammen. Bei der zwischenstaatlichen Vollstreckungshilfe führt eine zuständige Behörde die Vollstreckungsmaßnahme auf Ersuchen für eine andere unzuständige Behörde durch. Letztgenannter ist aufgrund des völkerrechtlichen Grundsatzes des Prinzips der formellen Territorialität die Durchführung der Steuervollstreckung auf fremdem Hoheitsgebiet verwehrt. Bei der Vollstreckungshilfe ist aus der Perspektive der nationalen Behörden strikt zwischen der Leistung und Inanspruchnahme von Vollstreckungshilfe zu differenzieren. Die Leistung zwischenstaatlicher Vollstreckungshilfe richtet sich nach § 117 Abs. 2 AO. Konkretisiert wird dieser durch die transformierten zwischenstaatlichen Abkommen. Die Inanspruchnahme von Vollstreckungshilfe erfolgt gemäß § 117 Abs. 1 AO nach Maßgabe deutschen Rechts. Auch der Erhalt von Vollstreckungshilfe wird mithin von ins nationale Recht transformierten internationalen Vereinbarungen beeinflusst. Grenzen bei der Ausübung von Vollstreckungshilfe werden den zuständigen Behörden durch die vom BVerfG aufgestellten Mindestanforderungen an die Rechtsstaatlichkeit des Steuersystems des Kooperationspartners gezogen.

686 Mit umfangreichen Nachweise dazu Bericht der Kommission v. 15.2.2012, KOM (2012) 58, S. 1 f.

687 So auch *Engelschalk*, in: Vogel/Lehner, DBA, Art. 27 Rn. 2b.

688 Vgl. Fn. 624 und 626.

3. Teil: Leistung und Inanspruchnahme internationaler Vollstreckungshilfe

Nachdem im vorherigen Teil die Grundlagen, das Wesen und die Rechtsgrundlagen sowie die verfassungsrechtlichen Rahmenbedingungen der internationalen Vollstreckungshilfe aufgezeigt wurden und gleichzeitig das Instrument der Vollstreckungshilfe systematisch in das nationale und internationale Steuerrecht eingeordnet wurde, sollen im folgenden Teil die konkreten Abläufe der Vollstreckungshilfe aufgezeigt werden. Dabei wird auf die beiden wichtigsten Rechtsakte der Vollstreckungshilfe, das EU-BeitrG sowie an Art. 27 OECD-MA orientierten DBA, eingegangen. Die Voraussetzungen und Grenzen der grenzüberschreitenden Vollstreckungshilfe werden im Zuge dessen näher untersucht. Die Probleme der Vollstreckungshilfe werden herausgearbeitet und einer Lösung zugeführt. Bei der Erörterung des EU-BeitrG gilt es die zugrundeliegende EU-BeitrRL im Wege der unionsrechtskonformen Auslegung zu berücksichtigen.[689] Vergleichbar gilt für DBA, die auf Art. 27 OECD-MA basieren, den OECD-MK und das Musterabkommen selbst bei Anwendung der DBA-Vorschriften einfließen zu lassen.[690]

Die Untersuchung differenziert zwischen der Inanspruchnahme (1. Kapitel) und der Leistung (2. Kapitel) von grenzüberschreitender Vollstreckungshilfe. Hierbei bestehen Unterschiede hinsichtlich der Frage der Rechtsgrundlage sowie der Eingriffsintensität in die Grundrechte des Steuerpflichtigen.

1. Kapitel: Inanspruchnahme der Vollstreckungshilfe

Im folgenden Kapitel sollen Voraussetzungen[691] und Grenzen der Inanspruchnahme von grenzüberschreitender Vollstreckungshilfe durch die zuständigen Vollstreckungsbehörden im Einzelnen aufgezeigt werden.

---

689 In diesem Sinne auch *Beermann*, in: Hübschmann/Hepp/Spitaler, AO/FGO, § 250 AO Rn. 73, der dies vor allem auf den Umstand stützt, dass die Veröffentlichung des EU-BeitrG im Bundesgesetzblatt explizit den Hinweis der Umsetzung der EU-BeitrRL enthält; *Fritsch*, in: Koenig, AO, § 118 Rn. 13; zur unionsrechtskonformen Auslegung EuGH, Urt. v. 19.1.2010 – Rs. C-555/07, *Kücükdeveci*, Slg. 2010, I-365, Rn. 48; *Schroeder*, in: Streinz, EUV/AEUV, Art. 288 AEUV Rn. 125.

690 Zur Gebotenheit der Heranziehung von OECD-MA und OECD-MK bei der Auslegung von DBA, die sich am OECD-MA orientieren vgl. nur *Mellinghoff*, in: Festgabe Wassermeyer, S. 35 (47).

691 Gemäß § 117 Abs. 1 AO ist zwar auch eine Inanspruchnahme von Vollstreckungshilfe im engeren Sinne auf Kulanzbasis ohne besondere Voraussetzungen denkbar. In der

§ 1 Ausgangslage

Ausgangspunkt der Untersuchung ist die für das Vollstreckungsrecht der AO zentrale Norm des § 249 AO. Nach § 249 Abs. 1 Satz 1 AO können Finanzbehörden Verwaltungsakte, mit denen eine Geldleistung gefordert wird, im Verwaltungsweg vollstrecken. Diese Vorschrift setzt im abschließenden (gerichtliche und außergerichtliche Rechtsbehelfe außer Betracht lassend) Steuerverwaltungsverfahren, der im Sechsten Teil der AO normierten Vollstreckung an. Die Finanzbehörde hat mithin bereits die geschuldete Steuer festgesetzt. Die Erhebung der Steuer blieb allerdings erfolglos. Die im Steuerschuldverhältnis bestehende Steuerschuld wurde vom Steuerpflichtigen nicht beglichen. Die örtlich zuständige Vollstreckungsbehörde kann versuchen, im Wege der Vollstreckung die geschuldete Steuerforderung beizutreiben. Der Steuerschuldner verfügt jedoch im Hoheitsgebiet der deutschen Finanzverwaltung über keine vollstreckbaren Vermögenswerte. Die Vollstreckungsmaßnahmen laufen demnach entweder ins Leere oder sind von vornherein wegen mangelnder Erfolgsaussicht ungeeignet und damit unverhältnismäßig[692]. Die örtlich zuständige Vollstreckungsbehörde wird nun ihren Ermessensspielraum nutzen (vgl. nur den Wortlaut von § 117 Abs. 1 AO) und sich als letztes zur Verfügung stehendes Mittel um grenzüberschreitende Vollstreckungshilfe bemühen, wenn sie vermutet, dass in einem anderen Staat, mit dem auf diesem Gebiet der Amtshilfe kooperiert wird, Vermögenswerte vorhanden sind, die nach dortigem Recht einer Vollstreckungsmaßnahme zugänglich sind. Liegen konkrete Anhaltspunkte bereits vor, etwa weil ein anderer Staat bereits Auskünfte zu vorhandenem, der Vollstreckung zugänglichem Vermögen des Steuerschuldners übermittelt hat, ist wegen des Grundsatzes der gleichmäßigen Besteuerung von einer Ermessensreduzierung auf null hinsichtlich des „Ob" des Ersuchens auszugehen, wenn die Voraussetzungen im Übrigen vorliegen und keine andere Handlungsmöglichkeit zur Beitreibung der geschuldeten Geldleistung besteht.[693]

Im Regelfall markiert das Ersuchen der bei der Vollstreckung Amtshilfe benötigenden Behörde den Anfang der Vollstreckungshilfe. Grenzüberschreitende

---

Praxis ist ein solcher Fall der Hilfe jedoch höchst selten und soll deshalb nicht näher beleuchtet werden. Dazu bereits § 2. Teil 3. Kapitel § 2 B. I. 2.

692 BFH, Urt. v. 18.7.2000 – VII R 101/98, BStBl. II 2001, 5 (9); zustimmend *Werth*, in: Klein, AO, Vor § 249 AO Rn. 6 m.w.N.

693 So wohl auch *Söhn*, in: Hübschmann/Hepp/Spitaler, AO/FGO, § 117 AO Rn. 25 f.; allgemein zur Ermessensreduzierung auf null aus dem Gleichheitssatz *Wernsmann*, in: Hübschmann/Hepp/Spitaler, AO/FGO, § 5 AO Rn. 200 ff.

Amtshilfe bei der Vollstreckung setzt regelmäßig das Stellen eines Ersuchens voraus, ohne das die Behörde des anderen Staates nicht tätig wird (§§ 8 Abs. 1 Satz 1, 10 Abs. 1 Satz 1 oder 12 Abs. 2 EU-BeitrG, Art. 27 Abs. 3 Satz 1 OECD-MA). Insoweit wird § 117 Abs. 1 AO, der kein Ersuchen als Voraussetzung normiert[694], also die Inanspruchnahme von Vollstreckungshilfe auch ohne Ersuchen gestattet, verdrängt. Nur in eng gefassten Ausnahmefällen (§ 6 Abs. 1 Satz 1 EU-BeitrG oder Art. 31 DBA-Dänemark) erfolgt bei der Vollstreckungshilfe im weiteren Sinne die Hilfeleistung auch spontan bzw. unaufgefordert seitens der die Maßnahme durchführenden Behörde und umfasst dann allerdings lediglich die Übermittlung von Informationen und Auskünften, die für die Vollstreckung erheblich sind. Wenn also im Folgenden die Zulässigkeit der Inanspruchnahme von Vollstreckungshilfe untersucht wird, ist damit im Regelfall gleichzeitig die Frage zu beantworten, inwieweit das Stellen eines Ersuchens zulässig ist. Es geht dabei indes nicht darum, wann der ersuchte Staat zur Leistung der ersuchten Hilfeleistung verpflichtet ist, nachdem sich das ausschließlich nach dem Recht dieses Staates bestimmt.

§ 2 Voraussetzungen

Die Voraussetzungen der Inanspruchnahme von Vollstreckungshilfe richten sich im Allgemeinen nach § 117 Abs. 1 AO; mithin in erster Linie nach Maßgabe deutschen Rechts. Die Beantwortung der Frage nach der Zulässigkeit von Vollstreckungshilfe kann nicht losgelöst von den einschlägigen Vorschriften der AO zur Amtshilfe und der Vollstreckung erfolgen. Gleichzeitig muss bei der Bewertung das innerstaatlich anwendbare EU- und Völkerrecht einfließen, denn dieses bindet die deutsche Finanzverwaltung gleichermaßen. Widersprechen diese Vorschriften den Bestimmungen der AO, sind die aufgezeigten Konkurrenzregeln (2. Teil 3. Kapitel § 4) anzuwenden. Soll demnach ein EU-Mitgliedstaat um Vollstreckungshilfe ersucht werden, richtet sich die Zulässigkeit eines solchen Vorhabens neben den Vorgaben der AO in erster Linie nach den entsprechenden Bestimmungen des EU-BeitrG. Gleiches gilt für den Fall des Bestehens eines völkerrechtlichen Vertrages mit einer Vollstreckungshilfeklausel im Verhältnis zu dem jeweiligen Vertragspartner. Soweit dieser ein Mitgliedstaat der EU ist, greifen Bestimmungen des Abkommens mit diesem jedoch nur insoweit, als sie dem Mindestgehalt des EU-BeitrG nicht zuwiderlaufen (vgl. zu den Konkurrenzen bereits 2. Teil 3. Kapitel § 4).

---

694 Vgl. *Seer*, in: Tipke/Kruse, AO/FGO, § 117 FGO Rn. 13.

Generell unterliegen die Finanzbehörden bei der Inanspruchnahme von Vollstreckungshilfe verfassungsrechtlichen Schranken. Sie sind verpflichtet, für die pflichtgemäße Ausübung ihres Ermessens Sorge zu tragen, insbesondere etwa den Verhältnismäßigkeitsgrundsatz zu wahren.[695] Daneben folgen spezielle Vorgaben explizit aus den einschlägigen, transformierten Abkommen:

A. Vollstreckbarkeit des Verwaltungsakts

Für den Fall der Vollstreckungshilfe *im engeren Sinne* im Verhältnis zu EU-Mitgliedstaaten findet sich für die deutschen Vollstreckungsbehörden in Form von § 10 EU-BeitrG eine spezielle Vorschrift für das Richten von Beitreibungsersuchen an andere Mitgliedstaaten. Danach darf ein Beitreibungsersuchen nach § 10 Abs. 1 Satz 1 Nr. 1 EU-BeitrG nur gestellt werden, wenn die Voraussetzungen für die Vollstreckung gegeben sind. Hierdurch wird explizit auf die innerstaatlichen Vorgaben der AO verwiesen. Ein Beitreibungsersuchen ist demnach nach § 1 Abs. 4 Satz 1 EU-BeitrG nur zulässig, wenn die Vollstreckbarkeit des Verwaltungsakts nach §§ 249, 251 und 254 AO gegeben ist (vgl. dazu bereits 2. Teil 1. Kapitel § 1 A.).[696] Insbesondere bedarf es der Fälligkeit der geschuldeten Leistung und des Verstreichens des Leistungsgebots, vgl. § 254 Abs. 1 Satz 1 AO. Aus dem Verweis auf die Voraussetzungen der §§ 249 ff. AO wird nochmals deutlich, dass die Vollstreckungshilfe nicht über innerstaatliche, rechtliche Hürden bei der Vollstreckung, sondern nur territorial über ihre mangelnden Erfolgsmöglichkeiten wegen fehlenden Vermögens hinweghelfen soll.[697] Ist ein Verwaltungsakt innerstaatlich nicht vollstreckbar, darf er auch nicht im Wege der Vollstreckungshilfe beigetrieben werden.[698] Zusätzlich folgt aus § 117 Abs. 1 AO, dass ein grenzüberschreitendes Vollstreckungsersuchen nur dann zulässig ist, wenn auch ein innerstaatliches Ersuchen statthaft wäre.[699]

Aber auch außerhalb des Anwendungsbereichs des EU-BeitrG ist das Kriterium der Vollstreckbarkeit nach innerstaatlichem Recht als zwingende Voraussetzung des Ersuchens festgeschrieben. DBA, die nach Vorbild von Art. 27 OECD-MA geschlossen wurden, enthalten in Art. 27 Abs. 3 Satz 1 die Vorgabe,

---

695 Näher *Hendricks*, IStR 2009, 846 (849).

696 Näher zu den innerstaatlichen Voraussetzungen *Beermann*, in: Hübschmann/Hepp/Spitaler, AO/FGO, § 250 AO Rn. 167.

697 Vgl. *Hendricks*, IStR 2009, 846 (850).

698 In diesem Sinne auch *Beermann*, in: Hübschmann/Hepp/Spitaler, AO/FGO, § 250 AO Rn. 167.

699 *Hendricks*, IStR 2009, 846 (849).

dass der Steueranspruch, um den um Beitreibungshilfe ersucht wird, nach dem Recht des ersuchenden Staates vollstreckbar sein muss.[700] Nach deutschem Recht ist dies auch dann der Fall, wenn die zugrundeliegende Forderung noch anfechtbar ist, vgl. § 251 Abs. 1 Satz 1 AO.[701] Sollte der ersuchte Staat diesbezüglich eine andere Regelung vorsehen, so ist er nicht verpflichtet, dem Ersuchen zu entsprechen. Dies folgt aus der Formulierung des Art. 27 Abs. 3 Satz 2 OECD-MA, wonach der Steueranspruch vom anderen (ersuchten) Staat „nach dessen Rechtsvorschriften über die Vollstreckung und Erhebung seiner eigenen Steuern" erhoben wird.[702] Dies lässt indes die Zulässigkeit des Ersuchens unberührt.

Eine Ausnahme vom Erfordernis der Vollstreckbarkeit kann nur hinsichtlich des Ersuchens um Sicherungsmaßnahmen gemacht werden, vgl. Art. 27 Abs. 4 Satz 2 OECD-MA. Sicherungsmaßnahmen sind nach Art. 27 Abs. 4 Satz 2 selbst dann ersuchensfähig, wenn der Steueranspruch im Zeitpunkt der Einleitung nicht vollstreckbar ist oder von einer Person geschuldet wird, die berechtigt ist, die Erhebung zu verhindern. Voraussetzung ist allerdings, dass die ersuchende Behörde nach innerstaatlichem Recht selbst berechtigt ist, die entsprechende Sicherungsmaßnahme einzuleiten. Deutsche Behörden dürfen also im Wege der Amtshilfe nur um solche Sicherungsmaßnahmen ersuchen, die ihr nach der AO zustehen, mithin vor allem der dingliche Arrest nach § 324 AO mit sich ggf. anschließender Verwertung der Sicherheit nach § 327 AO.[703] Die Anordnung des Arrests ist nach § 324 Abs. 1 Satz 2 AO auch dann zulässig, wenn die Vollstreckbarkeit oder Fälligkeit des Steueranspruchs noch nicht gegeben ist.[704] Es ist zudem ausreichend, wenn der Anspruch, der im Arrestwege durchgesetzt werden soll, begründet ist.[705]

700 Siehe OECD-MK, Art. 27 Rn. 15. Diese Voraussetzungen enthalten regelmäßig auch andere völkerrechtliche Abkommen mit deutscher Beteiligung (vgl. z.B. Art. 4 Abs. 2 Rechtshilfeabkommen Niederlande oder Art. 11 Abs. 1 Rechtshilfeabkommen Österreich).

701 *Beermann*, in: Hübschmann/Hepp/Spitaler, AO/FGO, § 249 AO Rn. 17.

702 OECD-MK, Art. 27 Rn. 16; *Engelschalk*, in: Vogel/Lehner, DBA, Art. 27 Rn. 45.

703 Vgl. *Beermann*, in: Hübschmann/Hepp/Spitaler, AO/FGO, Vor §§ 249–346 AO Rn. 43. Nach Ansicht von *Krabbe*, in: Wassermeyer, DBA, Art. 27 MA Rn. 33 kann nur um die Vollziehung des innerstaatlich angeordneten Arrests und nicht die Einleitung eigener Sicherungsmaßnahmen ersucht werden. Ausweislich des Wortlauts und der Systematik, nach der das Recht des ersuchten Staates maßgeblich ist, kann dem nicht gefolgt werden. So wohl auch BMF-Merkblatt v. 23.1.2014, a.a.O, Rn. 4.3.

704 *Werth*, in: Klein, AO, § 324 AO Rn. 3.

705 Vgl. nur *Kruse*, in: Tipke/Kruse, AO/FGO, § 324 AO Rn. 9.

Auch auf Grundlage von § 12 Abs. 2 Nr. 2 EU-BeitrG kann das Verbindungsbüro ein Ersuchen um Sicherungsmaßnahmen stellen, wenn ein Ersuchen aus anderen Gründen noch nicht gestellt werden kann. Das Kriterium „aus anderen Gründen" ist dabei im Lichte der EU-BeitrRL auszulegen. § 12 Abs. 2 EU-BeitrG dient der Umsetzung von Art. 16 Abs. 1 2. HS. EU-BeitrRL.[706] Danach ist das Stellen eines auf Sicherungsmaßnahmen gerichteten Ersuchens möglich, wenn für die Forderung im ersuchenden Mitgliedstaat noch kein Vollstreckungstitel erlassen wurde und die Einleitung von Sicherungsmaßnahmen in diesem Fall auch nach dem Recht des ersuchenden Staates zulässig wäre. Da Sicherungsmaßnahmen nach § 324 Abs. 1 Satz 2 AO auch für eine zahlenmäßig noch nicht feststehende Forderung sowie bedingte oder betagte Forderungen zulässig ist, kann die Vollstreckungsbehörde nach § 12 Abs. 2 Nr. 2 EU-BeitrG folglich auch vor Vollstreckbarkeit um sichernde Maßnahmen ersuchen.

Sollte ein DBA ausnahmsweise keine Vorgaben zur vorherigen Vollstreckbarkeit eines Steueranspruchs enthalten, ergibt sich diese dennoch (subsidiär) aus den einschlägigen Bestimmungen der AO.[707] Für innerstaatliche Vollstreckungsersuchen gilt gemäß § 250 Abs. 1 Satz 2 AO, dass nur bzgl. vollstreckbarer Ansprüche um Hilfe ersucht werden kann.[708] § 250 AO ist zwar unmittelbar nur für den innerstaatlichen Fall anwendbar. Da gemäß § 117 Abs. 1 die Inanspruchnahme grenzüberschreitender Amtshilfe – insbesondere bei Fehlen speziellerer, umgesetzter bzw. transformierter abkommensrechtlicher Vorschriften – nach Maßgabe deutschen Rechts zu erfolgen hat, sind die innerstaatlichen Wertungen auch hier zu beachten.[709] Kann also für den innerstaatlichen Fall Vollstreckungshilfe nur unter der Bedingung der Vollstreckbarkeit des Verwaltungsakts in Anspruch genommen werden, muss dies erst recht auch für die grenzüberschreitende Konstellation gelten.

Die Voraussetzung der Vollstreckbarkeit ergibt sich auch allgemein für die Finanzverwaltung aus den bindenden Vorgaben des BMF-Merkblatts v. 23.1.2014.[710] Darin ist als allgemeine Zulässigkeitsvoraussetzung eines Ersuchens

---

706 BT-Drs. 17/6263, S. 43.

707 So mit Recht *Hendricks*, IStR 2009, 846 (849).

708 Statt vieler *Hendricks*, IStR 2009, 846 (849); *Beermann*, in: Hübschmann/Hepp/Spitaler, AO/FGO, § 250 AO Rn. 38; wohl auch *Seer*, in: Tipke/Kruse, AO/FGO, § 250 AO Rn. 12.

709 In diese Richtung auch *Hendricks*, IStR 2009, 846 (849).

710 BMF-Merkblatt v. 23.1.2014, a.a.O, Rn. 3.1.1.1 lit. b. Grundlegend zur Bedeutung des Merkblatts für die Zulässigkeit eines ausgehenden Ersuchens BFH v. 21.7.2009 – VII R 52/08, BStBl. II 2010, 51 (53). Daran anknüpfend *Hendricks*, IStR 2009, 846 (850).

unter Nr. 3.1.1.1 lit. b die Anweisung enthalten, dass ein solches nur gestellt werden darf, wenn die Vollstreckungsvoraussetzungen nach deutschem Recht gegeben sind (§§ 251, 254 AO). Diese Anweisung gilt unabhängig von einer bestimmten Rechtsgrundlage. Aufgrund der Selbstbindung der Verwaltung ist es den Behörden damit grundsätzlich und unabhängig von einem bestimmten Gesetz untersagt, vor Vollstreckbarkeit um Vollstreckungshilfe im engeren Sinne zu ersuchen.

Für das Ersuchen um Auskünfte betreffend die Vollstreckung oder Zustellung von mit der Vollstreckung im Zusammenhang stehenden Dokumenten braucht keine Vollstreckbarkeit gegeben zu sein. Letztere bezweckt oftmals gerade den Eintritt der Vollstreckbarkeit, indem etwa ein Leistungsgebot nur auf diesem Wege auf fremdem Staatsgebiet gemäß § 254 AO bekanntgeben werden kann.

B. Keine Anfechtbarkeit des Verwaltungsakts

Als weitere, kumulative Voraussetzung tritt in der Regel hinzu, dass der zu vollstreckende Verwaltungsakt oder das Leistungsgebot formell bestandskräftig sein muss.[711] Formelle Bestandskraft liegt vor, soweit ein Verwaltungsakt nicht oder nicht mehr mit Rechtsbehelfen angefochten werden kann.[712] Unanfechtbarkeit bedeutet nicht Unabänderbarkeit und ist in diesem Sinne von materieller Bestandskraft (Verbindlichkeit einer Verwaltungsentscheidung gemäß den §§ 172 ff. AO) zu unterscheiden.[713]

Ist der Anwendungsbereich gemäß § 1 EU-BeitrG eröffnet, schreibt § 10 Abs. 1 Satz 1 Nr. 2 EU-BeitrG grundsätzlich vor, dass ein Beitreibungsersuchen bereits dann gestellt werden kann, wenn die Forderung nicht angefochten ist oder nicht mehr angefochten werden kann.[714] Diese Voraussetzungen müssen nicht kumulativ vorliegen (vgl. den Wortlaut „...oder..."), sodass das Stellen eines Ersuchens bereits dann zulässig ist, wenn die Forderung zu diesem Zeitpunkt nicht angefochten ist. Dass die Möglichkeit der Anfechtung generell ausgeschlossen ist, ist dagegen für die Zulässigkeit eines Ersuchens nicht zwingend geboten. Sollte die beizutreibende Forderung angefochten sein, kommt das

---

711 Vgl. BMF-Merkblatt v. 23.1.2014, a.a.O, Rn. 3.1.1.1 lit. d.

712 Statt vieler *Wernsmann*, in: Hübschmann/Hepp/Spitaler, AO/FGO, Vor §§ 130–133 AO Rn. 12; *v. Groll*, in: Hübschmann/Hepp/Spitaler, AO/FGO, Vor §§ 172–177 AO Rn. 10.

713 Vgl. nur BMF, AEAO, BStBl. I 2014, 291, vor §§ 172 bis 177, Rn. 1.

714 Siehe auch BMF-Merkblatt v. 23.1.2014, a.a.O, Rn. 3.1.1.1 lit. d.

Ersuchen um Beitreibung einer Forderung zwar grundsätzlich nicht Betracht. Die Behörde kann dann in der Regel lediglich nach § 12 Abs. 2 Nr. 1 EU-BeitrG die Einleitung von Sicherungsmaßnahmen beantragen. Diese Einschränkung kommt jedoch nicht zur Anwendung, wenn ein eingelegter Einspruch nach § 347 AO offensichtlich aussichtlos ist, vgl. § 10 Abs. 1 Satz 2 1. HS EU-BeitrG. Gleiches gilt nach dieser Vorschrift, wenn eine Anfechtung nicht in angemessener Zeit begründet wird und lediglich der Verzögerung der Vollstreckung dient (§ 10 Abs. 1 Satz 2 2. HS EU-BeitrG).[715] Für die zuständige Behörde ist mithin im Falle eines Einspruchs nach § 347 AO dessen Begründung im Sinne von § 357 Abs. 3 AO sorgfältig zu prüfen, um sicherzustellen, ob die Entscheidung über den Einspruch abgewartet werden muss, bevor ein Beitreibungsersuchen gestellt werden darf. Kommt sie zu einem negativen Ergebnis, ist es folglich mit Neufassung der EU-BeitrRL gemäß § 10 Abs. 1 Satz 3 EU-BeitrG nunmehr möglich, auch angefochtene Forderungen beitreiben zu lassen.[716] Dies ist in Ausnahmefällen unter Beifügung einer Begründung zulässig, soweit die Rechts- und Verwaltungsvorschriften des ersuchten Mitgliedstaates dies zulassen.[717] Dem stehen §§ 251 Abs. 1 Satz 1 AO i.V.m. 361 Abs. 1 AO nicht entgegen, da auch innerstaatlich der Verwaltungsakt seine Vollstreckbarkeit grundsätzlich nicht durch Einspruch verliert.[718]

Diese Voraussetzung für ein Vollstreckungsersuchen findet sich in ähnlicher Formulierung auch in DBA auf Grundlage von Art. 27 OECD-MA wieder. Nach Art. 27 Abs. 3 Satz 1 OECD-MA ist für das Ersuchen um Vollstreckungshilfe im engeren Sinne neben der Vollstreckbarkeit Voraussetzung, dass die Vollstreckung zum Zeitpunkt des Antrags vom Steuerschuldner nicht verhindert werden kann. Unter „Verhinderung" in diesem Sinne fällt gerade nicht die Möglichkeit

---

715 Näher zu den beiden Ausnahmefällen *Beermann*, in: Hübschmann/Hepp/Spitaler, AO/FGO, § 250 AO Rn. 167.

716 Krit. zur Relevanz dieser Ausnahmeregelung *Czakert*, in: Schönfeld/Ditz, DBA, Anh. 2 Rn. 50. Jedoch zeigt die Anlage 1 des BMF-Merkblatts v. 23.1.2014, a.a.O, dass eine Reihe von EU-Mitgliedstaaten Hilfe bei der Vollstreckung angefochtener Forderungen leisten.

717 Vgl. auch das BMF-Merkblatt v. 23.1.2014, a.a.O, Rn. 3.1.1.1 lit. d, der diese Möglichkeit den zuständigen Behörden ausdrücklich zur Verfügung stellt. Sollte der Einspruch Erfolg haben, so haftet die ersuchende Behörde für bereits beigetriebene Beiträge und ggf. erforderliche Entschädigungsleistungen, BT-Drs. 17/6263, S. 42.

718 BT-Drs. 17/6263, S. 42; *Werth*, in: Klein, AO, § 251 AO Rn. 1; *Jatzke*, in: Hübschmann/Hepp/Spitaler, AO/FGO, § 251 AO Rn. 18.

eines Einspruches im Sinne von § 347 AO.[719] Nach § 361 Abs. 1 Satz 1 AO wird, wie soeben gezeigt, die Vollziehung des angefochtenen Verwaltungsakts grundsätzlich nicht gehemmt, insbesondere die Erhebung einer Abgabe nicht aufgehalten. Der Vollstreckungsschuldner kann somit die Vollstreckung auch nicht durch Einlegung eines Einspruchs verhindern.

C. *Subsidiarität*

Schließlich legt das EU-BeitrG die grundsätzliche Subsidiarität der Vollstreckungshilfe nieder. *In concreto* muss die Vollstreckungsbehörde gemäß § 10 Abs. 2 EU-BeitrG alle nach der Abgabenordnung vorgesehenen Vollstreckungsmöglichkeiten ausgeschöpft haben, bevor die Zulässigkeit eines Beitreibungsersuchens gegeben ist.

Der Grundsatz der Subsidiarität wird indes in Ausnahmefällen durchbrochen. Nach § 10 Abs. 2 Nr. 1 EU-BeitrG müssen zum einen nicht alle innerstaatlich verfügbaren Mittel in Anspruch genommen werden, wenn offensichtlich ist, dass keine Vermögensgegenstände für die Vollstreckung in Deutschland vorhanden sind (lit. a) oder Vollstreckungsverfahren in Deutschland nicht zur vollständigen Begleichung der Forderung führen (lit. b). Gleichzeitig müssen den zuständigen Behörden aber konkrete Informationen vorliegen, wonach Vermögensgegenstände des Schuldners im ersuchten Mitgliedstaat vorhanden sind, um eine Ausnahme von der Subsidiarität zu rechtfertigen. Es bedarf damit zumindest der objektiven Prüfung aller in Betracht kommender Vollstreckungsmaßnahmen im Sinne der §§ 249 ff. AO. In der Regel wird auch eine vorherige erfolglose Durchführung erforderlich sein, da nur in offensichtlichen Fällen ausnahmsweise bereits *ex ante* die Erfolglosigkeit einer Maßnahme prognostiziert werden kann.[720]

Zum anderen braucht die zuständige Vollstreckungsbehörde keine Vollstreckungsmaßnahmen zu ergreifen, wenn ihre Durchführung mit unverhältnismäßigen Schwierigkeiten verbunden wäre. Auch in diesem Fall kann sie unmittelbar ein entsprechendes Vollstreckungsersuchen an die auswärtige Behörde richten, vgl. § 10 Abs. 2 Nr. 2 EU-BeitrG. Laut EU-Kommission hat der Rat sich bei der Formulierung dieser Ausnahme an Art. 19 der Gemeinsamen Konvention von

719 So überzeugend *Czakert*, in: Schönfeld/Ditz, DBA, Art. 27 Rn. 32; *Krabbe*, in: Wassermeyer, DBA, Art. 27 MA Rn. 22.

720 Nach *Schlatmann*, in: Engelhardt/App/Schlatmann, VwVG/VwZG, § 10 EU-BeitRG Rn. 6 setzt § 10 EU-BeitrG voraus, dass die Vollstreckungsbehörde aus vorhergegangenen Vollstreckungsversuchen entsprechende nachweisbare Erkenntnisse hat.

Europarat und OECD zur Amtshilfe in Steuersachen vom 25.1.1988 orientiert.[721] Nach dem dort dieser Klausel zugrundegelegten Verständnis sei ein Ersuchen bereits dann zulässig, wenn die Vollstreckungsmaßnahme im ersuchten Staat „leichter" vollzogen werden könnte.[722] Obgleich eine solche Auslegung im Sinne der Effizienz der Beitreibung aus Sicht des ersuchenden Mitgliedstaates zu begrüßen wäre, erscheint fraglich, ob sie dem Wortlaut der Norm noch gerecht wird.[723] Diese Interpretation führte zu einer Umkehrung des Subsidiaritätsgrundsatzes, der ausweislich der Gesetzessystematik eigentlich den Regelfall darstellen soll. Die Ansicht der EU-Kommission führt im Ergebnis dazu, dass die ersuchende Behörde im Einzelfall schlicht abwägen wird, in welchem Staat eine Vollstreckungsmaßnahme erfolgsversprechender ist. Der Wortlaut der Norm erfordert aber eine Unverhältnismäßigkeit, die erst gegeben sein dürfte, wenn eine Vollstreckungsmaßnahme außer Verhältnis zum verfolgten Ziel steht, was nicht bereits dann der Fall ist, wenn ein Ziel „leichter" im Zielstaat erreicht werden kann, was auf eine bloße Erforderlichkeitsprüfung hinausliefe.

In DBA-Bestimmungen nach Art des Art. 27 OECD-MA sind § 10 EU-BeitrG vergleichbare Regelungen enthalten. Nach Art. 27 Abs. 8 lit. c OECD-MA ist vorgeschrieben, dass Amtshilfe nicht geleistet werden muss, wenn der ersuchende Staat nicht alle angemessenen Maßnahmen zur Erhebung oder Sicherung, die ihm nach seinen Recht zur Verfügung stehen, ausgeschöpft hat. Obgleich der Regelungsgehalt § 10 Abs. 1 EU-BeitrG in seiner Kernaussage ähnelt, reguliert Art. 27 Abs. 8 lit. c OECD-MA streng genommen keine Voraussetzungen für das Stellen eines Vollstreckungsersuchens. Vielmehr ist die Norm so ausgestaltet, dass sie dem ersuchten Staat einen Ablehnungsgrund zubilligt.[724] Es steht ihm danach frei, ob er bereit ist, Amtshilfe zu leisten, wenn Deutschland nicht alle angemessenen Maßnahmen vorher ausgeschöpft hat. Faktisch (aber nicht rechtlich[725]) wird die Behörde aber dennoch gezwungen sein, vorher die ihr möglichen Maßnahmen zu ergreifen, um den Erfolg des Ersuchens sicherzustellen. Ggf. handelt sie sogar ermessenfehlerhaft, wenn sie ein Ersuchen stellt, das mit

---

721 Bericht der Kommission v. 15.2.2012, KOM (2012) 58, S. 8 f.

722 Bericht der Kommission v. 15.2.2012, KOM (2012) 58, S. 8 f.

723 § 10 Abs. 2 Nr. 2 EU-BeitrG entspricht insoweit seiner Vorlage Art. 11 Abs. 2 lit. b EU-BeitrRL.

724 *Engelschalk*, in: Vogel/Lehner, DBA, Art. 27 Rn. 95.

725 Das BMF-Merkblatt v. 23.1.2014, a.a.O, Rn. 3.1.1.1 lit. c schreibt den Behörden nur allgemein vor, dass ein Ersuchen erst dann zulässig sei, wenn im Inland getroffene Maßnahmen nicht zur vollständigen Tilgung führen werden. Folglich ist die tatsächliche Ergreifung von Maßnahmen vorher nicht erforderlich.

hoher Wahrscheinlichkeit von der ersuchten Stelle abgelehnt wird, weil mit der Übermittlung regelmäßig ein Eingriff in das Recht auf informationelle Selbstbestimmung aus Art. 2 Abs. 1 i.V.m. 1 Abs. 1 GG verbunden ist (dazu näher sogleich).[726]

Die Subsidiarität gilt auch für die anderen Arten der Vollstreckungshilfe. So darf ein Zustellungsersuchen nur gestellt werden, wenn es der Vollstreckungsbehörde nicht möglich ist, das betreffende Dokument gemäß den Vorschriften des VwZG zuzustellen, oder wenn eine solche Zustellung mit unverhältnismäßigen Schwierigkeiten verbunden wäre, vgl. § 8 Abs. 2 EU-BeitrG.

§ 3 Grenzen

Obgleich die unter § 2 genannten Voraussetzungen vorliegen, kann im Einzelfall die Inanspruchnahme von Vollstreckungshilfe dennoch ausgeschlossen sein.

A. Verhältnismäßigkeitsgrundsatz

Gemäß §§ 117 Abs. 1, 249 AO steht die Einleitung und die Wahl der Vollstreckungsmaßnahmen sowie die Inanspruchnahme grenzüberschreitender Amtshilfe grundsätzlich im pflichtgemäßen Ermessen (§ 5 AO) der zuständigen Vollstreckungsbehörden. Die Ermessensausübung unterliegt dabei den gesetzlichen Schranken, insbesondere dem für die Befugnisausübung geltenden Verhältnismäßigkeitsgrundsatz[727]. Danach muss jede Maßnahme bzw. jedes Ersuchen geeignet, erforderlich und angemessen sein.[728] Das Erfordernis der Geeignetheit schreibt beispielsweise für Beitreibungsersuchen vor, dass dem Ersuchen die Möglichkeit des Erfolgs innewohnt. Es müssen mithin Anhaltspunkte gegeben sein, die es wahrscheinlich erscheinen lassen, dass der ersuchte Staat einem Ersuchen tatsächlich entsprechen wird. Dies ist jedoch dann nicht der Fall, wenn die Behörde des ersuchten Staates etwa aus Gründen nach Art. 18 EU-BeitrRL nicht zur Leistung der Hilfe verpflichtet ist bzw. nach nationalem

---

726 In diesem Sinne auch *Hendricks*, IStR 2009, 846 (849) für den meines Erachtens vergleichbaren Fall, dass ein Ersuchen gestellt wird, obwohl mit dem ersuchten Staat keine Zusammenarbeit besteht und deshalb nicht mit einer Hilfeleistung zu rechnen ist.

727 Statt vieler *Wernsmann*, in: Hübschmann/Hepp/Spitaler, AO/FGO, § 5 AO Rn. 163 m.w.N.

728 So explizit *Hendricks*, IStR 2009, 846 (849) für die Inanspruchnahme zwischenstaatlicher Hilfe; allgemein für die grenzüberschreitende Amtshilfe *Seer*, in: Tipke/Kruse, AO/FGO, § 117 AO Rn. 12.

Recht gar nicht berechtigt ist, die ersuchte Hilfe zu leisten, und auch nicht zu erwarten ist, dass sie davon eine Ausnahme macht. Erforderlichkeit (vgl. zur innerstaatlichen Ausgestaltung des Erforderlichkeitskriteriums § 112 Abs. 1 AO) ist hingegen nicht gegeben, wenn schon mit innerstaatlichen Mitteln die Durchführung der Besteuerung erreicht werden kann (vgl. dazu bereits den in den Abkommen niederlegten Subsidiaritätsgrundsatz).[729] Schließlich kann es auch an der Angemessenheit eines Ersuchens fehlen. Dies kann etwa der Fall sein, wenn die Belastung des Bürgers durch die ersuchte Maßnahme außer Verhältnis zur beizutreibenden Forderung steht und keine Mindestbeträge (dazu B.) für den konkreten Empfängerstaat vorgesehen sind.[730] In diesem Fall bildet die Angemessenheit einer Maßnahme eine rechtliche Grenze für die Inanspruchnahme von Vollstreckungshilfe.[731]

B. Mindestbeträge

Die Finanzverwaltung hat deshalb als Ausprägung der Angemessenheit insbesondere Mindestbeträge zu beachten, deren Wert nicht unterschritten werden darf. Dies ergibt sich mittelbar aus § 14 Abs. 1 EU-BeitrG, wonach Amtshilfe nicht geleistet wird, wenn die beizutreibenden Forderungen insgesamt weniger als € 1500 betragen. Dieser regelt jedoch nur einen Ablehnungsgrund (und zwar ohne Ermessensspielraum) aus Sicht der ersuchten Behörden, enthält hingegen keine Aussagen über die Zulässigkeit eines Ersuchens.[732]

Deutschland hat zwar mit einigen Vertragspartnern völkerrechtlicher Abkommen Mindestbeträge vereinbart.[733] Grundsätzlich enthalten DBA nach Muster der OECD dagegen keine ausdrücklichen Mindestbeträge. Art. 27 Abs. 8 lit. d OECD-MA nimmt die Verpflichtung zur Vollstreckungshilfe hinsichtlich solcher Forderungen aus, bei denen der Verwaltungsaufwand für den ersuchten Staat

---

729 Vgl. auch *Hendricks*, IStR 2009, 846 (849). So auch das FG Köln, Urt. v. 26.2.2004 – 2 K 1993/02, EFG 2004, 1734 (1736 f.) zu einem Auskunftsersuchen.

730 Zur Angemessenheit allgemein *Wernsmann*, in: Hübschmann/Hepp/Spitaler, AO/FGO, § 5 AO Rn. 169.

731 Zu beachten ist hierbei jedoch, dass die Sicherung des Steueraufkommens ein hohes Rechtsgut ist, sodass einem Ersuchen wohl nur in Ausnahmenfällen die Angemessenheit abgesprochen werden kann. Vgl. näher *Wernsmann*, in: Hübschmann/Hepp/Spitaler, AO/FGO, § 5 AO Rn. 169 m.w.N.

732 Missverständlich insoweit die Anmerkung des BMF-Merkblatts v. 23.1.14, a.a.O., Rn. 3.1.1.2.

733 Vgl. die Aufzählung des BMF-Merkblatts v. 23.1.14, a.a.O., Rn. 3.1.1.2: Belgien (€ 766), die Niederlande (€ 700), Norwegen (€ 1022) und Schweden (€ 1022).

in einem eindeutigen Missverhältnis zu dem Nutzen steht, den der ersuchende Staat dadurch erlangt. Hierbei handelt es sich wiederum um einen Ablehnungsgrund, der die ersuchte Behörde zur Verweigerung der Amtshilfe berechtigt, und nicht unmittelbar um ein Kriterium der Zulässigkeit für die Inanspruchnahme der Vollstreckungshilfe für die deutschen Behörden, d.h. die deutsche Behörde dürfte grundsätzlich ein solches Ersuchen stellen, wenngleich die ersuchte Behörde es abzulehnen berechtigt wäre.

Nichtsdestotrotz schränken Untergrenzen den Ermessensspielraum der Behörden beim Stellen von Beitreibungsersuchen ein. Zum einen ergibt sich dies aus den Vorgaben des BMF-Merkblattes v. 23.1.2014 in Verbindung mit der daraus folgenden ermessensreduzierenden Selbstbindung der Verwaltung. Hiernach soll[734] allgemein nicht um Beitreibung ersucht werden, wenn der Wert der Forderung € 1500 unterschreitet.[735] Zum anderen ist die Ermessensausübung gemäß § 5 AO nach dem Zweck der gesetzlichen Ermächtigung auszuüben. Die Übermittlung eines Beitreibungsersuchens mit der damit verbundenen Offenbarung des Steuergeheimnisses ist aber nicht vom Gesetzeszweck gedeckt, wenn ein solches Ersuchen von vornherein wegen Unterschreitung des Mindestbetrags keine Aussicht auf Erfolg hat. Dies ist insbesondere im Rahmen der EU-BeitrRL der Fall (vgl. auch den Wortlaut von § 14 Abs. 1: „[…] Amtshilfe wird nicht geleistet…", wonach im umgekehrten Fall deutsche Behörden keine Vollstreckungshilfe gewähren würden). Im Ergebnis entfallen Mindestbeträge ausgestaltet als Ablehnungsgründe des Empfängerstaats mittelbar die Wirkung einer rechtlichen Grenze für das Stellen eines Vollstreckungsersuchens durch deutsche Behörden.

C. Betagte Forderungen

Gleiches gilt für die Forderungen, die nicht die Voraussetzungen von § 14 Abs. 2 Satz 1 Nr. 1 oder Nr. 2 EU-BeitrG erfüllen. Hinsichtlich Forderungen, die nach diesen Vorgaben betagt sind, leistet der ersuchte Staat keine Vollstreckungshilfe (vgl. zu den Voraussetzungen 2. Kapitel § 3 A. III.). Auch hierbei handelt es sich um eine Möglichkeit der Ablehnung der ersuchten Behörden und nicht um eine Zulässigkeitsvoraussetzung, die jedoch mittelbar den Ermessenspielraum der ersuchenden Behörde einschränken kann.

---

734 Zur Einengung des Ermessenspielraums durch eine Soll-Bestimmung *Wernsmann*, in: Hübschmann/Hepp/Spitaler, AO/FGO, § 5 AO Rn. 56.

735 BMF-Merkblatt v. 23.1.14, a.a.O., Rn. 3.1.1.2.

Grundsätzlich richtet sich die Ausführung der Vollstreckungsmaßnahme nach dem Recht des ersuchten Staates (Art. 27 Abs. 3 OECD-MA und Art. 13 Abs. 1 EU-BeitrRL). Im Rahmen einer auf Art. 27 OECD-MA fußenden DBA-Bestimmung wird der ersuchten Behörde ermöglicht, eigene gegenüber dem ersuchenden Staat weitergehende Maßnahmen zur Vollstreckung durch Ersuchen in Anspruch zu nehmen, d.h. um Maßnahmen zu ersuchen, die innerstaatlich nicht vorgesehen sind.[736]

Dennoch stößt die Inanspruchnahme von grenzüberschreitender Vollstreckungshilfe an gesetzliche Grenzen bei der Wahl der Maßnahme, um die ersucht wird. Insoweit wird in Literatur und Rechtsprechung von einem Verbot des sog. Befugnis-Shoppings gesprochen.[737] Danach ist es der deutschen Finanzverwaltung untersagt, die Inanspruchnahme von Vollstreckungshilfe zur „Befugniserweiterung zu missbrauchen“.[738] Dies folge schon aus einer am Telos des § 117 Abs. 1 AO orientierten Auslegung. Das Ziel des § 117 Abs. 1 AO sei es nicht, die Kompetenzschranken des nationalen Verfahrensrechts zu umgehen. Dem ist vor dem Hintergrund, dass die internationale Vollstreckungshilfe in erster Linie die territorialen Grenzen der Steuerbeitreibung, die aus dem Prinzip der Gebietshoheit erwachsen, erweitern soll, zuzustimmen. Die ersuchte Behörde soll sinnbildlich als „verlängerter Arm“ der ersuchenden Behörde dienen. In diesem

736 Zur grundsätzlichen Möglichkeit für die ersuchende Behörde sich weitergehender Vollstreckungsmaßnahmen zu bedienen *Engelschalk*, in: Vogel/Lehner, DBA, Art. 27 Rn. 45.

737 So bereits für die Informationshilfe *Hendricks*, Internationale Informationshilfe, S. 364 f. m.w.N.; *ders.*, IStR 2009, 846 (849) überträgt diese Erkenntnis auf den Bereich der Vollstreckungshilfe; im Ergebnis ebenso FG Münster, Beschl. v. 13.8.2009 – 7 V 2557/09 AO, juris-Rn. 17 zu einem Fall, in dem eine in Deutschland steuerpflichtige Vollstreckungsschuldnerin nach Bulgarien verzogen war und innerstaatliche Pfändungsmaßnahmen wegen der Pfändungsfreigrenzen nach § 319 AO i.V.m. §§ 850 ff. ZPO erfolglos geblieben waren. Die Schuldnerin wehrte sich im einstweiligen Rechtsschutz gegen die im Wege der Vollstreckungshilfe in Bulgarien durchgeführten Kontopfändungen, die viel weitgehender waren als nach der AO möglich gewesen wäre, da das bulgarische Recht insoweit keine entsprechenden Pfändungsgrenzen vorsah. Das FG entschied, ohne jedoch seine Begründung auf § 117 Abs. 1 AO zu stützen oder zu erörtern, warum die ersuchende deutsche Behörde für die Kontopfändungen durch die bulgarischen Behörden überhaupt verantwortlich sei, dass die Pfändungsgrenzen auch in Bulgarien zur Anwendung kommen müssten. Mit Recht krit. zur Begründung *Engelschalk*, in: Vogel/Lehner, DBA, Art. 27 Rn. 45.

738 *Hendricks*, IStR 2009, 846 (849).

Sinne hat sich deshalb auch das Prinzip der Äquivalenz herausgebildet. Dieses konkretisiert in Verbindung mit § 117 Abs. 1 AO den Rahmen eines zulässigen Beitreibungsersuchens. Danach dient die Vollstreckungshilfe gerade nicht der Befugniserweiterung. Die deutsche Behörde darf danach im Ergebnis nur um solche Maßnahmen ersuchen, die ihr selbst in einem innerstaatlichen Fall kompetenziell zustehen.[739]

§ 4 Zuständigkeit

Zu klären ist weiterhin, welche Behörde für die Inanspruchnahme der grenzüberschreitenden Vollstreckungshilfe zuständig ist. Fraglich ist zunächst, welche Behörde für die Initiierung der Amtshilfe bei der Vollstreckung zuständig ist. Bei der Zuständigkeit im Rahmen der Vollstreckungshilfe ist zu differenzieren zwischen der Zuständigkeit zur Durchführung des Vollstreckungsverfahrens und der Zuständigkeit zur Durchführung des Amtshilfeverfahrens im Verhältnis zur ausländischen Behörde.

Für ersteres Verfahren sind ausweislich § 249 Abs. 1 Sätze 1 und 3 AO die Finanzämter als Vollstreckungsbehörden zuständig.[740] Die örtliche Zuständigkeit richtet sich dabei nach §§ 17 ff. AO.[741] Kommt die Vollstreckungsbehörde zu dem Ergebnis, dass innerstaatliche Vollstreckungsmaßnahmen nicht erfolgversprechend sind oder hat sie von den ihr zustehenden Befugnissen erschöpfend Gebrauch gemacht, ist für sie zu prüfen, ob Vermögenswerte in einem anderen Staat vorhanden sind und ob mit diesem Staat auf dem Gebiet der Beitreibung kooperiert wird. Für die nächsten Verfahrensschritte sind wiederum hinsichtlich der EU-BeitrRL und DBA verschiedene Zuständigkeitsregelungen zu beachten:

Für Forderungen im Anwendungsbereich der EU-BeitrG sind die Finanzämter gemäß § 4 Abs. 1 Satz 1 Nr. 1 EU-BeitrG hauptsächlich für Steuern von Einkommen, Ertrag oder Vermögen sowie der Umsatzsteuer zuständig. Gemäß § 4 Abs. 1 Satz 1 Nr. 2 EU-BeitrG fallen u.a. Forderungen aus Verbrauchsteuern in die Zuständigkeit der Hauptzollämter. Sollen damit zusammenhängende Vollstreckungsersuchen innerhalb der EU gestellt werden, bereitet das mit der Forderung betraute Finanzamt bzw. Hauptzollamt gemäß § 3 Abs. 2 Satz 2 HS. 1 EU-BeitrG ein entsprechendes Ersuchen vor. Dieses wird jedoch nicht direkt an

739 So wohl auch *Seer*, in: Verfahren der Zusammenarbeit von Verwaltungsbehörden in Europa, S. 85 (98).

740 Soweit im Wege der Verwaltungsvollstreckung Zölle beigetrieben werden sollen, sind die Hauptzollämter zuständig, vgl. § 249 Abs. 1 Satz 3 AO.

741 Näher *Kruse*, in: Tipke/Kruse, AO/FGO, § 250 AO Rn. 19.

die auswärtige Behörde übermittelt. Vielmehr ist das Ersuchen dem zuständigen Verbindungsbüro zuzuleiten, § 3 Abs. 2 Satz 2 HS. 2 EU-BeitrG. Der Schriftverkehr erfolgt dabei über die – falls noch vorhanden – OFD bzw. die unmittelbar vorgesetzte Behörde vorbehaltlich anderer Weisung in dem jeweiligen Bundesland.[742] Je nach Art der Forderung ist dies entweder das BZSt oder das HZA Hannover, vgl. § 3 Abs. 1 Satz 2 Nr. 1 und 2 EU-BeitrG. Das Verbindungsbüro prüft das Ersuchen auf dessen Zulässigkeit[743], vgl. § 3 Abs. 1 Sätze 2 und 4 sowie Abs. 2 Satz 2 EU-BeitrG. Es übernimmt die Kommunikation mit den anderen Verbindungsbüros (§ 3 Abs. 1 Satz 3 EU-BeitrG). Hält sie das Ersuchen für zulässig, leitet sie dieses an das zuständige Verbindungsbüro im Ausland weiter. Auch Gemeinden und Gemeindeverbände können Amtshilfe für Steuern, die sie erheben, in Anspruch nehmen (§ 4 Abs. 2 EU-BeitrG). Sie gelten insoweit als Vollstreckungsbehörde und haben ihr Ersuchen ebenfalls dem Verbindungsbüro zur Übermittlung ins Ausland zuzuleiten. Die örtliche Vollstreckungsbehörde bereitet in Einzelfällen die Erstellung eines Ersuchens vor, vgl. § 12 Abs. 2 EU-BeitrG. Die in § 3 EU-BeitrG normierte Zuständigkeitsverteilung gilt für alle Arten der Vollstreckungshilfe nach diesem Gesetz.

Bei der Vollstreckungshilfe im Anwendungsbereich eines DBA nach Vorbild des OECD-MA fehlt es an einem entsprechenden zentralen Verbindungsbüro. Die Zuständigkeit ist darin nicht festgeschrieben, kann aber zwischen den Vertragsstaaten in gegenseitigem Einvernehmen geregelt werden, vgl. Art. 27 Abs. 1 Satz 2 OECD-MA. Wird eine solche Verständigung nicht getroffen, bleibt es den Vertragsstaaten selbst überlassen, Regelungen zur Zuständigkeit zu treffen. Von deutscher Seite aus hat man sich für die Einrichtung einer zentralen Zuständigkeit für die Rechts- und Amtshilfe durch das BZSt gemäß § 5 Abs. 1 Nr. 5 FVG entschieden.[744] Zuständige Behörde für das Stellen eines Vollstreckungsersuchens auf Grundlage von DBA ist hiernach ebenfalls das BZSt.[745] Die örtlich zuständige Vollstreckungsbehörde ist nicht selbst zur Übermittlung des Ersuchens ins Ausland befugt. Im Ergebnis ist somit aus deutscher Sicht sowohl für das EU-BeitrG als auch für DBA sowie andere Rechtshilfeabkommen eine vergleichbare Zuständigkeitsregelung getroffen worden. Dies ist im Sinne der Rechtseinheit

---

742 BMF-Merkblatt v. 23.1.14, a.a.O., Rn. 1.4. Die Gemeinden übermitteln hiernach Ersuchen unmittelbar an das BZSt.

743 Dabei prüft es gemäß BMF-Merkblatt v. 23.1.14, a.a.O., Rn. 1.4 u.a. die Einhaltung der einschlägigen Verwaltungsvorschriften und Fristen.

744 Vgl. auch den Erlass des BMF v. 13.12.1976 zur Übertragung der Aufgabe auf das BZSt, BStBl. I 1977, 33.

745 So auch das BMF-Merkblatt v. 23.1.14, a.a.O., Rn. 1.4.

und Rechtsklarheit durchaus zu begrüßen und gewährleistet eine bundesweit einheitliche Anwendungspraxis unabhängig von der im Einzelfall einschlägigen Rechtsgrundlage. Die klare Kompetenzverteilung trägt zum reibungslosen Ablauf der Vollstreckungshilfe bei.

§ 5 Vollstreckungsersuchen

Das Ersuchen ist Kern der Inanspruchnahme von Vollstreckungshilfe, bei dem es Folgendes zu beachten gilt.

A. Gegenstand des Ersuchens

Der steuerliche Gegenstand eines Ersuchens richtet sich nach dem sachlichen Anwendungsbereich des jeweils einschlägigen Abkommens (z.B. § 1 EU-BeitRG oder Art. 27 Abs. 1, 2 OECD-MA). Wie bereits bei der Analyse der jeweiligen Rechtsgrundlagen festgestellt, ist nach § 1 Abs. 1 Satz 2 Nr. 1 EU-BeitrG die Beitreibung von Steuern aller Art möglich, solange die Forderung in einem Mitgliedstaat entstanden ist.[746] Personell kommen als Vollstreckungsschuldner nicht nur natürliche und juristische Personen in Betracht, sondern auch jede andere Rechtsform, ganz gleich, ob rechtsfähig oder nicht (§ 2 Abs. 1 EU-BeitrG). Keine Voraussetzung ist ferner, dass der Vollstreckungsschuldner, wenn es sich um eine natürliche Person handelt, die Staatsangehörigkeit eines Mitgliedstaates aufweist, solange ein Mitgliedstaat einen Steueranspruch gegen ihn geltend machen kann.

Auch das OECD-MA sieht keine Beschränkung auf bestimmte Steuerarten vor. Danach ist gemäß Art. 27 Abs. 2 i.V.m. Abs. 1 Satz 1 OECD-MA Amtshilfe hinsichtlich solcher Ansprüche zu leisten, die auf einer Steuer jeder Art und Bezeichnung basieren und vom Vertragsstaat oder einer seiner Gebietskörperschaften erhoben werden. Insbesondere können demzufolge auch solche Steuern beigetrieben werden, auf die die Bestimmungen zur Vermeidung von Doppelbesteuerung eines DBA nicht gemäß Art. 2 OECD-MA Anwendung finden, vgl. Art. 27 Abs. 1 Satz 2 OECD-MA.[747]

Neben der eigentlichen Steuerforderung können auch damit zusammenhängende Nebenleistungen im Rahmen der Vollstreckungshilfe geltend gemacht

746 Zu anderen, vom EU-BeitrG nicht erfassten Forderungen, z.B. bezüglich Pflichtbeiträgen zur Sozialversicherung, siehe § 1 Abs. 3 EU-BeitrG.

747 Hierzu nur *Krabbe*, in: Wassermeyer, DBA, Art. 27 MA Rn. 9. Hinsichtlich abweichender Abkommen wird auf 2. Teil 3. Kapitel § 3 B. IV. verwiesen.

werden (§ 1 Abs. 2 EU-BeitrG, Art. 27 Abs. 2 a.E. OECD-MA). Diese können auch gesondert ohne die Hauptforderung Gegenstand eines Ersuchens sein.[748]

B. Inhalt und Form

Damit die auswärtige Behörde ein Ersuchen effektiv bearbeiten kann, bedarf es einiger essentieller Angaben zur Forderung, die das Ersuchen enthalten muss.

Im Anwendungsbereich des EU-BeitrG divergiert der notwendige Inhalt je nach Art des Ersuchens. Für Ersuchen auf Zustellungshilfe gemäß § 8 Abs. 1 Satz 2 EU-BeitrG ist ein Standardformblatt beizufügen. Der Mindestgehalt dieses Standardformblatts ist durch Art. 8 Abs. 1 UAbs. 1 EU-BeitrRL vorgegeben. Ein Ersuchen muss demnach Name, Anschrift und sonstige Angaben zur Feststellung des Empfängers sowie konkrete Informationen zu Art und Höhe der beizutreibenden Forderung enthalten. Zudem muss das Ersuchen den Zweck der Zustellung benennen und eine Frist vorgeben, innerhalb derer die Zustellung erfolgen soll. Der zuständigen Behörde steht es dabei frei, dem Ersuchen weitere Dokumente und Informationen beizufügen, solange sie dem Ziel der Zustellungshilfe dienlich sind, dem Verhältnismäßigkeitsgrundsatz entsprechen und so die Offenbarung des Steuergeheimnisses rechtfertigen (vgl. § 19 Abs. 3 Satz 1 EU-BeitrG). Die Verwendung des Standardformblatts ist im Rahmen der EU-BeitrRL verpflichtend vorgeschrieben, es sei denn, dies ist aus technischen Gründen nicht durchführbar, vgl. § 19 Abs. 1 EU-BeitrG. Ersuchen, die ohne Standardformblatt übermittelt werden, müssen von der ersuchten Behörde daher nicht befolgt werden, wenn essentielle Mindestangaben fehlen. Sind Hilfeleistungen, die aufgrund eines Ersuchens, das nicht mittels Standardformblatt übermittelt worden ist, dennoch geleistet worden, sind diese weiterhin rechtlich gültig, vgl. Art. 21 Abs. 3 EU-BeitrRL. Die fehlende elektronische Übermittlung berührt nicht die Wirksamkeit des Ersuchens.

Für das Ersuchen auf Beitreibung bzw. Einleitung von Sicherungsmaßnahmen einer Forderung ist gemäß § 10 Abs. 3 Satz 1 EU-BeitrG der einheitliche Vollstreckungstitel beizufügen. Dieser ist alleinige Grundlage für die Vollstreckung im ersuchten Staat, wo er weder der Anerkennung noch Ergänzung bedarf, und ist deshalb zwingend beizufügen. Nach dieser Vorschrift entspricht der Inhalt des einheitlichen Vollstreckungstitels im Wesentlichen dem des ursprünglichen Vollstreckungstitels, also des Verwaltungsakts, der die steuerliche Leistungsaufforderung im Sinne von §§ 249, 251, 254 AO enthält. Der einheitliche Vollstreckungstitel muss jedoch richtlinienkonform die Mindestangaben,

---

748 Vgl. nur *Engelschalk*, in: Vogel/Lehner, DBA, Art. 27 Rn. 34b.

die Art. 12 Abs. 1 UAbs. 2 EU-BeitrRL vorgibt, beinhalten. Neben Angaben zur Person des Schuldners und den zuständigen Behörden müssen aus dem Vollstreckungstitel vor allem detaillierte Informationen zur Forderung hervorgehen: Dies bedeutet *in concreto* Angaben zur Feststellung des ursprünglichen Vollstreckungstitels, eine Beschreibung der Forderung, einschließlich Angaben zur Art der Forderung, des von der Forderung abgedeckten Zeitraums, sämtliche für die Beitreibung wichtigen Termine, den Betrag der Forderung und ihrer Bestandteile. Dem Beitreibungsersuchen können gemäß § 10 Abs. 3 Satz 3 EU-BeitrG weitere Dokumente, die im Zusammenhang mit der Forderung stehen, beigefügt werden. Zudem ist die zuständige Vollstreckungsbehörde verpflichtet, zweckdienliche Informationen, die sie nach Stellen eines Ersuchens erhält, unverzüglich dem Verbindungsbüro zur Weiterleitung an den ersuchten Mitgliedstaat mitzuteilen, vgl. § 10 Abs. 4 EU-BeitrG.

Hinsichtlich des Ersuchens um Sicherungsmaßnahmen ist gemäß § 12 Abs. 3 Satz 1 EU-BeitrG das Dokument beizufügen, das innerstaatlich die Einleitung von Sicherungsmaßnahmen bezogen auf die Forderung ermöglicht hätte. Auch hierzu können wiederum optional weitere Dokumente hinzugefügt werden, § 12 Abs. 3 Satz 2 EU-BeitrG.

Lediglich das Ersuchen von Auskünften, die bei Beitreibung einer Forderung voraussichtlich erheblich sein werden, kann ohne zwingend inhaltliche Anforderungen gestellt werden.[749]

Demgegenüber enthalten DBA nach Art des Art. 27 OECD-MA regelmäßig keine Vorgaben hinsichtlich der Form von Ersuchen. In anderen Fällen als Ersuchen nach dem EU-BeitrG ist die Verwendung des sog. Weiterleitungsschreibens und einer sog. Rückstandanzeige in Papierform an das BZSt hinreichend.[750]

C. Adressat des Ersuchens

Korrespondierend zur deutschen Zuständigkeitsverteilung stellt sich die Frage, an wen ein entsprechendes Ersuchen auf Vollstreckungshilfe zu richten ist. Auch hier kommen zunächst die örtlich zuständigen Vollstreckungsbehörden

---

749 Laut des missverständlichen (vgl. bereits 2. Teil 3. Kapitel § 3 A. IV. 4.) Art. 21 Abs. 1 EU-BeitrRL kann auch für den Informationsaustausch auf das Standardformblatt zurückgegriffen werden. Diese Möglichkeit ist zugunsten der deutschen Verbindungsbüros bei der Umsetzung in § 19 Abs. 1 EU-BeitrG übernommen worden. Ein Zurückgreifen auf diese erscheint deshalb angezeigt. So sieht es wohl auch das BMF-Merkblatt v. 23.1.14, a.a.O., Rn. 3.4.2 vor.

750 BMF-Merkblatt v. 23.1.14, a.a.O., Rn. 3.1.1.2. Dieses enthält als Anlage auch die jeweiligen zu verwendenden Formulare.

in Betracht. Jedoch sind die gemäß Art. 4 EU-BeitrRL einzurichtenden Verbindungsstellen und -büros für die eingehenden Ersuchen zuständig. Nur an sie dürfen grenzüberschreitende Ersuchen gerichtet werden. Die EU-Kommission hat gemäß Art. 4 Abs. 1 EU-BeitrRL eine entsprechende Liste der Ersuchensadressaten zusammengetragen, um eine reibungslose Kommunikation zu gewährleisten.[751]

D. Mittel

Im Anwendungsbereich des EU-BeitrG muss das elektronische Kommunikationsnetzwerk CCN verwendet werden, vgl. § 19 EU-BeitrG i.V.m. Art. 2 VO 1189/2011. In anderen Fällen der Vollstreckungshilfe können die nach dem EU-BeitrG vorgesehenen elektronischen Vordrucke und Formblätter ebenfalls herangezogen werden.[752]

Zur RL 2008/55/EG hat der BFH entschieden, dass ein Beitreibungsersuchen auch per E-Mail rechtswirksam übermittelt werden könne.[753] Zwar dürften die Nachwirkungen dieser Entscheidung ob der Einführung des Standardformblatts und der Verwendung des CCN gering bleiben. Weil aber in einem Fall, in dem auf diese Mittel nicht zurückgegriffen wurde, dies nicht die Ungültigkeit des Ersuchens zur Folge hat (vgl. § 19 Abs. 5 EU-BeitrG), bleibt auch in Zukunft die Übermittlung per E-Mail eine – zumindest theoretische – Option, solange der Schutz der Daten des Betroffenen bei der Übermittlung gewährleistet ist.[754]

§ 6 Änderung und Rücknahme

Sowohl § 11 EU-BeitrG als auch Art. 27 Abs. 7 OECD-MA sehen die Möglichkeit der Änderung oder Rücknahme eines bereits gestellten Ersuchens vor. Im Rahmen einer Änderung oder Rücknahme aufgrund des EU-BeitrG sind keine weiteren Voraussetzungen zu beachten. Hierbei kommen dem Verbindungsbüro jedoch Informationspflichten zu. So muss das Verbindungsbüro der Behörde des anderen Staates unverzüglich jede Änderung oder Rücknahme mitteilen und diese auch begründen (§ 11 Abs. 1 Sätze 1 und 2 EU-BeitrG).

---

751 Liste v. 12.10.2011, ABl. C 307, 7.

752 BMF-Merkblatt v. 23.1.14, a.a.O., Rn. 3.1.1.2. Vgl. auch Art. 24 Abs. 3 EU-BeitrRL.

753 BFH, Urt. v. 11.12.2012 – VII R 70/11, BStBl. II 2013, 475 (477 f.).

754 Hierfür hat die Kommission eigens sog. Mailboxen eingerichtet, die für den elektronischen Übermittlung verwendet werden sollen, vgl. Art. 3 des Durchführungsbeschlusses der Kommission v. 18.11.2011, (K 2011) 8193. Näher hierzu *Schlatmann*, in: Engelhardt/App/Schlatmann, VwVG/VwZG, § 10 EU-BeitrG Rn. 6.

Eine entsprechende Neufassung des Vollstreckungstitels ist gemäß § 11 Abs. 1 Satz 3 EU-BeitrG zu übersenden.

Die Änderungs- und Rücknahmemöglichkeiten sind bei DBA nach dem OECD-MA dagegen restriktiver ausgestaltet. Nach Art. 27 Abs. 7 OECD-MA kann ein Ersuchen zurückgenommen werden, falls der ersuchte Staat die Vollstreckungsmaßnahme noch nicht vorgenommen und den Ertrag der beigetriebenen Forderung noch nicht an die ersuchende Behörde ausgezahlt hat. Dies ist auch dann nur möglich, wenn der Anspruch seine Vollstreckbarkeit verliert oder die Beitreibung vom Steuerschuldner verhindert werden kann (lit. a). Im Falle eines Ersuchens auf Sicherungsmaßnahmen gilt selbiges, wenn im ersuchenden Staat das Recht zur Einleitung von Sicherungsmaßnahmen bezogen auf die Forderung erlischt (lit. b). Wird dem ersuchten Staat ein solcher Fall mitgeteilt, setzt der ersuchende Staat nach Wahl des ersuchten Staates das Ersuchen entweder aus oder nimmt es zurück.

§ 7 Vollstreckungshilfe ohne Ersuchen

In dem seltenen Fall der Vollstreckungshilfe ohne Ersuchen, den § 117 Abs. 1 AO gestattet, sind naturgemäß keine Voraussetzungen an die Inanspruchnahme zu stellen, die über die allgemeinen Voraussetzungen hinausgehen (etwa die rechtsstaatlichen Beschränkungen oder die unzulässige Befugniserweiterung). So regelt die einzige zwischenstaatlich geprägte Vorschrift zu einem solchen Fall nur die Gewährung von Vollstreckungshilfe und nicht deren Inanspruchnahme, vgl. § 6 EU-BeitrG.

§ 8 Besonderheiten für Vollstreckungshilfe im weiteren Sinne

Für die Auskunfts- oder Zustellungshilfe gelten besondere Voraussetzungen, um auf Grundlage des EU-BeitrG in Anspruch genommen werden zu können. *Prima facie* regelt das EU-BeitrG die Zulässigkeit von Ersuchen um Auskünfte nicht. § 5 f. EU-BeitrG betrifft die umgekehrte Konstellation, der Gewährung von Auskünften. Der Regelungszweck des diesen Vorschriften zugrunde liegenden[755] Art. 5 EU-BeitrRL beinhaltet aber auch, dass Behörden nur um solche Auskünfte ersuchen können, die bei der Beitreibung der Forderung voraussichtlich erheblich sein werden. Der Gesetzgeber wollte mit § 5 EU-BeitrG den Rahmen der Auskunftserteilung im Zusammenhang mit der Vollstreckungshilfe festsetzen.[756]

---

755 BT-Drs. 17/6263, S. 41.

756 BT-Drs. 17/6263, S. 41.

Aus § 19 Abs. 1 Satz 1 EU-BeitrG geht zudem hervor, dass er davon ausging, dass § 5 Abs. 1 EU-BeitrG zum Ersuchen um Auskünfte unter den dort genannten Voraussetzungen ermächtigt. Es erschiene auch dem Prinzip der Gegenseitigkeit zuwiderzulaufen, wenn Deutschland sich selbst die Pflicht zur Auskunftserteilung auferlegen würde, ohne gleichzeitig in den Genuss der spiegelbildlichen Leistung gelangen zu können. Obgleich die Umsetzung des Art. 5 EU-BeitrRL missglückt erscheint, gestattet § 5 Abs. 1 EU-BeitrG jedenfalls i.V.m. § 19 Abs. 1 Satz 1 EU-BeitrG in richtlinienkonformer Auslegung[757] das Ersuchen um Auskünfte, die bei der Vollstreckung voraussichtlich erheblich werden.[758] Darunter sind beispielsweise Informationen hinsichtlich der Vermögensverhältnisse des Vollstreckungsschuldners zu verstehen. Die VO 2008/1189/EG normiert zudem in Art. 3 nähere Details zum Stellen eines Auskunftsersuchens.

Ein Zustellungsersuchen ist gemäß § 8 Abs. 1 EU-BeitrG nur bezüglich solcher Dokumente zulässig, die mit einer Forderung gemäß § 1 EU-BeitrG oder mit deren Vollstreckung zusammenhängen. Voraussetzung ist ferner, dass es der Vollstreckungsbehörde nicht möglich ist, das betreffende Dokument gemäß den Vorschriften des Verwaltungszustellungsgesetzes zuzustellen, oder dass eine solche Zustellung mit unverhältnismäßigen Schwierigkeiten verbunden wäre.

2. Kapitel: Leistung der Vollstreckungshilfe

Im folgenden Kapitel sollen Voraussetzungen und Grenzen der Gewährung grenzüberschreitender Vollstreckungshilfe durch die zuständigen deutschen Vollstreckungsbehörden im Einzelnen aufgezeigt werden.

§ 1 Ausgangslage

In der umgekehrten Situation werden deutsche Behörden von Behörden anderer Staaten (in der Regel) ersucht, ihnen bei der Vollstreckung ihrer Steueransprüche Amtshilfe zu leisten. Während sich das Zustandekommen der Forderung nach dem Recht des ersuchenden Staates richtet, erfolgt die tatsächliche Ausübung der

757 Näher zum Grundsatz der richtlinienkonformen Auslegung *Ruffert*, in Calliess/Ruffert, EUV/AEUV, Art. 288 AEUV Rn. 77 ff. m.w.N. Danach ist eine Auslegung im Lichte des Zwecks der Richtlinie auszulegen, wenn – wie hier bestehende – Unklarheiten hinsichtlich des Regelungsgehalts einer Bestimmung bestehen. Der Grundsatz dient jedoch nicht dem Normerhalt.

758 Art. 27 OECD-MA umfasst eine Auskunftsinanspruchnahme unstreitig nicht. Dafür muss auf Art. 26 OECD-MA zurückgegriffen werden. Dazu *Czakert*, in: Schönfeld/Ditz, DBA, Art. 27 OECD-MA Rn. 25.

Hilfeleistung nach den Maßstäben deutschen Rechts (§§ 9 Abs. 1 Satz 2, Abs. 2 Satz 1 EU-BeitrG oder Art. 27 Abs. 3 OECD-MA). Da mit der Ausübung von Vollstreckungsmaßnahmen regelmäßig tiefgreifende Grundrechtseingriffe einhergehen, unterliegt die Leistung der Vollstreckungshilfe nach dem Vorbehalt des Gesetzes gesetzlichen Vorgaben.

§ 2 Voraussetzungen

Aus den zwischenstaatlichen Rechtsakten i.V.m. § 117 Abs. 2 AO folgen gesetzliche Voraussetzungen, ohne deren Vorliegen die deutschen Finanzbehörden nicht zur Gewährung von Vollstreckungshilfe befugt sind.

A. Eingehendes Ersuchen

In aller Regel erfolgt die Gewährung internationaler Vollstreckungshilfe im engeren wie im weiteren Sinne nur auf vorheriges Ersuchen durch die auswärtige Behörde (vgl. §§ 5 Abs. 1 Satz 1, 7 Abs. 1 Satz 1, 9 Abs. 1 Satz 1, 12 Abs.1 Satz 1 EU-BeitrG oder Art. 27 Abs. 3 Satz 1, Abs. 4 Abs. 1 OECD-MA).[759] Selbst die Kulanzhilfe im Sinne von § 117 Abs. 3 AO, die nach hier vertretener Ansicht keine praktische Relevanz für die Gewährung von Vollstreckungshilfe im engeren Sinne hat, schreibt das Erfordernis eines Ersuchens vor. Die unaufgeforderte Leistung von Vollstreckungshilfe im engeren Sinne durch deutsche Behörden ist damit mangels einschlägiger Ermächtigungsgrundlage grundsätzlich unzulässig, selbst wenn sie theoretisch durch vorherigen Informationsaustausch Kenntnis von einer ausstehenden ausländischen Steuerschuld eines Inländers erfahren hat.

Hinsichtlich der Anforderungen gelten spiegelbildlich die gleichen Kriterien für Form und Inhalt wie für ausgehende Ersuchen. So sind im Rahmen des EU-BeitrG das elektronische Kommunikationsnetzwerk CCN sowie die Standardformblätter und der einheitliche Vollstreckungstitel zu verwenden.[760]

B. Zuständigkeiten

Wird Vollstreckungshilfe von einem EU-Mitgliedstaat auf Basis der EU-BeitrRL gewünscht, ist das für diesen Fall benannte Verbindungsbüro die zuständige Annahmestelle für eingehende Ersuchen. Gemäß § 3 Abs. 1 Satz 2 EU-BeitrG

---

759 Nur im Falle von § 6 EU-BeitrG leisten deutsche Behörden auch unaufgefordert Vollstreckungshilfe im weiteren Sinne.

760 Zu einer evtl. erforderlichen Übersetzung BMF-Merkblatt v. 23.1.14, a.a.O., Rn. 1.5.3.2.

sind dies das BzSt (Nr. 1) und das HZA Hannover (Nr. 2). Sie prüfen vorab eingehende Ersuchen auf ihre Zulässigkeit[761] und bearbeiten diese, vgl. § 3 Abs. 1 Satz 4 EU-BeitrG. Die Ersuchen werden nach positiver Vorabprüfung gemäß § 3 Abs. 2 Satz 1 EU-BeitrG an die örtlich zuständigen Vollstreckungsbehörden (Finanzämter und Hauptzollämter) weitergeleitet.[762] Diese sind als Vollstreckungsbehörden für die Durchführung der Amtshilfe nach der an der Steuerart ausgerichteten Verteilung gemäß § 4 Abs. 1 Satz 1 EU-BeitrG verantwortlich. Die örtliche Zuständigkeit richtet sich gemäß § 4 Abs. 1 Satz 2 EU-BeitrG nach Maßgabe der §§ 17 ff. AO.

Die völkerrechtlichen Verträge mit dem Inhalt einer Klausel zur Vollstreckungshilfe enthalten zumeist keine expliziten Zuständigkeitsregelungen. Aber auch in diesen Fällen wird die Zulässigkeit eingehender Ersuchen zentral vom BZSt geprüft.[763] Für die Durchführung der ersuchten Maßnahme ist das örtlich zuständige Finanzamt verantwortlich, das die Erledigung des Ersuchens unverzüglich vornimmt.[764]

C. *Voraussetzungen der verschiedenen Formen von Vollstreckungshilfe*

Für die verschiedenen Maßnahmen, um die die deutschen Behörden im Rahmen der Vollstreckungshilfe ersucht werden können, bestehen verschiedene Voraussetzungen, die erfüllt sein müssen, damit eine Gewährung rechtmäßig erfolgen kann.

Beitreibungsersuchen anderer EU-Mitgliedstaaten kann grundsätzlich nur nachgekommen werden, wenn für die zu vollstreckende Forderung im anderen Staat ein Vollstreckungstitel gegeben ist, § 9 Abs. 1 Satz 1 EU-BeitrG. Voraussetzung ist ferner, dass dieser in Form des einheitlichen Vollstreckungstitels übermittelt wird, der dann als vollstreckbarer Verwaltungsakt in Deutschland gilt, § 9 Abs. 1 Satz 3 EU-BeitrG. Eingehende Beitreibungsersuchen können gemäß § 13 Abs. 3 Satz 1 EU-BeitrG auch die Beitreibung einer angefochtenen Forderung

---

761 Auch wenn grundsätzlich dem BZSt die Prüfung der Voraussetzungen für ein eingehendes Beitreibungsersuchen zufällt, sind die lokalen Vollstreckungsbehörden verpflichtet, das BZSt über bestimmte Anhaltspunkte für eine Unzulässigkeit zu informieren, vgl. BMF-Merkblatt v. 23.1.14, a.a.O., Rn. 4.2.1.

762 Dies geschieht in der Praxis ausweislich des BMF-Merkblatts v. 23.1.14, a.a.O., Rn. 4.2.2.2 mittels der OFD bzw. der dem Finanzamt unmittelbar vorgesetzten Landesfinanzbehörde. Falls das jeweilige Land es gestattet, kann die Kommunikation danach auch direkt mit dem BZSt erfolgen.

763 BMF-Merkblatt v. 23.1.14, a.a.O., Rn. 4.1.

764 BMF-Merkblatt v. 23.1.14, a.a.O., Rn. 4.2.2.

oder eines angefochtenen Teilbetrags einer Forderung beinhalten. Wird in diesem Zusammenhang gleichzeitig die Ergreifung von Sicherungsmaßnahmen begehrt, darf die ersuchte Behörde diesem Ersuchen nur nachkommen, sofern und soweit dies nach den §§ 249 ff. AO zulässig ist, vgl. § 12 Abs. 1 Satz 1 EU-BeitrG. Als zusätzliche Voraussetzung schreibt § 12 Abs. 1 Satz 2 EU-BeitrG vor, dass nur solche Sicherungsmaßnahmen getroffen werden dürfen, die in beiden Staaten in einer vergleichbaren Situation zulässig wären. In dieser strengen Ausprägung des Äquivalenzgebots hat die ersuchte Behörde somit vor Einleitung von Sicherungsmaßnahmen zu prüfen, inwieweit die ersuchende Behörde dazu rechtlich innerstaatlich in der Lage wäre.[765] Die Anordnung eines Arrests ist daher nur zulässig, wenn der ersuchende Staat für einen innerstaatlichen Fall selbst in der Lage wäre, eine entsprechende Maßnahme zu ergreifen.

Für die Zustellung von Dokumenten, um die ein EU-Mitgliedstaat ersucht, ist gemäß § 7 Abs. 1 Satz 1 EU-BeitrG Voraussetzung, dass diese mit der Forderung oder deren Vollstreckung zusammenhängen. Die Zustellungshilfe kann nur gewährt werden, wenn das dafür vorgesehene Standardformblatt beigefügt ist (§ 7 Abs. 1 Satz 3 EU-BeitrG). Gleichermaßen werden im Rahmen des EU-BeitrG nur solche Auskünfte erteilt, die bei der Beitreibung einer Forderung voraussichtlich erheblich sein werden. Darunter sind insbesondere Auskünfte über vorhandene Vermögensverhältnisse zu verstehen, nicht hingegen Informationen, die zur Förderung der Steuerfestsetzung beitragen. Ist die Voraussetzung der Verknüpfung mit der späteren Beitreibung nicht erfüllt, muss auf die allgemeine Informationshilfe (etwa nach dem EU-Amtshilfegesetz) zurückgegriffen werden.

Nach Art. 27 Abs. 3 OECD-MA dürfen lediglich für solche Steueransprüche Vollstreckungsmaßnahmen ergriffen werden, die nach dem Recht des ersuchenden Staates vollstreckbar sind und dessen Vollstreckung zum Zeitpunkt des Ersuchens vom Steuerschuldner nicht verhindert werden kann. Auch nach dem OECD-MA kann der ersuchende Staat die Einleitung von Sicherungsmaßnahmen beantragen, soweit er dazu nach seinem eigenen Recht innerstaatlich in der Lage wäre, vgl. Art. 27 Abs. 4 Satz 1 OECD-MA. Die Ergreifung von Sicherungsmaßnahmen darf selbst dann erfolgen, wenn der Steueranspruch nicht vollstreckbar ist oder der Steuerschuldner ihre Vollstreckung noch verhindern kann (Art. 27 Abs. 4 Satz 2 OECD-MA).

765 So auch *Beermann*, in: Hübschmann/Hepp/Spitaler, AO/FGO, § 250 AO Rn. 181. Gemäß Art. 16 Abs. 2 EU-BeitrRL ist dem Ersuchen um Sicherungsmaßnahmen das Dokument, das im ersuchenden Mitgliedstaat Sicherungsmaßnahmen in Bezug auf die Forderung ermöglicht, beizufügen.

D. Sonderfall: Beitreibung von Altforderungen

Der EuGH hatte im Jahr 2004 auf Grundlage von Art. 1 RL 76/308/EWG die Frage zu entscheiden, ob auch solche Forderungen beigetrieben werden können, die vor Abschluss eines Abkommens bzw. deren Umsetzung ins nationale Recht entstanden sind. Überzeugend befand der Gerichtshof, dass die Richtlinie allein verfahrensrechtliche Fragen beantwortete, deren Regelungen grundsätzlich auf alle anhängigen Rechtsstreitigkeiten anwendbar seien und auf die die materiell-rechtliche Sachlage keinen Einfluss nehme.[766] Über den Zeitpunkt der Entstehung einer Forderung treffe die Richtlinie keine Aussage und stehe ihrer Anwendung auch auf Forderungen, die vor Inkrafttreten der Richtlinie entstanden sind, nicht entgegen.[767]

Im Anwendungsbereich eines völkerrechtlichen Vertrages hat das BVerfG für den Fall, dass die ausländische Forderung vor Vertragsschluss entstanden ist, die verfassungsrechtliche Zulässigkeit der Beitreibung einer solchen Forderung ausdrücklich bejaht.[768] Dies sei keine Frage der Rückwirkung, sondern vielmehr des sachlichen Anwendungsbereichs des entsprechenden Abkommens.[769]

Demnach ist es rechtlich unbedenklich, wenn deutsche Behörden nach Inkrafttreten des Transformationsgesetzes eines völkerrechtlichen Vertrages auch solche Forderungen beitreiben, die vor diesem Zeitpunkt bestandskräftig geworden sind.[770] In gleicher Weise ist diese Frage auch für das EU-BeitrG zu beantworten. Das EU-BeitrG in der aktuellen Fassung kann auch für die Beitreibung älterer Forderungen herangezogen werden, ohne dass auf ältere Umsetzungen der Richtlinie zurückgegriffen werden muss. Dies gilt freilich nur insoweit, als die Beitreibung betagter Forderungen erlaubt ist (vgl. § 14 Abs. 2 EU-BeitrG).

---

766 EuGH, Urt. v. 1.7.2004 – verb. Rs. C-361/00 u. C-361/02, *Tsapalos*, Slg. 2004, I-6405 Rn. 19.

767 EuGH, Urt. v. 1.7.2004 – verb. Rs. C-361/00 u. C-361/02, *Tsapalos*, Slg. 2004, I-6405 Rn. 20.

768 BVerfG, Beschl. v. 22.3.1983 – 2 BvR 457/78, BVerfGE 63, 343 (356).

769 BVerfG, Beschl. v. 22.3.1983 – 2 BvR 457/78, BVerfGE 63, 343 (356).

770 Ob dies auch für den umgekehrten Fall gilt, ob also auch deutsche Behörden hinsichtlich vor Vertragsschluss bestehender Ansprüche Vollstreckungshilfe in Anspruch nehmen können, obliegt dem Recht des ersuchten Staates. Aus deutscher Sicht ist jedenfalls die Inanspruchnahme zulässig. So auch *Hendricks*, IStR 2009, 846 (848).

E. Ausübung der Vollstreckungshilfe

Wesentlich für die Vollstreckungshilfe nach EU-BeitrG und OECD-MA ist der Grundsatz, dass die tatsächliche Ausübung der Hilfeleistung nach den innerstaatlichen Vorschriften, mithin für deutsche Behörden nach der AO erfolgt. Dies gilt für alle Formen der Vollstreckungshilfe (§§ 5 Abs. 1 Satz 2; 7 Abs. 1 Satz 2; 9 Abs. 1 Satz 2, Abs. 2 Satz 1; 12 Abs. 1 EU-BeitrG sowie Art. 27 Abs. 3 Satz 2, Abs. 4 Satz 2 OECD-MA und § 117 Abs. 4 Satz 1 AO). Die ersuchte Vollstreckungsbehörde ist dabei regelmäßig verpflichtet, den ersuchenden Staat über die ergriffenen Maßnahmen zu unterrichten (vgl. nur §§ 7 Abs. 2 Satz 1, 9 Abs. 3 EU-BeitrG). Im Falle einer erfolgreichen Vollstreckungshandlung hat die deutsche Finanzverwaltung die mit der Forderung zusammenhängenden Beträge samt Säumniszuschlägen und ggf. entstehenden Zinsen, die gemäß § 9 Abs. 2 Satz 3 EU-BeitrG in Euro beigetrieben werden, zu überweisen, vgl. § 9 Abs. 5 Satz 1 EU-BeitrG.

F. Ermessen

Fraglich ist, inwieweit den ersuchten Behörden bei der Ausübung der Vollstreckungshilfe ein Ermessensspielraum hinsichtlich der Einleitung von Maßnahmen und hinsichtlich der Wahl der zur Verfügung stehenden Mittel zusteht. Bei der Ausübung von Vollstreckungsmaßnahmen in innerstaatlichen Fällen steht ihr ein Auswahlermessen zu.[771] Folgt man zudem der Ansicht des BFH und eines Teils der Literatur, steht ihr nach § 249 Abs. 1 Satz 1 AO auch ein Ermessen bzgl. des „Ob" der Ausübung von Vollstreckungsmaßnahmen zu. Zweifelhaft ist, ob dies auch in den Fällen gilt, in denen die Vollstreckung auf Grundlage ausländischer Ersuchen bzw. eines damit zugleich übermittelten einheitlichen Vollstreckungstitels erfolgen soll.[772] Dafür könnte zunächst sprechen, dass die tatsächliche Leistung der Vollstreckungshilfe nach innerstaatlichem Recht erfolgt. Somit müssten auch die dafür geltenden Ermessenspielräume Anwendung finden. Jedoch lässt eine wortgetreue Auslegung der einzelnen Vorschriften des EU-BeitrG keinen anderen Schluss zu, als ein Entschließungsermessen der Vollstreckungsbehörden zu verneinen (vgl. die eindeutigen Formulierungen in §§ 5

771 Dazu bereits 2. Teil 1. Kapitel § 1 A.

772 Nach der Gegenansicht steht den Vollstreckungsbehörden auch innerstaatlich kein diesbezüglicher Ermessenspielraum zu, sodass sich diese Frage für Beitreibungsersuchen ebenso wenig stellt.

Abs. 1 Satz 1, 7 Abs. 1 Satz 1, 9 Abs. 1 Satz 1, 12 Abs. 1 Satz 1 EU-BeitrG). Dies gilt umso mehr vor dem Hintergrund, dass das EU-BeitrG der Umsetzung der EU-BeitrRL dient. Das EU-BeitrG hat somit dem Sinn und Zweck der Richtlinie Rechnung zu tragen und muss ihrer Intention Wirksamkeit verschaffen. Die Richtlinie sieht gerade keinen Ermessenspielraum vor. Vielmehr soll das System der gegenseitigen Unterstützung bei der Beitreibung durch umfangreiche Verpflichtungen gestärkt werden. Ein Ermessen steht den ausführenden Vollstreckungsbehörden folglich lediglich bezüglich der Auswahl der Maßnahmen zur Verfügung, da das EU-BeitrG diesbezüglich richtlinienkonform auf nationale Vorgaben verweist. Dies gilt jedoch nur mit der Einschränkung, dass die ausführende Behörde die grenzüberschreitende Forderung bei der Durchführung der Vollstreckung nicht schlechter stellen darf als in einem vergleichbaren innerstaatlichen Fall.[773] Genauso wenig besteht aber eine Verpflichtung zur bevorzugten Behandlung der ausländischen Forderung.[774]

§ 3 Grenzen

Obgleich die Voraussetzungen für die Gewährung von Vollstreckungshilfe vorliegen und insoweit kein Ermessenspielraum besteht, kann selbige im Einzelfall dennoch rechtlich unzulässig sein. Die verschiedenen Grenzen und Ablehnungsgründe greifen jedoch nicht für alle Formen von Vollstreckungshilfe. Darüber hinaus bestehen zum Teil erhebliche Unterschiede zwischen EU-BeitrG und DBA nach Vorbild des OECD-MA.

A. Grenzen und Ablehnungsgründe

Zu differenzieren ist zwischen Grenzen und Ablehnungsgründen. Die Grenzen der Vollstreckungshilfe geben den Rahmen vor, innerhalb dessen Hilfe geleistet werden muss. Wird diese Grenze überschritten, entfällt die Pflicht zur Amtshilfe und ein eingehendes Ersuchen muss versagt werden. Demgegenüber geben Ablehnungsgründe der ersuchten Vollstreckungsbehörde lediglich die Möglichkeit, die Gewährung der ersuchten Vollstreckungshilfe abzulehnen. Sie kann über ihre Anwendung nach eigenem Ermessen befinden, soweit das innerstaatliche Recht dies zulässt.

---

773 Vgl. nur *Seer*, IWB 2011, 144 (151).

774 Statt vieler *Seer*, in: Verfahren der Zusammenarbeit von Verwaltungsbehörden in Europa, S. 85 (98).

I. Mindestbeträge

§ 14 Abs. 1 2. Alt. EU-BeitrG nimmt geringwertige Forderungen gegenständlich von der Pflicht zur Beitreibungshilfe aus. Hinsichtlich Forderungen, deren Wert insgesamt weniger als € 1500 beträgt, wird Amtshilfe in Form von Vollstreckungs- sowie Sicherungsmaßnahmen nicht geleistet. Dabei können mehrere Forderungen gegen einen Vollstreckungsschuldner zusammengerechnet werden. Nebenleistungen sind nach dem Wortlaut des § 14 EU-BeitrG dem Wert der Forderung hinzuzurechnen. Art. 27 OECD-MA enthält keine expliziten Mindestbeträge für den beizutreibenden Steueranspruch (vgl. jedoch die Kosten-Nutzen-Relation in Abs. 8 lit. d.; siehe V.).[775]

II. Unbilligkeit

Daneben wird nach § 14 Abs. 1 1. Alt. EU-BeitrG keine Amtshilfe in Form von Beitreibungs- und Sicherungsmaßnahmen geleistet, wenn ihre Ausführung unbillig wäre. Fraglich ist, wann ein solcher Fall des unbestimmten Gesetzesbegriffs der Unbilligkeit gegeben ist, der den ersuchten Staat von seiner Amtshilfepflicht entbindet. Zur richtlinienkonformen Auslegung des Tatbestandsmerkmals der Unbilligkeit ist die Vorschrift der EU-BeitrRL heranzuziehen, deren Umsetzung § 14 Abs. 1 1. Alt. EU-BeitrG zum Ziel hat. Das Kriterium ist zwar nicht explizit in der EU-BeitrRL enthalten. § 14 Abs. 1 1. Alt. EU-BeitrG kann aber als Umsetzung des Art. 18 Abs. 1 EU-BeitrRL betrachtet werden (vgl. bereits 2. Teil 3. Kapitel § 3 A. V.).[776] Der Wortlaut des EU-BeitrG orientiert sich an § 258 AO. Dessen Wertungen können neben denen von Art. 18 Abs. 1 EU-BeitRL in die Auslegung der Unbilligkeit hineinfließen. Wenn bestimmte Umstände gegeben sind, die in der Person des Vollstreckungsschuldners liegen, kann die Ausführung von Vollstreckungsmaßnahmen demnach unbillig sein. Eine solche Situation liegt insbesondere dann vor, wenn die Vollstreckung beim Schuldner und seine dadurch entstehende Lage erhebliche wirtschaftliche oder soziale Schwierigkeiten in Deutschland hervorrufen würde. Dazu kommt es etwa, wenn durch die Vollstreckungsmaßnahme die Existenz des Schuldners gefährdet wird.[777]

---

775 Deutschland hat dennoch in einigen DBA bzw. auf Grundlage von DBA Vereinbarungen getroffen, die Mindestbeträge vorsehen. Vgl. dazu BMF-Merkblatt v. 23.1.14, a.a.O., Rn. 3.1.1.2.

776 So auch der Wille des Gesetzgebers, vgl. BT-Drs. 17/6263, S. 44; *Beermann*, in: Hübschmann/Hepp/Spitaler, AO/FGO, § 250 AO Rn. 195.

777 Zu weiteren Fällen, in denen die Unbilligkeit nach § 258 angenommen wird, vgl. *Loose*, Tipke/Kruse, AO/FGO, § 258 AO Rn. 6 ff.

III. *Betagte Forderungen*

Darüber hinaus sind der Pflicht zur Vollstreckungshilfe insoweit Grenzen gesetzt, als alte Forderungen unter bestimmten Voraussetzungen nicht davon erfasst sind. § 14 Abs. 2 EU-BeitrG nimmt demzufolge veraltete Forderungen von der Verpflichtung zur Amtshilfe aus. Aus Gründen des Rechtsfriedens und der Rechtssicherheit ist es geboten, von der Leistung von Vollstreckungshilfe hinsichtlich „betagter" Forderungen abzusehen.[778] Die ersuchten Behörden sind nicht verpflichtet, für länger zurückliegende Forderungen Vollstreckungshilfe zu gewähren. Dementsprechend sieht § 14 Abs. 2 Satz 1 Nr. 1 EU-BeitrG vor, dass die Ausführung von Vollstreckungsmaßnahmen gemäß §§ 5 bis 13, 17 und 18 EU-BeitrG versagt werden darf, wenn sich das ursprüngliche Ersuchen um Amtshilfe auf Forderungen bezieht, die älter als fünf Jahre sind. Gemäß § 14 Abs. 2 Satz 2 EU-BeitrG beginnt die Frist ab dem Zeitpunkt zu laufen, in dem die Forderung in dem Mitgliedstaat der ersuchenden Behörde fällig wurde, und endet zu dem Zeitpunkt, in dem das ursprüngliche Amtshilfeersuchen gestellt wurde. Wird jedoch gegen die Forderung oder den ursprünglichen Vollstreckungstitel ein Rechtsbehelf eingelegt, beginnt die Fünfjahresfrist erst ab dem Zeitpunkt zu laufen, in dem festgestellt wird, dass eine Anfechtung nicht mehr möglich ist (Art. 14 Abs. 2 Satz 3 EU-BeitrG). Gleiches gilt für den Fall der Gewährung eines Zahlungsaufschubes, vgl. Art. 14 Abs. 2 Satz 4 EU-BeitrG. Das Versagungsrecht der ersuchten Behörden gilt auch für solche Forderungen, die insgesamt – also Anfechtung und Zahlungsaufschub eingerechnet[779] – älter als zehn Jahre sind (Art. 14 Abs. 2 Satz 1 Nr. 2 EU-BeitrG).

Art. 27 OECD-MA enthält keine dem EU-BeitrG vergleichbare Regelung hinsichtlich alter Forderungen. Theoretisch ist somit auch die Vollstreckungshilfe zugunsten älterer als zehn Jahre alter Forderungen denkbar, solange diese im

---

778 Vgl. *Seer*, in: Verfahren der Zusammenarbeit von Verwaltungsbehörden in Europa, S. 85 (98); *ders*., Tipke/Kruse, AO/FGO, § 250 AO Rn. 35, der dies als Ausdruck des Subsidiaritätsprinzips versteht. Dagegen spricht indes, dass § 14 Abs. 2 EU-BeitrG streng genommen nicht bezweckt, den ersuchenden Staat zunächst auf seine nationalen Instrumente zu verweisen, sondern den Bürger grundsätzlich vor der Vollstreckung von Altforderungen zu schützen. Selbst wenn der ersuchende Staat seine ihm zur Verfügung stehenden Möglichkeiten zur Vollstreckung von Altforderungen (erfolglos) erschöpft hat, erwächst keine Pflicht des ersuchten Staates zur Beitreibung der Altforderungen.

779 *Seer*, in: Verfahren der Zusammenarbeit von Verwaltungsbehörden in Europa, S. 85 (98).

ersuchenden Mitgliedstaat nicht verjährt sind. Art. 27 Abs. 5 OECD-MA regelt nur – in Abweichung vom Grundsatz der Maßgeblichkeit des Rechts des ersuchten Staates für die Durchführung von Vollstreckungsmaßnahmen – die ausnahmsweise Anwendbarkeit der Verjährungsregeln des ersuchenden Staates.[780]

IV. Ordre public-Vorbehalt

1. Anwendbarkeit

Des Weiteren kommt dem sog. *ordre public*-Vorbehalt im Rahmen der Gewährung von Vollstreckungshilfe besondere Bedeutung zu.[781] Der *ordre public*-Vorbehalt gilt ausdrücklich im Bereich eines DBA nach Vorbild des OECD-MA und anderer völkerrechtlicher Abkommen[782] für die Vollstreckungshilfe im engeren Sinne. Nach Art. 27 Abs. 8 lit. b OECD-MA muss die ersuchte Behörde folglich keine Vollstreckungshilfe leisten, wenn die Maßnahmen dem *ordre public* widersprächen.[783]

Es ist jedoch hervorzuheben, dass dieser Vorbehalt zumindest für Vollstreckungshilfe im engeren Sinne in der aktuellen Fassung des EU-BeitrG keinen ausdrücklichen Niederschlag gefunden hat. Dort ist er lediglich für die Ablehnung der Erteilung von Auskünften zu Beitreibungszwecken gemäß § 5 Abs. 2 Nr. 3 EU-BeitrG einschlägig. Es muss davon ausgegangen werden, dass der Unionsgesetzgeber nicht versehentlich das Einfügen einer solchen Regelung auch für die Vollstreckungshilfe im engeren Sinne übersehen hat.[784] Eine analoge

---

780 *Engelschalk*, in: Vogel/Lehner, DBA, Art. 27 Rn. 69; *Seer*, in: Verfahren der Zusammenarbeit von Verwaltungsbehörden in Europa, S. 85 (98).

781 Dies lässt sich schon an der vergleichsweise hohen Anzahl an Urteilen zu diesem Vorbehalt erkennen: BFH, Urt. v. 3.11.2010 – VII R 21/10, BStBl. II 2011, 401 (403); Urt. v. 11.12.2012 – VII R 70/11, BStBl. II 2013, 475 (478); zuletzt auch Urt. v. 24.2.2015 – VII R 1/14, BFH/NV 2015, 801 (803) sowie FG Hamburg, Urt. v. 26.10.2011 – 3 K 205/10, EFG 2012, 482 (484); Gerichtsbescheid v. 11.11.2011 – 3 K 192/11, EFG 2012, 485 (486); FG Münster, Beschl. v. 30.3.2011 – 7 V 814/11 AO, EFG 2011, 1127 (1130); Sächsisches FG, Urt. 27.11.2013 – 2 K 44/12, EFG 2014, 182 (Rn. 83); FG München, Urt. v. 10.10.2013 – 10 K 2217/13, DStRE 2014, 1511 (1513); FG Köln, Urt. v. 30.9.2015 – 14 K 2097/13, EFG 2016, 494.

782 Z.B. Art. 21 Abs. 2 lit. b der Gemeinsamen Konvention der OECD.

783 Die gleiche Vorschrift findet sich auch in der Regelung zum Informationsaustausch, Art. 26 Abs. 3 lit. c OECD-MA. Dort getroffene Aussagen lassen sich aufgrund der vergleichbaren Interessenlage somit auf die Auslegung des Art. 27 Abs. 8 lit. b OECD-MA übertragen. Hierzu *Jacobs*, in: Strunk/Kaminski/Köhler, AStG/DBA, Art. 27 MA Rn. 26.

784 So überzeugend *Blaesing*, ZfZ 2011, 117 (118 f.).

Anwendung des Vorbehalts aus § 5 Abs. 2 Nr. 3 EU-BeitrG auf § 9 EU-BeitrG ist mangels planwidriger Regelungslücke folglich abzulehnen. Der EuGH hat jedoch in der Rs. *Kyrian* entschieden, dass der *ordre public*-Vorbehalt auch unabhängig von einer in der EU-BeitrRL verankerten Einrede gelte.[785] Es sei „kaum denkbar", dass ein Mitgliedstaat eine Forderung im Vollstreckungswege durchsetzt, die unter Verstoß gegen seine öffentliche Ordnung zustande gekommen ist.[786] Dieser Entscheidung ist im Ergebnis zuzustimmen, da der ordre public-Vorbehalt den rechtsstaatlichen Mindestanforderungen, die ein Mitgliedstaat aufweisen muss, damit deutsche Behörden Vollstreckungshilfe gewähren dürfen, Rechnung trägt.[787] Im Ergebnis findet damit der *ordre public*-Vorbehalt im Rahmen des EU-BeitrG Anwendung.

2. Regelungsgehalt

Der *ordre public*-Vorbehalt ist sowohl im Völkerrecht als auch im Unionsrecht anerkannt. Beispielweise ist er in dem vollstreckungsrechtlichen Pendant zur grenzüberschreitenden Vollstreckung zivilrechtlicher Urteile als Ablehnungsgrund vorgesehen (Art. 34 Nr. 1 VO 2001/44/EG) und ist auch innerstaatlich in § 328 Abs. 1 Nr. 4 ZPO und Art. 6 EGBGB als Grenze der Anerkennung fremder Hoheitsakte verankert. Zu unterscheiden ist zwar grundsätzlich zwischen dem nationalen und internationalen, völkerrechtlichen und unionsrechtlichen *ordre public*-Vorbehalt.[788] Im Rahmen von DBA greift der völkerrechtliche Vorbehalt, der insoweit auch nur geringfügige Unterschiede zum unionsrechtlichen Begriff aufweist, sodass an dieser Stelle nicht näher auf diese Unterscheidung eingegangen wird.

Ein Verstoß gegen die öffentliche Ordnung nach Art. 27 Abs. 8 lit. b OECD-MA liegt dann vor, wenn eine Forderung eines anderen Staates beigetrieben werden soll, deren Zustandekommen offensichtlich mit den grundlegenden Wertungen des innerstaatlichen Rechts unvereinbar wäre; wenn also die Durchführung der

---

785 EuGH, Urt. 14.1.2010 – Rs. C-233/08, *Kyrian*, Slg. 2010 I-177, Rn. 42 zu der insoweit vergleichbaren Rechtslage nach Art. 4 RL 76/308/EWG.

786 EuGH, Urt. 14.1.2010 – Rs. C-233/08, *Kyrian*, Slg. 2010 I-177, Rn. 43.

787 Krit. zur Begründung *Blaesing*, ZfZ 2011, 117 (118 f.); a.A. FG Köln, Urt. v. 30.9.2015 - 14 K 2097/13, EFG 2016, 494 (juris-Rn 71). Dieser Vorbehalt gilt ungeachtet der Frage, ob der integrationsfeste Kern der Verfassung tangiert und ob das Unionsrecht im Einzelfall unangewendet bleiben muss. Vgl. hierzu BVerfG, Beschl. v. 15.12.2015 - 2 BvR 2735/14, BVerfGE 140, 317.

788 Dazu ausführlich *Ohler*, in: HStR XI, § 238 Rn. 27 ff. und 33 ff.

Vollstreckungsmaßnahme wesentlichen Gerechtigkeitsvorstellungen zuwiderlaufen würde.[789] Dies ist insbesondere Fall, wenn gegen Grundrechte verstoßen würde.[790] Grundsätzlich ist eine restriktive Handhabung des Vorbehalts zu fordern.[791] Kernprinzip der Vollstreckungshilfe bleibt die Anerkennung des fremden Vollstreckungstitels, ohne dass eine nochmalige Rechtmäßigkeitsprüfung erfolgt. Die Auslegung des *ordre public*-Vorbehalts darf nicht dazu führen, dass die Verpflichtung zur Amtshilfe aus dem DBA unterlaufen wird (näher bereits 2. Teil 3. Kapitel § 1 mit Beispielsfällen).

V. Missverhältnis

Im OECD-MA fehlt eine ausdrückliche, betragsmäßige Mindestgrenze der Gewährung von Vollstreckungshilfe. Es bleibt somit den Vertragspartnern überlassen, eigene Mindestbeträge festzulegen.[792] Stattdessen billigt Art. 27 Abs. 8 lit. d OECD-MA dem ersuchten Mitgliedstaat das Recht zu, die Leistung der Vollstreckungshilfe zu verweigern, wenn der Verwaltungsaufwand in einem eindeutigen Missverhältnis zu dem Nutzen steht, den der andere Vertragsstaat dadurch erlangt. Aus dem Tatbestandsmerkmal der Eindeutigkeit des Kosten-Nutzen-Verhältnisses geht hervor, dass die Vollstreckungshilfe nicht bereits dann ausgeschlossen ist, wenn ein hoher Verwaltungsaufwand besteht oder eine Forderung mit niedrigem Wert beigetrieben werden soll. Vielmehr müssen Aufwand und Ertrag nicht nur in Relation gesetzt werden, sondern auch noch in einem deutlichen Missverhältnis zueinander stehen. Hierin besteht ein Unterschied zu § 14 Abs. 1 EU-BeitrG. Es ist demnach denkbar, dass auch unterhalb von € 1500 Forderungen nach an Art. 27 OECD-MA orientierten DBA-Bestimmungen grenzüberschreitend beigetrieben werden, weil der Verwaltungsaufwand sehr gering ist.

---

789 H.M.; BFH, Urt. v. 3.11.2010 – VII R 21/10, BStBl. II 2011, 401 (403); *Engelschalk*, in: Vogel/Lehner, DBA, Art. 26 Rn. 112; *Czakert*, in: Schönfeld/Ditz, DBA, Art. 27 OECD-MA Rn. 59; *Krabbe*, in: Wassermeyer, DBA, Art. 27 MA Rn. 63. Für den vergleichbaren Fall im Zivilrecht EuGH, Urt. v. 11.5.2000 – Rs. C-38/98, *Renault*, Slg. 2000 I-2973, Rn. 30.

790 Vgl. nur *Blaesing*, ZfZ 2011, 117 (118).

791 Sehr restriktiv auch OECD-MK, Art. 26 Rn. 19.5; *Czakert*, in: Schönfeld/Ditz, DBA, Art. 27 OECD-MA Rn. 59. Allgemein zur Notwendigkeit sachlicher Grenzen des *ordre public*-Vorbehaltes *Ohler*, in: HStR XI, § 238 Rn. 15.

792 Dazu BMF-Merkblatt v. 23.1.2014, a.a.O, Rn. 3.1.1.2.

VI. Grenzen der Auskunftserteilung, § 5 Abs. 2 EU-BeitrG

Schließlich gibt es eine Reihe von Klauseln, die das Erteilen von Auskünften zu Beitreibungszwecken ausschließen. Diese finden damit ausdrücklich nur Anwendung für Vollstreckungshilfe im weiteren Sinne und sollen deshalb nur kurz erörtert werden.[793] Bei diesen Grenzen der Auskunftserteilung dienten bestehende Vorschriften zur internationalen Informationshilfe zur Orientierung. Bezüglich dieser Grenzen besteht kein Ermessenspielraum für die Vollstreckungsbehörden. Liegen ihre Voraussetzungen vor, darf die Amtshilfe nicht geleistet werden.

1. Äquivalenzgebot (Nr. 1)

§ 5 Abs. 1 EU-BeitrG untersagt es der ersuchten Behörde, solche Auskünfte zu gewähren, die für die Beitreibung derartiger Forderungen nicht beschafft werden könnten, wenn sie in Deutschland entstanden wären. Für solche Handlungen stellt § 5 Abs. 1 Satz 1 EU-BeitrG keine taugliche Ermächtigungsgrundlage dar. Hierbei handelt es sich um eine Ausprägung des bereits erwähnten negativen Äquivalenzgebots.

2. Geheimnisverrat (Nr. 2)

Darüber hinaus sind die Behörden nicht befugt, solche Auskünfte zu erteilen, bei denen ein Handels-, Gewerbe- oder Berufsgeheimnis preisgegeben würde. Der Behörde sind demnach insoweit Grenzen bei der Erteilung steuerrelevanter Informationen zu Beitreibungszwecken gesetzt, als dabei keines der genannten Geheimnisse offenbart werden darf. Um ein solches Geheimnis handelt es sich, wenn die Information von erheblicher wirtschaftlicher Bedeutung und praktisch nutzbar ist sowie deren unbefugte Nutzung zu beträchtlichen Schäden beim Vollstreckungsschuldner führen könnte.[794]

3. Sicherheit und öffentliche Ordnung (Nr. 3)

Die Auskunftserteilung darf nicht mit dem *ordre public*-Vorbehalt kollidieren. Hierbei handelt es sich um eine Art. 27 Abs. 8 lit. b OECD-MA entsprechende Vorschrift (siehe bereits unter IV.).

---

793 Näher *Engelschalk*, in: Vogel/Lehner, DBA, Art. 26 Rn. 102 ff.

794 *Czakert*, in: Schönfeld/Ditz, DBA, § 5 EU-BeitrG Rn. 30.

4. Bankgeheimnis (Abs. 3)

Ausdrücklich *kein* Versagungsgrund ist hingegen das Bankgeheimnis. In diesem Sinne stellt § 5 Abs. 3 EU-BeitrG klar, dass die Auskunftserteilung zu Beitreibungszwecken nicht allein aus dem Grund versagt werden darf, weil die betreffende Information sich bei einer Bank, einem sonstigen Finanzinstitut, einem Bevollmächtigten, Vertreter oder Treuhänder befinden oder sich auf Eigentumsanteile an einer Person beziehen.

B. Problem der Rechtsstaatlichkeit

Im 2. Teil wurde festgestellt, dass das grundgesetzliche Rechtsstaatsprinzip Vorgaben enthält, die eine Gewährung von Vollstreckungshilfe im Einzelfall ausschließen können. Dies gilt auch dann, wenn keine explizite Klausel dafür herangezogen werden kann. Hierbei handelt es sich um eine verfassungsrechtliche Grenze der Gewährung von Vollstreckungshilfe, welche die Vollstreckungsbehörden stets zu beachten haben.

C. Leistung trotz Ablehnungsgrund

Für den Fall, dass eine Behörde Vollstreckungshilfe leistet, obwohl sie dazu nicht verpflichtet ist, wird die Maßnahme nicht mehr auf Basis der jeweiligen Rechtsgrundlage gestützt. Es handelt sich dabei im Ergebnis um Kulanzhilfe, da insoweit keine rechtliche Verpflichtung mehr besteht. Diese ist gemäß § 117 Abs. 3 AO nur unter strengen Voraussetzungen möglich, die ihrem Wesen nach nicht auf die Vollstreckungshilfe im engeren Sinne anwendbar sind (vgl. 2. Teil 3. Kapitel § 2 B. III.). Deshalb ist die Leistung von Vollstreckungshilfe in diesen Fällen in aller Regel auch mangels tauglicher Ermächtigungsgrundlage rechtswidrig.

§ 4 Vollstreckungshilfe ohne Ersuchen

Grundsätzlich ist die Gewährung von Vollstreckungshilfe nur auf vorheriges Ersuchen hin zulässig. § 6 Abs. 1 Satz 1 EU-BeitrG stellt insofern eine Ausnahme dar, als Auskünfte zu Beitreibungszwecken auch ohne vorheriges Ersuchen erteilt werden. Im Rahmen dieser unaufgeforderten Vollstreckungshilfe ist zwischen zwei Fällen zu unterscheiden. Zum einen kann die Vollstreckungsbehörde, die eine Erstattung einer Steuer oder Abgabe zugunsten eines Schuldners vornimmt, der seinen Wohnsitz oder seine Niederlassung in einem Mitgliedstaat hat, den Wohnsitzstaat vorher über die Erstattung informieren, vgl. § 6 Abs. 1

Satz 1 EU-BeitrG.[795] Diese Art der Auskunftserteilung steht grundsätzlich im Ermessen der zuständigen Behörde. Handelt es sich jedoch gegenständlich bei der Steuer oder Abgabe um eine solche im Sinne von § 4 Abs. 1 Nr. 2 EU-BeitrG (u.a. Verbrauchsteuern), muss die Behörde die besagte Auskunft erteilen. Wird eine Auskunft im Sinne von § 6 EU-BeitrG erteilt, tritt die Fälligkeit der Erstattung nicht vor Ablauf von zehn Arbeitstagen nach Übermittlung der Auskunft an den anderen Mitgliedstaat ein, vgl. § 6 Abs. 3 EU-BeitrG.

3. Kapitel: Zusammenfassende eigene Bewertung

Schließlich soll an dieser Stelle, nach der umfassenden Analyse der verschiedenen Möglichkeiten der Leistung und Inanspruchnahme von Vollstreckungshilfe, abgewogen werden, wie die Finanzverwaltung ihr Ziel der gleichmäßigen und gesetzmäßigen Besteuerung, insbesondere die Vermeidung von Steuerausfällen, am besten erreichen kann. Hierbei geht es vor allem um die Frage, ob die deutsche Finanzverwaltung dieses Ziel durch Zurückgreifen auf das EU-Beitreibungsgesetz oder auf ein völkerrechtlich abgeschlossenes und ins nationale Recht implementiertes DBA verfolgen soll.

Im Zuge der Neuerung der EU-BeitrRL sind eine Reihe sinnvoller Verfahrensvorschriften hinzugekommen (einheitlicher Vollstreckungstitel, Standardformblatt, Anwesenheitsmöglichkeit der Bediensteten), welche die Effektivität und die Effizienz der Kooperation auf dem Gebiet der Beitreibung von Steuerforderungen verbessern wird. Als Folge davon ist zu erwarten, dass die Akzeptanz und Bereitschaft auf dieses Verfahren zurückzugreifen unter den Mitgliedstaaten weiter ansteigen wird. Im Gegensatz dazu fehlen auf DBA-Basis vergleichbare verpflichtende Durchführungsbestimmungen, vielmehr müssen für jedes DBA freiwillig bilaterale[796] Vereinbarungen getroffen werden. Zudem sehen DBA auf Grundlage von Art. 27 OECD-MA regelmäßig weniger Instrumente der Hilfeleistungen vor. Lediglich in wenigen Punkten geht das OECD-MA über die EU-BeitrRL hinaus: Es enthält keine Beschränkungen hinsichtlich verjährter Forderungen und regelmäßig keine pauschalen Mindestgrenzen.[797] Das Art. 27 OECD-MA bietet davon abgesehen keine besonderen Vorzüge, die nicht schon von der EU-BeitrRL geboten würden. Auf Basis der Grundsatzentscheidungen

795 Hiervon ausgenommen ist die Umsatzsteuer (§ 6 Abs. 1 Satz 2 EU-BeitrG).

796 Dass das BMF-Merkblatt v. 23.1.2014, a.a.O, die Kommunikationsmittel einseitig auch für den Anwendungsbereich von DBA eröffnet, vermag daran nichts ändern.

797 Vgl. zu den Unterschieden auch *Schilcher*, in: Introduction to European Tax Law on Direct Taxation, S. 181 (196 f.).

des BVerfG und des EuGH ist sichergestellt, dass rechtsstaatliche Mindeststandards eingehalten werden. Das Fehlen eines expliziten *ordre public*-Vorbehalts in der EU-BeitrRL vermag deshalb keinen gravierenden Nachteil in der täglichen Anwendung zu begründen. Im Ergebnis ist davon auszugehen, dass jedenfalls unter den EU-Mitgliedstaaten die Anwendungshäufigkeit von Art. 27 OECD-MA weiter zurückgehen wird.

Im Verhältnis zu Drittstaaten wird Deutschland aber weiterhin gezwungen sein, auf solche DBA zurückzugreifen, will es seine Steueransprüche auch grenzüberschreitend geltend machen. Hierfür bieten Art. 27 OECD-MA bzw. nach diesem Vorbild geschlossene DBA eine geeignete Vorlage bzw. Grundlage.

4. Teil: Individualrechtsschutz

1. Kapitel: Allgemeines

Die Vorbereitung, Kommunikation und Ausführung des Vollstreckungshilfeverfahrens erfolgt hauptsächlich zwischen den zuständigen Behörden bzw. den benannten Verbindungsbüros und -stellen, ohne dass der Betroffene zwangsläufig etwas davon erfährt. Problematisch ist dabei, inwieweit der betroffene Vollstreckungsschuldner eine mögliche Verletzung seiner subjektiven Rechte während des Amtshilfeverfahrens geltend machen kann und inwieweit die Garantie des effektiven Rechtsschutzes nach Art. 19 Abs. 4 GG gewahrt ist. Bei der Frage nach den Rechtsschutzmöglichkeiten des Einzelnen gilt es primär zu ermitteln, welches Ziel der Steuerpflichtige mit der Einlegung eines Rechtsbehelfes verfolgt, mithin gegen welche Handlung der Verwaltung er sinnvoll vorgehen möchte und sollte. Dies hängt in der Regel davon ab, auf welcher Verfahrensstufe eine Rechtsverletzung gerügt wird. Aus Sicht des Steuerpflichtigen stehen insoweit verschiedene Rechtsakte der Verwaltung als mögliche Anknüpfungspunkte zur Verfügung, die einer Überprüfung durch außergerichtliche sowie gerichtliche Rechtsbehelfe zugänglich sind. So kann der Steuerpflichtige schon vor Beginn des Vollstreckungsverfahrens außergerichtlich Einspruch als Rechtsbehelf im Sinne des § 347 Abs. 1 Satz 1 AO gegen den Steuerbescheid[798] einlegen, in dem in der Regel die Forderung im Sinne von § 10 Abs. 1 Satz 1 Nr. 1 lit. a EU-BeitrG festgesetzt wird.[799] Daran anknüpfend kann er bei erfolglosem[800] Einspruchsverfahren Anfechtungsklage gegen eine für ihn nachteilhafte Steuerfestsetzung erheben, § 40 Abs. 1 FGO.[801] Soll ein Vollstreckungsverfahren nach den §§ 249 ff. AO eingeleitet werden, ist auch das Leistungsgebot im Sinne des § 254 AO als selbstständiger Verwaltungsakt eigenständig außergerichtlich im Wege

798 Zum Steuerbescheid und seiner Funktion sowie gleichgestellte Bescheide vgl. *Pfab*, SteuerStud 2007, 12 (18).

799 Ein Steuerbescheid stellt einen Verwaltungsakt in Abgabenangelegenheiten dar. Vgl. dazu statt vieler *Tappe*, in: Hübschmann/Hepp/Spitaler, AO/FGO, § 347 AO Rn. 60 ff. m.w.N. zu den wichtigsten anfechtbaren Verwaltungsakten im Festsetzungsverfahren.

800 Die erfolglose Einlegung eines außergerichtlichen Rechtsbehelfs ist gemäß § 44 Abs. 1 FGO Sachentscheidungsvoraussetzung für die Erhebung der Anfechtungsklage. Dazu etwa *Seer*, in: Tipke/Kruse, AO/FGO, § 44 FGO Rn. 1.

801 Vgl. nur *Seer*, in: Tipke/Kruse, AO/FGO, § 40 FGO Rn. 8.

des Einspruchs sowie bei dessen Erfolglosigkeit im Anschluss gerichtlich anfechtbar.[802] Ist eine Vollstreckungsmaßnahme im Sinne der §§ 249 ff. AO bereits erfolgt, eingeleitet oder steht sie unmittelbar bevor, kann gegen ihre Anordnung oder Aufrechterhaltung sowie die Art und Weise der Durchführung der Rechtsweg beschritten werden (vgl. aber die Beschränkung nach § 256 AO hinsichtlich der Einwendungen auf den zu vollstreckenden Verwaltungsakt).[803] Schließlich kommt auch das Amtshilfeersuchen, welches das Verwaltungsverfahren im ersuchten Staat erst einleitet, als Gegenstand eines Rechtbehelfs in Betracht.[804]

Bei der Wahl des Rechtsbehelfes ist im Rahmen der internationalen Vollstreckungshilfe vorab zu klären, in welchem der beiden am Amtshilfeverfahren beteiligten Mitgliedstaaten ein solcher eingelegt werden muss. Im Allgemeinen ist dabei zwischen der Forderung und dem damit zusammenhängenden Titel sowie den Vollstreckungsmaßnahmen im engeren wie im weiteren Sinne zu differenzieren. Die Klärung der Rechtmäßigkeit der beizutreibenden Forderung hat im ersuchenden Staat zu erfolgen (§ 13 Abs. 1 Satz 1 Nr. 1 EU-BeitrG, Art. 27 Abs. 6 OECD-MA). Für die Ausführung der Vollstreckungsmaßnahmen zeichnet hingegen der ersuchte Staat verantwortlich (argumentum e contrario § 13 Abs. 1 EU-BeitrG, Art. 27 Abs. 6 OECD-MA).[805]

Eine rechtliche Würdigung der Voraussetzungen und der Probleme, die sich für den Steuerpflichtigen beim Rechtsschutz auf den verschiedenen Stufen des Vollstreckungshilfeverfahrens vor deutschen Gerichten stellen, soll im Einzelnen nachfolgend vorgenommen werden.

2. Kapitel: Rechtsschutz gegen die Forderung oder den Vollstreckungstitel

§ 1 Forderung

Im Falle eines drohenden ausgehenden Ersuchens, bei dessen zu übermittelnder Forderung die deutsche Finanzverwaltung als Steuergläubiger auftritt, ist es denkbar, zunächst gegen die eigentliche Forderung, die grenzüberschreitend

802 *Beermann*, in: Hübschmann/Hepp/Spitaler, AO/FGO, § 254 AO Rn. 53. Nach BFH v. 16.3.1995 – VII S 39/92, BFH/NV 1995, 950 (951 f.) gilt dies auch dann, wenn das Leistungsgebot mit dem zugrundeliegenden Steuerbescheid verbunden ist.

803 Siehe BFH v. 13.7.2006 – VII B 284/05, nv, juris-Rn. 9. Vgl. allgemein zur Verfolgung von Einwendungen gegen die Vollstreckung *Beermann*, in: Hübschmann/Hepp/Spitaler, AO/FGO, § 256 AO Rn. 15 ff.

804 Vgl. nur *Hendricks*, IStR 2009, 846 (850 f.).

805 So für das OECD-MA *Lehner*, in: Vogel/Lehner, DBA, Art. 27 Rn. 79 f.

geltend gemacht werden soll, vorzugehen, um ihr anhaftende rechtliche Mängel zu monieren und dadurch einem Beitreibungsbegehren den Boden zu entziehen bzw. durch Anfechtung die Unzulässigkeit eines Ersuchens nach § 10 Abs. 1 Satz 1 Nr. 2 EU-BeitrG zu bewirken und das Verfahren hinauszuzögern. Wird der die Basis der Vollstreckung bildende Steuerbescheid aufgehoben, ist die (innerstaatliche) Vollstreckung gemäß § 257 Abs. 1 Nr. 2 AO einzustellen.[806] In einem solchen Fall lägen zudem die Vollstreckbarkeitsvoraussetzungen nicht mehr vor, mit der Folge, dass ein Vollstreckungsersuchen nach § 10 Abs. 1 Satz 1 Nr. 1 EU-BeitrG unzulässig wäre. Gleiches gilt gemäß §§ 257 Abs. 1 Nr. 1, 251 Abs. 1 Nr. 1 AO, wenn gemäß §§ 361 Abs. 2 AO bzw. 69 Abs. 2 FGO erfolgreich die Aussetzung der Vollziehung erreicht wird, da insoweit die Voraussetzungen für die Vollstreckung nach Maßgabe von § 10 Abs. 1 Satz 1 Nr. 1 EU-BeitrG nicht mehr gegeben wären. Gemäß § 13 Abs. 1 Satz 1 Nr. 1 lit. a EU-BeitrG sind diesbezügliche Rechtsbehelfe innerstaatlich bei den zuständigen Behörden und Gerichten einzulegen.

In der Regel wird die (Steuer-)Forderung durch den Steuerbescheid gemäß § 155 Abs. 1 Satz 1 AO festgesetzt und dann gemäß § 10 EU-BeitrG im Beitreibungsersuchen übermittelt. Der Steuerbescheid stellt einen Verwaltungsakt im Sinne von §§ 118 Satz 1, 155 Abs. 1 Satz 2 AO dar und hat konkretisierende Wirkung hinsichtlich des Inhalts des Steueranspruchs nach § 37 Abs. 1 AO. Dem Adressaten eines Steuerbescheids, dem eine bestimmte Geldschuld auferlegt wird, steht grundsätzlich die Möglichkeit offen, gegen diesen außergerichtlich sowie ggf. gerichtlich im Klagewege vorzugehen. Außergerichtlich ist gemäß § 347 Abs. 1 Satz 1 AO der Einspruch statthaft, wenn der Adressat geltend macht, durch den Bescheid beschwert zu sein (§ 350 AO).[807] Ist ein solcher im Sinne von § 44 Abs. 1 FGO erfolglos, kommt ein gerichtlicher Rechtsbehelf in Betracht. Statthafte Klageart gegen einen Verwaltungsakt im vorgenannten Sinne, mit dem Begehren diesen aufzuheben oder zu ändern, ist die Anfechtungsklage gemäß § 40 Abs. 1 FGO. Der Finanzrechtsweg für Steuerbescheide und dergleichen ist gemäß § 33 Abs. 1, Abs. 2 FGO

806 Die Vollstreckung ist von Amts wegen einzustellen oder zu beschränken. Siehe dazu *Loose*, in: Tipke/Kruse, AO/FGO, § 257 AO Rn. 11. Wird der Verwaltungsakt aufgehoben, sind auch bereits getroffene Vollstreckungsmaßnahmen gemäß § 257 Abs. 2 AO aufzuheben.

807 Zu weiteren Zulässigkeitsvoraussetzungen an dieser Stelle vgl. nur *Tappe*, in: Hübschmann/Hepp/Spitaler, AO/FGO, Vor §§ 347–368 AO Rn. 74 ff.

eröffnet.[808] Die Anfechtungsklage ist gemäß § 63 Abs. 1 Nr. 1 FGO dabei gegen die Behörde zu richten, die den in Frage stehenden Verwaltungsakt erlassen hat; mithin das für den Steuerbescheid verantwortliche Finanzamt.

Nach § 10 Abs. 1 Satz 2 EU-BeitrG und Art. 27 Abs. 3 Satz 1 OECD-MA kann ein Beitreibungsersuchen erst gestellt werden, wenn die Forderung nicht mehr angefochten werden kann. In aller Regel wird ein Rechtsbehelf gegen die Forderung bereits vor Beginn des grenzüberschreitenden Vollstreckungsverfahrens eingelegt werden. Nur in Ausnahmefällen wird die Anfechtung der Forderung im Verlauf des Beitreibungsverfahrens erfolgen, wenn bereits vor Eintritt der formellen Bestandskraft ein Ersuchen gestellt wurde.[809] Zudem setzt die grenzüberschreitende Vollstreckungshilfe nach der Steuerfestsetzung noch die erfolglose innerstaatliche Steuererhebung und -vollstreckung voraus. Ein noch nicht eingelegter Rechtsbehelf gegen den die Forderung festsetzenden Steuerbescheid wird zum Zeitpunkt eines Vollstreckungsersuchens womöglich schon wegen Fristversäumnis unzulässig (vgl. §§ 355 Abs. 1 Satz 1 AO, 47 Abs. 1 Satz 1 FGO) sein.

Ist jedoch bereits ein auf Vollstreckung gerichtetes Ersuchen an eine Behörde eines anderen Staates ergangen und will die ersuchte Behörde dem Ersuchen durch Anwendung von Vollstreckungsmaßnahmen gegen den säumigen Steuerschuldner nachkommen, stellt sich für diesen die Frage, ob ein Vorgehen gegen den Ursprungsverwaltungsakt sinnvoll ist, sofern dies überhaupt noch möglich ist. Dies ist zu bejahen, da mit der Aufhebung des Bescheides regelmäßig auch das Vollstreckungshilfeverfahren ein Ende findet und ein entsprechendes Ersuchen zurückgenommen werden muss (§ 11 Abs. 2 Satz 1 EU-BeitrG). Das Ersuchen um Beitreibung eines aufgehobenen Bescheides ist mit dem Erfordernis einer gesetzmäßigen Besteuerung nach § 85 AO nicht zu vereinbaren, sodass die Vollstreckungsbehörde zur Rücknahme des Ersuchens nach § 11 Abs. 1 EU-BeitrG verpflichtet ist. Aber auch während eines anhängigen Verfahrens gegen den Verwaltungsakt kann ein Rechtsbehelf die gewünschte Wirkung zeigen, da die ersuchte Behörde u.U. gemäß Art. 14 Abs. 3 und 4 EU-BeitrRL das Beitreibungsverfahren wegen der angefochtenen Forderung auf Wunsch der ersuchenden Behörde aussetzt. Dies wird regelmäßig dann der Fall sein, wenn die Erfolgswahrscheinlichkeit eines Rechtsbehelfs nicht gering ist, da im Erfolgsfall

808 Zur Voraussetzung einer Abgabenangelegenheit im Sinne von § 33 Abs. 2 FGO vgl. nur *Seer*, in: Tipke/Kruse, AO/FGO, § 33 FGO Rn. 12 f.

809 Dass dies möglich ist, zeigen § 10 Abs. 1 Satz 2 und § 13 Abs. 2 Satz 1 EU-BeitrG.

ansonsten die Leistung von Entschädigungszahlungen wegen bereits beigetriebener Beiträge nach Art. 14 Abs. 4 UAbs. 2 EU-BeitrRL drohte.

§ 2 Titel

Rechtsbehelfe gegen den ursprünglichen Vollstreckungstitel für die Vollstreckung in Deutschland (§ 13 Abs. 1 Satz 1 Nr. 1 lit. b EU-BeitrG) und gegen den einheitlichen Vollstreckungstitel für die Vollstreckung im anderen Mitgliedstaat (§ 13 Abs. 1 Satz 1 Nr. 1 lit. c EU-BeitrG) sind vor den zuständigen deutschen Behörden und Gerichten einzulegen.

Der Verwaltungsakt ist die „Grundlage zwangsweiser Durchsetzung des Rechts".[810] Taugliche Grundlage der Verwaltungsvollstreckung sind solche Verwaltungsakte, die Gebote oder Verbote aussprechen.[811] Im Steuerrecht wird für den Beginn der Vollstreckung die vorherige Leistungsaufforderung festgeschrieben, vgl. § 254 Abs. 1 Satz 1 AO. Der Steuerbescheid gilt als der Leistungsbescheid und damit Vollstreckungstitel im Sinne des § 13 Abs. 1 EU-BeitrG. Er kann auch gleichzeitig ein Leistungsgebot im Sinne einer Zahlungsaufforderung enthalten (vgl. § 254 Abs. 1 Satz 2 AO). Das Leistungsgebot nach § 254 Abs. 1 AO regelt hingegen nur den Beginn der Vollstreckung und ist kein Vollstreckungstitel im Sinne von § 13 EU-BeitrG.[812]

Der einheitliche Vollstreckungstitel, der einem Beitreibungsersuchen auf Grund des EU-BeitrG zwingend beizufügen ist und die alleinige Grundlage für die Vollstreckungsmaßnahme im auswärtigen Staat darstellt, entspricht inhaltlich im Wesentlichen dem innerstaatlichen Vollstreckungstitel, vgl. § 10 Abs. 3 Satz 1 EU-BeitrG. Bei einem eingehenden Ersuchen gilt der dem Ersuchen beigefügte einheitliche Vollstreckungstitel als vollstreckbarer Verwaltungsakt, vgl. § 9 Abs. 1 Satz 3 EU-BeitrG.[813] Er ist ausweislich der Gesetzesbegründung nicht als Verwaltungsakt im Sinne des § 118 AO einzuordnen.[814] Seine

---

810 *Seer*, in: Tipke/Lang, Steuerrecht, § 21 Rn. 50.

811 *Arndt*, Der Verwaltungsakt, S. 7, der diese als befehlende Verwaltungsakte bezeichnet.

812 So explizit *Loose*, in: Tipke/Kruse, AO/FGO, § 254 AO Rn. 8, dort noch zu einer früheren Fassung des EU-BeitrG; vgl. auch *Beermann*, in: Hübschmann/Hepp/Spitaler, AO/FGO, § 254 AO Rn. 13.

813 Dazu BT-Drs. 17/6263, S. 42; *Beermann*, in: Hübschmann/Hepp/Spitaler, AO/FGO, § 250 AO Rn. 158.

814 So explizit BT-Drs 17/6263, S. 42; zustimmend *Gabert*, FR 2012, 707 (712); *Schlatmann*, in: Engelhardt/App/Schlatmann, VwVG/VwZG, § 13 EU-BeitRG Rn. 4; a.A. *Lammers*, EWS 2010, 121 (126 f.).

Verwaltungsaktqualität wird lediglich für Zwecke der Vollstreckung fingiert. Dieser Titel kann damit nicht Gegenstand einer Anfechtungsklage nach § 40 Abs. 1 FGO sein, sondern ist lediglich mit einer Leistungsklage oder Feststellungsklage angreifbar.[815]

Folglich sind unterschiedliche Rechtsbehelfe gegen den einheitlichen Vollstreckungstitel im Sinne des EU-BeitrG gegenüber dem innerstaatlichen Vollstreckungstitel, dem Steuerbescheid als Verwaltungsakt, einzulegen. Letzterer ist zeitlich vorgelagert, da die Vollstreckungsbehörden zunächst nach § 10 Abs. 2 EU-BeitrG die nationalen Möglichkeiten ausschöpfen müssen, bevor sie ein Vollstreckungsersuchen stellen und den einheitlichen Vollstreckungstitel übermitteln dürfen. Das Vorgehen gegen den nationalen Vollstreckungstitel bzw. die Forderung ist für den Vollstreckungsschuldner oftmals sinnvoller. Nur soweit der einheitliche Vollstreckungstitel ausnahmsweise selbst rechtswidrig ist (sei es durch einen Formfehler oder einen unzutreffenden Inhalt, in dem der einheitliche Titel vom Steuerbescheid abweicht) – dieser entspricht gemäß § 10 Abs. 3 EU-BeitrG nur „im Wesentlichen" dem ursprünglichen Vollstreckungstitel[816] –, besteht das Bedürfnis Einwendungen gegen diesen zu erheben.

Etwas anderes gilt dann, wenn das Amtshilfeverfahren bereits in Gang gesetzt wurde. Durch die Aufhebung des einheitlichen Titels würde wiederum der Vollstreckungshandlung im ersuchten Staat die rechtliche Grundlage entzogen, als welche der Titel im ersuchten Staat fungiert. Gemäß § 13 Abs. 1 Satz 3 EU-BeitrG hat das Verbindungsbüro den ersuchten Staat über eine Anfechtung von Forderung oder Titel zu informieren.

3. Kapitel: Rechtsschutz gegen die Vollstreckungsmaßnahme

Grundsätzlich kann auch gegen die erfolgte oder bevorstehende Anordnung einer Vollstreckungsmaßnahme und deren Art und Weise der Ausführung gerichtlich vorgegangen werden. Einwendungen gegen die Vollstreckungsmaßnahme müssen in dem Staat vorgebracht werden, in dem die jeweilige Maßnahme

815 BT-Drs 17/6263, S. 43; *Beermann*, in: Hübschmann/Hepp/Spitaler, AO/FGO, § 250 AO Rn. 158; *Schlatmann*, in: Engelhardt/App/Schlatmann, VwVG/VwZG, § 13 EU-BeitRG Rn. 4.

816 Ausgehend vom Wortlaut des § 10 Abs. 3 EU-BeitrG, lässt sich aus dem EU-BeitrG keine Bindungswirkung des „ursprünglichen Vollstreckungstitels" für den zu übermittelnden „einheitlichen Vollstreckungstitel" ableiten.

vollzogen wurde oder werden soll.[817] Dies gilt auch im Falle einer Maßnahme, die aufgrund eines Vollstreckungsersuchens erfolgt ist. Denn auch im grenzüberschreitenden Amtshilfeverkehr gilt die für den innerstaatlichen Fall in § 250 AO niedergelegte Prämisse, dass die ausführende Behörde für die Rechtmäßigkeit der ergriffenen Maßnahmen verantwortlich ist (*argumentum e contrario* § 13 Abs. 1 EU-BeitrG, Art. 27 Abs. 6 OECD-MA). Folglich kommen im Rahmen der Vollstreckungshilfe vor deutschen Gerichten nur Rechtsbehelfe gegen Maßnahmen in Betracht, die der Vollstreckung auswärtiger Forderungen, also Fälle der Gewährung von Amtshilfe, dienen. Vollstreckungsmaßnahmen bezogen auf in Deutschland entstandene Forderungen sind vor den Gerichten des ersuchten Staates anzufechten.

Mithin ist für den Fall, dass eine deutsche Vollstreckungsbehörde für einen anderen Staat Vollstreckungsmaßnahmen aufgrund eines Ersuchens ausführt, ein etwaiger Rechtsbehelf gegen diese vor deutschen Gerichten einzulegen. Wie bereits ausgeführt, handelt es sich bei einer Vollstreckungsmaßnahme, soweit sie einen Verwaltungsakt darstellt, um eine selbstständige, gerichtlich (§ 40 Abs. 1 FGO) und außergerichtlich (§ 347 Abs. 1 Satz 1 Nr. 1 AO) überprüfbare Handlung der Verwaltung. Die Vollstreckungsbehörden sind lediglich zur Einleitung der in §§ 249–346 AO enumerativ aufgezählten Maßnahmen befugt. Die Rechtmäßigkeit der Anordnung und Aufrechterhaltung sowie die Art und Weise der Durchführung können beanstandet werden.[818] In bestimmten Fällen

817 Im Hinblick hierauf krit. *Papier/Olschewski*, DVBl. 1976, 475 (479 ff.), die befürchten, dass mit der Entscheidung des deutschen Gesetzgebers ausländische Steueransprüche zu vollstrecken, im Licht des Art. 19 Abs. 4 GG ein Rechtsschutzverlust des Bürgers einhergehe, weil materielle Einwendungen gegen die Forderung nur im ersuchenden Staate überprüfbar seien. Die – abgesehen von verfassungsrechtlichen Bedenken – fehlende Überprüfbarkeit der beizutreibenden Forderungen ist jedoch der internationalen Vollstreckungshilfe wesensimmanent und im Interesse des deutschen Staates, seine Steueransprüche im Ausland geltend machen zu können, ohne dass der ersuchte Staat eine umfassende materiell-rechtliche Prüfung vornimmt, hinzunehmen. Anderenfalls ließe sich die grenzüberschreitende Kooperation auf dem Gebiet der Vollstreckungshilfe nicht sinnvoll durchführen. Zudem steht dem betroffenen Steuerschuldner grundsätzlich der Rechtsweg in dem Staat offen, in dem der Steuerbescheid erlassen wurde. In diesem Sinne auch BVerfG, Beschl. v. 22.3.1983 – 2 BvR 475/78, BVerfGE 63, 343 (379), das es für sachgerecht und zumutbar erachtet, dass der Betroffene inhaltliche Beanstandungen des zu vollstreckenden Bescheides im ersuchenden Staat vorzunehmen hat.

818 Näher *Jatzke*, in: Hübschmann/Hepp/Spitaler, AO/FGO, § 256 AO Rn. 4.

kommen hier aber auch nachträglicher[819], vorläufiger[820] oder gar vorbeugender[821] Rechtsschutz in Betracht.

Das Einlegen eines Rechtsbehelfes gegen die Vollstreckungsmaßnahme ist dann sinnvoll, wenn in der Art und Weise der Ausführung rechtliche Mängel gegeben sind. Nicht zielführend hingegen ist es, gegen die Maßnahme vorzugehen, wenn der zugrundeliegende Steuerbescheid fehlerbehaftet ist. Zwar wird dieser im Rahmen der Überprüfung von Vollstreckungsmaßnahmen bei innerstaatlichen Fällen in Ausnahmefällen[822] geprüft, vgl. § 256 AO. Etwas anderes gilt jedoch im Rahmen der internationalen Vollstreckungshilfe. Gemäß §§ 9 Abs. 1 Satz 3, 10 Abs. 3 Satz 2 EU-BeitrG und Art. 27 Abs. 3 Satz 1 OECD-MA wird die ausländische Forderung als rechtmäßig anerkannt und ist folglich auch einer rechtlichen Kontrolle durch die deutschen inländischen Gerichte weitestgehend entzogen. Liegt ein Verstoß gegen den durch Art. 23 Abs. 1 Satz 3 i.V.m. 79 Abs. 3 GG für integrationsfest erklärten Kern des Grundgesetzes vor, weil der zugrundeliegende Steuerbescheid im ersuchenden Staat nicht nach rechtsstaatlichen Mindestanforderungen zustande gekommen ist, oder liegt ein Verstoß gegen den *ordre public*-Vorbehalt vor, kann dies ausnahmsweise vor nationalen Gerichten geltend gemacht werden.[823]

4. Kapitel: Rechtsschutz gegen das Vollstreckungsersuchen

§ 1 Grundsatz

Der Abgabenschuldner, bei dem eine gegen ihn gerichtete Forderung im Rahmen eines Vollstreckungsverfahrens beigetrieben werden soll, könnte schließlich ein Interesse daran haben, gegen ein bereits übermitteltes oder drohendes

---

819 Für die Zulässigkeit einer Fortsetzungsfeststellungsklage ist regelmäßig ein berechtigtes Interesse gemäß § 100 Abs. 1 Satz 4 FGO erforderlich.

820 Etwa durch Aussetzung der Vollziehung gemäß § 361 AO. Vgl. näher *Werth*, in: Klein, AO, § 256 AO Rn. 3 m.w.N.

821 Vorbeugender Rechtsschutz ist gegen Vollstreckungsmaßnahmen vor deren Beginn grundsätzlich unzulässig und nur ausnahmeweise unter den Voraussetzungen des § 114 FGO zulässig. Vgl. zu diesem seltenen Fall und den näheren Voraussetzungen nur *Loose*, in: Tipke/Kruse, AO/FGO, § 256 AO Rn. 12.

822 So etwa Einwendungen gegen die Wirksamkeit oder Vollstreckbarkeit des Verwaltungsakts als Rechtsgrundlage für die Vollstreckungsmaßnahme. Vgl. *Beermann*, in: Hübschmann/Hepp/Spitaler, AO/FGO, § 256 AO Rn. 4.

823 Vgl. BVerfG, Beschl. v. 22.3.1983 – 2 BvR 475/78, BVerfGE 63, 343; v. 15.12.2015 – 2 BvR 2735/14, BVerfGE 140, 317 zum Europäischen Haftbefehl.

Vollstreckungsersuchen vorzugehen. Hinsichtlich der Statthaftigkeit dieser Begehren ist mithin danach zu differenzieren, ob ein Ersuchen bereits gestellt wurde oder nicht (dazu § 4).

Ist ein Beitreibungsersuchen bereits übermittelt und ein grenzüberschreitendes Beitreibungsverfahren dadurch in Gang gesetzt worden, hat der Betroffene ein Interesse daran, das grenzüberschreitende Verfahren zu verhindern. Indem er das Vollstreckungsersuchen anficht, was innerstaatlich zur Aufhebung des Ersuchens führt (vgl. § 100 Abs. 1 Satz 1 FGO), und die ersuchende Behörde so zwischenstaatlich zur Rücknahme gegenüber der ersuchten Behörde des anderen Staates bewegt, kann er dem Vollstreckungsverfahren im ersuchten Staat die Grundlage entziehen, da ein rechtmäßiges Ersuchen unabdingbare Voraussetzung für die Gewährung von Vollstreckungshilfe ist.[824] In diesem Fall wäre eine Verpflichtungsklage gemäß § 40 Abs. 1 FGO die zielführende Klageart, wenn es sich bei dem Ersuchen um einen Verwaltungsakt (siehe dazu sogleich unter § 2) handelte.[825]

§ 2 Rechtsnatur des Ersuchens

Fraglich ist jedoch, welche Rechtsnatur einem grenzüberschreitenden Vollstreckungsersuchen innewohnt, insbesondere ob es die Eigenschaften eines Verwaltungsakts im Sinne von § 118 Satz 1 AO erfüllt. Ein *innerstaatliches* Amtshilfeersuchen wird nach wohl h.M. nicht als Verwaltungsakt betrachtet.[826] Von der Beantwortung dieser Vorfrage, die in Literatur und Rechtsprechung umstritten ist, hängt folgerichtig auch die statthafte Klageart ab, da sowohl eine in Betracht kommende Anfechtungsklage als auch die Verpflichtungsklage einen solchen voraussetzen. Die Annahme eines Verwaltungsakts hätte zudem zur Folge, dass vor Klageerhebung ein Einspruchsverfahren gemäß §§ 347 AO, 44 FGO durchgeführt werden müsste. Aus diesem Grund sollen im Folgenden die wesentlichen Tatbestandsmerkmale des Verwaltungsakts vorab geprüft werden, um im Anschluss auf den einschlägigen Rechtsbehelf des Vollstreckungsschuldners gegen ein Beitreibungsersuchen eingehen zu können.

---

824 Dem isolierten Rechtsbehelf gegen das Vollstreckungsersuchen steht auch nicht § 44a VwGO analog entgegen (sofern man diese Vorschrift mit der wohl h.M. überhaupt auf das finanzgerichtliche Verfahren Anwendung finden lässt), denn das Vollstreckungsersuchen schafft überhaupt erst die vollstreckungsrechtliche Grundlage im ersuchten Staat und ist mithin nicht als reine Verfahrenshandlung zu qualifizieren. Vgl. zu § 44a VwGO nur *Stelkens*, in: Schoch/Schneider/Bier, VwGO, § 44a Rn. 8.

825 So auch *Hendricks*, IStR 2009, 846 (850).

826 Vgl. nur *Förster*, in: Koch/Scholtz, AO, § 118 Rn. 3.

A. Beitreibungsersuchen als Verwaltungsakt

Gemäß § 118 Satz 1 AO ist ein Verwaltungsakt jede Verfügung, Entscheidung oder andere hoheitliche Maßnahme, die eine Behörde zur Regelung eines Einzelfalls auf dem Gebiet des öffentlichen Rechts trifft und die auf unmittelbare Rechtswirkung nach außen gerichtet ist. Unstreitig wird beim Stellen eines Vollstreckungshilfeersuchens eine Behörde[827] auf dem Gebiet des öffentlichen Rechts tätig.[828] Fraglich ist jedoch, ob in dem Ersuchen zudem eine hoheitliche Maßnahme zur Regelung eines Einzelfalls mit Außenwirkung gesehen werden kann. Sowohl in der Literatur als auch in der Rechtsprechung wird die Ansicht vertreten, dass es sich bei dem grenzüberschreitenden Beitreibungsersuchen um einen Verwaltungsakt im Sinne von § 118 Abs. 1 AO handelt.[829] Warum dem nicht gefolgt werden kann, soll anhand einer Prüfung der strittigen Tatbestandsmerkmale begründet werden.

I. Hoheitliche Maßnahme

Das Merkmal „hoheitlich" ist nicht gleichbedeutend mit „öffentlich-rechtlich".[830] Hoheitlich ist eine Maßnahme dann, wenn sich die Beteiligten nicht gleichberechtigt, sondern in einem Über- und Unterordnungsverhältnis (sog.

---

827 Dies gilt ungeachtet der Frage, ob man hier die örtliche Vollstreckungsbehörde oder das Verbindungsbüro als handelnde Behörde betrachtet. Dazu noch unter § 5.

828 So auch *Hartman*, DÖV 2011, 142 (143).

829 FG Düsseldorf, Beschl. v. 13.9.1989 – 5 V 364/89 AE, EFG 1989, 646 (646 f.); *Ismer/Sailer*, IStR 2003, 622 (629); differenzierend nach Rechtsgrundlage, aber grundsätzlich bejahend *Lammers*, EWS 2010, 121 (122); differenzierend *Hartman*, DÖV 2011, 142 (150) m.w.N.; a.A. FG München, Urt. v. 29.10.2008 – 9 K 2323/07, EFG 2009, 280 (280 f.); *Hendricks*, IStR 2009, 846 (850); *Söhn*, in: Hübschmann/Hepp/Spitaler, AO/FGO, § 117 AO Rn. 81; *Beermann*, in: Hübschmann/Hepp/Spitaler, AO/FGO, § 250 AO Rn. 56; *Seer*, in: Tipke/Kruse, AO/FGO, § 117 AO Rn. 113 und § 250 AO Rn. 10; *Neumann*, in: Beermann/Gosch, AO/FGO, § 250 AO Rn. 15; *Fritsch*, in: Koenig, AO, § 250 Rn. 15; *Schaumburg*, in: Schaumburg/Englisch, Europäisches Steuerrecht, Rn. 20.73; *Drüen/Gabert*, Mutual assistance and information exchange, S. 284; *Gabert*, FR 2012, 707 (713); für den übertragbaren Fall des Auskunftsersuchens *Herlinghaus*, in: FS Herzig, S. 933 (936). So auch grundsätzlich für Rechtshilfeersuchen bereits BVerwG, Urt. v. 18.11.1960 – VII C 184/57, NJW 1961, 332 (333).

830 *Söhn*, in: Hübschmann/Hepp/Spitaler, AO/FGO, § 118 AO Rn. 110; zustimmend *Seer*, in: Tipke/Kruse, AO/FGO, § 118 AO Rn. 9; a.A. wohl *Maurer*, Allg. VerwR, § 9 Rn. 5, 11.

Subordinationsverhältnis) gegenüberstehen.[831] Ein solches wird in der Regel anzunehmen sein, wenn eine Behörde einseitig einen Bürger aufgrund von öffentlich-rechtlichen Normen zu einer Handlung, Duldung oder Unterlassung verpflichtet. Im Falle eines Beitreibungsersuchens treten sich jedoch zwei Behörden unterschiedlicher Staaten gegenüber (der Bürger ist gerade nicht Adressat des Ersuchens), zwischen denen grundsätzlich schon deshalb kein Über- und Unterordnungsverhältnis besteht, da sie Teil unterschiedlicher Staaten sind und sie damit ihre Legitimation aus verschiedenen Gewalten ableiten.[832] Fraglich ist jedoch, ob dies auch dann gilt, wenn eine Behörde im Wege der Amtshilfe auf Grundlage des EU-BeitrG oder eines DBA herantritt und ein Ersuchen gerichtet auf Vollstreckungshilfe stellt.[833] Vereinzelt wird vertreten, dass das Merkmal der Hoheitlichkeit in der hier und nach allgemeiner Auffassung vertretenen Form „Maßnahmen, die im zwischenbehördlichen Bereich erfolgen, indes nicht hinreichend gerecht" würde.[834] Vielmehr kennzeichne das Tatbestandsmerkmal der Hoheitlichkeit zum einen die Einseitigkeit einer Maßnahme in Abgrenzung zur zweiseitigen (etwa durch vertragliche Regelung). Zum anderen solle es verdeutlichen, dass die handelnde Behörde von Befugnissen Gebrauch mache, die in dieser Form ihrer Art nach nur ihr zustünden.[835] Demnach liege im Fall des Beitreibungsersuchens eine hoheitliche Maßnahme vor, da die ersuchende Behörde einseitig handele und Befugnisse wahrnehme, die „im konkreten Fall" nur ihr zustünden.

Diese Ansicht vermag jedoch nicht zu überzeugen. Es ist nicht einzusehen, dass für den Fall eines grenzüberschreitenden Amtsersuchens ein anderer Prüfungsmaßstab hinsichtlich der Hoheitlichkeit greifen soll als für sonstige Fälle. Entscheidend ist, ob sich die Behörden gleichrangig gegenüberstehen oder ob die ersuchende Behörde einseitige Maßnahmen gegenüber der ersuchten Behörde ergreift. In Anbetracht der Ausgestaltung der Vollstreckungshilfe im EU-BeitrG und in den DBA mit deutscher Beteiligung kann ein solches

831 Vgl. statt vieler *Förster*, in: Koch/Scholtz, AO, § 118 Rn. 3; *Fritsch*, in: Koenig, AO, § 118 Rn. 18.

832 Dies wird auch von *Hartman*, DÖV 2011, 142 (144) nicht angezweifelt.

833 Diese Frage offenlassend BFH v. 21.7.2009 – VII R 52/08, BStBl. II 2010, 51 (53). Auch Befürworter der Annahme eines Verwaltungsakts lassen dieses Tatbestandsmerkmal ungeprüft. Siehe die Nachweise in Fn. 829.

834 *Hartman*, DÖV 2011, 142 (144).

835 *Hartman*, DÖV 2011, 142 (144) in Anlehnung an *Stelkens*, in: Stelkens/Bonk/Sachs, VwVfG, § 35 Rn. 104.

Subordinationsverhältnis nicht angenommen werden.[836] Vielmehr ist von einem Kooperationsverhältnis der gegenseitigen Unterstützung zwischen den Behörden bei der Beitreibung von Steuerforderungen auszugehen.[837] Die ersuchte Behörde prüft eingehende Ersuchen auf ihre Zulässigkeit, insbesondere, ob die Vollstreckungsvoraussetzungen gegeben sind. Kommt sie diesbezüglich zu einem negativen Ergebnis, hat sie verschiedene Möglichkeiten das Ersuchen abzuweisen (vgl. nur Art. 5 Abs. 2, 18 EU-BeitrRL, Art. 27 Abs. 8 OECD-MA). Kommt sie einem Ersuchen nach, steht ihr hinsichtlich der Wahl der Mittel ein Ermessensspielraum insoweit zu, als sie nur an das Recht der Vollstreckungsmaßnahmen ihres Staates gebunden ist. Aus diesen Gründen kann auch nicht von einem Weisungsverhältnis gesprochen werden.[838] Im Übrigen käme man, folgte man dem Verständnis der Gegenansicht zur Hoheitlichkeit, zu keinem anderen Ergebnis. Denn die ersuchende Behörde macht in Form des Ersuchens von Befugnissen Gebrauch, die in dieser Form *ihrer Art nach* im umgekehrten Fall auch der ersuchten Behörde zustünden. Bei einem Beitreibungsersuchen handelt es sich mithin nicht um hoheitliche Maßnahme und bereits aus diesem Grund nicht um einen Verwaltungsakt.

II. Regelung eines Einzelfalls

Ein Verwaltungsakt setzt weiterhin die Regelung eines Einzelfalls voraus. Darunter ist das gewollte hoheitliche (einseitige) Setzen einer verbindlichen Rechtsfolge zu verstehen.[839] Die Maßnahme muss auf die Gestaltung eines Rechtsverhältnisses abzielen. Nach Ansicht des BFH fehle es einem Beitreibungsersuchen an einem solchen Regelungsgehalt. Durch dieses teile die Behörde lediglich die darin enthaltenen Daten mit, feststellende Wirkung komme ihm hingegen nicht zu.[840] Die ersuchte Behörde sei an die Erklärung des Vorliegens der Vollstreckungsvoraussetzungen nicht gebunden. Gleichzeitig erteilt der BFH der Herleitung

---

836 So im Ergebnis auch FG München, Urt. v. 29.10.2008 – 9 K 2323/07, EFG 2009, 280 (281); *Hendricks*, IStR 2009, 846 (850).

837 In diesem Sinne auch das FG München, Urt. v. 29.10.2008 – 9 K 2323/07, EFG 2009, 280 (281) mit Verweis auf die Erwägungsgründe der EU-BeitrRL.

838 Überzeugend FG München, Urt. v. 29.10.2008 – 9 K 2323/07, EFG 2009, 280 (281).

839 So *Söhn*, in: Hübschmann/Hepp/Spitaler, AO/FGO, § 118 AO Rn. 116; *Seer*, in: Tipke/Kruse, AO/FGO, § 118 AO Rn. 11; ähnlich *Fritsch*, in: Koenig, AO, § 118 Rn. 22; *Pfab*, SteuerStud 2007, 12 (14); *Maurer*, Allg. VerwR, § 9 Rn. 6.

840 BFH, Urt. v. 21.7.2009 – VII R 52/08, BStBl. II 2010, 51 (53); zustimmend *Seer*, in: Tipke/Lang, Steuerrecht, § 21 Rn. 53.

der Verwaltungsaktqualität aus einem Vergleich mit dem Amtshilfeersuchen in Form des Antrags aus § 322 Abs. 3 Satz 1 AO, welcher einen Verwaltungsakt darstellt[841], eine Absage.[842] Im Gegensatz zu diesem Fall sei die ersuchte Behörde gerade zur Prüfung der Zulässigkeitsvoraussetzungen befugt. Im Falle des Antrags nach § 322 AO bestätige die Vollstreckungsbehörde die gesetzlichen Voraussetzungen zur Vollstreckung in das unbewegliche Vermögen, ohne dass dessen Inhalt vom Vollstreckungsgericht oder dem Grundbuchamt überprüft werden könne gemäß § 322 Abs. 3 Satz 3 AO.[843]

Die Argumentation des BFH vermag zu überzeugen. Schon das Wort „Ersuchen" impliziert, dass ein solches nicht eine Rechtsfolge herbeiführt, sondern maßgeblich von der Handlung[844] des Adressaten abhängig ist. Zwar bedarf es keiner Umsetzung des übermittelten Titels. Wie bereits ausgeführt, prüft die ersuchte Behörde aber die Zulässigkeit des Ersuchens und das Vorliegen der Vollstreckungsvoraussetzungen (vgl. für den umgekehrten Fall § 3 Abs. 1 Satz 4, Abs. 2 Satz 1 EU-BeitrG). Sie hat darüber hinaus Möglichkeiten zur Ablehnung eines Ersuchens. Diese mögen zwar eng begrenzt sein[845], im Ergebnis kann dies aber nicht zu einer Regelungswirkung des Ersuchens führen.[846] Einem Ersuchen ist demnach der Regelungscharakter abzusprechen. Es ist als schlichtes Verwaltungshandeln zu klassifizieren, das die Rechtslage nicht unmittelbar verändert.

---

841 Vgl. nur BFH, Beschl. v. 15.12.1992 - VII B 131/92, BFH/NV 1993, 460 (460); *Werth*, in: Klein, AO, § 322 Rn. 13 f.

842 So noch die Begründung des FG Düsseldorf, Beschl. v. 13.9.1989 - 5 V 364/89 AE, EFG 1989, 646 (647).

843 BFH, Urt. v. 21.7.2009 - VII R 52/08, BStBl. II 2010, 51 (53).

844 Eine Handlung, die über das hinausgeht, was der Mitwirkende bei einem mitwirkungsbedürftigen Verwaltungsakt erbringt.

845 Insoweit ist *Hartman*, DÖV 2011, 142 (145) zuzustimmen. Auf die von ihm aufgeworfene Frage, ob die ersuchende Behörde Regelungswillen besitzt, kommt es nach dem hier gefundenen Ergebnis nicht an, da es bereits an einer Regelung fehlt.

846 So im Ergebnis auch für das innerstaatliche Vollstreckungsersuchen *Beermann*, in: Hübschmann/Hepp/Spitaler, AO/FGO, § 250 AO Rn. 27. Ihm sei die Rechtsnatur einer „zwischenbehördlichen Willensklärung ohne regelnde Wirkung" beizumessen. Im Ergebnis ebenso für zwischenstaatliche Amtshilfeersuchen *Söhn*, in: Hübschmann/Hepp/Spitaler, AO/FGO, § 118 AO Rn. 417; *Seer*, in: Tipke/Kruse, AO/FGO, § 118 AO Rn. 15b. A.A. *Lammers*, EWS 2010, 121 (122 f.).

III. *Außenwirkung*

Schließlich könnte es einem zwischenstaatlichen Amtshilfeersuchen auch an der unmittelbaren Rechtswirkung nach außen fehlen. Eine Maßnahme muss dazu final auf die verbindliche Regelung von Rechten und Pflichten eines verwaltungsexternen Subjekts gerichtet sein.[847] Klassischer Fall einer fehlenden Außenwirkung sind rein behördeninterne Maßnahmen, z.B. Verwaltungsvorschriften. Diese entfalten zwar Wirkung gegenüber anderen Behörden, binden jedoch nicht den – möglicherweise mittelbar betroffenen – Bürger.[848] Auch bei zwischenstaatlichen Amtshilfeverfahren mangelt es an einer unmittelbaren Außenwirkung im Sinne des § 118 Satz 1 AO.[849] Das Ersuchen löst – abgesehen von den besprochenen Ausnahmen – nur bei der ersuchten Behörde Verpflichtungen aus. Das Vollstreckungsverfahren verlässt erst die behördeninterne Sphäre, sobald die ersuchte Behörde nach eigener Prüfung mit der Einleitung des Vollstreckungsverfahrens beginnt. Nur wenn die ersuchte Behörde das Ersuchen nach Prüfung von Voraussetzungen und Grenzen akzeptiert, wird im dortigen Staat ein entsprechendes Vollstreckungsverfahren eingeleitet. Rechtspflichten außerhalb der Verwaltung werden nicht unmittelbar begründet. Die mittelbare Beeinträchtigung des Vollstreckungsschuldners, die er durch die Offenbarung seines Steuergeheimnisses gegenüber dem ersuchten Staat und der damit verbundenen Tangierung des Rechts auf informationelle Selbstbestimmung erfährt, reicht nicht zu einer Begründung der Außenwirkung im Sinne von § 118 Satz 1 AO aus, da insoweit Unmittelbarkeit gefordert ist und unmittelbar nur ein zwischenbehördlicher Austausch stattfindet.[850]

---

847 *Pfab*, SteuerStud 2007, 12 (17).

848 Vgl. *Seer*, in: Tipke/Kruse, AO/FGO, § 118 AO Rn. 23.

849 FG Köln, Urt. v. 26.2.2004 – 2 K 1993/02, EFG 2004, 1734 (1735); *Förster*, in: Koch/Scholtz, AO, § 117 Rn. 6; *Zöllner*, in: Koenig, AO, § 117 Rn. 33; *Werth*, in: Klein, AO, § 250 Rn. 5; *Beermann*, in: Hübschmann/Hepp/Spitaler, AO/FGO, § 250 AO Rn. 56; *Neumann*, in: Beermann/Gosch, AO/FGO, § 250 AO Rn. 15, der von einer „zwischenbehördlichen Willenserklärung" spricht; im Ergebnis wohl auch *Seer*, in: Tipke/Kruse, AO/FGO, § 117 AO Rn. 113. Differenzierend wiederum *Hartman*, DÖV 2011, 142 (148), der zwischen Außenwirkung und dem Bezwecken der Außenwirkung durch die Behörde unterscheidet. Die Außenwirkung wohl noch bejahend BFH, Urt. v. 21.7.2009 – VII R 52/08, BStBl. II 2010, 51 (53), der insoweit lediglich feststellt, dass es sich nicht um einen reinen behördeninternen Vorgang handele.

850 So auch allgemein *Söhn*, in: Hübschmann/Hepp/Spitaler, AO/FGO, § 118 AO Rn. 210; *Stelkens*, in: Stelkens/Bonk/Sachs, VwVfG, § 35 Rn. 147; a.A. wohl *Hartman*, DÖV 2011, 142 (148).

B. *Zwischenergebnis*

Ein Vollstreckungsersuchen stellt keinen Verwaltungsakt im Sinne von § 118 Satz 1 AO dar. Es fehlt dafür an einer erforderlichen hoheitlichen Maßnahme mit Regelungs- und Außenwirkung.

§ 3 Klageart

Da es sich bei dem Amtshilfeersuchen nicht um einen Verwaltungsakt handelt, scheiden Anfechtungsklage[851] bzw. Verpflichtungsklage[852] aus, vgl. § 40 Abs. 1 FGO.[853] Auch ein außergerichtlicher Einspruch ist nicht statthaft, vgl. § 347 Abs. 1 Satz 1 AO.[854] In Betracht kommt jedoch die Erhebung einer Leistungsklage gemäß § 40 Abs. 1 Alt. 3 FGO, gerichtet auf die Rücknahme des Ersuchens[855].[856] Die allgemeine Leistungsklage kann auf Verurteilung zu einer Leistung gerichtet werden, die nicht in einem Verwaltungsakt besteht, vgl. § 40 Abs. 1 3. Var. FGO.

Erforderlich ist, dass der Kläger geltend macht, durch das Vollstreckungsersuchen in seinen Rechten verletzt zu sein, § 40 Abs. 2 FGO. Es besteht die Möglichkeit, dass der Betroffene in seinem Recht auf informationelle Selbstbestimmung, Art. 2 Abs. 1 i.V.m. Art. 1 Abs. 1 GG verletzt ist.[857] Durch

---

851 Vgl. *Seer*, IWB 2011, 144 (151); *Kortz*, DB 2012, 2422 (2426); *Lammers*, EWS 2010, 121 (122).

852 *Hendricks*, IStR 2009, 846 (850 f.) mit dem zutreffenden Hinweis, dass auch die Rücknahme eines Vollstreckungsersuchens als actus contrarius keinen Verwaltungsakt darstellt.

853 Zu den Auswirkungen der unterschiedlichen Beurteilung der statthaften Klageart *Lammers*, EWS 2010, 121 (123 f.).

854 Vgl. *Seer*, IWB 2011, 144 (151).

855 Ist das Amtshilfeverfahren bereits abgeschlossen, kommt ggf. eine allgemeine Feststellungsklage nach § 41 FGO in Betracht. Vgl. dazu FG München, Urt. v. 29.10.2008 – 9 K 2323/07, EFG 2009, 280 (281).

856 Wohl herrschende Ansicht; BFH, Urt. v. 21.7.2009 - VII R 52/08, BStBl. II 2010, 51 (53); FG München, Urt. v. 29.10.2008 - 9 K 2323/07, EFG 2009, 280 (281); *Hendricks*, IStR 2009, 846 (851); *Seer*, IWB 2011, 144 (151); *Braun*, in: Hübschmann/Hepp/Spitaler, AO/FGO, § 40 FGO Rn. 143; *Frotscher*, Internationales Steuerrecht, Rn. 1239; a.A. *Beermann*, in: Hübschmann/Hepp/Spitaler, AO/FGO, § 250 AO Rn. 56, der einen Rechtsbehelf gegen das Ersuchen nicht für gegeben sieht. Vgl. auch BT-Drs. 17/6263, S. 43.

857 Im Ergebnis ebenso BFH, Urt. v. 21.7.2009 – VII R 52/08, BStBl. II 2010, 51 (53).

das Stellen eines Ersuchens werden die Voraussetzungen für eine grenzüberschreitende Vollstreckung erst geschaffen. Die steuersensiblen Daten werden im Zuge dessen offen gelegt. Eine Beeinträchtigung des Rechts auf informationelle Selbstbestimmung ist somit regelmäßig gegeben. Dem Betroffenen muss deshalb – auch wenn sich bei dem Vorgang nicht um einen Verwaltungsakt handelt – die Möglichkeit der gerichtlichen Überprüfung der Voraussetzungen des Ersuchens zugestanden werden, damit ggf. ein rechtswidriges Ersuchen zurückgenommen und so letztendlich die Vollstreckung im Ausland gestoppt werden kann.[858] Im Ergebnis kann im Falle eines gestellten Ersuchens im Wege der allgemeinen Leistungsklage die Rücknahme desselben erreicht werden.

§ 4 Vorbeugender Rechtsschutz

Sollte ein Ersuchen noch nicht gestellt worden sein, plant die zuständige Behörde aber ein solches Vorgehen und erfährt der Vollstreckungsschuldner davon, kommt eine vorbeugende Unterlassungsklage in Betracht, die das Stellen eines Ersuchens im Erfolgsfall verhindern würde. Eine Leistungsklage kann nach allgemeiner Ansicht auch als Unterlassungsklage erhoben werden.[859] Damit würde auch die Vollstreckungsmaßnahme im zu ersuchenden Staat abgewendet. Erforderlich für die Zulässigkeit einer solchen Klage ist, dass der Betroffene ein qualifiziertes Rechtsschutzbedürfnis hat.[860] Ein solches ist gegeben, wenn anzunehmen ist, dass durch die bevorstehende Handlung vollendete, irreparable Tatsachen zum Nachteil der subjektiven Rechte des Vollstreckungsschuldners geschaffen werden.[861] Ein solches Rechtsschutzbedürfnis kann hier darin gesehen werden, dass mit dem Stellen eines Ersuchens Informationen übermittelt werden, die in den Schutzbereich des Steuergeheimnisses fallen. Die Übermittlung dieser Informationen kann nicht durch Rücknahme des Ersuchens rückgängig gemacht werden.[862] Ein bleibender Schaden stünde zu befürchten. Die Zulässigkeit der vorbeugenden Unterlassungsklage zur Abwendung der Ersuchensübermittlung

858 So explizit BFH, Urt. v. 21.7.2009 – VII R 52/08, BStBl. II 2010, 51 (53).

859 Vgl. nur *Seer*, in: Tipke/Lang, Steuerrecht, § 22 Rn. 82.

860 Statt vieler *Braun*, in: Hübschmann/Hepp/Spitaler, AO/FGO, § 40 FGO Rn. 147.

861 Vgl. BFH, Urt. v. 8.4.2008 – VIII R 61/06, BStBl. II 2009, 579 (581 f.); *Seer*, in: Tipke/Lang, Steuerrecht, § 22 Rn. 83; *Braun*, in: Hübschmann/Hepp/Spitaler, AO/FGO, § 40 FGO Rn. 146 f.

862 *Hendricks*, IStR 2009, 846 (851) m.w.N.

ist damit zu bejahen.[863] Ggf. kann im Zuge dessen geboten sein, gemäß § 114 Abs. 1 FGO einen Antrag auf einstweilige Anordnung zu stellen.[864]

In der Praxis ist es jedoch fraglich, ob der Vollstreckungsschuldner tatsächlich von einem bevorstehenden Ersuchen Kenntnis erlangt.[865] Ob eine Pflicht zur vorherigen Anhörung des Betroffenen für die Vollstreckungsbehörde und das Verbindungsbüro besteht, ist zumindest fraglich, da etwa § 91 AO nicht unmittelbar einschlägig ist.[866] Zudem würde der Zweck des Vollstreckungsersuchens gefährdet, wenn der betroffene Steuerpflichtige vor Beginn der Vollstreckung erführe, dass im anderen Staat eine Vollstreckung droht, da er seine Vermögenswerte u.U. gerade bewusst in einen anderen Staat verlegt hat, um einer Vollstreckung zu entgehen.

§ 5 Richtiger Beklagter

Umstritten ist schließlich, gegen welche Behörde die auf die Rücknahme eines Vollstreckungsersuchens zielende Leistungsklage zu erheben ist. Gemäß § 63 Abs. 1 Nr. 2 FGO ist die Klage gegen die Behörde zu richten, welche die ursprüngliche Handlung, in diesem Fall das Stellen eines Beitreibungsersuchens, vorgenommen hat und funktional Träger des Verwaltungsverfahrens ist.[867] § 63 Abs. 1 FGO regelt den Fall der passiven Prozessführungsbefugnis.[868] Die Klage ist nach dem Behördenprinzip gegen die Stelle zu erheben, die tatsächlicher Urheber der Leistung ist. Insbesondere ist in diesem Zusammenhang zu klären, welche Behörde für das Stellen des Vollstreckungsersuchens bzw. deren Inhalt verantwortlich zeichnet.

---

863 Zustimmend *Seer*, in: Verfahren der Zusammenarbeit von Verwaltungsbehörden in Europa, S. 85 (98); *Hendricks*, IStR 2009, 846 (851). So auch zur Informationshilfe *Braun*, in: Hübschmann/Hepp/Spitaler, AO/FGO, § 40 FGO Rn. 149.

864 So auch *Kortz*, DB 2012, 2422 (2426).

865 Diese Problematik auch andeutend *Schaumburg*, in: Schaumburg/Englisch, Europäisches Steuerrecht, Rn. 20.73.

866 So aber *Hendricks*, in: Beermann/Gosch, AO/FGO, § 117 AO Rn. 65 für das Auskunftsersuchen mit Verweis auf eine analoge Anwendung des § 117 Abs. 4 Satz 3 AO.

867 *Brandis*, in: Tipke/Kruse, AO/FGO, § 63 FGO Rn. 1; *Paetsch*, in: Beermann/Gosch, AO/FGO, § 63 FGO Rn. 1.

868 BFH, Urt. v. 21.7.2009 – VII R 52/08, BStBl. II 2010, 51 (52 f.); *Brandis*, in: Tipke/Kruse, AO/FGO, § 63 FGO Rn. 1; *Schallmoser*, in: Hübschmann/Hepp/Spitaler, AO/FGO, § 63 FGO Rn. 3.

In casu kommen zwei Behörden als potentielle Beklagte in Betracht[869]: Zum einen die ursprünglich für die Einleitung des innerstaatlichen Vollstreckungsverfahrens zuständige Vollstreckungsbehörde, die im Zuge ihrer Ermittlungen feststellt, dass die Durchführung des Besteuerungsverfahrens nicht erfolgsversprechend ist und in Folge dessen ein Ersuchen inhaltlich ausarbeitet, welches sie dann dem Verbindungsbüro zuleitet (§ 3 Abs. 2 Satz 2 EU-BeitrG); zum anderen das als Verbindungsbüro ernannte BZSt, welches nach Prüfung der Zulässigkeit und Einhaltung der gesetzlichen Vorgaben (§ 3 Abs. 2 Satz 2 i.V.m. § 1 Abs. 4 EU-BeitrG) die eigentliche Übermittlung ins Ausland vornimmt.

Nach Ansicht des BFH ist eine auf Rücknahme des Amtshilfeersuchens gerichtete Klage gegen das örtlich zuständige Finanzamt zu richten, das als Vollstreckungsbehörde das Beitreibungsersuchen erstellt hat.[870] In dem der Entscheidung zugrundeliegenden Fall (der zeitlich dem Inkrafttreten des EU-BeitrG in der aktuell gültigen Fassung vorgelagert war) war nach Ansicht des Gerichts das örtliche Finanzamt als ersuchende Behörde „bezeichnet“ und folglich auch die zuständige Behörde im Sinne des § 63 FGO.[871] Das örtliche Finanzamt sei für die Einhaltung der Vorgaben für ein Beitreibungsersuchen verantwortlich, das BZSt übermittle lediglich das Ersuchen. Auch aus dem – damaligen – BMF-Merkblatt ergebe sich die Zuständigkeit des Finanzamts.[872]

Dem kann aus verschiedenen Gründen nicht gefolgt werden. Vorzugswürdig ist demgegenüber die Ansicht, dass das BZSt, das als Verbindungsbüro gesetzlich benannt worden ist, richtiger Beklagter sei.[873] Zwar ist es zutreffend, dass die örtliche Vollstreckungsbehörde das Amtshilfeverfahren durch Ausarbeitung eines Ersuchens gewissermaßen einleitet. Das BZSt ist ausweislich

---

869 Die folgenden Ausführungen haben auch Gültigkeit für Vollstreckungsersuchen auf Grundlage von DBA, da auch für sie die Zuständigkeitsverteilung des EU-BeitrG Anwendung findet. Vgl. insoweit BMF-Merkblatts v. 23.1.2014, a.a.O, Rn. 1.4, 1.5.

870 BFH, Urt. v. 21.7.2009 – VII R 52/08, BStBl. II 2010, 51 (53 f.). Zustimmend *Kortz*, DB 2012, 2422 (2426); *Schaumburg*, in: Schaumburg/Englisch, Europäisches Steuerrecht, Rn. 20.73; *Czakert*, in: Schönfeld/Ditz, DBA, § 12 EU-BeitrG Rn. 58; *von Wedelstädt*, in: Beermann/Gosch, AO/FGO, § 5 FVG Rn. 8; wohl auch *Lammers*, EWS 2010, 121 (124). A. A. offenbar noch BFH, Urt. v. 23.7.1986 – I R 306/82, BStBl. II 1987, 92 (Ls. 1).

871 BFH, Urt. v. 21.7.2009 – VII R 52/08, BStBl. II 2010, 51 (52 f.).

872 BFH, Urt. v. 21.7.2009 – VII R 52/08, BStBl. II 2010, 51 (54).

873 FG München, Urt. v. 29.10.2008 – 9 K 2323/07, EFG 2009, 280 (Ls. 3); *Hendricks*, IStR 2009, 846 (851).

der §§ 3 Abs. 1 Satz 4 i.V.m. 3 Abs. 2 Satz 2 EU-BeitrG, die § 117 Abs. 1 AO in dieser Hinsicht konkretisieren, zur inhaltlichen Prüfung eines Ersuchens befugt und verpflichtet. Es trifft letztlich als Ergebnis einer Ermessensausübung die Sachentscheidung, ob ein Ersuchen gestellt werden soll oder nicht.[874] Durch die Entscheidung macht es sich den Inhalt des Ersuchens „zu eigen".[875] Das BZSt ist folglich eben nicht nur Kontakt- und Verbindungsstelle, sondern letztlich verantwortlich für die Einhaltung der gesetzlichen Vorgaben.[876] Dies folgt bereits aus § 5 Abs. 1 Nr. 5 FVG, der das BZSt als zuständige Behörde für grenzüberschreitende Amtshilfeersuchen festlegt.[877] Allein die Bezeichnung des Finanzamts als ersuchende Behörde in dem Ersuchen vermag an der objektiven Zuständigkeitsverteilung nichts zu ändern. § 13 Abs. 1 EU-BeitrG, der die örtliche Behörde in Bezug auf im Inland eingelegte Rechtsbehelfe gegen die Forderung, den Vollstreckungstitel oder die Zustellung als richtige Beklagte ausweist, trifft zum Rechtsbehelf gegen ein Vollstreckungs*ersuchen* gerade keine Regelung. Folglich kann daraus auch keine Aussage über den richtigen Beklagten abgeleitet werden.[878]

Darüber hinaus wäre eine Leistungsklage gegen die örtliche Behörde überhaupt nicht zielführend im Hinblick auf das auf Rücknahme gerichtete Klagebegehren, da diese nach der Zuständigkeitsverteilung des EU-BeitrG gar nicht befugt ist, ein Vollstreckungsersuchen einseitig zurückzunehmen, vgl. § 11 Abs. 1 Satz 1 EU-BeitrG. Sachlegitimiert in dieser Frage ist nur das BZSt. Die örtliche Vollstreckungsbehörde ist nicht zuständig. Sie darf die begehrte Rücknahme nicht vornehmen.[879] Das BZSt trifft als spiegelbildliche Kompetenz zur Stellung eines Ersuchens die Entscheidung darüber, ob ein Ersuchen zurückgenommen wird. Die Zuständigkeit für das Stellen und – als *actus contrarius* – für die Rücknahme eines Ersuchens liegen in der Regel also beim BZSt. Eine gegen die örtliche Vollstreckungsbehörde gerichtete Klage wäre damit regelmäßig unzulässig und ohne Erfolgsaussicht. Im Ergebnis ist ein entsprechender Rechtsbehelf gegen das BZSt zu richten.

874 Vgl. auch *Schmieszek*, in: Hübschmann/Hepp/Spitaler, AO/FGO, § 5 FVG Rn. 69.

875 Überzeugend *Hendricks*, IStR 2009, 846 (851).

876 So auch FG München, Urt. v. 29.10.2008 – 9 K 2323/07, EFG 2009, 280 (281).

877 *Krumm*, in: Tipke/Kruse, AO/FGO, § 5 FVG Rn. 6.

878 So aber wohl *Kortz*, DB 2012, 2422 (2426).

879 So noch BFH, Urt. v. 23.7.1986 – I R 306/82, BStBl. II 1987, 92 (Ls. 1) für den Bereich der Informationshilfe.

5. Kapitel: Zusammenfassung

Dem Steuerpflichtigen stehen im Rahmen des Besteuerungsverfahrens eine Reihe von Anknüpfungspunkten zur Verfügung, gegen die er außergerichtlich und gerichtlich vorgehen kann. Zu unterscheiden ist zwischen der zu vollstreckenden Forderung, dem Vollstreckungstitel, dem Beitreibungsersuchen und der Vollstreckungsmaßnahme. Letztere ist ausschließlich im ersuchten Staat zu rügen. Gegen das Beitreibungsersuchen ist eine allgemeine Leistungsklage statthafte Klageart, da es keinen Verwaltungsakt darstellt. Richtiger Beklagter ist das BZSt.

5. Teil: Ausschau und Fazit

Der deutschen Finanzverwaltung wurde vom Gesetzgeber eine gesetzliche Ermächtigung an die Hand gegeben, um das Defizit der grenzüberschreitenden Beitreibung von finanziell bedeutsamen Steuerrückständen zu verringern. Die Verbesserungen der Rechtsgrundlagen sind insgesamt als positiv zu bewerten. Insbesondere die Einführung eines einheitlichen Vollstreckungstitels im Rahmen des EU-BeitrG lässt hoffen, dass die grenzüberschreitende Beitreibung künftig häufiger genutzt und erfolgreicher betrieben werden kann. Es bleibt jedoch abzuwarten, wie sich die konkrete Zusammenarbeit in der Praxis gestalten wird. Vieles wird davon abhängen, ob die neuen Instrumente von der Verwaltung akzeptiert und mit Leben gefüllt werden.

Gefordert bleibt zudem die Bundesregierung, insbesondere das Bundesfinanzministerium als Verhandlungsführer neuer DBA. Es gibt noch eine Reihe von Industriestaaten mit einem rechtsstaatlichen Verwaltungssystem, mit denen keine völkervertragliche Kooperation auf dem Gebiet der Vollstreckungshilfe praktiziert wird, obgleich einige Lücken durch Ratifizierung der Gemeinsamen Konvention der OECD geschlossen werden konnten. Im Verhältnis zu diesen Staaten bleibt der Umzug eines Steuerpflichtigen ein geeignetes Mittel, um die Vollstreckung geschuldeter Steuern zu umgehen.[880]

880 So auch *Hendricks*, IStR 2009, 846 (848).

6. Teil: Zusammenfassung der wichtigsten Ergebnisse

1. Internationale Vollstreckungshilfe ist die grenzüberschreitende, gegenseitige Unterstützung von Behörden verschiedener Staaten bei der Beitreibung von Steuerforderungen. Ein vorheriges Ersuchen ist regelmäßig zu stellen, ohne dass es zwingendes Merkmal der internationalen Vollstreckungshilfe wäre.
2. Die internationale Vollstreckungshilfe kann unterteilt werden in Vollstreckungshilfe im weiteren Sinne und Vollstreckungshilfe im engeren Sinne. Entscheidendes Kriterium der Abgrenzung ist die Art der Hilfeleistung. Die Hilfeleistung kann im Ersuchen um Auskunft, Zustellung oder Einleitung von Sicherungsmaßnahmen (weiteren Sinne) sowie im Ersuchen um die Einleitung von Vollstreckungsmaßnahmen (engeren Sinne) bestehen. Voraussetzung ist, dass die Maßnahme im Zusammenhang mit der Vollstreckung steht.
3. Die nationalen Hoheitsbefugnisse eines Staates enden – bedingt durch das Prinzip der formellen Territorialität – an dessen Staatsgrenze. Will er im Ausland seine steuerlichen Forderungen durchsetzen, ist er auf die Vollstreckungshilfe notwendig angewiesen. Der Grundsatz der Gleichmäßigkeit und Gesetzmäßigkeit der Besteuerung (§ 85 AO) kann im Einzelfall für die zuständige Behörde zu einer Ermessensreduzierung auf null führen und die Inanspruchnahme von Vollstreckungshilfe sogar zwingend erforderlich machen.
4. Die grenzüberschreitende Vollstreckungshilfe wird – unabhängig von der konkreten Rechtsgrundlage – in der Regel geprägt von den Prinzipien der Passivität, der gegenseitigen Anerkennung, der Gegenseitigkeit, der Äquivalenz und der Subsidiarität und des Postulats der Wirtschaftlichkeit. Mit der durch §§ 17 und 18 EU-BeitrG geschaffenen Anwesenheitsmöglichkeit wird das Prinzip der Passivität erstmals partiell durchbrochen.
5. Die internationale Vollstreckungshilfe ist ein Unterfall der zwischenstaatlichen Amtshilfe im Sinne von § 117 AO. Sie ist abzugrenzen von anderen grenzüberschreitenden Kooperationsformen, die nicht als Amtshilfe im Sinne des § 117 AO zu bezeichnen sind. Sie ist zu unterscheiden von der internationalen Informationshilfe sowie der internationale Zustellungshilfe. Entscheidende Kriterien der Abgrenzung sind das Verfahrensstadium und die Art der Hilfeleistung.

6. Die Vollstreckungsbehörde bedarf aufgrund des empfindlichen Grundrechtseingriffs und der Besonderheit, dass Hoheitsakte fremder Staaten vollzogen werden, für die Gewährung von Vollstreckungshilfe einer gesetzlichen Grundlage. Die gesetzliche Grundlage muss aufgrund des Wesentlichkeitsvorbehalts die Voraussetzungen und Grenzen der Vollstreckungshilfe im Verhältnis zum jeweiligen Staat enthalten.
7. Die Vollstreckung ausländischer Steuerforderungen verstößt nicht gegen das grundgesetzliche Demokratieprinzip.
8. Die Möglichkeit der Leistung von Vollstreckungshilfe wird verfassungsrechtlich durch das Rechtsstaatsprinzip beschränkt. Sie darf nach Maßgabe der Rechtsprechung des BVerfG dann nicht gewährt werden, wenn in formell- oder materiellrechtlicher Hinsicht rechtsstaatliche Mindestanforderungen im ersuchenden Staat unterlaufen werden. Im Einzelfall kann die ersuchte Behörde gehalten sein, ungeachtet eines expliziten Versagungsgrundes in der Ermächtigungsgrundlage ein entsprechendes Ersuchen zu versagen und Unionsrecht unangewendet zu lassen. Jedoch folgt auch aus der Entscheidung zur Rs. *Kyrian* des EuGH, dessen Grundsätzen sich der BFH und der überwiegende Teil der Finanzgerichte angeschlossen haben, dass ein Mitgliedstaat ausnahmsweise die Rechtmäßigkeit der zu vollstreckenden Forderung prüfen und deren Vollstreckung ablehnen darf.
9. Im Anwendungsbereich der unionsrechtlich determinierten Beitreibungshilfe muss ein Vollstreckungsersuchen verwehrt werden, wenn die Vollstreckung des ausländischen Titels gegen die öffentliche Ordnung verstieße. Der *ordre public*-Vorbehalt ist nach der zutreffenden Rechtsprechung des EuGH in der Rs. *Kyrian* auch weiterhin im Rahmen des EU-BeitrG anwendbar.
10. Die Inanspruchnahme von Vollstreckungshilfe bedarf ebenfalls einer Gesetzesgrundlage, weil mit der Übermittlung eines Vollstreckungsersuchens und den darin notwendigerweise enthaltenen steuerlichen Informationen regelmäßig der Schutzbereich des Grundrechts auf informationelle Selbstbestimmung aus Art. 2 Abs. 1 i.V.m. Art. 1 Abs. 1 GG tangiert ist.
11. § 117 AO bildet die rechtliche Grundlage für die deutsche Finanzverwaltung bei der Anwendung der Vollstreckungshilfe. Abs. 1 regelt die Inanspruchnahme von Beitreibungshilfe, Abs. 2 die Gewährung derselben. Konkretisiert wird § 117 AO durch in nationales Recht transformiertes bzw. umgesetztes Völker- und Unionsrecht. Merkblätter des BMF zur grenzüberschreitenden Beitreibungshilfe binden die zuständigen Behörden in ihrer Ermessensausübung.

12. Maßgeblich für die Ausübung der Vollstreckungshilfe ist dabei vor allem das EU-BeitrG, das der Umsetzung der Richtlinie 2010/24/EU dient, obwohl es explizit in § 117 Abs. 2 AO nicht erwähnt wird. Daneben erlangen in nationales Recht transformierte DBA, die eine Klausel nach Vorbild des Art. 27 OECD-MA enthalten, Bedeutung. Als weitere Rechtsgrundlagen kommen bilaterale Rechtshilfeabkommen und die im Juli 2015 transformierte Gemeinsame Konvention von Europarat und OECD zur Amtshilfe in Steuersachen in Betracht.
13. Vollstreckungshilfe im engeren Sinne kann nicht gestützt auf § 117 Abs. 3 AO im Kulanzwege geleistet werden. Diesen Schluss legt eine Auslegung der in § 117 Abs. 3 Satz 1 Nr. 2 AO aufgeführten Bedingung nahe. Zudem ist die in Abs. 3 Satz 1 Nr. 1 AO verbürgte Voraussetzung der Gegenseitigkeit bei der Ausübung von Vollstreckungshilfe in aller Regel für die zuständigen Behörden nicht erfüllbar. Folgerichtig wird § 117 Abs. 3 AO von den deutschen Finanzbehörden in der Praxis für die Leistung von Vollstreckungshilfe nicht herangezogen.
14. § 250 AO ist keine taugliche Ermächtigungsgrundlage für die grenzüberschreitende Ausübung von Vollstreckungshilfe. Diese Norm ist grundsätzlich für die innerstaatliche Vollstreckungshilfe einschlägig und kann allenfalls mittelbar herangezogen werden.
15. Weder aus Völkergewohnheitsrecht noch aus dem unionsrechtlichen Treuegebot erwächst unmittelbar eine Pflicht zur Anerkennung und Durchsetzung von Forderungen fremder Staaten.
16. Art. 113 und 115 AEUV stellen eine taugliche Ermächtigungsgrundlage für die EU-BeitrRL dar. Die neugefasste Richtlinie 2010/24/EU enthält sinnvolle Verbesserungen im Hinblick auf den sachlichen Anwendungsbereich (Steuern aller Art), die Modalitäten der Kooperation (Zuständigkeiten, einheitlicher Vollstreckungstitel, Standardformblatt, Sprachenregelung, Kommunikationsnetzwerk) und den instrumentalen Maßnahmenkatalog (Spontanauskunft, Anwesenheitsmöglichkeit, Sicherungsmaßnahmen).
17. Die Bundesrepublik Deutschland hat eine Vielzahl von DBA abgeschlossen und implementiert, die eine Vollstreckungshilfeklausel enthalten. Oftmals orientiert sich diese Klausel an Art. 27 OECD-MA. In einigen Fällen weichen die vereinbarten Klauseln davon ab und sind weiter bzw. enger gefasst. Vorbildlich erscheint der in den DBA mit Irland und dem Vereinigten Königreich vereinbarte Versagungsgrund, wonach solche Steuern nicht beigetrieben werden, deren Erhebung allgemein anerkannten Besteuerungsgrundsätzen zuwiderläuft. Im Vergleich mit der EU-BeitrRL ist Art. 27 OECD-MA im

Hinblick auf den sachlichen Anwendungsbereich, die zur Verfügung stehenden Maßnahmen und die Ausgestaltung der Verfahrensregelungen defizitär.

18. Im Anwendungsbereich der Gemeinsamen Konvention von Europarat und OECD ist angesichts der großen Anzahl partizipierender Staaten, die zum Teil ein nicht an die Bundesrepublik Deutschland heranreichendes Maß an Rechtsstaatlichkeit aufweisen können, besondere Sorgfalt bei der Prüfung eingehender Vollstreckungsersuchen an den Tag zu legen.
19. Voraussetzung für das Stellen eines Vollstreckungsersuchens ist die Vollstreckbarkeit des Steueranspruchs. Grundsätzlich darf die zu vollstreckende Forderung auch nicht angefochten sein. Vorher kann allenfalls um die Einleitung von Sicherungsmaßnahmen ersucht werden. Die zuständige Vollstreckungsbehörde muss in der Regel zudem vorher die ihr zur Verfügung stehenden Vollstreckungsmöglichkeiten ausschöpfen. Das Stellen eines Ersuchens ist ferner unzulässig, wenn keine Aussicht darauf besteht, dass der ersuchte Staat dem Ersuchen entspricht. Dies kann der Fall sein, wenn der ersuchte Staat nicht verpflichtet ist, dem Ersuchen nachzukommen wegen Unterschreitung der Mindestbeträge. Schließlich darf die ersuchende Behörde nicht auf solche Maßnahmen zurückgreifen, die ihr selbst nicht zustehen.
20. Ein grenzüberschreitendes Beitreibungsersuchen stellt keinen Verwaltungsakt im Sinne des § 118 Satz 1 AO dar. Es fehlt jedenfalls an einer hoheitlichen Maßnahme mit Regelungsbefugnis und Außenwirkung.
21. Ein Rechtsbehelf in Form einer allgemeinen Leistungsklage gerichtet auf Rücknahme eines Beitreibungsersuchens ist gegen das BZSt zu richten.

Literaturverzeichnis

App, Michael: Die Vollstreckungshilfe deutscher Finanzbehörden gegenüber den Mitgliedstaaten der EU – Zur Rechtslage nach dem EG-BeitrG, RIW 1996, 235 ff.

ders./Wettlaufer, Arno: Praxishandbuch Verwaltungsvollstreckungsrecht, 5. Auflage Köln 2011.

von Arnauld, Andreas: Völkerrecht, 2. Auflage Heidelberg 2014.

Arndt, Gottfried: Der Verwaltungsakt als Grundlage der Verwaltungsvollstreckung, Köln 1967.

Becker, Enno: Die Reichsabgabenordnung, 5. Auflage Berlin 1926.

Becker, Katharina: Internationale Zusammenarbeit – Konsultation und Verständigung, in: Achatz, Markus (Hrsg.), Internationales Steuerrecht – 37. Jahrestagung der Deutschen Steuerjuristischen Gesellschaft e.V., Köln 2013, S. 167 ff.

Beermann, Albert/Gosch, Dietmar: Abgabenordnung Finanzgerichtsordnung mit Nebengesetzen, EuGH-Verfahrensrecht, Kommentar, Band 2: §§ 107–212 AO, Bonn (Loseblatt, Stand: 125. Lieferung 2016).

dies.: Abgabenordnung Finanzgerichtsordnung mit Nebengesetzen, EuGH-Verfahrensrecht, Kommentar, Band 3: §§ 213–398a AO, Bonn (Loseblatt, Stand: 125. Lieferung 2016).

dies.: Abgabenordnung Finanzgerichtsordnung mit Nebengesetzen, EuGH-Verfahrensrecht, Kommentar, Band 5: §§ 93–184 FGO FGV VwZG Stichwortverzeichnis, Bonn (Loseblatt, Stand: 125. Lieferung 2016).

Birk, Dieter: Gleichheit und Gesetzmäßigkeit der Besteuerung – Zum Stellenwert zweier Grundprinzipien in der Steuerreform 1990, StuW 1989, 212 ff.

ders.: Doppelbesteuerungsabkommen im Rechtssystem der Bundesrepublik Deutschland, in: Tipke, Klaus/Seer, Roman/Hey, Johanna/Englisch, Joachim (Hrsg.), Gestaltung der Steuerrechtsordnung, Köln 2010, S. 1131 ff.

ders./Desens, Marc/Tappe, Henning: Steuerrecht, 20. Auflage Heidelberg 2017.

Blaesing, Martin: Grenzen der Vollstreckungshilfe für andere Mitgliedstaaten – Anmerkung zum BFH-Urteil vom 3.11.2010, VII R 21/10 sowie zum EuGH-Urteil vom 14.1.2010, C-233/08, ZfZ 2011, 117 ff.

Böckenförde, Ernst-Wolfgang: Demokratie als Verfassungsprinzip, in: Isensee, Josef/Kirchhof, Paul (Hrsg.), Handbuch des Staatsrechts der Bundesrepublik Deutschland, Band II – Verfassungsstaat, 3. Auflage Heidelberg 2004, § 24.

Bozza-Bodden, Nadya: Internationale Zusammenarbeit – Informationsaustausch, in: Achatz, Markus (Hrsg.), Internationales Steuerrecht – 37. Jahrestagung der Deutschen Steuerjuristischen Gesellschaft e.V., Köln 2013, S. 133 ff.

Brock, Rüdiger: Der zwischenstaatliche Auskunftsverkehr innerhalb der Europäischen Union auf der Grundlage des EG-Amtshilfe-Gesetzes bei den direkten und indirekten Steuern, Frankfurt am Main 1999.

Bühler, Ottmar: Prinzipien des Internationalen Steuerrechts, Amsterdam 1964.

Bundesministerium der Finanzen (Hrsg.): Schriftenreihe des Bundesministeriums der Finanzen, Heft 13 – Reform der Reichsabgabenordnung, Bonn 1970.

Calliess, Christian/Ruffert, Matthias: EUV/AEUV – Das Verfassungsrecht der Europäischen Union mit Europäischer Grundrechtecharta, Kommentar, 5. Auflage München 2016.

Canz, Stephan: Ermessensausübung bei Forderungspfändungen, BB 2014, 1181 ff.

Carl, Dieter/Klos, Joachim: Leitfaden zur internationalen Amts- und Rechtshilfe in Steuersachen, Herne Berlin 1995.

Cordewener, Axel: Europäische Grundfreiheiten und nationales Steuerrecht, Köln 2002.

Cremer, Hans-Joachim: Allgemeine Regeln des Völkerrechts, in: Isensee, Josef/Kirchhof, Paul (Hrsg.), Handbuch des Staatsrechts der Bundesrepublik Deutschland, Band XI – Internationale Bezüge, 3. Auflage Heidelberg 2013, § 235.

Czakert, Ernst: Die Regelungen zur Amtshilfe in der deutschen Verhandlungsgrundlage für Doppelbesteuerungsabkommen, ISR 2013, 177 ff.

ders.: Generalthema 2 und Seminar D: Der internationale Informationsaustausch und die grenzüberschreitende Kooperation der Steuerverwaltungen, IStR 2013, 596 ff.

Dannecker, Gerhard: Der Schutz der Beteiligten beim internationalen Auskunftsverkehr in Steuersachen, StVj 1990, 124 ff.

von Danwitz, Thomas: Europäisches Verwaltungsrecht, Berlin Heidelberg 2008.

Degenhart, Christoph: Staatsrecht I – Staatsorganisationsrecht, 32. Auflage Heidelberg 2016.

Dietz, Sara: Die europarechtsfreundliche Verfassungsidentität in der Kontrolltrias des Bundesverfassungsgerichts, AöR 142 (2016), 78 ff.

Drüen, Klaus-Dieter/Gabert, Isabel: National report Germany, in: Seer, Roman/Gabert, Isabel (Editor), Mutual assistance and information exchange – 2009 EATLP Congress, Santiago de Compostela 4–6 June 2009, Amsterdam 2010.

ders.: Rechtsrahmen und Rechtsfragen der multilateralen Betriebsprüfung, DStR-Beihefter 2013, 82 ff.

Dutta, Anatol: Die Pflicht der Mitgliedstaaten zur gegenseitigen Durchsetzung ihrer öffentlichrechtlichen Forderungen, EuR 2007, 744 ff.

ders.: Grenzüberschreitende Forderungsdurchsetzung in Europa: Konvergenzen der Beitreibungssysteme in Zivil- und Verwaltungssachen?, IPRax 2010, 504 ff.

Eckhoff, Rolf: Rechtsanwendungsgleichheit im Steuerrecht, Köln 1999.

Eilers, Stephan: Das Steuergeheimnis als Grenze des internationalen Auskunftsverkehrs, Köln 1987.

Engelhardt, Hanns/App, Michael/Schlatmann, Arne: Verwaltungs-Vollstreckungsgesetz Verwaltungszustellungsgesetz, Kommentar, 11. Auflage München 2017.

Flüchter, Karsten: Seminar C: Verständigungsverfahren und die Beilegung grenzüberschreitender Streitigkeiten, IStR 2012, 694 ff.

Franzen, Klaus/Gast, Brigitte/ Joecks, Wolfgang: Steuerstrafrecht mit Zoll- und Verbrauchsteuerstrafrecht, Kommentar, 7. Auflage München 2009.

Friauf, Karl Heinrich: Grenzen der Mitwirkungspflicht im Informations- und Auskunftsverkehr zwischen den Finanzbehörden verschiedener Länder, in: Curtius-Hartung, Rudolf/Herzig, Norbert/Niemann, Ursula (Hrsg.), Steuerberater-Jahrbuch 1984/85, Köln 1985, S. 317 ff.

Frotscher, Gerrit: Internationales Steuerrecht, 4. Auflage München 2015.

Gabert, Isabel: Deutsche Beitreibungsamtshilfe nach dem EU-Beitreibungsgesetz (EU-BeitrG): Überblick und Bezüge zum Ertragsteuerrecht, FR 2012, 707 ff.

Gaul, Hans Friedhelm: Die Mitwirkung des Zivilgerichts an der Vollstreckung von Verwaltungsakten und verwaltungsgerichtlichen Entscheidungen, JZ 1979, 496 ff.

Gaul, Hans Friedhelm/Schilken, Eberhard/Becker-Eberhard, Ekkehard: Zwangsvollstreckungsrecht, 12. Auflage München 2010.

Glaser, Andreas: Die Entwicklung des Europäischen Verwaltungsrechts aus der Perspektive der Handlungsformenlehre, Tübingen 2013.

Gosch, Dietmar: Über die Auslegung von Doppelbesteuerungsabkommen, ISR 2013, 87 ff.

Grabitz, Eberhard/Hilf, Meinhard/Nettesheim, Martin: Das Recht der Europäischen Union, Kommentar, Band II, EUV/AEUV, München (Loseblatt, Stand: 59. Lieferung 2016).

dies.: Das Recht der Europäischen Union, Kommentar, Band III, EUV/AEUV, München (Loseblatt, Stand: 59. Lieferung 2016).

von der Groeben, Hans/Schwarze, Jürgen/Hatje, Armin: Europäisches Unionsrecht, Vertrag über die Europäische Union, Vertrag über die Arbeitsweise der Europäischen Union, Charta der Grundrechte der Europäischen Union, Kommentar, 7. Auflage Baden-Baden 2015.

Gröpl, Christoph: Staatseinnahmen und Staatsausgaben im demokratischen Verfassungsstaat, AöR 133 (2008), 1 ff.

Grotherr, Siegfried: Advance Pricing Agreements – Verfahren zur Vermeidung von Verrechnungskonflikten, BB 2005, 855 ff.

Haase, Florian: Außensteuergesetz Doppelbesteuerungsabkommen, Kommentar, 3. Auflage Heidelberg 2016.

Haratsch, Andreas/Koenig, Christian/Pechstein, Matthias: Europarecht, 9. Auflage Tübingen 2014.

Hartman, Timo: Das Beitreibungsersuchen an ausländische Behörden und dessen Rechtsnatur, DÖV 2011, 142 ff.

Haunhorst, Sabine: Risikomanagement in der Finanzverwaltung – ein Fall für die Finanzgerichte?, DStR 2010, 2105 ff.

Hendricks, Michael: Internationale Informationshilfe im Steuerverfahren, Bonn 2004.

ders.: Durchsetzung deutscher Steueransprüche im Ausland – Zugleich Anmerkung zum BFH-Urteil vom 21.7.2009, VII R 52/08, IStR 2009, 846 ff.

Herdegen, Matthias: Völkerrecht, 15. Auflage München 2016.

Herlinghaus, Andreas: Zu Möglichkeiten und Grenzen des Rechtsschutzes gegen Maßnahmen des zwischenstaatlichen Informationsaustausches nach den Doppelbesteuerungsabkommen, in: Kessler, Wolfgang/Förster, Guido/Watrin, Christoph (Hrsg.), Unternehmensbesteuerung: Festschrift für Norbert Herzig zum 65. Geburtstag, München 2010, S. 933 ff.

Herrmann, Carl/Heuer, Gerhard/Raupach, Arndt: Einkommensteuer- und Körperschaftsteuergesetz, Kommentar, Band 1: §§ 1–3c EStG, Köln (Loseblatt, Stand: 274. Lieferung 2016).

Herzfeld, Edgar: Probleme des internationalen Steuerrechts unter besonderer Berücksichtigung des Territorialitätsproblems und des Qualifikationsproblems, Heidelberg 1932.

Herzig, Norbert: Advance Pricing Agreements: ein Instrument zur Vermeidung von Doppelbesteuerungen?, in: Burmester, Gabriele/Endres, Dieter (Hrsg.), Außensteuerrecht Doppelbesteuerungsabkommen und EU-Recht im Spannungsverhältnis: Festschrift für Helmut Debatin zum. 70. Geburtstag, München 1997, S. 107 ff.

Holznagel, Bernd: Informationsbeziehungen in und zwischen Behörden, in: Hoffmann-Riem, Wolfgang/Schmidt-Aßmann, Eberhard/Voßkuhle, Andreas (Hrsg.), Grundlagen des Verwaltungsrechts, Band II – Informationsordnung Verwaltungsverfahren Handlungsformen, 2. Auflage München 2012, § 24.

Höppner, Horst-Dieter: Internationale steuerliche Amtshilfe – Stand und Perspektiven, in: Klein, Franz/Stihl, Hans Peter/Wassermeyer, Franz (Hrsg.), Unternehmen Steuern – Festschrift für Hans Flick zum 70. Geburtstag, Köln 1997, S. 817 ff.

Hübschmann, Walter/Hepp, Ernst/Spitaler, Armin: Abgabenordnung Finanzgerichtsordnung, Kommentar, Band I: Gesetzestexte, §§ 1 – 3 AO, Köln (Loseblatt, Stand: 239. Lieferung 2016).

dies.: Abgabenordnung Finanzgerichtsordnung, Kommentar, Band II: §§ 4 – 32 AO, Köln (Loseblatt, Stand: 239. Lieferung 2016).

dies.: Abgabenordnung Finanzgerichtsordnung, Kommentar, Band IV: §§ 78 – 117 AO, Köln (Loseblatt, Stand: 239. Lieferung 2016).

dies.: Abgabenordnung Finanzgerichtsordnung, Kommentar, Band V: §§ 118 – 173 AO, Köln (Loseblatt, Stand: 239. Lieferung 2016).

dies.: Abgabenordnung Finanzgerichtsordnung, Kommentar, Band VII: §§ 204 – 250 AO, Köln (Loseblatt, Stand: 239. Lieferung 2016).

dies.: Abgabenordnung Finanzgerichtsordnung, Kommentar, Band VIII: §§ 251 – 346 AO, Köln (Loseblatt, Stand: 239. Lieferung 2016).

dies.: Abgabenordnung Finanzgerichtsordnung, Kommentar, Band IX: §§ 347 – 373 AO, Köln (Loseblatt, Stand: 239. Lieferung 2016).

dies.: Abgabenordnung Finanzgerichtsordnung, Kommentar, Band XI: §§ 1 – 42 FGO, Köln (Loseblatt, Stand: 239. Lieferung 2016).

dies.: Abgabenordnung Finanzgerichtsordnung, Kommentar, Band XII: §§ 43 – 68 FGO, Köln (Loseblatt, Stand: 239. Lieferung 2016).

dies.: Abgabenordnung Finanzgerichtsordnung, Kommentar, Band XVI: FVG VwZG Sachregister, Köln (Loseblatt, Stand: 239. Lieferung 2016).

Idziok, Anja: Die Vollstreckungshilfe nach deutschem Recht und europäischem Gemeinschaftsrecht, Baden-Baden 1997.

Ipsen, Knut: Völkerrecht, 5. Auflage München 2004.

ders.: Völkerrecht, 6. Auflage München 2014.

Isensee, Josef: Steuerstaat als Staatsform, in: Stödter, Rolf/Thieme, Werner (Hrsg.), Hamburg, Deutschland, Europa – Festschrift für Hans Peter Ipsen zum siebzigsten Geburtstag, Tübingen 1977, S. 409 ff.

ders.: Idee und Gestalt des Föderalismus im Grundgesetz, in: Isensee, Josef/Kirchhof, Paul (Hrsg.), Handbuch des Staatsrechts der Bundesrepublik Deutschland, Band VI – Bundestaat, 3. Auflage Heidelberg 2008, § 126.

Ismer, Roland/Sailer, Norbert: Der neue Art. 27 OECD-MA: Amtshilfe bei der Beitreibung und Sicherung von Steueransprüchen, IStR 2003, 622 ff.

Jakob, Wolfgang: Abgabenordnung, 5. Auflage München 2010.

Jarass, Hans Dieter/Pieroth, Bodo: Grundgesetz für die Bundesrepublik Deutschland, Kommentar, 14. Auflage München 2016.

Karaosmanoglu, Cem/Ebert, Björn P.: Einzelfallbezogener Grundrechtsschutz gegen EU-Akte – Abkehr von der Solange-Rechtsprechung?, DVBl. 2016, 875 ff.

Kirchhof, Paul: Besteuerungsgewalt und Grundgesetz, Frankfurt 1973.

ders.: Die Finanzierung des Leistungsstaates – Die verfassungsrechtlichen Grenzen staatlicher Abgabenhoheit, Jura 1983, 505 ff.

Kirchhof, Paul/Söhn, Hartmut/Mellinghoff, Rudolf: Einkommensteuergesetz, Kommentar, Band 1: Gesetzestext, § 1, Heidelberg (Loseblatt, Stand: 272. Lieferung 2016).

Klein, Franz: Abgabenordnung, Kommentar, 13. Auflage München 2016.

Kluge, Volker: Das Internationale Steuerrecht Gemeinschaftsrecht Außensteuerrecht Abkommensrecht, 4. Auflage München 2000.

Kment, Martin: Grenzüberschreitendes Verwaltungshandeln, Tübingen 2010.

Knittel, Benedict: Articles 25, 26 and 27 Administrative Cooperation, in: Lang, Michael (Hrsg.), History of Tax Treaties – The Relevance of the OECD Documents for the Interpretation of Tax Treaties, Wien 2011, S. 685 ff.

Koch, Karl: Die EG-Richtlinie zur internationalen Rechts- und Amtshilfe und ihre Auswirkungen im internationalen Recht, DStZ 1979, 4 ff.

ders./Scholtz, Rolf-Detlev: Abgabenordnung, Kommentar, 5. Auflage Köln Berlin Bonn München 1996.

Koenig, Ulrich: Abgabenordnung, Kommentar, 3. Auflage München 2014.

Kokott, Juliane/Henze, Thomas: Ist der EuGH – noch – ein Motor für die Konvergenz der Steuersysteme?, BB 2007, 913 ff.

Kopp, Ferdinand/Ramsauer, Ulrich: Verwaltungsverfahrensgesetz, Kommentar, 17. Auflage München 2016.

Kortz, Michael: Grenzüberschreitende Vollstreckung von Steuerforderungen im EU-Raum nach dem EU-Beitreibungsgesetz vom 7.12.2011, DB 2012, 2422 ff.

Kramer, Jörg-Dietrich: APA – Vorabverständigungsverfahren und Vorabzusagen über Verrechnungspreise, IStR 2007, 174 ff.

Kube, Hanno: EuGH-Rechtsprechung zum direkten Steuerrecht – Stand und Perspektiven, Bonn 2009.

Kuhfus, Werner: Anmerkung zum Beschluss des Finanzgerichts Münster vom 30.3.2011 – 7 V 814/11 AO.

Kühn, Rolf/von Wedelstädt, Alexander: Abgabenordnung und Finanzgerichtsordnung, Kommentar, 20. Auflage Stuttgart 2011.

Küsters, Hanns Jürgen: Die integrationspolitischen Wirkungen der Römischen Verträge – Eine Bilanz nach 50 Jahren, in: Gehler, Michael (Hrsg.), Vom Gemeinsamen Markt zur Europäischen Unionsbildung – 50 Jahre Römische Verträge 1957 – 2007, Wien Köln Weimar 2009, S. 435 ff.

Lammers, Lutz: Inländischer Rechtsschutz gegen Beitreibungsersuchen an ausländische Behörden, EWS 2010, 121 ff.

Lang, Michael: Die Rechtsprechung des EuGH zu den direkten Steuern – Welcher Spielraum bleibt den Mitgliedstaaten?, Frankfurt 2007.

Lehner, Moris: Internationale Reichweite staatlicher Besteuerungshoheit, in: Isensee, Josef/Kirchhof, Paul (Hrsg.), Handbuch des Staatsrechts der Bundesrepublik Deutschland, Band XI – Internationale Bezüge, 3. Auflage Heidelberg 2013, § 251.

Lenaerts, Koen: Die Entwicklung der Rechtsprechung des Gerichtshofs der Europäischen Gemeinschaften auf dem Gebiet der direkten Besteuerung, EuR 2009, 728 ff.

Lohr, Armin: Der internationale Auskunftsverkehr im Steuerverfahren, Wien 1993.

Marquardt, Michael/Betzinger, Michael: Internationaler Informationsaustausch in Steuersachen, BB 2014, 3033 ff.

Maunz, Theodor/Dürig, Günter: Grundgesetz, Kommentar, Band III: Art. 16–22 GG, München (Loseblatt, Stand: 77. Lieferung 2016).

dies.: Grundgesetz, Kommentar, Band IV: Art. 23–53a GG, München (Loseblatt, Stand: 77. Lieferung 2016).

dies.: Grundgesetz, Kommentar, Band V: Art. 54–85 GG, München (Loseblatt, Stand: 77. Lieferung 2016).

Maurer, Hartmut: Allgemeines Verwaltungsrecht, 18. Auflage München 2011.

Mellinghoff, Rudolf: Heranziehung von OECD-Musterabkommen und -Musterkommentar, in: Doppelbesteuerung – Festgabe zum 75. Geburtstag für Franz Wassermeyer, München 2015, S. 35 ff.

Menck, Thomas: Internationale Amtshilfe in Steuersachen, DStZ/A 1971, 57 ff.

ders.: Erscheinungsformen, Stand und Entwicklung des Auskunftsverkehrs mit dem Ausland, in: Vogel, Klaus (Hrsg.), Internationale Steuerauskunft und Deutsches Verfassungsrecht, München 1987, S. 1 ff.

Menzel, Jörg/Müller-Terpitz, Ralf (Hrsg.): Verfassungsrechtsprechung – Ausgewählte Entscheidungen des Bundesverfassungsgerichts in Retroperspektive, 3. Auflage Tübingen 2017.

Meyer-Teschendorf, Klaus: Die Amtshilfe, JuS 1981, 187 ff.

ders.: Das Rechts- und Amtshilfegebot des Art. 35 Abs. 1 GG: Antwort auf ein Föderalismusproblem, DÖV 1988, 901 ff.

Nettesheim, Martin: Anmerkung zu BVerfG, Beschl. v. 15.12.2015 - 2 BvR 2735/14, JZ 2016, 424 ff.

Nisipeanu, Peter: Die Amtshilfe - dargestellt an §§ 111 - 115 AO, Bochum 1989.

Nolte, Thomas: Die Vollstreckungshilfe - Aspekte der orts- und länderübergreifenden Verwaltungsvollstreckung, Bochum 1996.

Ohler, Christoph: Ordre public, in: Isensee, Josef/Kirchhof, Paul (Hrsg.), Handbuch des Staatsrechts der Bundesrepublik Deutschland, Band XI - Internationale Bezüge, 3. Auflage Heidelberg 2013, § 238.

ders./Kruis, Tobias: Die Bekanntgabe inländischer Verwaltungsakte im Ausland, DÖV 2009, 93 ff.

Ondracek, Dieter: Zum Gleichmaß der Besteuerung, in: Kley, Max Dietrich/Sünner, Eckart/Willemsen, Arnold (Hrsg.), Festschrift für Wolfgang Ritter zum 70. Geburtstag - Steuerrecht Steuer- und Rechtspolitik Wirtschaftsrecht und Unternehmensverfassung Umweltrecht, Köln 1997, S. 227 ff.

Ortmann, Anke: Die Abstimmungsregel im Fiskalvertrag: Kollision von Völker- und Unionsrecht, EuZW 2015, 539 ff.

Ossenbühl, Fritz: Vorrang und Vorbehalt des Gesetzes, in: Isensee, Josef/Kirchhof, Paul (Hrsg.), Handbuch des Staatsrechts der Bundesrepublik Deutschland, Band V - Rechtsquellen, Organisation, Finanzen, 3. Auflage Heidelberg 2007, § 101.

Papier, Hans-Jürgen/Olschewski, Bernd-Dietrich: Vollziehung ausländischer Verwaltungsakte - Unter besonderer Berücksichtigung der Abgabenbescheide -, DVBl. 1976, 475 ff.

Peters, Holger M./Haverkamp, Lars H.: Verbesserte Möglichkeiten zur Beseitigung von Doppelbesteuerungen - Vergleich des Schiedsverfahrens nach Art. 25 Abs. 5 OECD-MA und des EU-Schiedsverfahrens, BB 2011, 1303 ff.

Pfab, Alexander: Der Verwaltungsakt in der Abgabenordnung, SteuerStud 2007, 12 ff.

Portner, Rosemarie: Advance Pricing Agreements (APAs) im deutschen Steuerrecht - innerstaatliche Aspekte und Abkommensrecht, IStR 1996, 156 ff.

Reimer, Ekkehart/Rust, Alexander: Klaus Vogel on Double Taxation Conventions, 4. Auflage Alphen aan den Rijn 2015.

Riedl, Philipp: Die internationale Doppelbesteuerung im EU-Binnenmarkt, Frankfurt am Main 2012.

Rüfner, Wolfgang: Grundrechtsadressaten, in: Isensee, Josef/Kirchhof, Paul (Hrsg.), Handbuch des Staatsrechts der Bundesrepublik Deutschland, Band IX – Allgemeine Grundrechtslehren, 3. Auflage Heidelberg 2011, § 197.

Runge, Berndt: Vermeidung und Bereinigung internationaler Konflikte im Steuerrecht, in: Kley, Max Dietrich/Sünner, Eckart/Willemsen, Arnold (Hrsg.), Festschrift für Wolfgang Ritter zum 70. Geburtstag – Steuerrecht Steuer- und Rechtspolitik Wirtschaftsrecht und Unternehmensverfassung Umweltrecht, Köln 1997, S. 227 ff.

Sachs, Michael: Grundgesetz, Kommentar, 7. Auflage München 2014.

ders.: Grundrechte: Identitätskontrolle bei Anwendung von Unionsrecht, JuS 2016, 373 ff.

Sauer, Heiko: „Solange" geht in Alterszeit – Der unbedingte Vorrang der Menschenwürde vor dem Unionsrecht, NJW 2016, 1134 ff.

Schaper, Tim: Verfassungsrechtliche Probleme bei der Übertragung von Hoheitsrechten zur Schaffung eines europäischen Strafrechts – Eine Untersuchung am Beispiel des Rahmenbeschlusses über den Europäischen Haftbefehl, Berlin 2009.

Schaumburg, Harald: Internationales Steuerrecht, 3. Auflage Köln 2011.

ders./Englisch, Joachim: Europäisches Steuerrecht, Köln 2015.

Schilcher, Michael: The Directives on Mutual Assistance in the Assessment and in the Recovery of Tax Claims in the Field of Direct Taxation, in: Lang, Michael/ Pistone, Pasquale/Schuch, Josef/ Staringer, Claus (ed.), Introduction to European Tax Law on Direct Taxation, Wien 2010.

Schlink, Bernhard: Die Amtshilfe, Berlin 1982.

Schoch, Friedrich/Schneider, Jens-Peter/Bier, Wolfgang: Verwaltungsgerichtsordnung – Band I, Kommentar, München (Loseblatt, Stand: 32. Lieferung 2016).

Schön, Wolfgang: Besteuerung im Binnenmarkt – die Rechtsprechung des EuGH zu den direkten Steuern, IStR 2004, 289 ff.

Schönberger, Christoph: Anmerkung zu BVerfG, Beschl. v. 15.12.2015 – 2 BvR 2735/14, JZ 2016, 422 ff.

Schönfeld, Jens/Ditz, Xaver: Doppelbesteuerungsabkommen, Kommentar, Köln 2013.

Schulze, Reiner/Zuleeg, Manfred/Kadelbach, Stefan: Europarecht – Handbuch für die deutsche Rechtspraxis, 3. Auflage Baden-Baden 2015.

Schwarz, Bernhard: Abgabenordnung, Praxis-Kommentar, Band 3: §§ 179 bis 321 AO, Freiburg (Loseblatt, Stand: 166. Lieferung 2015).

Schweitzer, Michael: Staatsrecht III – Staatsrecht Völkerrecht Europarecht, 10. Auflage Heidelberg 2010.

Seer, Roman: Steuervollzug im Rechtsstaat – Eröffnung der Jahrestagung und Rechtfertigung des Themas –, in: Widmann, Werner (Hrsg.), Steuervollzug im Rechtsstaat – 32. Jahrestagung der Deutschen Steuerjuristischen Gesellschaft e.V., Köln 2008, S. 1 ff.

ders.: Steuerverfahrensrechtliche Bewältigung grenzüberschreitender Sachverhalte, in: Spindler, Wolfgang/Tipke, Klaus/Rödder, Thomas (Hrsg.), Steuerzentrierte Rechtsberatung: Festschrift für Harald Schaumburg zum. 65. Geburtstag, Köln 2009, S. 151 ff.

ders.: Die Vollstreckungsamtshilfe in Steuersachen nach der neugefassten Beitreibungsrichtlinie 2010/24/EU, IWB 2011, 144 ff.

ders.: Vollstreckungsamtshilfe in Steuersachen in Europa, in: Holoubek, Michael/Lang, Michael (Hrsg.), Verfahren der Zusammenarbeit von Verwaltungsbehörden in Europa, Wien 2012, S. 85 ff.

ders.: Verrechnungspreise, Einkünfteverlagerung – Gestaltung und Abwehr: Verfahrensrechtliche Instrumente (Dokumentationspflichten, APA) als Alternativen zur Bewältigung eines materiellen Bewertungsproblems?, in: Achatz, Markus (Hrsg.), Internationales Steuerrecht – 37. Jahrestagung der Deutschen Steuerjuristischen Gesellschaft e.V., Köln 2013, S. 337 ff.

ders./Gabert, Isabel: General report, in: Seer, Roman/ Gabert, Isabel (Editor), Mutual assistance and information exchange – 2009 EATLP Congress, Santiago de Compostela 4–6 June 2009, Amsterdam 2010.

dies.: Der international Auskunftsverkehr in Steuersachen, StuW 2010, 3 ff.

Siegrist, Dave: Hoheitsakte auf fremdem Staatsgebiet, Zürich 1987.

Staringer, Claus: Steuervollzug bei grenzüberschreitenden Sachverhalten, in: Widmann, Werner (Hrsg.), Steuervollzug im Rechtsstaat – 32. Jahrestagung der Deutschen Steuerjuristischen Gesellschaft e.V., Köln 2008, S. 135 ff.

Stein, Torsten/von Buttlar, Christian: Völkerrecht, 13. Auflage München 2012.

Stelkens, Paul/Bonk, Joachim/Sachs, Michael (Hrsg.): Verwaltungsverfahrensgesetz, Kommentar, 8. Auflage München 2014.

Stern, Klaus: Das Staatsrecht der Bundesrepublik Deutschland – Band 1 – Grundbegriff und Grundlagen des Staatsrechts, Strukturprinzipien der Verfassung, 2. Auflage München 1984.

Stier, Wilfried: Die Gesetzmäßigkeit der Verwaltung und die Beitreibung, StuW 1967, 391 ff.

Streinz, Rudolf: Europarecht, 9. Auflage Heidelberg 2012.

ders.: EUV/AEUV, Vertrag über die Europäische Union und Vertrag über die Arbeitsweise der Europäischen Union, Kommentar, 2. Auflage München 2012.

Strunk, Günther/Kaminski, Bert/Köhler, Stefan: Außensteuergesetz Doppelbesteuerungsabkommen, Kommentar, Bonn 2004.

Tappe, Henning/Wernsmann, Rainer: Öffentliches Finanzrecht, Heidelberg 2015.

Thiemann, Christian: Anmerkung zu BFH, Beschluss v. 10.1.2012 - 1 R 66/09, JZ 2012, 903 ff.

Tipke, Klaus: Die Steuerrechtsordnung - Band I, 2. Auflage Köln 2000.

ders.: Die Steuerrechtsordnung - Band III, 2. Auflage Köln 2012.

ders./Kruse, Heinrich Wilhelm: Abgabenordnung Finanzgerichtsordnung, Kommentar zur AO und FGO (ohne Steuerstrafrecht), Band I: §§ 1 - 154 AO, Köln (Loseblatt, Stand: 145. Lieferung 2016).

dies.: Abgabenordnung Finanzgerichtsordnung, Kommentar zur AO und FGO (ohne Steuerstrafrecht), Band II: §§ 155 - 368 AO, Köln (Loseblatt, Stand: 145. Lieferung 2016).

dies.: Abgabenordnung Finanzgerichtsordnung, Kommentar zur AO und FGO (ohne Steuerstrafrecht), Band III: §§ 1 - 184 FGO, Köln (Loseblatt, Stand: 145. Lieferung 2016).

Tipke, Klaus/Lang, Joachim: Steuerrecht, 22. Auflage Köln 2015.

Vascega, Marius/van Thiel, Servaas: Council Adopts New Directive on Mutual Assistance in Recovery of Tax and Similar Claims, European Taxation 2010, 231 ff.

Verdross, Alfred/Simma, Bruno: Universelles Völkerrecht - Theorie und Praxis, 3. Auflage Berlin 1984.

Vogel, Klaus: Der räumliche Anwendungsbereich der Verwaltungsrechtsnorm - Eine Untersuchung über die Grundfragen des sog. Internationalen Verwaltungs- und Steuerrechts, Frankfurt a.M. Berlin 1965.

ders./Lehner, Moris: Doppelbesteuerungsabkommen der Bundesrepublik Deutschland auf dem Gebiet der Steuern vom Einkommen und Vermögen, Kommentar auf der Grundlage der Musterabkommen, 6. Auflage München 2015.

Vögele, Alexander/Vögele, Florence: Advance Pricing Agreements bzw. Verbindliche Auskünfte - Die künftigen deutschen Verwaltungsgrundsätze und die Studie der Europäischen Kommission, IStR 2002, S. 641 ff.

Vollert, Pia/Eikel, Carolin/Sureth, Caren: Advance Pricing Agreements (APAs) als Instrument zur Vermeidung von Verrechnungspreiskonflikten - eine kritische Betrachtung, StuW 2013, 367 ff.

Wahl, Rainer: Der offene Staat und seine Rechtsgrundlagen, JuS 2003, 1145 ff.

Waldhoff, Christian: Grundzüge des Finanzrechts des Grundgesetzes, in: Isensee, Josef/Kirchhof, Paul (Hrsg.), Handbuch des Staatsrechts der Bundesrepublik Deutschland, Band V – Rechtsquellen, Organisation, Finanzen, 3. Auflage Heidelberg 2007, § 116.

Wassermeyer, Franz: Doppelbesteuerung, Kommentar, Band I: OECD-MA – EU-SchÜ, München (Loseblatt, Stand: 138. Lieferung 2017).

ders.: Doppelbesteuerung, Kommentar, Band II: MA-InfAust, MA-ErbSt, EU-SchÜ, München (Loseblatt, Stand: 138. Lieferung 2017).

ders./Baumhoff, Hubertus: Verrechnungspreise international verbundener Unternehmen, Köln 2014.

Weber-Fas, Rudolf: Staatsverträge im Internationalen Steuerrecht, Tübingen 1982.

Wernsmann, Rainer: Konkrete Normenkontrolle (Art. 100 Abs. 1 GG), Jura 2005, 328 ff.

ders.: Verhaltenslenkung in einem rationalen Steuersystem, Tübingen 2005.

ders.: Zunehmende Europäisierung und Konstitutionalisierung als Herausforderungen für den Steuergesetzgeber, in: Schön, Wolfgang/Beck, Karin (Hrsg.), Zukunftsfragen des deutschen Steuerrechts, Berlin/Heidelberg 2009, S. 161 ff.

ders.: Internationale Doppelbesteuerung als unionsrechtliches Problem – am Beispiel grenzüberschreitender Erbschaften und Schenkungen, in: Damrau, Jürgen/Muscheler, Karlheinz (Hrsg.), Erbrecht und Vermögensnachfolge – Festschrift für Manfred Bengel und Wolfgang Reimann zum 70. Geburtstag, München 2012, S. 371 ff.

Wiethölter, Jürgen: Die (sog.) konsequente Vollstreckung rückständiger Steuerforderungen, DStZ 1995, 589 ff.

Wiggen, Martin: Sofortige Pfändung in Geschäftskonten durch die Finanzbehörden, DStZ 1999, 744 ff.

Wolff, Hans Julius/Bachof, Otto/Stober, Rolf/ Kluth, Winfried: Verwaltungsrecht I, 12. Auflage München 2007.

Finanz- und Steuerrecht in Deutschland und Europa

Herausgegeben von Klaus-Dieter Drüen, Hanno Kube
und Rainer Wernsmann

Band 1 Gordon Dreher: Das Alterseinkünftegesetz. Systematische Darstellung und verfassungsrechtliche Zweifelsfragen. 2007.

Band 2 Nils Meyer-Sandberg: Die Duale Einkommensteuer als Modell ungleicher Besteuerung von Arbeit und Kapital. 2008.

Band 3 Alexander Pfab: Die Behandlung von Bildungsaufwendungen im deutschen Einkommensteuerrecht. 2008.

Band 4 Christian Johannes Müller: Einnahmeverzicht im Einkommensteuerrecht – insbesondere durch verbilligte Wohnungsüberlassung an nahe Angehörige. 2009.

Band 5 Melanie Falkner: Die Einkunftserzielungsabsicht als subjektives Besteuerungsmerkmal. Eine Analyse subjektiver Tatbestandsmerkmale im Steuerrecht. Zugleich ein Beitrag zur Liebhaberei im Steuerrecht. 2009.

Band 6 Steffen Ott: Die Vertreterbetriebsstätte nach OECD-MA. 2009.

Band 7 Christoph Wagner: Steuergleichheit unter Standortvorbehalt? Verfassungsrechtliche Grenzen einer ungleichen Einkommensbesteuerung von Kapital und Arbeit. 2010.

Band 8 Andreas Goetze: Die Ersetzung der sieben Einkunftsarten des EStG durch eine einzige. Zur Gleichheit aller Erwerbsgrundlagen in einem vereinfachten Steuerrecht. 2010.

Band 9 Hanno Kube: Der bundesstaatliche Finanzausgleich. Verfassungsrechtlicher Rahmen, aktuelle Ausgestaltung, Entwicklungsperspektiven. 2011.

Band 10 Katharina Brauer: Abgrenzung der Lebensmittellieferung von der Restaurationsdienstleistung im Umsatzsteuerrecht. 2011.

Band 11 Marc Schubert: Die Verfassungswidrigkeit der Erbschaft- und Schenkungsteuer und die verfassungsrechtlichen Anforderungen an eine Neuregelung. 2011.

Band 12 Martin Rehberg: Der Zuzug und Wegzug von Kapitalgesellschaften in gesellschafts- und steuerrechtlicher Hinsicht. 2011.

Band 13 Dirk Wünschig: Perspektiven eines europarechtskonformen Gemeinnützigkeits- und Zuwendungsrechts. Eine Untersuchung nach „Stauffer" und „Persche" bei gleichzeitiger Kritik an der Neufassung des Gemeinnützigkeitsrechts nach dem Jahressteuergesetz 2009. 2011.

Band 14 Sebastian Grimm: Die negative Konkurrentenklage im Steuerrecht. 2011.

Band 15 Arne von Freeden: Minder- und Mehrabführungen nach § 14 Abs. 4, § 27 Abs. 6 KStG. Ausgleichspostenlösung und Einlagelösung. 2011.

Band 16 Anne Keller: Rechtsschutz gegen Maßnahmen der steuerlichen Außenprüfung. 2011.

Band 17 Larissa Maier-Bledjian: Sondervermögen des Bundes. 2011.

Band 18 Philipp Riedl: Die internationale Doppelbesteuerung im EU-Binnenmarkt. 2012.

Band 19 Anna Schwarz: Die Pensionszusage an den Mitunternehmer der Personengesellschaft im Einkommensteuerrecht. 2012.

Band 20 Carsten Höink: Nichtsteuerbare Vermögensübertragungen im Umsatzsteuerrecht. Eine rechtssystematische Analyse der Entwicklung des Rechtsinstituts der Geschäftsveräußerung im Ganzen. 2013.

Band 21 Christian Kniese: Europarechtlicher Rahmen einer steuerlichen Förderung von Forschung und Entwicklung. 2013.

Band 22 Katarina Günther: Vertrauensschutz bei Angaben Dritter im Umsatzsteuerrecht. 2013.

Band 23 Andreas Königer: Ertragsteuerrechtliche Behandlung grenzüberschreitender Spaltungen von Rechtsträgern. Unter besonderer Beachtung der Vorgaben des Unionsrechts. 2014.

Band 24 Matthias Diete: Das obligatorische Schiedsverfahren in der deutschen DBA-Praxis. Erweiterung des zwischenstaatlichen Rechtsschutzes bei Doppelbesteuerungskonflikten. 2014.

Band 25 Friederike Grube: Der Einfluss des unionsrechtlichen Beihilfenverbots auf das deutsche Steuerrecht. Dargestellt an den Beispielen der sogenannten Sanierungsklausel und der Steuervergünstigungen für gemeinnützige Unternehmen. 2014.

Band 26 Tobias Loscher: Präventive Aufsicht der Europäischen Union über den Bundeshaushalt. 2014.

Band 27 Jochen Lutz Tillmanns: Divergenz und Konvergenz von Umsatzsteuer und Einkommensteuer. Zur problematischen Verwendung ertragsteuerlicher Konzepte und Begriffe im Umsatzsteuerrecht. 2015.

Band 28 Cornelia Zirkl: Die Neutralität der Umsatzsteuer als europäisches Besteuerungsprinzip. Inhalt, Herleitung und der Umgang mit Neutralitätsverletzungen. 2015.

Band 29 Matthias Ernst: Die Dienstleistungsbetriebsstätte im Abkommensrecht. Begriffsbestimmung, Abgrenzung und Analyse eines alternativen Betriebsstättentatbestands. 2015.

Band 30 Michael Brandl: Mehrfachansässigkeit im Ertragsteuerrecht. 2016.

Band 31 Stephanie Krebbers-van Heek: Die mitunternehmerische Besteuerung der Komplementäre der Kommanditgesellschaft auf Aktien. 2016.

Band 32 Felix Klemt: Körperschaftsteuerliche Verluste junger innovativer Unternehmen. Rechtliche und wirtschaftliche Analyse, Alternativen de lege ferenda. 2016.

Band 33 Nina Erm: Personengesellschaften in Steuerverfahren. Verfahrensklarheit trotz Einheit und Vielheit. 2016.

Band 34 Christian Erich Rödel: Der Teilbetriebsbegriff in den Einbringungstatbeständen des Umwandlungssteuergesetzes. 2016.

Band 35 Florian Wenk: Einkünfte aus Leistungen nach § 22 Nr. 3 EStG. Eine Untersuchung zum Belastungsgrund der Einkommensteuer. 2017.

Band 36 Ralf Haendel: Treaty Overriding im Internationalen Steuerrecht als Verfassungsproblem. Insbesondere zur Reichweite der Völkerrechtsfreundlichkeit des Grundgesetzes. 2017.

Band 37 Nadine Schader: Fiskalische Immunität internationaler Organisationen und ihres Personals in der Bundesrepublik Deutschland. 2018.

Band 38 Sebastian Cloppenburg: Eine Finanztransaktionssteuer im „kleinen Kreis". Unionsrechtliche Zulässigkeit der Durchführung einer Verstärkten Zusammenarbeit im Bereich der Finanztransaktionsbesteuerung. 2018.

Band 39 Volodymyr Izrailevych: Der Begriff der Betriebsstätte im deutschen und im russischen Ertragsteuerrecht und im deutsch-russischen Doppelbesteuerungsabkommen. Ein Rechtsvergleich. 2018.

Band 40 Jan Popel: Das vorgeprägte und intendierte Ermessen im Steuerrecht. 2018.

Band 41 Marcel Sandberg: Internationale Vollstreckungshilfe im Besteuerungsverfahren. Insbesondere zum EU-Beitreibungsgesetz und zu Doppelbesteuerungsabkommen nach Art des Artikels 27 OECD-Musterabkommen. 2019.

www.peterlang.com

www.ingramcontent.com/pod-product-compliance
Ingram Content Group UK Ltd.
Pitfield, Milton Keynes, MK11 3LW, UK
UKHW041824290926
8980IPUK00002B/44

9 783631 777022